FACETAS

Nivel intermedio | Curso breve

SECOND EDITION

José A. Blanco

María Colbert
Colby College

VISTA
HIGHER LEARNING

Boston, Massachusetts

Publisher: José A. Blanco

President: Janet Dracksdorf

Vice President of Operations: Tom Delano

Vice President of Sales and Marketing: Scott Burns

Executive Marketing Manager: Benjamin Rivera

Director of Production: Lisa Perrier

Director of Art & Design: Linda Jurras

Managing Editor: Sarah Kenney

Design Manager: Polo Barrera

Project Managers: María Eugenia Corbo, Pamela Mishkin

Staff Editors: Gisela M. Aragón-LaCarrubba, Kristen Odlum Chapron, Paola Ríos Schaaf

Contributing Writers and Editors: María Paula Cañón, Brendeign Covell, Francisco de la Rosa, Rachel Dziallo, Maribel García, Martín L. Gaspar, Lourdes Murray, Lida Rosenfelder

Photo Researcher & Art Buyer: Rachel Distler

Production Team: María Eugenia Castaño, Oscar Diez

Printed in the United States of America.

Instructor's Annotated Edition: ISBN-13: 978-1-60007-231-4

ISBN-10: 1-60007-233-x

Student Edition: ISBN-13: 978-1-60007-214-7

ISBN-10: 1-60007-214-3

Library of Congress Control Number: 2006939486

2 3 4 5 6 7 8 9-RRD-12 11 10 09 08

Introduction

Bienvenidos a FACETAS, Second Edition an intermediate Spanish program designed to provide you with an active and rewarding learning experience as you continue to strengthen your language skills and develop your cultural competency.

Here are some of the features you will encounter in **FACETAS, Second Edition.**

- An emphasis on authentic language and practical vocabulary for you to use in communicating in real-life situations

- Clear, comprehensive grammar explanations that graphically highlight important concepts

- Abundant guided and communicative activities that will help you develop confidence in your ability to communicate in Spanish

- Two video-based sections—one directly connected to the **FACETAS Sitcom DVD** and one related to the **FACETAS Film Collection DVD**

- Literary and cultural readings in each lesson that recognize and celebrate the diversity of the Spanish-speaking world and its people

- Ongoing development of your reading, speaking, writing, and listening skills

- Consistent integration of important cultural concepts and insights into the daily lives of native Spanish speakers

- A complete set of print and technology ancillaries to make learning Spanish easier for you

New to Second Edition

FACETAS, Second Edition, offers many new features to students and instructors that make this edition even better than the first.

- **Reconfigured!** The **Contextos** grammar presentation has been redesigned into image-based, thematically grouped word lists; the expanded **Práctica** section now includes listening practice.

- **Expanded!** The **FACETAS** cultural section has grown from two pages to four and includes many new readings and new features, including a musical feature.

- **Revised!** The **Estructura** grammar presentation offers a reduced grammar sequence of three grammar points per lesson. Extra practice for the active grammar points, as well as additional passive grammar points, are available in the **NEW! Manual de gramática** in the appendix of the book.

- **Expanded!** The incredibly successful film section, now called **Cinemateca**, offers an authentic, dynamic short film for each lesson of the text.

- **Revised! Lecturas** readings have been revised and refreshed to offer new authors, genres, topics, and takes on the lesson themes.

FACETAS has six lessons organized in exactly the same way. To familiarize yourself with the textbook's organization, turn to page viii and take the **FACETAS**-at-a-glance tour.

Table of Contents

	CONTEXTOS	**FOTONOVELA**	**ENFOQUES**

Table of Contents

	CONTEXTOS	**FOTONOVELA**	**ENFOQUES**

Consulta (*Reference*)

CONTEXTOS
introduces the lesson theme and vocabulary
and practices it in diverse formats and engaging contexts.

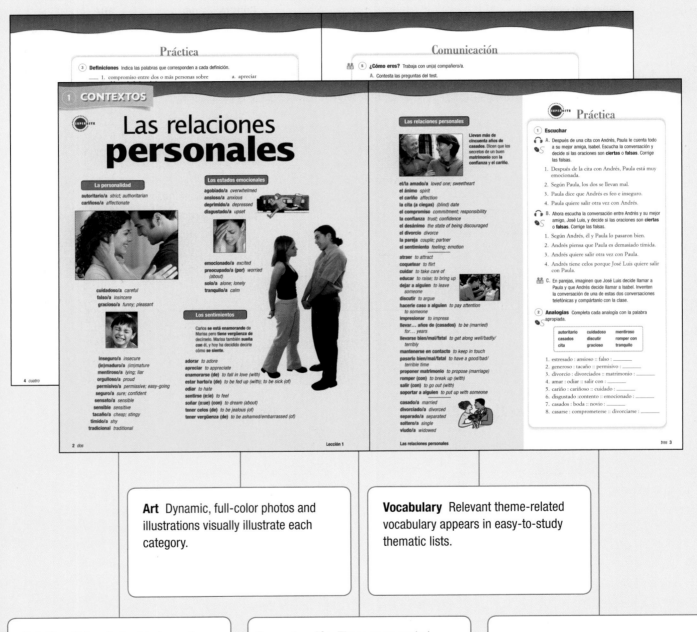

Art Dynamic, full-color photos and illustrations visually illustrate each category.

Vocabulary Relevant theme-related vocabulary appears in easy-to-study thematic lists.

Práctica This set of guided exercises uses a variety of formats to reinforce the new vocabulary.

Comunicación These open-ended activities have you use the words and expressions creatively in interesting and entertaining ways as you interact with a partner, a small group, or the entire class.

New! 🎧 Contextualized listening activities practice the new vocabulary in meaningful contexts.

FOTONOVELA

is a fun-filled situational comedy based on the everyday lives and adventures of a magazine staff.

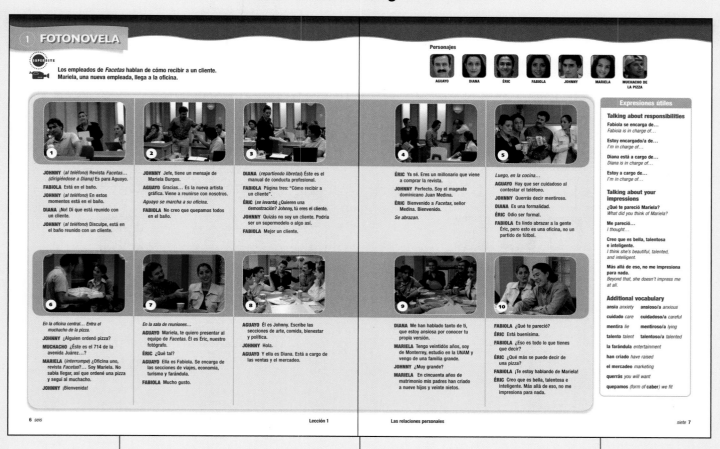

Personajes The photo-based conversations take place among a cast of recurring characters—six people who work for a magazine called *Facetas* in Mexico City.

Sitcom Video The **Fotonovela** episodes appear in the textbook's video program. To learn more about the video, turn to page xx in this at-a-glance tour.

Conversations The engaging conversations incorporate vocabulary from the **Contextos** section and preview grammar structures you will study in the **Estructura** section, all within a comprehensible context.

Expresiones útiles New, active words and expressions are organized by language or grammatical function, so you can concentrate on using them for real-life, practical purposes.

Comprensión & Ampliación
reinforce and expand upon the Fotonovela.

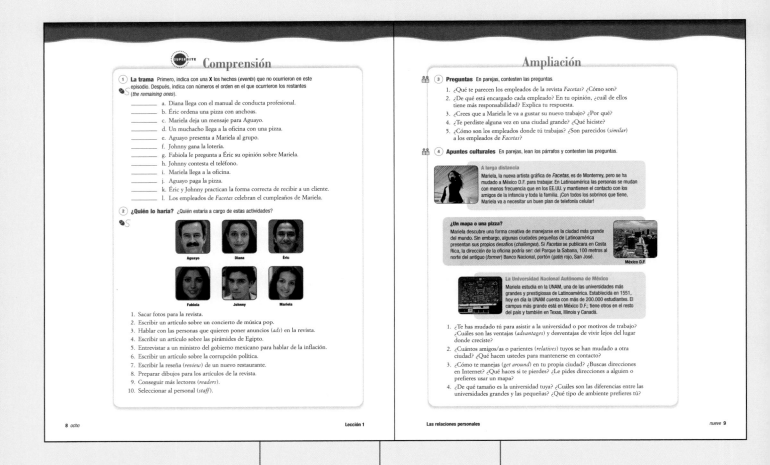

SUPERSITE Comprensión

1 La trama Primero, indica con una **X** los hechos (*events*) que no ocurrieron en este episodio. Después, indica con números el orden en el que ocurrieron los restantes (*the remaining ones*).

_____ a. Diana llega con el manual de conducta profesional.
_____ b. Éric ordena una pizza con anchoas.
_____ c. Mariela deja un mensaje para Aguayo.
_____ d. Un muchacho llega a la oficina con una pizza.
_____ e. Aguayo presenta a Mariela al grupo.
_____ f. Johnny gana la lotería.
_____ g. Fabiola le pregunta a Éric su opinión sobre Mariela.
_____ h. Johnny contesta el teléfono.
_____ i. Mariela llega a la oficina.
_____ j. Aguayo paga la pizza.
_____ k. Éric y Johnny practican la forma correcta de recibir a un cliente.
_____ l. Los empleados de *Facetas* celebran el cumpleaños de Mariela.

2 ¿Quién lo haría? ¿Quién estaría a cargo de estas actividades?

Aguayo   Diana   Éric

Fabiola   Johnny   Mariela

1. Sacar fotos para la revista.
2. Escribir un artículo sobre un concierto de música pop.
3. Hablar con las personas que quieren poner anuncios (*ads*) en la revista.
4. Escribir un artículo sobre las pirámides de Egipto.
5. Entrevistar a un ministro del gobierno mexicano para hablar de la inflación.
6. Escribir un artículo sobre la corrupción política.
7. Escribir la reseña (*review*) de un nuevo restaurante.
8. Preparar dibujos para los artículos de la revista.
9. Conseguir más lectores (*readers*).
10. Seleccionar al personal (*staff*).

Ampliación

3 Preguntas En parejas, contesten las preguntas.

1. ¿Qué te parecen los empleados de la revista *Facetas*? ¿Cómo son?
2. ¿De qué está encargado cada empleado? En tu opinión, ¿cuál de ellos tiene más responsabilidad? Explica tu respuesta.
3. ¿Crees que a Mariela le va a gustar su nuevo trabajo? ¿Por qué?
4. ¿Te perdiste alguna vez en una ciudad grande? ¿Qué hiciste?
5. ¿Cómo son los empleados donde tú trabajas? ¿Son parecidos (*similar*) a los empleados de *Facetas*?

4 Apuntes culturales En parejas, lean los párrafos y contesten las preguntas.

A larga distancia
Mariela, la nueva artista gráfica de *Facetas*, es de Monterrey, pero se ha mudado a México D.F. para trabajar. En Latinoamérica las personas se mudan con menos frecuencia que en los EE.UU. y mantienen el contacto con los amigos de la infancia y toda la familia. ¡Con todos los sobrinos que tiene, Mariela va a necesitar un buen plan de telefonía celular!

¿Un mapa o una pizza?
Mariela descubre una forma creativa de manejarse en la ciudad más grande del mundo. Sin embargo, algunas ciudades pequeñas de Latinoamérica presentan sus propios desafíos (*challenges*). Si *Facetas* se publicara en Costa Rica, la dirección de la oficina podría ser: del Parque la Sabana, 100 metros al norte del antiguo (*former*) Banco Nacional, portón (*gate*) rojo, San José.

México D.F.

La Universidad Nacional Autónoma de México
Mariela estudia en la UNAM, una de las universidades más grandes y prestigiosas de Latinoamérica. Establecida en 1551, hoy en día la UNAM cuenta con más de 200.000 estudiantes. El campus más grande está en México D.F.; tiene otros en el resto del país y también en Texas, Illinois y Canadá.

1. ¿Te has mudado tú para asistir a la universidad o por motivos de trabajo? ¿Cuáles son las ventajas (*advantages*) y desventajas de vivir lejos del lugar donde creciste?
2. ¿Cuántos amigos/as o parientes (*relatives*) tuyos se han mudado a otra ciudad? ¿Qué hacen ustedes para mantenerse en contacto?
3. ¿Cómo te manejas (*get around*) en tu propia ciudad? ¿Buscas direcciones en Internet? ¿Qué haces si te pierdes? ¿Le pides direcciones a alguien o prefieres usar un mapa?
4. ¿De qué tamaño es la universidad tuya? ¿Cuáles son las diferencias entre las universidades grandes y las pequeñas? ¿Qué tipo de ambiente prefieres tú?

Comprensión These exercises check your basic understanding of the **Fotonovela** conversations.

Ampliación Communicative activities take a step further, asking you to apply or react to the content in a personalized way.

New! Apuntes culturales Cultural notes illustrated with photographs provide additional reading practice and important cultural information related to **Fotonovela**. Follow-up questions check comprehension and expand on the topics.

ENFOQUES

explores cultural topics related to the lesson theme with a regional focus.

En detalle

PAREJAS SIN FRONTERAS

Es el año 2000. Ana Villegas está frente a su computadora en México jugando *online* un juego de cartas. Del otro lado está Frank Petersen, de Fairhaven, MA, también aficionado al mismo juego. Este simple juego los lleva a una amistad que luego se convierte en amor. A pesar de los temores y del escepticismo familiar, dos años después, Ana deja México y se muda a los Estados Unidos, donde hoy vive junto a su esposo Frank.

La historia de Ana no es un caso aislado°. El número de parejas interculturales está en marcado aumento°. Entre las causas más importantes están la globalización, la asimilación de los hijos de inmigrantes a la cultura estadounidense y el aumento en la edad promedio° de las parejas al casarse. En 1960, en los Estados Unidos, el promedio de edad al casarse era veintitrés para los hombres y veinte para las mujeres. Actualmente es veintisiete y veinticinco. ¿Qué tiene que ver° este cambio con el aumento de las parejas interculturales? Antes los jóvenes solían° casarse con personas de su comunidad. Ahora, muchos tienen la oportunidad de viajar, vivir solos o irse a vivir a otro país. Esta nueva independencia los expone° a otras culturas. Por lo tanto, es más común que formen parejas con personas de culturas diferentes.

Las parejas interculturales enfrentan° muchos desafíos° —problemas de comunicación, diferencias en valores y formas de pensar, falta de aceptación de algunos familiares— pero también tienen una oportunidad única de crecimiento° personal; además, la exposición a otras maneras de pensar nos ayuda a echar una mirada° crítica a nuestra propia cultura. ■

Consejos de Ana

- Esfuérzate° por conocer la cultura de tu pareja.
- Evita perpetuar los estereotipos.
- Pon énfasis en lo que los une y no en lo que los separa.
- Educa a tu familia y a tus amigos acerca de la cultura de tu pareja.
- Aprende a no dejarte llevar° por los comentarios y las miradas de las personas que no están a favor de las relaciones interculturales.

Matrimonios interculturales

De acuerdo con la Oficina del Censo, el número de parejas interraciales se cuadruplicó entre 1970 y 1995.

18% de las mujeres latinas casadas tienen un esposo no latino.

15% de los hombres latinos casados tienen una esposa no latina.

Fuente: Censo estadounidense – Año 2000

aislado *isolated* marcado aumento *marked increase* promedio *average* Qué tiene que ver *what does (it) have to do* solían *used to* expone *exposes* enfrentan *face* desafíos *challenges* crecimiento *growth* echar una mirada *take a look* Esfuérzate *make an effort* dejarte llevar *allow yourself to be influenced*

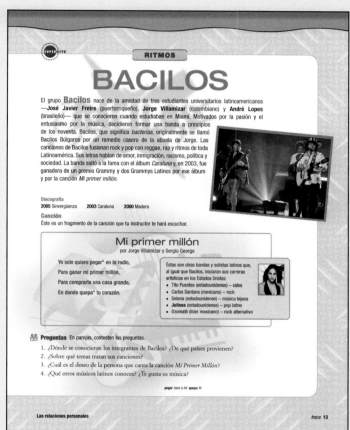

RITMOS

BACILOS

El grupo **Bacilos** nace de la amistad de tres estudiantes universitarios latinoamericanos —**José Javier Freire** (puertorriqueño), **Jorge Villamizar** (colombiano) y **André Lopes** (brasileño)— que se conocieron cuando estudiaban en Miami. Motivados por la pasión y el entusiasmo por la música, decidieron formar una banda a principios de los noventa. Bacilos, que significa *bacterias*, originalmente se llamó Bacilos Búlgaros por un remedio casero de la abuela de Jorge. Las canciones de Bacilos fusionan rock y pop con reggae, rap y ritmos de toda Latinoamérica. Sus letras hablan de amor, inmigración, racismo, política y sociedad. La banda saltó a la fama con el álbum *Caraluna* y, en 2003, fue ganadora de un premio Grammy y dos Grammys Latinos por ese álbum y la canción *Mi primer millón*.

Discografía
2005 Sinvergüenza   **2003** Caraluna   **2000** Madera

Canción
Éste es un fragmento de la canción que tu instructor te hará escuchar.

Mi primer millón
por Jorge Villamizar y Sergio George

Yo solo quiero pegar° en la radio,
Para ganar mi primer millón,
Para comprarte una casa grande,
En donde quepa° tu corazón.

Éstas son otras bandas y solistas latinos que, al igual que Bacilos, iniciaron sus carreras artísticas en los Estados Unidos:
- Tito Puentes (estadounidense) – salsa
- Carlos Santana (mexicano) – rock
- Selena (estadounidense) – música tejana
- **Julissa** (estadounidense) – pop latino
- Ozomatli (líder mexicano) – rock alternativo

Preguntas En parejas, contesten las preguntas.
1. ¿Dónde se conocieron los integrantes de Bacilos? ¿De qué países provienen?
2. ¿Sobre qué temas tratan sus canciones?
3. ¿Cuál es el deseo de la persona que canta la canción *Mi Primer Millón*?
4. ¿Qué otros músicos latinos conoces? ¿Te gusta su música?

pegar *have a hit* quepa *fit*

En detalle & Perfil Feature articles expand on topics related to the lesson theme, supported by photos, maps, and graphical features.

New! A regional approach focuses on key countries and regions while also opening coverage to the rest of the Spanish-speaking world.

New! El mundo hispanohablante & Así se dice Lexical and comparative features highlight traditions, customs, and trends throughout the Spanish-speaking world.

Activities Comprehension, open-ended, and project-based activities in **¿Qué aprendiste?** check your understanding of the material and lead to further exploration.

New! An icon indicates that additional content is available on the **FACETAS** Supersite (**facetas.vhlcentral.com**).

New! Ritmos This feature presents a Spanish-speaking musician or group from the region of focus.

ESTRUCTURA
uses graphic design to facilitate learning Spanish grammar.

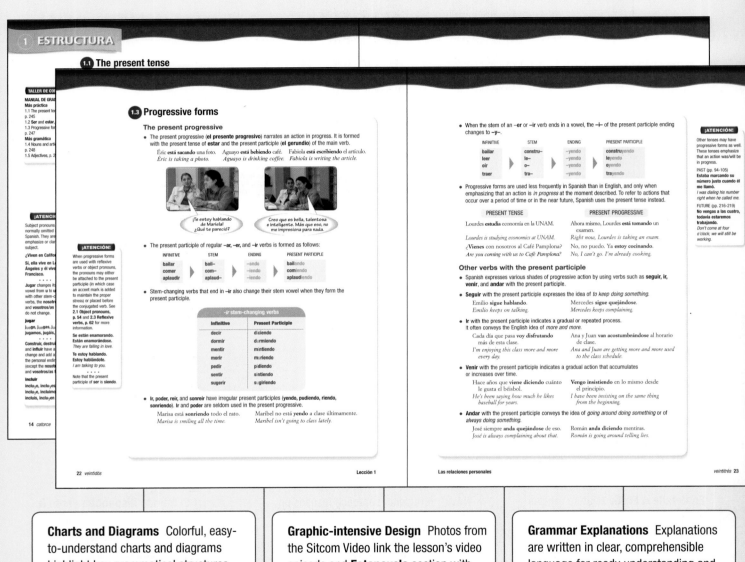

Charts and Diagrams Colorful, easy-to-understand charts and diagrams highlight key grammatical structures and forms, as well as important related vocabulary.

Graphic-intensive Design Photos from the Sitcom Video link the lesson's video episode and **Fotonovela** section with the grammar explanations.

Grammar Explanations Explanations are written in clear, comprehensible language for ready understanding and easy reference.

Scope and sequence Revised and reduced grammar scope and sequence presents three grammar points per lesson.

New! Manual de gramática References to pages in the appendix lead you to **Más gramática.** Here, passive grammar points provide you with more practice for review and/or expansion purposes.

ESTRUCTURA
provides activities for controlled practice and communication.

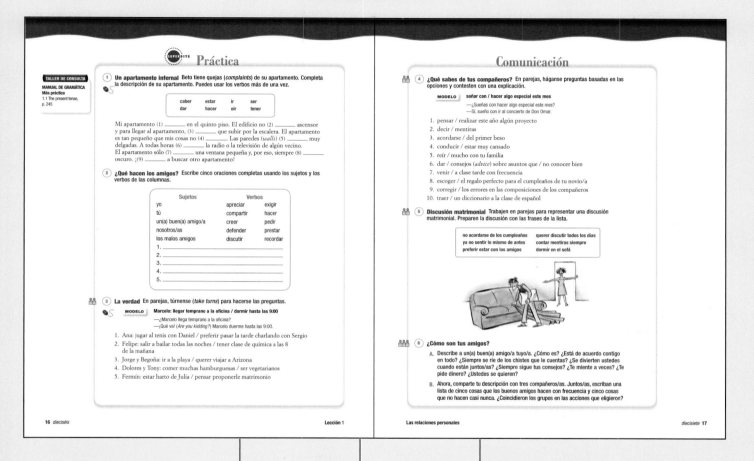

Práctica

TALLER DE CONSULTA

MANUAL DE GRAMÁTICA
Más práctica
1.1 The present tense,
p. 245

1 Un apartamento infernal Beto tiene quejas (*complaints*) de su apartamento. Completa la descripción de su apartamento. Puedes usar los verbos más de una vez.

caber	estar	ir	ser
dar	hacer	oír	tener

Mi apartamento (1) _____ en el quinto piso. El edificio no (2) _____ ascensor y para llegar al apartamento, (3) _____ que subir por la escalera. El apartamento es tan pequeño que mis cosas no (4) _____ Las paredes (*walls*) (5) _____ muy delgadas. A todas horas (6) _____ la radio o la televisión de algún vecino. El apartamento sólo (7) _____ una ventana pequeña y, por eso, siempre (8) _____ oscuro. ¡(9) _____ a buscar otro apartamento!

2 ¿Qué hacen los amigos? Escribe cinco oraciones completas usando los sujetos y los verbos de las columnas.

Sujetos	Verbos	
yo	apreciar	exigir
tú	compartir	hacer
un(a) buen(a) amigo/a	creer	pedir
nosotros/as	defender	prestar
los malos amigos	discutir	recordar

1. _____
2. _____
3. _____
4. _____
5. _____

3 La verdad En parejas, túrnense (*take turns*) para hacerse las preguntas.

MODELO Marcelo: llegar temprano a la oficina / dormir hasta las 9:00
—¿Marcelo llega temprano a la oficina?
—¡Qué va! (*Are you kidding?*) Marcelo duerme hasta las 9:00.

1. Ana: jugar al tenis con Daniel / preferir pasar la tarde charlando con Sergio
2. Felipe: salir a bailar todas las noches / tener clase de química a las 8 de la mañana
3. Jorge y Begoña: ir a la playa / querer viajar a Arizona
4. Dolores y Tony: comer muchas hamburguesas / ser vegetarianos
5. Fermín: estar harto de Julia / pensar proponerle matrimonio

Comunicación

4 ¿Qué sabes de tus compañeros? En parejas, háganse preguntas basadas en las opciones y contesten con una explicación.

MODELO soñar con / hacer algo especial este mes
—¿Sueñas con hacer algo especial este mes?
—Sí, sueño con ir al concierto de Don Omar.

1. pensar / realizar este año algún proyecto
2. decir / mentiras
3. acordarse / del primer beso
4. conducir / estar muy cansado
5. reír / mucho con tu familia
6. dar / consejos (*advice*) sobre asuntos que / no conocer bien
7. venir / a clase tarde con frecuencia
8. escoger / el regalo perfecto para el cumpleaños de tu novio/a
9. corregir / los errores en las composiciones de los compañeros
10. traer / un diccionario a la clase de español

5 Discusión matrimonial Trabajen en parejas para representar una discusión matrimonial. Preparen la discusión con las frases de la lista.

no acordarse de los cumpleaños	querer discutir todos los días
ya no sentir lo mismo de antes	contar mentiras siempre
preferir estar con los amigos	dormir en el sofá

6 ¿Cómo son tus amigos?

A. Describe a un(a) buen(a) amigo/a tuyo/a. ¿Cómo es? ¿Está de acuerdo contigo en todo? ¿Siempre se ríe de los chistes que le cuentas? ¿Se divierten ustedes cuando están juntos/as? ¿Siempre sigue tus consejos? ¿Te miente a veces? ¿Te pide dinero? ¿Ustedes se quieren?

B. Ahora, comparte tu descripción con tres compañeros/as. Juntos/as, escriban una lista de cinco cosas que los buenos amigos hacen con frecuencia y cinco cosas que no hacen casi nunca. ¿Coincidieron los grupos en las acciones que eligieron?

Práctica The first set of activities provides a wide range of directed exercises in contexts that combine current and previously learned vocabulary with the grammar point you are studying.

Comunicación The second set of activities prompts creative expression using the lesson's grammar and vocabulary. These activities take place with a partner, in small groups, or with the entire class.

New! Manual de gramática References to pages in the appendix lead you to **Más práctica,** additional directed and open-ended practice for every grammar point in the book.

CINEMATECA

appears in every single lesson, integrating pre-viewing, while-viewing, and post-viewing activities for an authentic short film.

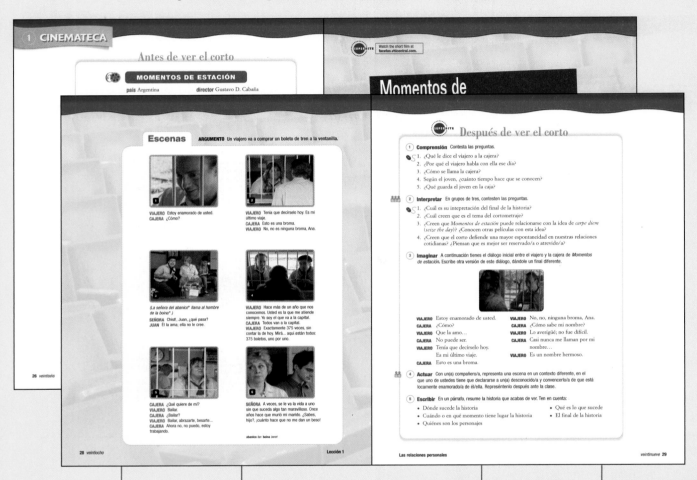

Escenas Video stills with excerpts of the dialogue help you to focus on key events and ideas as you watch the film.

Cortometrajes Six dramatic short films from the Spanish-speaking world provide authentic language input with four pages of support. You can watch the films in class or on the Supersite.

Antes de ver... Pre-viewing activities prepare you to view the film. Active vocabulary key to understanding the film is called out in the **Vocabulario** section.

Después de ver... Post-viewing activities check your comprehension and guide you in interpreting the film and reacting to it.

LECTURAS opens
in a visually dramatic way.

1 LECTURAS

Los enamorados, 1923.
Pablo Picasso, España.

"La única fuerza y la única verdad que
hay en esta vida es el amor."

— José Martí

Fine Art A fine art piece by a Spanish-speaking artist illustrates an aspect of the lesson's theme and exposes you to a broad spectrum of works created by male and female artists from different areas of the Spanish-speaking world.

Quotation Quotations by Spanish speakers from around the world and across the ages provide thought-provoking insights into the lesson's theme.

The first reading in LECTURAS
is a literary selection that expands on the lesson's theme while using its vocabulary and grammatical structures.

POEMA
20
Pablo Neruda

Puedo escribir los versos más tristes esta noche.
Escribir, por ejemplo: "La noche está estrellada°,
y tiritan°, azules, los astros°, a lo lejos°".
El viento de la noche gira° en el cielo y canta.

blink; tremble / *starry* / *stars/in the distance* / *turns*

5 Puedo escribir los versos más tristes esta noche.
Yo la quise, y a veces ella también me quiso.

En las noches como ésta la tuve entre mis brazos.
La besé tantas veces bajo el cielo infinito.

Ella me quiso, a veces yo también la quería.
10 Cómo no haber amado sus grandes ojos fijos°.   *fixed*

Puedo escribir los versos más tristes esta noche.
Pensar que no la tengo. Sentir que la he perdido.

Oír la noche inmensa, más inmensa sin ella.
Y el verso cae al alma como al pasto el rocío°.   *like the dew on the grass*

15 Qué importa que mi amor no pudiera guardarla°.   *keep; protect*
La noche está estrellada y ella no está conmigo.

Eso es todo. A lo lejos alguien canta. A lo lejos.
Mi alma no se contenta con haberla perdido.

to bring closer Como para acercarla° mi mirada la busca.
20 Mi corazón la busca, y ella no está conmigo.

La misma noche que hace blanquear° los mismos árboles.   *to whiten*
Nosotros, los de entonces, ya no somos los mismos.

Ya no la quiero, es cierto, pero cuánto la quise.
voice Mi voz° buscaba el viento para tocar su oído.

25 De otro. Será de otro. Como antes de mis besos.
Su voz, su cuerpo claro. Sus ojos infinitos.

Ya no la quiero, es cierto, pero tal vez la quiero.
Es tan corto el amor, y es tan largo el olvido.

Porque en noches como ésta la tuve entre mis brazos,
30 mi alma no se contenta con haberla perdido.

Aunque éste sea el último dolor que ella me causa,
y éstos sean los últimos versos que yo le escribo. ∎

32 *treinta y dos*   Lección 1   Las relaciones personales   *treinta y tres* **33**

Sobre el autor Biographical information focuses your attention on important information about the authors and their works.

Diverse Texts Theme-related texts from high-profile male and female authors from all over the Spanish-speaking world expose you to a variety of genres, such as poetry, short stories, and novels.

Open Design The type size, open space, numbered lines, and marginal glosses were specially designed to make the readings inviting and highly accessible to you.

Análisis literario Explanations and practice of literary techniques central to the reading give you the support you need to analyze literature in Spanish.

Conexión personal Personalized questions prompt you to think about the theme of the reading as it relates to your own life and experiences.

The second reading in LECTURAS
presents an article on contemporary or traditional
cultural topics related to the lesson theme.

Carlos Mencía

Políticamente incorrecto

El comediante **Carlos Mencía** tiene tanto éxito con su programa en *Comedy Central* que mantiene un *blog* para sus *fans*. Allí, se define a sí mismo como una persona que dice lo que piensa. Explica que no le importa "herir los sentimientos" de nadie; "lo que hiere aún más es quedarse callado y dejar que la gente estúpida siga siendo estúpida". También dice en su *blog* que "algunos pueden hacer chistes sobre otras personas, pero no pueden aceptar que se hagan chistes sobre ellos… bueno… si tú eres así… ¡entonces hazme el favor y CÁLLATE!"

10 Carlos Mencía integra una nueva generación de humoristas latinos que llegó para quedarse. Esta gran familia de comediantes también incluye nombres como Pablo Francisco, Liz Torres, 15 Freddy Sotto, Mike Robles, Joey Medina, Ernie G y Shayla Rivera, entre otros. Además, hay que destacar al ya clásico John Leguizamo. Antes de saltar a la fama con su programa *Mind of Mencía* en *Comedy Central*, Carlos ya tenía una 20 larga trayectoria artística.

Nació en Honduras en 1967 y es el penúltimo° de dieciocho hijos. Se crió en Los Ángeles en casa de sus tíos. Estudiaba ingeniería hasta que ganó 25 una competencia° de comedia en el *Laugh Factory*. Le faltaba sólo un crédito para graduarse pero decidió dejar la universidad y dedicarse a la comedia. Aunque al principio su familia no estaba 30 de acuerdo con el cambio, gracias a su perseverancia y al apoyo° de su hermano Joseph, Carlos logró convertirse° en un comediante profesional. Fue en *The Comedy Store* —un renombrado° club de 35 comedia de Los Ángeles— donde adoptó el nombre artístico de Carlos Mencía. Durante la década de los noventa, Carlos participó como comediante y como anfitrión° en varios programas de 40 televisión. En 2001, realizó una popular gira° titulada *The Three Amigos* con Freddy Soto y Pablo Francisco. Antes

second to-last

competition

support
managed to become
renowned

host

tour

de su llegada a *Comedy Central*, ya había hecho dos especiales para HBO.

El humor de Carlos Mencía no 45 perdona a nadie —ni siquiera a su propia familia— y, como consecuencia, Carlos tiene tanto admiradores como detractores. Hace chistes acerca de blancos, negros, minorías y sobre todo 50 latinos. En su lenguaje abundan° las malas palabras. Algunos de sus temas preferidos son las cuestiones raciales, la política, la religión y los temas sociales. Muchos consideran que su estilo excede 55 los límites de lo que es "políticamente correcto".

are plentiful

Cuando observamos las opiniones y reacciones que provoca, las aguas están divididas°. Para algunos, los 60 chistes de Carlos Mencía son demasiado provocativos y perpetúan° estereotipos; para otros, sus chistes son un ejemplo de libre expresión°, un ejemplo de que los latinos ya no son una minoría que es 65 víctima de los chistes de otras personas, sino una comunidad que se siente establecida y que es capaz de reírse de sí misma... y de los demás. ∎

there is disagreement

perpetuate

freedom of speech

El humor de Carlos Mencía

❝ El racismo significa exclusión. Por eso, yo me río de todos. ❞

❝ Al igual que mi padre, yo también nací en América Central… Nebraska. ❞

❝ En Texas, si te llamas Carlos, eres mexicano. En Florida, eres cubano. En Nueva York, eres puertorriqueño. Y luego vengo aquí (Canadá) y me entero de que soy esquimal. ❞

36 *treinta y seis*

Lección 1

Las relaciones personales

treinta y siete 37

Appealing Topics The **Cultura** readings present a unique range of topics that expose you to the people, traditions, and accomplishments particular to the different cultures of the Spanish-speaking world.

Open Design The same open interior design used in the first selection, including numbered lines and marginal glosses, helps make the **Cultura** readings accessible to you.

Vocabulario A vocabulary box lists words and expressions key to the reading.

Contexto cultural The selection is introduced by culturally relevant background information about the theme of the reading.

Post-reading Activities These exercises check your understanding of key ideas and guide you in analyzing, interpreting, and reacting to the content.

Atando cabos
develops your oral communication skills and writing skills.

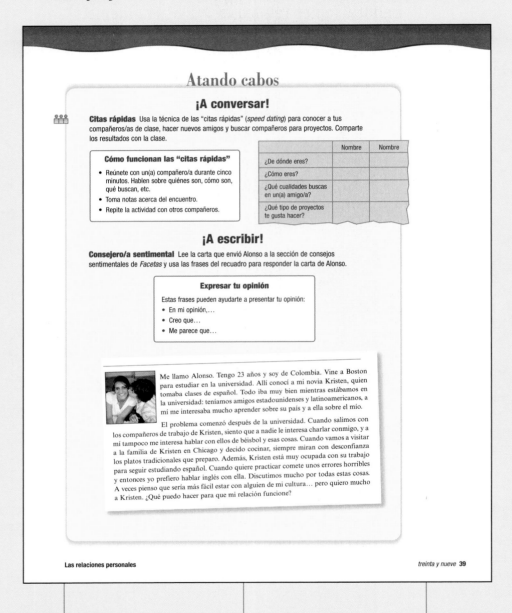

¡A conversar! Step-by-step tasks and problem-solving situations engage you in discussion in pairs, small groups, or with the entire class.

Thematic Readings and Realia These texts serve as springboards for discussion and writing while providing frameworks to help you use language creatively.

¡A escribir! This section provides an engaging, real-life writing task—letters, e-mails, anecdotes, etc.—spun off from the themes and ideas of the lesson.

VOCABULARIO
summarizes the active vocabulary in each lesson.

1 VOCABULARIO

La personalidad

autoritario/a	strict; authoritarian
cariñoso/a	affectionate
cuidadoso/a	careful
falso/a	insincere
gracioso/a	funny; pleasant
inseguro/a	insecure
(in)maduro/a	(im)mature
mentiroso/a	lying
orgulloso/a	proud
permisivo/a	permissive; easy-going
seguro/a	confident
sensato/a	sensible
sensible	sensitive
tacaño/a	cheap; stingy
tímido/a	shy
tradicional	traditional

Los estados emocionales

agobiado/a	overwhelmed
ansioso/a	anxious
deprimido/a	depressed
disgustado/a	upset
emocionado/a	excited
preocupado/a (por)	worried (about)
solo/a	alone; lonely
tranquilo/a	calm

Los sentimientos

adorar	to adore
apreciar	to appreciate
enamorarse (de)	to fall in love (with)
estar harto/a (de)	to be fed up (with); to be sick (of)
odiar	to hate
sentirse (e:ie)	to feel
soñar (o:ue) (con)	to dream (about)
tener celos (de)	to be jealous (of)
tener vergüenza (de)	to be ashamed (of)

Las relaciones personales

el/la amado/a	loved one; sweetheart
el ánimo	spirit
el cariño	affection
la cita (a ciegas)	(blind) date
el compromiso	commitment; responsibility
la confianza	trust; confidence
el desánimo	the state of being discouraged
el divorcio	divorce
la pareja	couple; partner
el sentimiento	feeling; emotion
atraer	to attract
coquetear	to flirt
cuidar	to take care of
educar	to raise; to bring up
dejar a alguien	to leave someone
discutir	to argue
hacerle caso a alguien	to pay attention to someone
impresionar	to impress
llevar... años de (casados)	to be (married) for... years
llevarse bien/mal/fatal	to get along well/badly/terribly
mantenerse en contacto	to keep in touch
pasarlo bien/mal/fatal	to have a good/bad/terrible time
proponer matrimonio	to propose (marriage)
romper (con)	to break up (with)
salir (con)	to go out (with)
soportar a alguien	to put up with someone
casado/a	married
divorciado/a	divorced
separado/a	separated
soltero/a	single
viudo/a	widowed

Más vocabulario

Expresiones útiles	Ver p. 7
Estructura	Ver pp. 14-15, 18-19 y 22-23

Cinemateca

el afiche	poster
el boleto	ticket
la broma	joke
el cortometraje/ corto	short film
la escena	scene
el/la protagonista	protagonist; main character
el recuerdo	memento; souvenir
abrazar	to hug; to hold
averiguar	to find out
meterse	to break in(to a conversation)
suceder	to happen
enamorado/a (de)	in love (with)

Literatura

el alma	soul
el corazón	heart
la mirada	gaze
el olvido	forgetfulness; oblivion
amar	to love
besar	to kiss
contentarse con	to be contented/ satisfied with
querer (e:ie)	to love; to want

Cultura

el/la comediante	comedian
el chiste	joke
el nombre artístico	stage name
la trayectoria	path; history
criarse	to grow up
guardarse (algo)	to keep (something) to yourself
herir (e:ie)	to hurt
quedarse callado/a	to remain silent

FACETAS, Second Edition, Video Programs

Sitcom Video

An episode in the format of a situational comedy accompanies each lesson in **FACETAS**. These episodes portray the everyday lives and adventures of the owner and five employees of the lifestyle magazine *Revista Facetas,* based in Mexico City.

The **Fotonovela** section in each textbook lesson is actually an abbreviated version of the dramatic episode featured in the video. Therefore, each **Fotonovela** section can be done before you see the corresponding video episode, after it, or as a stand-alone section.

Besides providing entertainment, the video serves as a useful learning tool. As you watch the episodes, you will observe the characters interacting in various situations and using real-world language that reflects the vocabulary and grammar you are studying. In addition, because language learning is an ongoing, cumulative process, you will find that the dramatic segments carefully combine new vocabulary and grammar with previously taught language as the video progresses.

Flash cultura

The new, dynamic **Flash cultura** video provides an entertaining and humorous complement to the **Enfoques** section of each lesson. Correspondents from various Spanish-speaking countries report on aspects of life in their countries. The similarities and differences among Spanish-speaking countries that come up through their exchanges will challenge you to think about your own cultural practices and values.

The Cast

Here are the main characters you will meet when you watch the **FACETAS** video:

Mariela Burgos

José Raúl Aguayo

Diana González

Éric Vargas

Juan (Johnny) Medina

Fabiola Ledesma

Film Collection

The **FACETAS** Film Collection contains the short films by Hispanic filmmakers that are the basis for the **Cinemateca** section of every lesson. These award-winning films offer entertaining and thought-provoking opportunities to build your listening comprehension skills and your cultural knowledge of the Spanish-speaking world.

Film Synopses

Lección 1 *Momentos de estación* (Argentina) A commuter purchases his train ticket every day, never once telling the ticket window employee about his feelings for her. He suddenly takes advantage of the moment and tells her… causing a spiraling effect for those around them.

NEW! Lección 2 *Espíritu deportivo* (México) At the funeral of a deceased soccer star, his teammates argue the lineup of their famous match against Brazil.

Lección 3 *Adiós mamá* (México) A man is grocery shopping alone on an ordinary day when a chance meeting makes him the focus of an elderly woman's existential conflict, with a surprising result.

NEW! Lección 4 *Éramos pocos* (España) After being abandoned by his wife, a father and son enlist the help of her mother to keep house.

NEW! Lección 5 *El anillo* (Puerto Rico) Every object has its own story to tell.

NEW! Lección 6 *El día menos pensado* (México) A city ends up without potable water; people must decide whether to flee or stand and guard what little water they have left.

Icons

Icons consistently classify activities by type: listening, video, pair, or group. They also signal when there is additional material on the Supersite (**facetas.vhlcentral.com**).

Familiarize yourself with these icons that appear throughout **FACETAS, Second Edition.**

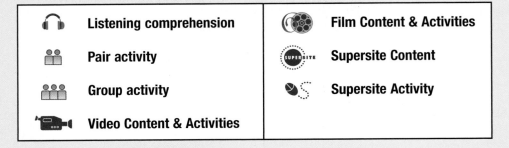

🎧	Listening comprehension	🎞	Film Content & Activities
👥	Pair activity	⬤	Supersite Content
👥👥	Group activity	🖱	Supersite Activity
🎥	Video Content & Activities		

Student Ancillaries

Student Activities Manual

The Student Activities Manual consists of the Workbook, the Lab Manual, and the Video Manual. The Workbook activities provide additional practice of the vocabulary and grammar for each textbook lesson. The Lab Manual activities for each textbook lesson focus on building your listening comprehension skills in Spanish. The Video Manual includes pre-, while-, and post-viewing activities to help you understand the **FACETAS** Sitcom Video.

Lab Audio Program

The Lab Audio Program contains the recordings to be used in conjunction with the activities of the Lab Manual. It comes in six versions: MP3 CD-ROM or downloadable MP3s on the **FACETAS** Supersite.

NEW! FACETAS Sitcom Video DVD

Free-of-charge with each new copy of **FACETAS, Second Edition,** this DVD includes the complete **Fotonovela** Sitcom Video in six dramatic episodes done in the style of a situational comedy.

NEW! Supersite (facetas.vhlcentral.com)

Free with each purchase of a new student text, the **FACETAS, Second Edition,** Supersite Access Code delivers a wide range of online resources to you. Audio, video, and auto-graded practice directly correlate to your textbook and go beyond it. See p. xxiv for more information on the **FACETAS, Second Edition,** Supersite.

Instructor Ancillaries

In addition to the student ancillaries, all of which are available to the instructor, these supplements are also available.

Instructor's Annotated Edition
The Instructor's Annotated Edition (IAE) provides a wealth of information designed to support classroom teaching. The IAE contains answers to exercises overprinted on the page, cultural information, suggestions for implementing and extending student activities, supplemental activities, and cross-references to student and instructor ancillaries.

NEW! Instructor's Resource CD-Rom

- **Instructor's Resource Manual**
  The Instructor's Resource Manual contains teaching suggestions, textbook and lab audioscripts, the Fotonovela videoscript, the filmscripts for the Film Collection, English translations of the **Fotonovela** and Film Collection scripts, plus textbook and SAM answer keys.

- **Testing Program with Audio**
  The Testing Program contains four quizzes for each of the textbook's six lessons, exams for Lessons 1–3 and 4–6 and one final exam. All quizzes and exams include sections on listening comprehension, vocabulary, grammar, and communication. Optional reading sections are also provided. Listening scripts, answer keys, and audio files for the listening sections are also included. The Testing Program is available in three formats: ready-to-print PDFs, editable word-processing files, and a powerful Test Generator.

- **Overheads**
  Overhead materials include selected illustrations and **Estructura** charts from the textbook, as well as maps of all Spanish-speaking countries.

Student Activities Manual Answer Key
This component includes answer keys for all discrete answer activities in the Student Activities Manual.

NEW! FACETAS Video Program DVD
This set of DVDs includes the complete **Fotonovela** Sitcom Video, as well as all six films from the **FACETAS** Film Collection, and the new **Flash cultura** cultural video.

NEW! Supersite (facetas.vhlcentral.com)
The **FACETAS, Second Edition,** Supersite, powered by **Maestro™**, provides a wealth of instructional resources, including a powerful gradebook and course management system, lesson plans, the complete contents of the Instructor's Resource CD-ROM, and much more.

Supersite

Powered by **MAESTRO**™

Vista Higher Learning is proud to introduce the **FACETAS, Second Edition,** Supersite to accompany your intermediate Spanish Textbook. Powered by **Maestro**™**,** a brand-new language learning system, the **FACETAS Supersite** offers a wealth of resources that correlate to your textbook and go beyond it.

For Students
Student resources, available through your access code, are provided free-of-charge with the purchase of a new student text:

- Selected activities from the student text, available with auto-grading
- Additional activities for each strand of the book
- Additional cultural information and research activities
- Downloadable MP3s of the entire Textbook Audio Program & Lab Audio Program
- The entire Video Program, including the new **Flash cultura** cultural video, the **Fotonovela** sitcom, and the **FACETAS, Second Edition,** Film Collection
- Multiple resources, such as a Spanish-English Dictionary and a Verb Wheel
- And much, much more…

For Instructors
Instructors have access to the entire student site, as well as these key resources:

- The entire Instructor Ancillary package, including the Instructor's Resource Manual, Testing Program, and Lesson Plans, in downloadable and printable formats
- A robust course management system, powered by **Maestro**™
- The Instructor Exchange forum, where instructors may connect with colleagues for tips and suggestions
- Downloadable MP3s of the entire Textbook Audio Program & Lab Audio Program
- And much, much more…

Reviewers

Vista Higher Learning expresses its sincere appreciation to the college professors nationwide who, through their review of the first edition, helped us and our authors consolidate the concept and contents of **FACETAS**. Their insights, ideas, and comments were invaluable to the final product.

Raquel Aguilú de Murphy
Marquette University, WI

Elizabeth Allen
Harpeth Hall School, TN

Philip D. Ambard
United States Air Force Academy, CO

Engracia Angrill Schuster
Onondaga Community College, NY

Anselmo Arguelles
Portland Community College, OR

Lawrence Banducci
Cabrillo College, CA

Rosalba Bellen
Archmere Academy, DE

Ernesto Benítez Rodríguez
University of Calgary, AB

Pam Benítez
Niles North High School, IL

Juan Antonio Bernabeu
Laramie County Community College, WY

Suzanne Chávez
Rogue Community College, OR

María Córdoba
University of North Carolina, Greensboro, NC

Christine Cotton
Elon University, NC

Dale S. Crandall
Gainesville College, GA

Jodi Cusick-Acosta
Vernon Hills High School, IL

Nancy G. Díaz
Rutgers University, NJ

Consuelo España
Cabrillo College, CA

Ruston Ford
Indian Hills Community College, IA

María Antonieta Galván
Palo Alto College , TX

Luz Harshbarger
Wright State University, Lake Campus, OH

Hiltrud A. Heller
El Camino College & West L.A. College, CA

David Howard
Oak Grove School, CA

Harriet Hutchinson
Bunker Hill Community College, MA

Maureen Ihrie
Elon University, NC

Teresa M. Klocker
New Trier Township High School, IL

Carmen F. Klohe
St. John's University, NJ

Ernest J. Lunsford
Elon University, NC

Shannon Maddox
George Walton Academy, GA

Sonia Maruenda
University of Wisconsin, Green Bay, WI

Jane Mathias
Nardin Academy, NY

Libardo Mitchell
Portland Community College, OR

Maureen Murov
Centenary College, LA

Nela Navarro
Rutgers University, NJ

Perry Nigh
Milwaukee Area Technical College,
WI

Bernice Nuhfer-Halten
SPSU, GA

Kevin J. O'Connor
Colorado College, CO

César Paredes
Milwaukee Technical College, PA

Teresa Pérez-Gamboa
University of Georgia, Athens

Amalia Petrusha
Marquette University, WI

Cindy J. Phelps
Newberg High School, OR

Maribel Piñas-Espigule
Portland Community College, OR

April Post
Elon University, NC

Claire Reetz
Florida Community College,
Jacksonville, FL

Denise Saldivar
Diablo Valley College, CA

Katie Salgado
St. Mary's School, OR

Rosa Salinas Samelson
Palo Alto College, TX

Susana Sandmann
University of St. Thomas, MN

Belinda A. Sauret
Gainesville College, GA

Timothy Scott
Onondaga Community College, NY

Gabriela Segal
Arcadia University, PA

Patricia Suppes
Elon University, NC

Sonia Torna
Bellarmine College Preparatory, CA

Sixto E. Torres
Gainesville College, GA

Teresa Vargas
Peace College, NC

Barry L. Velleman
Marquette University, WI

Miguel Verano
United States Air Force Academy,
CO

Doug West
Sage Hill School, CA

Jennifer Wood
Scripps College, CA

Sheila Young
Butler University, IN

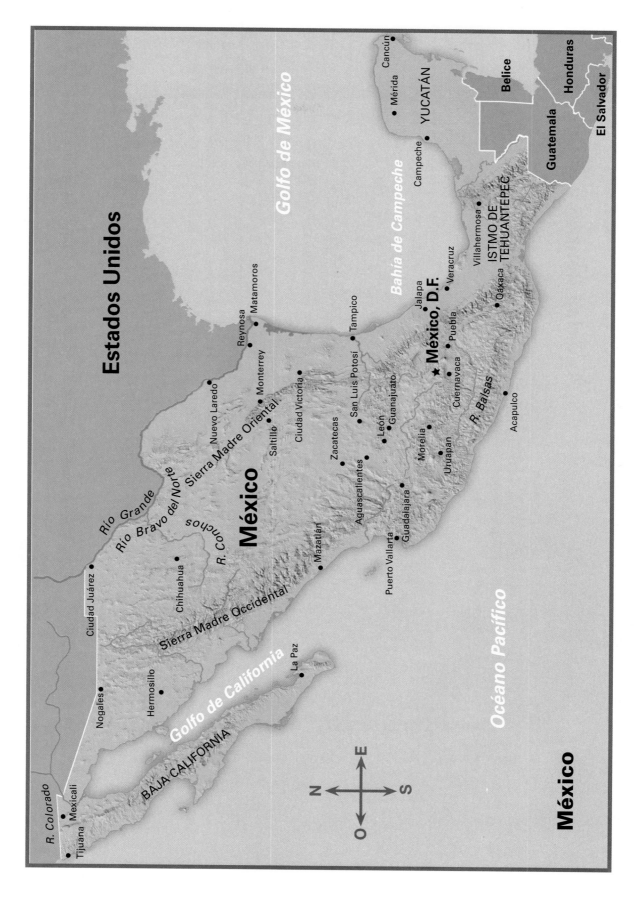

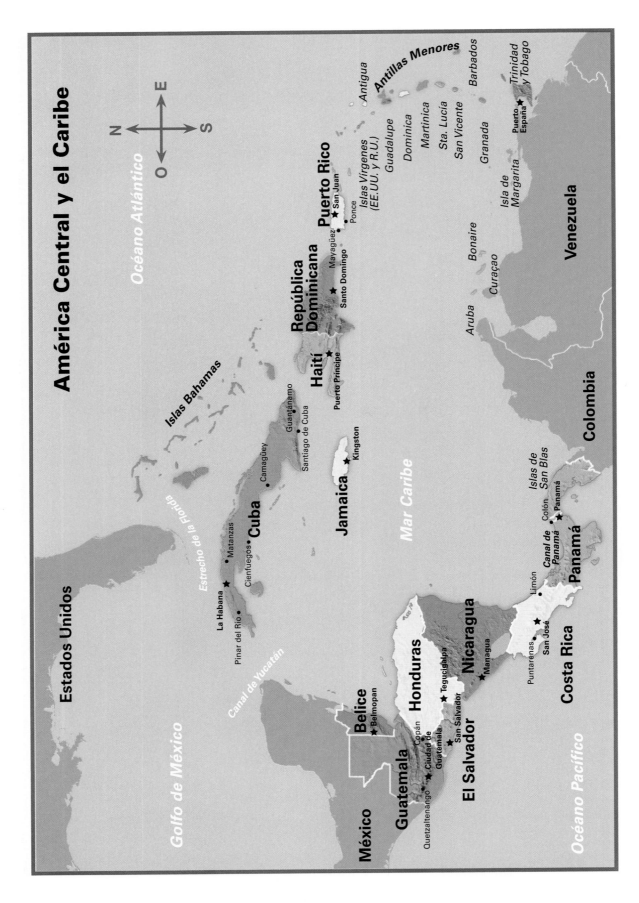

América Central y el Caribe

Mar Caribe

Barranquilla
Maracaibo
Caracas ★
Venezuela
Puerto España ★
Trinidad y
Tobago

Medellín
Colombia
Bogotá ★
R. Orinoco
Georgetown ★
Guyana
Paramaribo ★
Cayena
Surinam
Guayana
Francesa

Cali
R. Magdalena

Pasto
★ Quito
Ecuador
R. Negro
R. Amazonas

Guayaquil
Iquitos
Manaus
Belém

Perú
R. Madeira

Cordillera de los Andes

Recife

Lima ★
Cuzco
Lago Titicaca
Brasil
★ Brasilia
Salvador

Arequipa
★ La Paz
Bolivia
R. Paraguay
Belo Horizonte

Arica
Sucre ★
R. Paraná
São Paulo
Río de Janeiro
Iquique

Océano
Pacífico
Antofagasta
Paraguay
Santos

Salta
Asunción ★

Chile
R. Paraná
R. Uruguay
Porto Alegre

Córdoba

Valparaíso
Mendoza
Rosario
Uruguay
Santiago ★
Buenos Aires ★
Montevideo

Concepción
Argentina
Océano
Atlántico

Cordillera de los Andes
Bahía Blanca

Puerto Montt

N

O ← → E

S

Estrecho de
Magallanes

Punta Arenas
Islas Malvinas

Tierra
del Fuego

América del Sur

Islas Galápagos

Océano
Pacífico
Isla Pinta
Isla
Marchena
Isla
Genovesa
Isla
Isabela
Línea Ecuatorial
ECUADOR
Volcán Darwin
Isla Santiago
(San Salvador)
Isla
Fernandina
Puerto Ayora
Isla San
Cristóbal
Isla Santa
Cruz
Santo
Tomás
Puerto Barquerizo
Moreno
Isla
Santa María
Isla Española

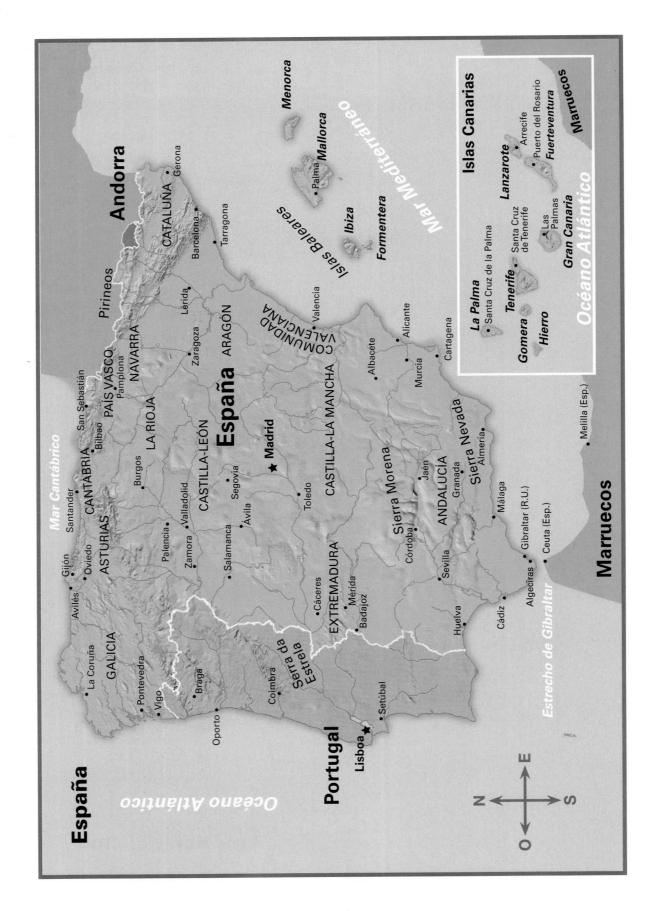

Las relaciones personales

Communicative Goals

You will expand your ability to…

- describe in the present
- narrate in the present
- express personal relationships

Las relaciones **personales**

La personalidad

autoritario/a *strict; authoritarian*
cariñoso/a *affectionate*

cuidadoso/a *careful*
falso/a *insincere*
gracioso/a *funny; pleasant*

inseguro/a *insecure*
(in)maduro/a *(im)mature*
mentiroso/a *lying; liar*
orgulloso/a *proud*
permisivo/a *permissive; easy-going*
seguro/a *sure; confident*
sensato/a *sensible*
sensible *sensitive*
tacaño/a *cheap; stingy*
tímido/a *shy*
tradicional *traditional*

Los estados emocionales

agobiado/a *overwhelmed*
ansioso/a *anxious*
deprimido/a *depressed*
disgustado/a *upset*

emocionado/a *excited*
preocupado/a (por) *worried (about)*
solo/a *alone; lonely*
tranquilo/a *calm*

Los sentimientos

Carlos **se está enamorando** de Marisa pero **tiene vergüenza de** decírselo. Marisa también **sueña con** él, y hoy ha decidido decirle cómo **se siente**.

adorar *to adore*
apreciar *to appreciate*
enamorarse (de) *to fall in love (with)*
estar harto/a (de) *to be fed up (with); to be sick (of)*
odiar *to hate*
sentirse (e:ie) *to feel*
soñar (o:ue) (con) *to dream (about)*
tener celos (de) *to be jealous (of)*
tener vergüenza (de) *to be ashamed/embarrassed (of)*

Llevan más de cincuenta años de casados. Dicen que los secretos de un buen **matrimonio** son **la confianza** y **el cariño**.

el/la amado/a *loved one; sweetheart*
el ánimo *spirit*
el cariño *affection*
la cita (a ciegas) *(blind) date*
el compromiso *commitment; responsibility*
la confianza *trust; confidence*
el desánimo *the state of being discouraged*
el divorcio *divorce*
la pareja *couple; partner*
el sentimiento *feeling; emotion*

atraer *to attract*
coquetear *to flirt*
cuidar *to take care of*
educar *to raise; to bring up*
dejar a alguien *to leave someone*
discutir *to argue*

hacerle caso a alguien *to pay attention to someone*
impresionar *to impress*
llevar… años de (casados) *to be (married) for… years*
llevarse bien/mal/fatal *to get along well/badly/ terribly*
mantenerse en contacto *to keep in touch*
pasarlo bien/mal/fatal *to have a good/bad/ terrible time*
proponer matrimonio *to propose (marriage)*
romper (con) *to break up (with)*
salir (con) *to go out (with)*
soportar a alguien *to put up with someone*

casado/a *married*
divorciado/a *divorced*
separado/a *separated*
soltero/a *single*
viudo/a *widowed*

 Práctica

1 **Escuchar**

 A. Después de una cita con Andrés, Paula le cuenta todo a su mejor amiga, Isabel. Escucha la conversación y decide si las oraciones son **ciertas** o **falsas**. Corrige las falsas.

1. Después de la cita con Andrés, Paula está muy emocionada.
2. Según Paula, los dos se llevan mal.
3. Paula dice que Andrés es feo e inseguro.
4. Paula quiere salir otra vez con Andrés.

 B. Ahora escucha la conversación entre Andrés y su mejor amigo, José Luis, y decide si las oraciones son **ciertas** o **falsas**. Corrige las falsas.

1. Según Andrés, él y Paula lo pasaron bien.
2. Andrés piensa que Paula es demasiado tímida.
3. Andrés quiere salir otra vez con Paula.
4. Andrés tiene celos porque José Luis quiere salir con Paula.

C. En parejas, imaginen que José Luis decide llamar a Paula y que Andrés decide llamar a Isabel. Inventen la conversación de una de estas dos conversaciones telefónicas y compártanlo con la clase.

2 **Analogías** Completa cada analogía con la palabra apropiada.

autoritario	cuidadoso	mentiroso
casados	discutir	romper con
cita	gracioso	tranquilo

1. estresado : ansioso :: falso : _____
2. generoso : tacaño :: permisivo : _____
3. divorcio : divorciados :: matrimonio : _____
4. amar : odiar :: salir con : _____
5. cariño : cariñoso :: cuidado : _____
6. disgustado : contento :: emocionado : _____
7. casados : boda :: novio : _____
8. casarse : comprometerse :: divorciarse : _____

Práctica

3) Definiciones Indica las palabras que corresponden a cada definición.

____ 1. compromiso entre dos o más personas sobre el lugar, la fecha y la hora para encontrarse.

____ 2. que sufre de depresión, tristeza o desánimo.

____ 3. enseñar a una persona o a un animal a comportarse según ciertas normas.

____ 4. prestarle atención a alguien.

____ 5. conjunto formado por dos personas o cosas que se complementan o son semejantes como, por ejemplo, hombre y mujer.

____ 6. estimar o reconocer el valor de algo o de alguien.

a. apreciar
b. cita
c. cuidar
d. deprimido/a
e. discutir
f. educar
g. hacerle caso
h. pareja
i. viudo/a

4) Contrarios Don Paco y doña Paquita son gemelos (*twins*), pero tienen personalidades muy distintas. Completa las descripciones con el adjetivo correspondiente a doña Paquita.

> **MODELO** Don Paco siempre es muy seguro, pero doña Paquita es… insegura.

1. Don Paco es un hombre sincero, pero doña Paquita es…

2. Don Paco es muy generoso con su dinero, pero doña Paquita es…

3. No sabes lo sociable que es don Paco, pero doña Paquita es muy…

4. Don Paco es permisivo con sus hijos, pero doña Paquita es…

5. A don Paco le gusta estar con gente, pero doña Paquita prefiere estar…

6. Todos piensan que don Paco es moderno, pero que doña Paquita es…

7. Don Paco se porta (*behaves*) como adulto, pero doña Paquita es tan…

8. Don Paco es muy modesto, pero doña Paquita es muy…

Comunicación

5 **¿Cómo eres?** Trabaja con un(a) compañero/a.

A. Contesta las preguntas del test.

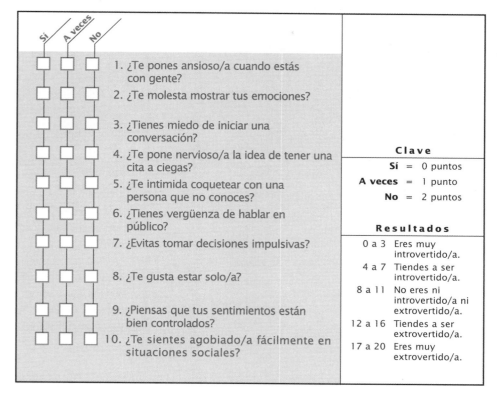

Sí	A veces	No	
☐	☐	☐	1. ¿Te pones ansioso/a cuando estás con gente?
☐	☐	☐	2. ¿Te molesta mostrar tus emociones?
☐	☐	☐	3. ¿Tienes miedo de iniciar una conversación?
☐	☐	☐	4. ¿Te pone nervioso/a la idea de tener una cita a ciegas?
☐	☐	☐	5. ¿Te intimida coquetear con una persona que no conoces?
☐	☐	☐	6. ¿Tienes vergüenza de hablar en público?
☐	☐	☐	7. ¿Evitas tomar decisiones impulsivas?
☐	☐	☐	8. ¿Te gusta estar solo/a?
☐	☐	☐	9. ¿Piensas que tus sentimientos están bien controlados?
☐	☐	☐	10. ¿Te sientes agobiado/a fácilmente en situaciones sociales?

Clave

Sí = 0 puntos
A veces = 1 punto
No = 2 puntos

Resultados

0 a 3 Eres muy introvertido/a.
4 a 7 Tiendes a ser introvertido/a.
8 a 11 No eres ni introvertido/a ni extrovertido/a.
12 a 16 Tiendes a ser extrovertido/a.
17 a 20 Eres muy extrovertido/a.

B. Ahora suma (*add up*) los puntos. ¿Cuál es el resultado del test? ¿Estás de acuerdo? Comenta tu resultado y tu opinión con tu compañero/a.

6 **Problemas y consejos**

A. En grupos de cuatro, elijan una de estas situaciones. Inventen más detalles para describir la situación. ¿Quiénes son los personajes? ¿Cuál es su relación? ¿Dónde se encuentran? ¿Cuánto tiempo llevan juntos? ¿Cuándo se originó el problema?

1. Intercambian miradas (*glances*). Él se pregunta si ella está coqueteando con él.

2. Quiere mucho a su esposo/a, pero él/ella tiene celos de todo el mundo. Él/ella no soporta los celos de su pareja.

3. Hacen una buena pareja, pero él nunca le va a proponer matrimonio.

4. Se conocieron en una cita a ciegas y se llevaron fatal.

5. Se quieren, pero siempre están discutiendo por cualquier cosa.

B. Ahora, escriban un breve correo electrónico en el que uno de los personajes describe su problema y le pide consejos a un(a) amigo/a. Lean la carta a la clase para que sus compañeros ofrezcan sus consejos.

FOTONOVELA

Los empleados de *Facetas* hablan de cómo recibir a un cliente.
Mariela, una nueva empleada, llega a la oficina.

JOHNNY (*al teléfono*) Revista *Facetas*… (*dirigiéndose a Diana*) Es para Aguayo.

FABIOLA Está en el baño.

JOHNNY (*al teléfono*) En estos momentos está en el baño.

DIANA ¡No! Di que está reunido con un cliente.

JOHNNY (*al teléfono*) Disculpe, está en el baño reunido con un cliente.

JOHNNY Jefe, tiene un mensaje de Mariela Burgos.

AGUAYO Gracias… Es la nueva artista gráfica. Viene a reunirse con nosotros.

Aguayo se marcha a su oficina.

FABIOLA No creo que quepamos todos en el baño.

DIANA (*repartiendo libretas*) Éste es el manual de conducta profesional.

FABIOLA Página tres: "Cómo recibir a un cliente".

ÉRIC (*se levanta*) ¿Quieren una demostración? Johnny, tú eres el cliente.

JOHNNY Quizás no soy un cliente. Podría ser un supermodelo o algo así.

FABIOLA Mejor un cliente.

En la oficina central… Entra el muchacho de la pizza.

JOHNNY ¿Alguien ordenó pizza?

MUCHACHO ¿Éste es el 714 de la avenida Juárez…?

MARIELA (*interrumpe*) ¿Oficina uno, revista *Facetas*?… Soy Mariela. No sabía llegar, así que ordené una pizza y seguí al muchacho.

JOHNNY ¡Bienvenida!

En la sala de reuniones…

AGUAYO Mariela, te quiero presentar al equipo de *Facetas*. Él es Éric, nuestro fotógrafo.

ÉRIC ¿Qué tal?

AGUAYO Ella es Fabiola. Se encarga de las secciones de viajes, economía, turismo y farándula.

FABIOLA Mucho gusto.

AGUAYO Él es Johnny. Escribe las secciones de arte, comida, bienestar y política.

JOHNNY Hola.

AGUAYO Y ella es Diana. Está a cargo de las ventas y el mercadeo.

Personajes

AGUAYO

DIANA

ÉRIC

FABIOLA

JOHNNY

MARIELA

MUCHACHO DE LA PIZZA

ÉRIC Ya sé. Eres un millonario que viene a comprar la revista.

JOHNNY Perfecto. Soy el magnate Juan Medina.

ÉRIC Bienvenido a *Facetas*, señor Medina. Bienvenido.

Se abrazan.

Luego, en la cocina...

AGUAYO Hay que ser cuidadoso al contestar el teléfono.

JOHNNY Querrás decir mentiroso.

DIANA Es una formalidad.

ÉRIC Odio ser formal.

FABIOLA Es lindo abrazar a la gente Éric, pero esto es una oficina, no un partido de fútbol.

DIANA Me han hablado tanto de ti, que estoy ansiosa por conocer tu propia versión.

MARIELA Tengo veintidós años, soy de Monterrey, estudio en la UNAM y vengo de una familia grande.

JOHNNY ¿Muy grande?

MARIELA En cincuenta años de matrimonio mis padres han criado a nueve hijos y veinte nietos.

FABIOLA ¿Qué te pareció?

ÉRIC Está buenísima.

FABIOLA ¿Eso es todo lo que tienes que decir?

ÉRIC ¿Qué más se puede decir de una pizza?

FABIOLA ¡Te estoy hablando de Mariela!

ÉRIC Creo que es bella, talentosa e inteligente. Más allá de eso, no me impresiona para nada.

Expresiones útiles

Talking about responsibilities

Fabiola se encarga de...
Fabiola is in charge of...

Estoy encargado/a de...
I'm in charge of...

Diana está a cargo de...
Diana is in charge of...

Estoy a cargo de...
I'm in charge of...

Talking about your impressions

¿Qué te pareció Mariela?
What did you think of Mariela?

Me pareció...
I thought...

Creo que es bella, talentosa e inteligente.
I think she's beautiful, talented, and intelligent.

Más allá de eso, no me impresiona para nada.
Beyond that, she doesn't impress me at all.

Additional vocabulary

ansia *anxiety*   **ansioso/a** *anxious*

cuidado *care*   **cuidadoso/a** *careful*

mentira *lie*   **mentiroso/a** *lying*

talento *talent*   **talentoso/a** *talented*

la farándula *entertainment*

han criado *have raised*

el mercadeo *marketing*

querrás *you will want*

quepamos *(form of **caber**) we fit*

Comprensión

1. **La trama** Primero, indica con una **X** los hechos (*events*) que no ocurrieron en este episodio. Después, indica con números el orden en el que ocurrieron los restantes (*the remaining ones*).

_____ a. Diana llega con el manual de conducta profesional.

_____ b. Éric ordena una pizza con anchoas.

_____ c. Mariela deja un mensaje para Aguayo.

_____ d. Un muchacho llega a la oficina con una pizza.

_____ e. Aguayo presenta a Mariela al grupo.

_____ f. Johnny gana la lotería.

_____ g. Fabiola le pregunta a Éric su opinión sobre Mariela.

_____ h. Johnny contesta el teléfono.

_____ i. Mariela llega a la oficina.

_____ j. Aguayo paga la pizza.

_____ k. Éric y Johnny practican la forma correcta de recibir a un cliente.

_____ l. Los empleados de *Facetas* celebran el cumpleaños de Mariela.

2. **¿Quién lo haría?** ¿Quién estaría a cargo de estas actividades?

Aguayo **Diana** **Éric**

Fabiola **Johnny** **Mariela**

1. Sacar fotos para la revista.
2. Escribir un artículo sobre un concierto de música pop.
3. Hablar con las personas que quieren poner anuncios (*ads*) en la revista.
4. Escribir un artículo sobre las pirámides de Egipto.
5. Entrevistar a un ministro del gobierno mexicano para hablar de la inflación.
6. Escribir un artículo sobre la corrupción política.
7. Escribir la reseña (*review*) de un nuevo restaurante.
8. Preparar dibujos para los artículos de la revista.
9. Conseguir más lectores (*readers*).
10. Seleccionar al personal (*staff*).

Ampliación

(3) Preguntas En parejas, contesten las preguntas.

1. ¿Qué te parecen los empleados de la revista *Facetas*? ¿Cómo son?

2. ¿De qué está encargado cada empleado? En tu opinión, ¿cuál de ellos tiene más responsabilidad? Explica tu respuesta.

3. ¿Crees que a Mariela le va a gustar su nuevo trabajo? ¿Por qué?

4. ¿Te perdiste alguna vez en una ciudad grande? ¿Qué hiciste?

5. ¿Cómo son los empleados donde tú trabajas? ¿Son parecidos (*similar*) a los empleados de *Facetas*?

(4) Apuntes culturales En parejas, lean los párrafos y contesten las preguntas.

A larga distancia

Mariela, la nueva artista gráfica de *Facetas*, es de Monterrey, pero se ha mudado a México D.F. para trabajar. En Latinoamérica las personas se mudan con menos frecuencia que en los EE.UU. y mantienen el contacto con los amigos de la infancia y toda la familia. ¡Con todos los sobrinos que tiene, Mariela va a necesitar un buen plan de telefonía celular!

¿Un mapa o una pizza?

Mariela descubre una forma creativa de manejarse en la ciudad más grande del mundo. Sin embargo, algunas ciudades pequeñas de Latinoamérica presentan sus propios desafíos (*challenges*). Si *Facetas* se publicara en Costa Rica, la dirección de la oficina podría ser: del Parque la Sabana, 100 metros al norte del antiguo (*former*) Banco Nacional, portón (*gate*) rojo, San José.

México D.F.

La Universidad Nacional Autónoma de México

Mariela estudia en la UNAM, una de las universidades más grandes y prestigiosas de Latinoamérica. Establecida en 1551, hoy en día la UNAM cuenta con más de 200.000 estudiantes. El campus más grande está en México D.F.; tiene otros en el resto del país y también en Texas, Illinois y Canadá.

1. ¿Te has mudado tú para asistir a la universidad o por motivos de trabajo? ¿Cuáles son las ventajas (*advantages*) y desventajas de vivir lejos del lugar donde creciste?

2. ¿Cuántos amigos/as o parientes (*relatives*) tuyos se han mudado a otra ciudad? ¿Qué hacen ustedes para mantenerse en contacto?

3. ¿Cómo te manejas (*get around*) en tu propia ciudad? ¿Buscas direcciones en Internet? ¿Qué haces si te pierdes? ¿Le pides direcciones a alguien o prefieres usar un mapa?

4. ¿De qué tamaño es la universidad tuya? ¿Cuáles son las diferencias entre las universidades grandes y las pequeñas? ¿Qué tipo de ambiente prefieres tú?

En detalle

PAREJAS SIN FRONTERAS

ESTADOS UNIDOS

Es el año 2000. Ana Villegas está frente a su computadora en México jugando *online* un juego de cartas. Del otro lado está Frank Petersen, de Fairhaven, MA, también aficionado al mismo juego. Este simple juego los lleva a una amistad que luego se convierte en amor. A pesar de los temores y del escepticismo familiar, dos años después, Ana deja México y se muda a los Estados Unidos, donde hoy vive junto a su esposo Frank.

La historia de Ana no es un caso aislado°. El número de parejas interculturales está en marcado aumento°. Entre las causas más importantes están la globalización, la asimilación de los hijos de inmigrantes a la cultura estadounidense y el aumento en la edad promedio° de las parejas al casarse. En 1960, en los Estados Unidos, el promedio de edad al casarse era veintitrés para los hombres y veinte para las mujeres. Actualmente es veintisiete y veinticinco. ¿Qué tiene que ver° este cambio con el aumento de las parejas interculturales? Antes los jóvenes solían° casarse con personas de su comunidad. Ahora, muchos tienen la oportunidad de viajar, vivir solos o irse a vivir a otro país. Esta nueva independencia los expone° a otras culturas. Por lo tanto, es más común que formen parejas con personas de culturas diferentes.

Las parejas interculturales enfrentan° muchos desafíos° —problemas de comunicación, diferencias en valores y formas de pensar, falta de aceptación de algunos familiares— pero también tienen una oportunidad única de crecimiento° personal; además, la exposición a otras maneras de pensar nos ayuda a echar una mirada° crítica a nuestra propia cultura. ∎

Consejos de Ana

- Esfuérzate° por conocer la cultura de tu pareja.
- Evita perpetuar los estereotipos.
- Pon énfasis en lo que los une y no en lo que los separa.
- Educa a tu familia y a tus amigos acerca de la cultura de tu pareja.
- Aprende a no dejarte llevar° por los comentarios y las miradas de las personas que no están a favor de las relaciones interculturales.

Matrimonios interculturales

De acuerdo con la Oficina del Censo, el número de parejas interraciales se cuadruplicó entre 1970 y 1995.

18% de las mujeres latinas casadas tienen un esposo no latino.

15% de los hombres latinos casados tienen una esposa no latina.

Fuente: Censo estadounidense – Año 2000

---

aislado *isolated* **marcado aumento** *marked increase* **promedio** *average* **Qué tiene que ver** *what does (it) have to do* **solían** *used to* **expone** *exposes* **enfrentan** *face* **desafíos** *challenges* **crecimiento** *growth* **echar una mirada** *take a look* **Esfuérzate** *make an effort* **dejarte llevar** *allow yourself to be influenced*

Las relaciones

enamorado/a (Pe.)   *boyfriend/girlfriend*

chavo/a (Méx.)   *boyfriend/girlfriend*

ponerse de novio/a (con)   *to start dating someone*

estar de novio   *to be dating someone*

estar en pareja con (Esp.)   *to be dating someone*

salir con   *to date informally*

romper (con) (Chi.)   *to break up (with)*

estar padre (Méx.)   *to be attractive*

estar bueno/a (Arg.)   *to be attractive*

Las relaciones

Tendencias

- Aunque en la mayoría de los países hispanos ya no hay reglas fijas, es costumbre que el hombre invite en los primeros encuentros.

- En los Estados Unidos, cada vez más latinos participan en citas rápidas (*speed dating*) para encontrar pareja.

Costumbres

- En España, los catalanes celebran por San Jorge el día de los enamorados. En este día el hombre regala una rosa a su persona querida, y ésta le regala un libro.

- En algunos pueblos de México, como Zacatecas, es costumbre que las mujeres y los hombres solteros vayan a caminar solos o en grupos alrededor de la plaza los domingos. Las mujeres y los hombres caminan en dirección contraria para poder observarse mutuamente.

ISABEL Y WILLIE

La escritora chilena Isabel Allende y el abogado estadounidense Willie Gordon comparten el amor por el arte y la compañía de buenos amigos. Allende conoció a su esposo durante la presentación de su novela *De Amor y de Sombra* en California en 1988. Gordon admiraba la obra y el talento de esta escritora latinoamericana, y Allende, por su parte, no tardó° en enamorarse de él. Una vez, Gordon hizo un chiste° sobre el matrimonio en una cena con un grupo de personas. Dijo que nunca se volvería a casar a menos que no le quedara otro remedio. Allende se enojó y le dijo que ella había dejado todo por él —su cultura y su gente—, y que éste no le ofrecía ningún compromiso. Así, al día siguiente, Gordon le respondió: "Vale°, me caso." Isabel Allende y Willie Gordon se casaron ese mismo año y, desde entonces, viven en un tranquilo suburbio californiano.

❝ Echo de menos la familia y el idioma, el sentido del humor, porque nadie me tiene que explicar un chiste en Chile, mientras que acá no los entiendo. ❞ (Isabel Allende)

SUPERSITE   ## Conexión Internet

¿Qué otras parejas interculturales famosas conoces?

To research this topic, go to **facetas.vhlcentral.com**.

tardó *didn't take long* **chiste** *joke* **vale** *ok*

¿Qué aprendiste?

① Comprensión Indica si estas afirmaciones son **ciertas** o **falsas**. Corrige las falsas.

1. Al principio, las familias de Ana y Frank no confiaban en el éxito de la relación.
2. El número de parejas interculturales está aumentando poco a poco.
3. Actualmente, la edad promedio al casarse es venticinco para los hombres y veintisiete para las mujeres.
4. En el pasado, era común entre los jóvenes casarse con gente de otras culturas.
5. Oportunidades como viajar, vivir solos, estudiar o vivir lejos de casa permiten que los jóvenes expandan su círculo y conozcan a gente de otras culturas.
6. La exposición a otras culturas puede afectar nuestra forma de pensar sobre nuestra propia cultura.
7. El número de parejas interraciales se triplicó entre 1970 y 1995.
8. Ana aconseja prestar mucha atención a las diferencias en la pareja.
9. Según Ana, es importante que tu familia y tus amigos aprendan acerca de la cultura de tu pareja.
10. Ana recomienda no dejarse llevar por las opiniones de las personas prejuiciosas (*prejudiced*).

② Las relaciones Completa las oraciones.

1. Willie Gordon sentía _____ por las obras de Isabel Allende.
   a. cariño   b. indiferencia   c. fascinación
2. Allende _____ por una broma que Gordon hizo sobre el casamiento.
   a. se sintió alagada   b. se enfadó
   c. se ofendió
3. En Chile se usa la palabra _____ cuando las parejas se dejan.
   a. destrozarse   b. separarse   c. romper
4. Actualmente, es popular para los latinos en los EE.UU. participar en _____ .
   a. citas rápidas   b. citas a ciegas
   c. citas en Internet.

③ Preguntas Contesta las preguntas.

1. ¿Crees que el Día de San Valentín es importante para celebrar la amistad y el amor o es una excusa para gastar dinero?
2. ¿Es fácil conocer gente *online*? ¿Por qué?
3. ¿Cuáles son otros de los desafíos que enfrentan las parejas interculturales?
4. ¿Cuál es el más importante de los consejos que da Ana? ¿Por qué?

 ④ Opiniones En parejas, escriban cuatro beneficios y cuatro desafíos (*challenges*) de las relaciones interculturales. Traten de no repetir los del artículo.

PROYECTO

Buscar pareja en Internet

Imagina que decides buscar pareja por Internet. Siempre te interesó salir con alguien de otra cultura. Escribe tu perfil para un sitio de citas por Internet. En tus descripciones, usa el vocabulario de la sección **Contextos** y el vocabulario aprendido en esta sección. Tu perfil debe incluir como mínimo:

1. Una descripción de cómo eres.
2. Una descripción de lo que buscas.
3. Una explicación de por qué te interesa conocer a alguien de otra cultura.
4. Cualquier otra información que consideres importante.

BACILOS

El grupo **Bacilos** nace de la amistad de tres estudiantes universitarios latinoamericanos —**José Javier Freire** (puertorriqueño), **Jorge Villamizar** (colombiano) y **André Lopes** (brasileño)— que se conocieron cuando estudiaban en Miami. Motivados por la pasión y el entusiasmo por la música, decidieron formar una banda a principios de los noventa. Bacilos, que significa *bacterias*, originalmente se llamó Bacilos Búlgaros por un remedio casero de la abuela de Jorge. Las canciones de Bacilos fusionan rock y pop con reggae, rap y ritmos de toda Latinoamérica. Sus letras hablan de amor, inmigración, racismo, política y sociedad. La banda saltó a la fama con el álbum *Caraluna* y, en 2003, fue ganadora de un premio Grammy y dos Grammys Latinos por ese álbum y por la canción *Mi primer millón*.

Discografía

2005 Sinvergüenza   **2003** Caraluna   **2000** Madera

Canción

Éste es un fragmento de la canción que tu instructor te hará escuchar.

Mi primer millón
por Jorge Villamizar y Sergio George

Yo solo quiero pegar° en la radio,

Para ganar mi primer millón,

Para comprarte una casa grande,

En donde quepa° tu corazón.

Éstas son otras bandas y solistas latinos que, al igual que Bacilos, iniciaron sus carreras artísticas en los Estados Unidos:

- Tito Puentes (estadounidense) – salsa
- Carlos Santana (mexicano) – rock
- Selena (estadounidense) – música tejana
- **Julissa** (estadounidense) – pop latino
- Ozomatli (líder mexicano) – rock alternativo

 Preguntas En parejas, contesten las preguntas.

1. ¿Dónde se conocieron los integrantes de Bacilos? ¿De qué países provienen?
2. ¿Sobre qué temas tratan sus canciones?
3. ¿Cuál es el deseo de la persona que canta la canción *Mi Primer Millón*?
4. ¿Qué otros músicos latinos conoces? ¿Te gusta su música?

pegar *have a hit* **quepa** *fit*

1.1 The present tense

Regular –ar, –er, and –ir verbs

TALLER DE CONSULTA

MANUAL DE GRAMÁTICA
Más práctica
1.1 The present tense,
p. 245
1.2 **Ser** and **estar**, p. 246
1.3 Progressive forms,
p. 247
Más gramática
1.4 Nouns and articles,
p. 248
1.5 Adjectives, p. 250

- The present tense (**el presente**) of regular verbs is formed by dropping the infinitive ending **–ar**, **–er**, or **–ir** and adding personal endings.

The present tense of regular verbs			
	hablar *to speak*	**beber** *to drink*	**vivir** *to live*
yo	hablo	bebo	vivo
tú	hablas	bebes	vives
Ud./él/ella	habla	bebe	vive
nosotros/as	hablamos	bebemos	vivimos
vosotros/as	habláis	bebéis	vivís
Uds./ellos/ellas	hablan	beben	viven

- The present tense is used to express actions or situations that are going on at the present time and to express general truths.

¿Por qué **rompes** conmigo?
Why are you breaking up with me?

Porque no te **amo**.
Because I don't love you.

- The present tense is also used to express habitual actions or actions that will take place in the near future.

Mis padres me **escriben** con frecuencia.
My parents write to me often.

Mañana les **mando** una carta larga.
Tomorrow I'm sending them a long letter.

Stem-changing verbs

¡ATENCIÓN!

Subject pronouns are normally omitted in Spanish. They are used to emphasize or clarify the subject.

¿Viven en California?

Sí, ella vive en Los Ángeles y él vive en San Francisco.

• • • •

Jugar changes its stem vowel from **u** to **ue**. As with other stem-changing verbs, the **nosotros/as** and **vosotros/as** forms do not change.

jugar

juego, juegas, juega, jugamos, jugáis, juegan

• • • •

Construir, destruir, incluir, and **influir** have a spelling change and add a **y** before the personal endings (except the **nosotros/as** and **vosotros/as** forms).

incluir

incluyo, incluyes, incluye, incluimos, incluís, incluyen

- Some verbs have stem changes in the present tense. In many **–ar** and **–er** verbs, **e** changes to **ie** and **o** changes to **ue**. In some **–ir** verbs, **e** changes to **i**. The **nosotros/as** and **vosotros/as** forms never have a stem change in the present tense.

Stem-changing verbs		
e: ie	o: ue	e: i
pensar *to think*	**poder** *to be able to; can*	**pedir** *to ask for*
pienso	puedo	pido
piensas	puedes	pides
piensa	puede	pide
pensamos	podemos	pedimos
pensáis	podéis	pedís
piensan	pueden	piden

Irregular *yo* forms

- Many –**er** and –**ir** verbs have irregular **yo** forms in the present tense. Verbs ending in –**cer** or –**cir** change to –**zco** in the **yo** form; those ending in –**ger** or –**gir** change to –**jo**. Several verbs have irregular –**go** endings, and a few have individual irregularities.

Ending in -go		Ending in -zco	
caer *to fall*	yo cai**go**	**conducir** *to drive*	yo condu**zco**
distinguir *to distinguish*	yo distin**go**	**conocer** *to know*	yo cono**zco**
hacer *to do; to make*	yo ha**go**	**crecer** *to grow*	yo cre**zco**
poner *to put; to place*	yo pon**go**	**obedecer** *to obey*	yo obede**zco**
salir *to leave; to go out*	yo sal**go**	**parecer** *to seem*	yo pare**zco**
traer *to bring*	yo trai**go**	**producir** *to produce*	yo produ**zco**
valer *to be worth*	yo val**go**	**traducir** *to translate*	yo tradu**zco**

Ending in -jo		Other verbs	
dirigir *to direct; manage*	yo diri**jo**	**caber** *to fit*	yo quepo
escoger *to choose*	yo esco**jo**	**saber** *to know*	yo sé
exigir *to demand*	yo exi**jo**	**ver** *to see*	yo veo
proteger *to protect*	yo prote**jo**		

- Verbs with prefixes follow these same patterns.

reconocer *to recognize*	yo recono**zco**	**oponer** *to oppose*	yo opon**go**
deshacer *to undo*	yo desha**go**	**proponer** *to propose*	yo propon**go**
rehacer *to re-make; re-do*	yo reha**go**	**suponer** *to suppose*	yo supon**go**
aparecer *to appear*	yo apare**zco**	**atraer** *to attract*	yo atrai**go**
desaparecer *to disappear*	yo desapare**zco**	**contraer** *to contract*	yo contrai**go**
componer *to make up*	yo compon**go**	**distraer** *to distract*	yo distrai**go**

Irregular verbs

- Other commonly used verbs in Spanish are irregular in the present tense or combine a stem-change with an irregular **yo** form or other spelling change.

dar	decir	estar	ir	oír	ser	tener	venir
to give	*to say*	*to be*	*to go*	*to hear*	*to be*	*to have*	*to come*
doy	digo	estoy	voy	oigo	soy	tengo	vengo
das	dices	estás	vas	oyes	eres	tienes	vienes
da	dice	está	va	oye	es	tiene	viene
damos	decimos	estamos	vamos	oímos	somos	tenemos	venimos
dais	decís	estáis	vais	oís	sois	tenéis	venís
dan	dicen	están	van	oyen	son	tienen	vienen

Práctica

1 **Un apartamento infernal** Beto tiene quejas (*complaints*) de su apartamento. Completa la descripción de su apartamento. Puedes usar los verbos más de una vez.

caber	estar	ir	ser
dar	hacer	oír	tener

Mi apartamento (1) _____ en el quinto piso. El edificio no (2) _____ ascensor y para llegar al apartamento, (3) _____ que subir por la escalera. El apartamento es tan pequeño que mis cosas no (4) _____. Las paredes (*walls*) (5) _____ muy delgadas. A todas horas (6) _____ la radio o la televisión de algún vecino. El apartamento sólo (7) _____ una ventana pequeña y, por eso, siempre (8) _____ oscuro. ¡(9) _____ a buscar otro apartamento!

2 **¿Qué hacen los amigos?** Escribe cinco oraciones completas usando los sujetos y los verbos de las columnas.

Sujetos	Verbos	
yo	apreciar	exigir
tú	compartir	hacer
un(a) buen(a) amigo/a	creer	pedir
nosotros/as	defender	prestar
los malos amigos	discutir	recordar

1. _____
2. _____
3. _____
4. _____
5. _____

3 **La verdad** En parejas, túrnense (*take turns*) para hacerse las preguntas.

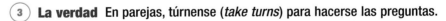

MODELO   **Marcelo: llegar temprano a la oficina / dormir hasta las 9:00**
—¿Marcelo llega temprano a la oficina?
—¡Qué va! (*Are you kidding?*) Marcelo duerme hasta las 9:00.

1. Ana: jugar al tenis con Daniel / preferir pasar la tarde charlando con Sergio
2. Felipe: salir a bailar todas las noches / tener clase de química a las 8 de la mañana
3. Jorge y Begoña: ir a la playa / querer viajar a Arizona
4. Dolores y Tony: comer muchas hamburguesas / ser vegetarianos
5. Fermín: estar harto de Julia / pensar proponerle matrimonio

Comunicación

4 **¿Qué sabes de tus compañeros?** En parejas, háganse preguntas basadas en las opciones y contesten con una explicación.

> **MODELO**   **soñar con / hacer algo especial este mes**
>
> —¿Sueñas con hacer algo especial este mes?
> —Sí, sueño con ir al concierto de Don Omar.

1. pensar / realizar este año algún proyecto
2. decir / mentiras
3. acordarse / del primer beso
4. conducir / estar muy cansado
5. reír / mucho con tu familia
6. dar / consejos (*advice*) sobre asuntos que / no conocer bien
7. venir / a clase tarde con frecuencia
8. escoger / el regalo perfecto para el cumpleaños de tu novio/a
9. corregir / los errores en las composiciones de los compañeros
10. traer / un diccionario a la clase de español

5 **Discusión matrimonial** Trabajen en parejas para representar una discusión matrimonial. Preparen la discusión con las frases de la lista.

no acordarse de los cumpleaños	querer discutir todos los días
ya no sentir lo mismo de antes	contar mentiras siempre
preferir estar con los amigos	dormir en el sofá

6 **¿Cómo son tus amigos?**

A. Describe a un(a) buen(a) amigo/a tuyo/a. ¿Cómo es? ¿Está de acuerdo contigo en todo? ¿Siempre se ríe de los chistes que le cuentas? ¿Se divierten ustedes cuando están juntos/as? ¿Siempre sigue tus consejos? ¿Te miente a veces? ¿Te pide dinero? ¿Ustedes se quieren?

B. Ahora, comparte tu descripción con tres compañeros/as. Juntos/as, escriban una lista de cinco cosas que los buenos amigos hacen con frecuencia y cinco cosas que no hacen casi nunca. ¿Coincidieron los grupos en las acciones que eligieron?

1.2 Ser and estar

Revista Facetas...
Es para Aguayo.

En estos
momentos está
en el baño.

¡ATENCIÓN!

Ser and **estar** both mean *to be*, but they are not interchangeable. **Ser** is used to express the idea of permanence, such as inherent or unchanging qualities and characteristics. **Estar** is used to express temporality, including qualities or conditions that change with time.

Uses of *ser*

Nationality and place of origin	Mis padres **son** argentinos, pero yo **soy** de Florida.
Profession or occupation	El Sr. López **es** periodista.
Characteristics of people, animals, and things	El clima de Miami **es** caluroso.
Generalizations	Las relaciones personales **son** complejas.
Possession	La guitarra **es** del tío Guillermo.
Material of composition	El suéter **es** de pura lana.
Time, date, or season	**Son** las doce de la mañana.
Where or when an event takes place	La fiesta **es** en el apartamento de Carlos; **es** el sábado a las nueve de la noche.

Uses of *estar*

Location or spatial relationships	La clínica **está** en la próxima calle.
Health	Hoy **estoy** enfermo. ¿Cómo **estás** tú?
Physical states and conditions	Todas las ventanas **están** limpias.
Emotional states	¿Marisa **está** contenta con Javier?
Certain weather expressions	¿**Está** nublado o **está** despejado hoy en Toronto?
Ongoing actions (progressive tenses)	Paula **está** escribiendo invitaciones para su boda.
Results of actions (past participles)	La tienda **está** cerrada.

Ser and *estar* with adjectives

- **Ser** is used with adjectives to describe inherent, expected qualities. **Estar** is used to describe temporary or variable qualities, or a change in appearance or condition.

  ¿Cómo **son** tus padres?
  What are your parents like?

  La casa **es** muy pequeña.
  The house is very small.

  ¿Cómo **estás**, Miguel?
  How are you Miguel?

  ¡**Están** tan enojados!
  They're so angry!

- With most descriptive adjectives, either **ser** or **estar** can be used, but the meaning of each statement is different.

  Julio **es alto**.
  Julio is tall. (that is, a tall person)

  Dolores **es alegre**.
  Dolores is cheerful. (that is, a cheerful person)

  Juan Carlos **es** un hombre **guapo**.
  Juan Carlos is a handsome man.

  ¡Ay, qué **alta estás**, Adriana!
  How tall you're getting, Adriana!

  ¡Uf! El jefe **está alegre** hoy. ¿Qué le pasa?
  Wow! The boss is cheerful today. What's up?

  ¡Manuel, **estás** tan **guapo**!
  Manuel, you look so handsome!

- Some adjectives have two different meanings depending on whether they are used with **ser** or **estar**.

ser + [*adjective*]	estar + [*adjective*]
La clase de contabilidad **es aburrida**. *The accounting class is **boring**.*	**Estoy aburrida** con la clase. *I am **bored** with the class.*
Ese chico **es listo**. *That boy is **smart**.*	**Estoy listo** para todo. *I'm **ready** for anything.*
No **soy rico**, pero vivo bien. *I'm not **rich**, but I live well.*	¡El pan **está** tan **rico**! *The bread is **delicious**!*
La actriz **es mala**. *The actress is **bad**.*	La actriz **está mala**. *The actress is **ill**.*
El coche **es seguro**. *The car is **safe**.*	Juan no **está seguro** de la noticia. *Juan isn't **sure** of the news.*
Los aguacates **son verdes**. *Avocados are **green**.*	Esta banana **está verde**. *This banana is **not ripe**.*
Javier **es** muy **vivo**. *Javier is very **sharp**.*	¿Todavía **está vivo** el autor? *Is the author still **living**?*
Pedro **es** un hombre **libre**. *Pedro is a **free** man.*	Esta noche no **estoy** libre. ¡Lo siento! *Tonight I am not **available**. Sorry!*

TALLER DE CONSULTA

Remember that adjectives must agree in gender and number with the person(s) or thing(s) that they modify. See the **Manual de gramática, 1.4 p. 248, and 1.5 p. 250.**

¡ATENCIÓN!

Estar, not **ser**, is used with **muerto/a**.

Bécquer, el autor de las *Rimas*, está muerto.

Bécquer, the author of Rimas, *is dead.*

Práctica

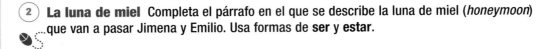

TALLER DE CONSULTA

MANUAL DE GRAMÁTICA
Más práctica
1.2 **Ser** and **estar**, p. 246

1 **La boda de Emilio y Jimena** Completa cada oración de la primera columna con la terminación más lógica de la segunda columna.

1. La boda es _____
2. La iglesia está _____
3. El cielo está _____
4. La madre de Emilio está _____
5. El padre de Jimena está _____
6. Todos los invitados están _____
7. El mariachi que toca en la boda es _____
8. En mi opinión, las bodas son _____

a. de San Antonio, Texas.
b. deprimido por los gastos.
c. en la calle Zarzamora.
d. esperando a que entren la novia (*bride*) y su padre.
e. contenta con la novia.
f. a las tres de la tarde.
g. muy divertidas.
h. totalmente despejado.

2 **La luna de miel** Completa el párrafo en el que se describe la luna de miel (*honeymoon*) que van a pasar Jimena y Emilio. Usa formas de **ser** y **estar**.

Emilio y Jimena van a pasar su luna de miel en Miami, Florida. Miami (1) _____ una ciudad preciosa. (2) _____ en la costa este de Florida y tiene playas muy bonitas. El clima (3) _____ tropical. Jimena y Emilio (4) _____ interesados en visitar la Pequeña Habana. Jimena (5) _____ fanática de la música cubana. Y Emilio (6) _____ muy entusiasmado por conocer el parque Máximo Gómez donde las personas van a jugar dominó. Los dos (7) _____ aficionados a la comida caribeña. Quieren ir a todos los restaurantes que (8) _____ en la Calle Ocho. Cada día van a probar un plato diferente. Algunos de los platos que piensan probar (9) _____ el congrí, los tostones y el bistec de palomilla. Después de pasar una semana en Miami, la pareja va a (10) _____ cansada pero muy contenta.

Comunicación

③ **Ellos y ellas**

A. En parejas, miren las fotos de cuatro personalidades latinas y lean las descripciones.

La actriz **Salma Hayek** nació en Coatzacoalcos, México, y actualmente vive en Los Ángeles. Sus abuelos paternos son libaneses y su mamá es mexicana. Sus más recientes películas incluyen *Al caer la noche* (*After the Sunset*), *Bandidas* y *Pregúntale al polvo* (*Ask the Dust*).

Enrique Iglesias nació en Madrid pero se crió en Miami. Aunque quería ser cantante desde los 16 años, nunca le confió su ambición a su padre, el cantante Julio Iglesias. Su primer disco tuvo un gran éxito, y ha ganado varios premios por sus siete álbumes, en los cuales canta tanto en inglés como en español.

El beisbolista dominicano **Manny Ramírez** debutó en las Grandes Ligas de Béisbol en 1993 con los Indians de Cleveland, y desde 2001 juega para los Red Sox en Boston. Fue nombrado el "Jugador Más Valioso" de la Serie Mundial al conseguir el título ante los Cardinals de St. Louis.

Jennifer López es una actriz y cantante de origen puertorriqueño. Desempeñó el papel principal en la película musical *Selena* (1997), y con *Monster-in-law* (2004) se convirtió en la actriz latina mejor paga. Además de ser talentosa, tiene fama de ser ambiciosa y competitiva.

B. Ahora, preparen una entrevista con una de estas personalidades. Escriban diez preguntas usando los verbos **ser** y **estar** al menos cinco veces. Para la entrevista, pueden usar información que no está en las descripciones. Después de contestar las preguntas, presenten la entrevista a la clase, haciendo uno/a el papel de la personalidad y el/la otro/a el del/de la entrevistador(a).

1.3 Progressive forms

The present progressive

- The present progressive (**el presente progresivo**) narrates an action in progress. It is formed with the present tense of **estar** and the present participle (**el gerundio**) of the main verb.

Éric **está sacando** una foto.	Aguayo **está bebiendo** café.	Fabiola **está escribiendo** el artículo.
Éric is taking a photo.	*Aguayo is drinking coffee.*	*Fabiola is writing the article.*

¡Te estoy hablando de Mariela! ¿Qué te pareció?

Creo que es bella, talentosa e inteligente. Más que eso, no me impresiona para nada.

¡ATENCIÓN!

When progressive forms are used with reflexive verbs or object pronouns, the pronouns may either be attached to the present participle (in which case an accent mark is added to maintain the proper stress) or placed before the conjugated verb. See **2.1 Object pronouns, p. 54** and **2.3 Reflexive verbs, p. 62** for more information.

Se están enamorando.
Están enamorándose.
They are falling in love.

Te estoy hablando.
Estoy hablándote.
I am talking to you.

• • • •

Note that the present participle of **ser** is **siendo**.

- The present participle of regular **–ar**, **–er**, and **–ir** verbs is formed as follows:

INFINITIVE	STEM	ENDING	PRESENT PARTICIPLE
bailar	**bail–**	–ando	**bailando**
comer	**com–**	–iendo	**comiendo**
aplaudir	**aplaud–**	–iendo	**aplaudiendo**

- Stem-changing verbs that end in **–ir** also change their stem vowel when they form the present participle.

-ir stem-changing verbs	
Infinitive	**Present Participle**
decir	diciendo
dormir	durmiendo
mentir	mintiendo
morir	muriendo
pedir	pidiendo
sentir	sintiendo
sugerir	sugiriendo

- **Ir, poder, reír,** and **sonreír** have irregular present participles (**yendo, pudiendo, riendo, sonriendo**). **Ir** and **poder** are seldom used in the present progressive.

Marisa está **sonriendo** todo el rato.	Maribel no está **yendo** a clase últimamente.
Marisa is smiling all the time.	*Maribel isn't going to class lately.*

- When the stem of an **–er** or **–ir** verb ends in a vowel, the **–i–** of the present participle ending changes to **–y–**.

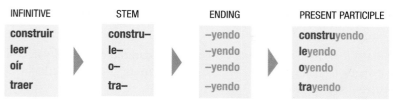

INFINITIVE	STEM	ENDING	PRESENT PARTICIPLE
construir	**constru–**	–yendo	**constru**yendo
leer	**le–**	–yendo	**le**yendo
oír	**o–**	–yendo	**o**yendo
traer	**tra–**	–yendo	**tra**yendo

- Progressive forms are used less frequently in Spanish than in English, and only when emphasizing that an action is *in progress* at the moment described. To refer to actions that occur over a period of time or in the near future, Spanish uses the present tense instead.

PRESENT TENSE	PRESENT PROGRESSIVE
Lourdes **estudia** economía en la UNAM.	Ahora mismo, Lourdes **está tomando** un examen.
Lourdes is studying economics at UNAM.	*Right now, Lourdes is taking an exam.*
¿**Vienes** con nosotros al Café Pamplona?	No, no puedo. Ya **estoy cocinando**.
Are you coming with us to Café Pamplona?	*No, I can't go. I'm already cooking.*

Other verbs with the present participle

- Spanish expresses various shades of progressive action by using verbs such as **seguir, ir, venir**, and **andar** with the present participle.

- **Seguir** with the present participle expresses the idea of *to keep doing something.*

Emilio **sigue hablando**.	Mercedes **sigue quejándose**.
Emilio keeps on talking.	*Mercedes keeps complaining.*

- **Ir** with the present participle indicates a gradual or repeated process. It often conveys the English idea of *more and more.*

Cada día que pasa **voy disfrutando** más de esta clase.	Ana y Juan **van acostumbrándose** al horario de clase.
I'm enjoying this class more and more every day.	*Ana and Juan are getting more and more used to the class schedule.*

- **Venir** with the present participle indicates a gradual action that accumulates or increases over time.

Hace años que **viene diciendo** cuánto le gusta el béisbol.	**Vengo insistiendo** en lo mismo desde el principio.
He's been saying how much he likes baseball for years.	*I have been insisting on the same thing from the beginning.*

- **Andar** with the present participle conveys the idea of *going around doing something* or of *always doing something.*

José siempre **anda quejándose** de eso.	Román **anda diciendo** mentiras.
José is always complaining about that.	*Román is going around telling lies.*

¡ATENCIÓN!

Other tenses may have progressive forms as well. These tenses emphasize that an action was/will be in progress.

PAST (pp. 94–105)
Estaba marcando su número justo cuando él me llamó.
I was dialing his number right when he called me.

FUTURE (pp. 216–219)
No vengas a las cuatro, todavía estaremos trabajando.
Don't come at four o'clock; we will still be working.

Práctica

1 **Una conversación telefónica** Daniel es nuevo en la ciudad y no sabe cómo llegar al estadio de fútbol. Decide llamar a su ex novia Alicia para que le explique cómo encontrarlo. Completa la conversación con la forma correcta del gerundio (*present participle*).

ALICIA ¿Aló?

DANIEL Hola Alicia, soy Daniel; estoy buscando el estadio de fútbol y necesito que me ayudes… Llevo (1) _____ (caminar) más de media hora por el centro y sigo perdido.

ALICIA ¿Dónde estás?

DANIEL No estoy muy seguro, no encuentro el nombre de la calle. Pero estoy (2) _____ (ver) un centro comercial a mi izquierda y más allá parece que están (3) _____ (construir) un estadio de fútbol. (4) _____ (hablar) de fútbol, ¿dónde tengo mis boletos? ¡He perdido mis entradas!

ALICIA Madre mía, ¡sigues (5) _____ (ser) un desastre! Algún día te va a pasar algo serio.

DANIEL ¡Siempre andas (6) _____ (pensar) lo peor!

ALICIA ¡Y tú siempre estás (7) _____ (olvidarse) de todo!

DANIEL ¡Ya estamos (8) _____ (discutir) otra vez!

2 **Organizar un festival** El señor Ramírez es un director de espectáculos muy despistado (*absent-minded*). Ahora quiere organizar un festival, y todos los artistas que quiere contratar están ocupados. Su asistente le cuenta lo que están haciendo. En parejas, dramaticen la situación utilizando el presente progresivo.

> **MODELO** **Elga Navarro / descansar**
> —¿Qué está haciendo Elga Navarro?
> —Elga Navarro está descansando en una clínica.

1. Juliana Paredes / bailar

2. Emilio Soto / casarse

3. Aurora Gris / recoger un premio

4. Héctor Rojas / jugar a las cartas

Lección 1

TALLER DE CONSULTA

MANUAL DE GRAMÁTICA
Más práctica
1.3 Progressive forms,
p. 247

Comunicación

3 **Una cita** En parejas, representen una conversación en la que Alexa y Guille intentan buscar una hora del día para reunirse.

MODELO

ALEXA ¿Nos vemos a las diez de la mañana para estudiar?

GUILLE No puedo, voy a estar durmiendo. ¿Qué te parece a las 12?

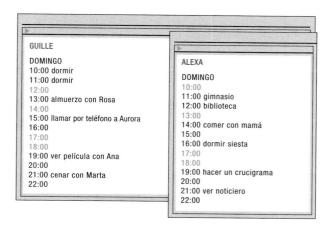

GUILLE

DOMINGO
10:00 dormir
11:00 dormir
12:00
13:00 almuerzo con Rosa
14:00
15:00 llamar por teléfono a Aurora
16:00
17:00
18:00
19:00 ver película con Ana
20:00
21:00 cenar con Marta
22:00

ALEXA

DOMINGO
10:00
11:00 gimnasio
12:00 biblioteca
13:00
14:00 comer con mamá
15:00
16:00 dormir siesta
17:00
18:00
19:00 hacer un crucigrama
20:00
21:00 ver noticiero
22:00

4 **Síntesis** Tu psicólogo utiliza la hipnosis para hacerte recordar los momentos más importantes de tu pasado. En parejas, dramaticen la conversación entre el doctor Felipe y su paciente, utilizando verbos en el presente y el presente progresivo. Elijan una situación de la lista o inventen otro tema. Sean creativos.

MODELO

DR. FELIPE Estás volviendo al momento de conocer a tu primer amor. ¿Qué están haciendo?

PACIENTE Estoy caminando por la calle… una mujer preciosa me está saludando…

DR. FELIPE Muy bien, muy bien. ¿Y qué estás pensando? ¿Cómo te sientes?

PACIENTE Estoy pensando que esto es el amor a primera vista. Me siento… ¡Ay, no! Me estoy cayendo en medio de la calle, ¡enfrente de ella!

tu primer amor	el nacimiento de un(a) hermano/a
un viaje importante	el mejor/peor momento de tu vida

For additional cumulative practice of all the grammar points in this lesson, go to facetas.vhlcentral.com.

Antes de ver el corto

 MOMENTOS DE ESTACIÓN

país Argentina
duración 7:15 minutos

director Gustavo D. Cabaña
protagonistas viajero, cajera

Vocabulario

abrazar *to hug; to hold*
el afiche *poster*
averiguar *to find out*
el boleto *ticket*
la broma *joke*
el cortometraje/corto *short film*

enamorado/a (de) *in love (with)*
la escena *scene*
meterse *to break in (to a conversation)*
el/la protagonista *protagonist; main character*
el recuerdo *memento; souvenir*
suceder *to happen*

1 **Vocabulario** Completa este párrafo con las opciones correctas.

Estaba comprando (1) _____ (un recuerdo/un boleto) en la estación, cuando de repente (2) _____ (sucedió/se metió) algo. Mientras hablaba con el empleado, un hombre se acercó y (3) _____ (se metió/averiguó) en la conversación e hizo (4) _____ (una broma/un boleto). Esto me trajo a la mente (5) _____ (el recuerdo/la broma) de dos niños bromeando en una estación de trenes. ¡El hombre era mi primo Alberto, a quien no veía desde 1996!

2 **Comentar** Con un(a) compañero/a, intercambia opiniones sobre *Momentos de estación*.

1. La palabra **estación** tiene varios significados. ¿Los recuerdas? ¿Cuáles son las estaciones que conoces?
2. ¿Qué te sugiere el título de este cortometraje?
3. Observa el segundo fotograma e inventa tres rasgos diferentes para la personalidad de cada personaje.
4. ¿Crees que las personas del segundo fotograma se conocen?
5. Observa el afiche del cortometraje en la página opuesta. ¿Qué tipo de relación hay entre los dos personajes de la foto?
6. El afiche dice "Nada que perder". ¿Qué te sugiere esa frase sobre la historia que vas a ver?

Momentos de **estación**

1er Premio BA en Primer Plano y Festival Interuniversitario Cortos UdeSA, Argentina

Nada que perder

Una producción del CENTRO DE INVESTIGACIÓN CINEMATOGRÁFICA Guión y Dirección GUSTAVO D. CABAÑA
Jefe de Producción GUSTAVO SAMMARTINO Dirección de Fotografía GUSTAVO GÓMEZ OLIVERA
Cámara LUCAS CABALLERO Montaje FEDERICO CALDERÓN/GUSTAVO CABAÑA Edición MARTÍN BLASSI
Dirección de Arte NATALIA OBATTA Sonido FEDERICO CALDERÓN
Actores SANDRA VILLANI/CLAUDIO TOLCACHIR/CARLOS DONIGIAN/ELENA CÁNEPA/LUCAS SANTA ANA/
CAROLINA PAINCEIRA/LUCRECIA OVIEDO/RODOLFO ROCA

Escenas

VIAJERO Estoy enamorado de usted.
CAJERA ¿Cómo?

VIAJERO Tenía que decírselo hoy. Es mi último viaje.
CAJERA Esto es una broma.
VIAJERO No, no es ninguna broma, Ana.

(La señora del abanico° llama al hombre de la boina°.)
SEÑORA Chist!, Juan, ¿qué pasa?
JUAN Él la ama; ella no le cree.

VIAJERO Hace más de un año que nos conocemos. Usted es la que me atiende siempre. Yo soy el que va a la capital.
CAJERA Todos van a la capital.
VIAJERO Exactamente 375 veces, sin contar la de hoy. Mirá... aquí están todos: 375 boletos, uno por uno.

CAJERA ¿Qué quiere de mí?
VIAJERO Bailar.
CAJERA ¿Bailar?
VIAJERO Bailar, abrazarte, besarte...
CAJERA Ahora no, no puedo, estoy trabajando.

SEÑORA A veces, se le va la vida a uno sin que suceda algo tan maravilloso. Once años hace que murió mi marido. ¿Sabes, hijo?, ¡cuánto hace que no me dan un beso!

abanico *fan* **boina** *beret*

Después de ver el corto

(1) Comprensión Contesta las preguntas.

1. ¿Qué le dice el viajero a la cajera?
2. ¿Por qué el viajero habla con ella ese día?
3. ¿Cómo se llama la cajera?
4. Según el joven, ¿cuánto tiempo hace que se conocen?
5. ¿Qué guarda el joven en la caja?

(2) Interpretar En grupos de tres, contesten las preguntas.

1. ¿Cuál es su interpretación del final de la historia?
2. ¿Cuál creen que es el tema del cortometraje?
3. ¿Creen que *Momentos de estación* puede relacionarse con la idea de *carpe diem* (*seize the day*)? ¿Conocen otras películas con esta idea?
4. ¿Creen que el corto defiende una mayor espontaneidad en nuestras relaciones cotidianas? ¿Piensan que es mejor ser reservado/a o atrevido/a?

(3) Imaginar A continuación tienes el diálogo inicial entre el viajero y la cajera de *Momentos de estación*. Escribe otra versión de este diálogo, dándole un final diferente.

VIAJERO Estoy enamorado de usted.
CAJERA ¿Cómo?
VIAJERO Que la amo…
CAJERA No puede ser.
VIAJERO Tenía que decírselo hoy. Es mi último viaje.
CAJERA Esto es una broma.

VIAJERO No, no, ninguna broma, Ana.
CAJERA ¿Cómo sabe mi nombre?
VIAJERO Lo averigüé; no fue difícil.
CAJERA Casi nunca me llaman por mi nombre…
VIAJERO Es un nombre hermoso.

(4) Actuar Con un(a) compañero/a, representa una escena en un contexto diferente, en el que uno de ustedes tiene que declararse a un(a) desconocido/a y convencerlo/a de que está locamente enamorado/a de él/ella. Represéntenlo después ante la clase.

(5) Escribir En un párrafo, resume la historia que acabas de ver. Ten en cuenta:

- Dónde sucede la historia
- Cuándo o en qué momento tiene lugar la historia
- Quiénes son los personajes
- Qué es lo que sucede
- El final de la historia

Los enamorados, 1923.
Pablo Picasso, España.

"La única fuerza y la única verdad que
hay en esta vida es el amor."

— José Martí

Antes de leer

Poema 20

Sobre el autor

Ya de muy joven, el chileno Ricardo Eliecer Neftalí Reyes Basoalto —tal fue el nombre que sus padres dieron a **Pablo Neruda** (1904–1973) al nacer— mostraba inclinación por la poesía. En 1924, con tan sólo veinte años, publicó el libro que lo lanzó (*launched*) a la fama: *Veinte poemas de amor y una canción desesperada*. Además de poeta, fue diplomático y político. El amor fue sólo uno de los temas de su extensa obra: también escribió poesía surrealista y poesía con fuerte contenido histórico y político. Su *Canto general* lleva a los lectores en un viaje por la historia de América Latina desde los tiempos precolombinos hasta el siglo veinte. En 1971, recibió el Premio Nobel de Literatura.

Vocabulario

el alma *soul*
amar *to love*
besar *to kiss*
contentarse con *to be contented, satisfied with*

el corazón *heart*
la mirada *gaze*
el olvido *forgetfulness; oblivion*
querer (e:ie) *to love; to want*

Vocabulario Completa este poema con las opciones correctas.

Quiero (1) _____ (besarte/amarte) porque te (2) _____ (quiero/olvido) pero tú te alejas y desde lejos me miras.

Mi (3) _____ (corazón/olvido) no (4) _____ (quiere/se contenta) con una (5) _____ (alma/mirada) triste.

Entonces me voy y sólo espero el (6) _____ (corazón/olvido).

Conexión personal

¿Has estado enamorado/a alguna vez? ¿Te gusta leer poesía? ¿Has escrito alguna vez una carta o un poema de amor?

Análisis literario: la personificación

La personificación es una figura retórica (*figure of speech*) que consiste en atribuir cualidades humanas a seres inanimados (*inanimate objects*), ya sean animales, cosas o conceptos abstractos. Observa estos ejemplos de personificación: *me despertó el llanto* (crying) *del violín; tu silencio habla de dolores pasados*. En *Poema 20*, Pablo Neruda utiliza este recurso en varias ocasiones. Mientras lees el poema, prepara una lista de las personificaciones. ¿Qué cualidad humana atribuye el poeta al objeto?

POEMA 20

Pablo Neruda

Puedo escribir los versos más tristes esta noche.
Escribir, por ejemplo: "La noche está estrellada°,   *starry*
y tiritan°, azules, los astros°, a lo lejos°".   *stars/in the distance*
El viento de la noche gira° en el cielo y canta.   *turns*

blink; tremble

5   Puedo escribir los versos más tristes esta noche.
Yo la quise, y a veces ella también me quiso.

En las noches como ésta la tuve entre mis brazos.
La besé tantas veces bajo el cielo infinito.

Ella me quiso, a veces yo también la quería.
10 Cómo no haber amado sus grandes ojos fijos°.   *fixed*

Puedo escribir los versos más tristes esta noche.
Pensar que no la tengo. Sentir que la he perdido.

Oír la noche inmensa, más inmensa sin ella.
Y el verso cae al alma como al pasto el rocío°.   *like the dew on the grass*

15 Qué importa que mi amor no pudiera guardarla°.   *keep; protect*
La noche está estrellada y ella no está conmigo.

Eso es todo. A lo lejos alguien canta. A lo lejos.
Mi alma no se contenta con haberla perdido.

to bring closer   Como para acercarla° mi mirada la busca.
20 Mi corazón la busca, y ella no está conmigo.

La misma noche que hace blanquear° los mismos árboles. *to whiten*
Nosotros, los de entonces, ya no somos los mismos.

Ya no la quiero, es cierto, pero cuánto la quise.
voice   Mi voz° buscaba el viento para tocar su oído.

25 De otro. Será de otro. Como antes de mis besos.
Su voz, su cuerpo claro. Sus ojos infinitos.

Ya no la quiero, es cierto, pero tal vez la quiero.
Es tan corto el amor, y es tan largo el olvido.

Porque en noches como ésta la tuve entre mis brazos,
30 mi alma no se contenta con haberla perdido.

Aunque éste sea el último dolor que ella me causa,
y éstos sean los últimos versos que yo le escribo. ■

Después de leer

Poema 20
Pablo Neruda

(1) Comprensión Contesta las preguntas con oraciones completas.

1. ¿Quién habla en este poema?
2. ¿De quién habla el poeta?
3. ¿Cuál es el tema del poema?
4. ¿Qué momento del día es?
5. ¿Sigue el poeta enamorado? Da un ejemplo del poema.

(2) Analizar Lee el poema otra vez para contestar las preguntas con oraciones completas.

1. ¿Qué personificaciones hay en el poema y qué efecto transmiten? Explica tu respuesta.
2. ¿Tienen importancia las repeticiones en el poema? Explica por qué.
3. La voz poética habla sobre su amada pero no le habla directamente a ella. ¿A quién crees que le habla la voz poética en este caso?
4. ¿Qué sentimientos provoca el poema en los lectores?

(3) Interpretar Contesta las preguntas con oraciones completas.

1. ¿Cómo se siente el poeta? Da algún ejemplo del poema.
2. ¿Es importante que sea de noche? Razona tu respuesta.
3. Explica con tus propias palabras este verso: "Es tan corto el amor, y es tan largo el olvido".
4. En un momento dado el poeta afirma: "Yo la quise, y a veces ella también me quiso" y, un poco más adelante, escribe: "Ella me quiso, a veces yo también la quería". Explica el significado de estos versos y su importancia en el poema.

(4) Ampliar Trabajen en parejas para imaginar cómo es la mujer del poema. Hablen sobre:

- Su apariencia física
- Su personalidad
- Sus aficiones

(5) Imaginar En parejas, imaginen la historia de amor entre el poeta y su amada. Preparen una conversación en la que se despiden para siempre. Deben inspirarse en algunos de los versos del poema.

(6) Personificar Elige un objeto y escribe un párrafo breve en el que atribuyes (*attribute*) cualidades humanas al objeto.

> **MODELO** Tengo en mi cuarto una estrella de mar. Me cuenta historias de piratas…

Antes de leer

Vocabulario

el/la comediante *comedian*	**herir (e:ie)** *to hurt*
chiste *joke*	**el nombre artístico** *stage name*
criarse *to grow up*	**quedarse callado/a** *to remain*
guardarse (algo) *to keep (something) to yourself*	*silent*
	la trayectoria *path; history*

Vocabulario Completa las oraciones con el vocabulario de la tabla.

1. John Leguizamo es mi _____ favorito. Hace _____ muy divertidos.
2. Cuando no quiero _____ los sentimientos de otra persona, me _____ lo que quiero decir.
3. El _____ de Paul David Hewson es Bono.
4. Nací en Nueva York pero _____ en Chicago.

Conexión personal ¿Tienes algún comediante favorito? ¿Sobre qué temas hace chistes tu comediante favorito? ¿Te sientes ofendido al escuchar los chistes de algunos comediantes?

Contexto cultural

Carlos Mencía causó controversia cuando, al lanzarse (*get started*) como comediante, se cambió el nombre. Su nombre original es Ned Holness, ya que su padre, Roberto Holness, es de origen alemán. Su madre, Magdalena Mencía, es de origen mexicano. Desde hace ya mucho tiempo usa el apellido Mencía, pero adoptó el nombre Carlos cuando se dedicó a la comedia. Algunas personas lo acusan de cambiarse el nombre para "sonar más latino". Otros lo acusan de ser un hondureño que se hace pasar por mexicano para triunfar en California. Carlos Mencía nació en Honduras pero se crió en Los Ángeles con sus tíos maternos y no con sus padres. ¿Qué piensas? ¿Tienen razón quienes lo critican? ¿O Carlos Mencía tiene derecho a usar el apellido de su madre y destacar (*highlight*) su origen mexicano?

✂ ┄┄┄┄┄┄┄┄┄┄┄┄┄┄┄┄┄┄┄┄┄┄┄┄┄┄

Please complete the form below and mail with your payment.

Juan Guillermo Pérez Echegoyen
FIRST NAME   M.I.   LAST NAME

STREET ADDRESS   CITY   STATE   ZIP CODE

Carlos Mencía
Políticamente incorrecto

El comediante **Carlos Mencía** tiene tanto éxito con su programa en *Comedy Central* que mantiene un *blog* para sus *fans*. Allí, se define a sí mismo como una persona que dice lo que piensa. Explica que no le importa "herir los sentimientos" de nadie; "lo que hiere aún más es quedarse callado y dejar que la gente estúpida siga siendo estúpida". También dice en su *blog* que "algunos pueden hacer chistes sobre otras personas, pero no pueden aceptar que se hagan chistes sobre ellos… bueno… si tú eres así… ¡entonces hazme el favor y CÁLLATE!"

Carlos Mencía integra una nueva generación de humoristas latinos que llegó para quedarse. Esta gran familia de comediantes también incluye nombres como Pablo Francisco, Liz Torres, Freddy Sotto, Mike Robles, Joey Medina, Ernie G y Shayla Rivera, entre otros. Además, hay que destacar al ya clásico John Leguizamo. Antes de saltar a la fama con su programa *Mind of Mencía* en *Comedy Central*, Carlos ya tenía una larga trayectoria artística.

Nació en Honduras en 1967 y es el penúltimo° de dieciocho hijos. Se crió en Los Ángeles en casa de sus tíos. Estudiaba ingeniería hasta que ganó una competencia° de comedia en el *Laugh Factory*. Le faltaba sólo un crédito para graduarse pero decidió dejar la universidad y dedicarse a la comedia. Aunque al principio su familia no estaba de acuerdo con el cambio, gracias a su perseverancia y al apoyo° de su hermano Joseph, Carlos logró convertirse° en un comediante profesional. Fue en *The Comedy Store* —un renombrado° club de comedia de Los Ángeles— donde adoptó el nombre artístico de Carlos Mencía. Durante la década de los noventa, Carlos participó como comediante y como anfitrión° en varios programas de televisión. En 2001, realizó una popular gira° titulada *The Three Amigos* con Freddy Soto y Pablo Francisco. Antes de su llegada a *Comedy Central*, ya había hecho dos especiales para HBO.

El humor de Carlos Mencía no perdona a nadie —ni siquiera a su propia familia— y, como consecuencia, Carlos tiene tanto admiradores como detractores. Hace chistes acerca de blancos, negros, minorías y sobre todo latinos. En su lenguaje abundan° las malas palabras. Algunos de sus temas preferidos son las cuestiones raciales, la política, la religión y los temas sociales. Muchos consideran que su estilo excede los límites de lo que es "políticamente correcto".

Cuando observamos las opiniones y reacciones que provoca, las aguas están divididas°. Para algunos, los chistes de Carlos Mencía son demasiado provocativos y perpetúan° estereotipos; para otros, sus chistes son un ejemplo de libre expresión°, un ejemplo de que los latinos ya no son una minoría que es víctima de los chistes de otras personas, sino una comunidad que se siente establecida y que es capaz de reírse de sí misma... y de los demás. ∎

second to-last

competition

support

managed to become

renowned

host

tour

are plentiful

there is disagreement

perpetuate

freedom of speech

El humor de Carlos Mencía

❝ El racismo significa exclusión. Por eso, yo me río de todos. ❞

❝ Al igual que mi padre, yo también nací en América Central... Nebraska. ❞

❝ En Texas, si te llamas Carlos, eres mexicano. En Florida, eres cubano. En Nueva York, eres puertorriqueño. Y luego vengo aquí (Canadá) y me entero de que soy esquimal. ❞

Después de leer

Carlos Mencía: Políticamente incorrecto

1 Comprensión Responde a las preguntas con oraciones completas.

1. ¿Cómo se define a sí mismo Carlos Mencía en su *blog*?
2. ¿Qué sucedió cuando a Carlos le faltaba poco para terminar la universidad?
3. ¿Qué grupos son víctimas de los chistes de Carlos Mencía?
4. Para quienes lo critican, ¿cuál es el problema con el tipo de humor de Carlos Mencía?
5. Para quienes lo apoyan, ¿por qué es importante el trabajo de comediantes como Carlos Mencía?

2 Organizar Ordena en forma cronológica la información sobre Carlos Mencía.

_____ a. Adoptó el nombre artístico de Carlos Mencía.

_____ b. Vivió con sus tíos maternos.

_____ c. Realizó la gira *The Three Amigos* junto a Freddy Soto y Pablo Francisco.

_____ d. Ganó una competencia de comedia.

_____ e. Saltó a la fama en *Comedy Central*.

_____ f. Se mudó a los Estados Unidos.

_____ g. Decidió convertirse en comediante profesional.

_____ h. Fue a la universidad.

3 Comunicación En parejas, respondan a las preguntas.

1. ¿Creen que está bien hacer chistes sobre temas raciales y sociales o creen que los humoristas deberían evitar ciertos temas? ¿Por qué?
2. ¿Qué opinan del uso de malas palabras en los espectáculos de comedia?
3. El artículo dice que para muchas personas el humor de Carlos Mencía es un ejemplo de que la comunidad latina pasó de ser víctima de chistes a ser una comunidad establecida que es capaz de reírse de sí misma. ¿Pueden dar otros ejemplos que demuestren que la comunidad latina se siente establecida?

4 Adivinen quién soy En parejas, preparen una entrevista con un comediante famoso. Incluyan información que permita adivinar quién es el comediante, sin mencionar su nombre. Luego actúen la entrevista delante de la clase. Sus compañeros deben adivinar quién es el personaje.

> **MODELO**
>
> **PERIODISTA** ¿Qué sentiste al enterarte de que eras candidato para un premio Oscar?
> **ENTREVISTADO/A** No lo podía creer. Cuando trabajaba en *In living color* nunca me imaginé que iba a ser candidato a un Oscar.

5 Opinión Imagina que el artículo que leíste se publicó en *Facetas*. Escribe una carta de lectores expresando tu opinión sobre el tipo de chistes de comediantes como Carlos Mencía. Si te parece que este tipo de humor es aceptable, explica por qué. Si crees que excede los límites de lo aceptable, explica por qué.

Atando cabos

¡A conversar!

Citas rápidas Usa la técnica de las "citas rápidas" (*speed dating*) para conocer a tus compañeros/as de clase, hacer nuevos amigos y buscar compañeros para proyectos. Comparte los resultados con la clase.

Cómo funcionan las "citas rápidas"

- Reúnete con un(a) compañero/a durante cinco minutos. Hablen sobre quiénes son, cómo son, qué buscan, etc.
- Toma notas acerca del encuentro.
- Repite la actividad con otros compañeros.

	Nombre	Nombre
¿De dónde eres?		
¿Cómo eres?		
¿Qué cualidades buscas en un(a) amigo/a?		
¿Qué tipo de proyectos te gusta hacer?		

¡A escribir!

Consejero/a sentimental Lee la carta que envió Alonso a la sección de consejos sentimentales de *Facetas* y usa las frases del recuadro para responder la carta de Alonso.

Expresar tu opinión

Estas frases pueden ayudarte a presentar tu opinión:

- En mi opinión,…
- Creo que…
- Me parece que…

Me llamo Alonso. Tengo 23 años y soy de Colombia. Vine a Boston para estudiar en la universidad. Allí conocí a mi novia Kristen, quien tomaba clases de español. Todo iba muy bien mientras estábamos en la universidad: teníamos amigos estadounidenses y latinoamericanos, a mí me interesaba mucho aprender sobre su país y a ella sobre el mío.

El problema comenzó después de la universidad. Cuando salimos con los compañeros de trabajo de Kristen, siento que a nadie le interesa charlar conmigo, y a mí tampoco me interesa hablar con ellos de béisbol y esas cosas. Cuando vamos a visitar a la familia de Kristen en Chicago y decido cocinar, siempre miran con desconfianza los platos tradicionales que preparo. Además, Kristen está muy ocupada con su trabajo para seguir estudiando español. Cuando quiere practicar comete unos errores horribles y entonces yo prefiero hablar inglés con ella. Discutimos mucho por todas estas cosas. A veces pienso que sería más fácil estar con alguien de mi cultura… pero quiero mucho a Kristen. ¿Qué puedo hacer para que mi relación funcione?

La personalidad

autoritario/a	strict; authoritarian
cariñoso/a	affectionate
cuidadoso/a	careful
falso/a	insincere
gracioso/a	funny; pleasant
inseguro/a	insecure
(in)maduro/a	(im)mature
mentiroso/a	lying
orgulloso/a	proud
permisivo/a	permissive; easy-going
seguro/a	confident
sensato/a	sensible
sensible	sensitive
tacaño/a	cheap; stingy
tímido/a	shy
tradicional	traditional

Los estados emocionales

agobiado/a	overwhelmed
ansioso/a	anxious
deprimido/a	depressed
disgustado/a	upset
emocionado/a	excited
preocupado/a (por)	worried (about)
solo/a	alone; lonely
tranquilo/a	calm

Los sentimientos

adorar	to adore
apreciar	to appreciate
enamorarse (de)	to fall in love (with)
estar harto/a (de)	to be fed up (with); to be sick (of)
odiar	to hate
sentirse (e:ie)	to feel
soñar (o:ue) (con)	to dream (about)
tener celos (de)	to be jealous (of)
tener vergüenza (de)	to be ashamed (of)

Las relaciones personales

el/la amado/a	loved one; sweetheart
el ánimo	spirit
el cariño	affection
la cita (a ciegas)	(blind) date
el compromiso	commitment; responsibility
la confianza	trust; confidence
el desánimo	the state of being discouraged
el divorcio	divorce
la pareja	couple; partner
el sentimiento	feeling; emotion
atraer	to attract
coquetear	to flirt
cuidar	to take care of
educar	to raise; to bring up
dejar a alguien	to leave someone
discutir	to argue
hacerle caso a alguien	to pay attention to someone
impresionar	to impress
llevar... años de (casados)	to be (married) for... years
llevarse bien/mal/fatal	to get along well/badly/terribly
mantenerse en contacto	to keep in touch
pasarlo bien/mal/fatal	to have a good/bad/terrible time
proponer matrimonio	to propose (marriage)
romper (con)	to break up (with)
salir (con)	to go out (with)
soportar a alguien	to put up with someone
casado/a	married
divorciado/a	divorced
separado/a	separated
soltero/a	single
viudo/a	widowed

Más vocabulario

Expresiones útiles	Ver p. 7
Estructura	Ver pp. 14-15, 18-19 y 22-23

Cinemateca

el afiche	poster
el boleto	ticket
la broma	joke
el cortometraje/ corto	short film
la escena	scene
el/la protagonista	protagonist; main character
el recuerdo	memento; souvenir
abrazar	to hug; to hold
averiguar	to find out
meterse	to break in(to a conversation)
suceder	to happen
enamorado/a (de)	in love (with)

Literatura

el alma	soul
el corazón	heart
la mirada	gaze
el olvido	forgetfulness; oblivion
amar	to love
besar	to kiss
contentarse con	to be contented/ satisfied with
querer (e:ie)	to love; to want

Cultura

el/la comediante	comedian
el chiste	joke
el nombre artístico	stage name
la trayectoria	path; history
criarse	to grow up
guardarse (algo)	to keep (something) to yourself
herir (e:ie)	to hurt
quedarse callado/a	to remain silent

Las diversiones

Communicative Goals
You will expand your ability to…
- avoid redundancy
- express personal likes and dislikes
- describe your daily routine and activities

Las diversiones

La música y el teatro

Hoy Ligia dio su primer **concierto** como **cantante** solista. Después de la **función**, sus amigos la **aplaudieron** y le regalaron flores.

el **álbum** *album*
el **asiento** *seat*
el/la **cantante** *singer*
el **concierto** *concert*
el **conjunto/grupo musical** *musical group; band*
el **escenario** *scenery; stage*
el **espectáculo** *show*
el **estreno** *premiere; debut*
la **función** *performance (theater; movie)*
el/la **músico/a** *musician*
la **obra de teatro** *play*
la **taquilla** *box office*

aplaudir *to applaud*
conseguir (e:i) boletos/entradas *to get tickets*
hacer cola *to wait in line*
poner un disco compacto *to play a CD*

Los lugares de recreo

el **cine** *movie theater; cinema*
el **circo** *circus*
la **discoteca** *discotheque; dance club*

la **feria** *fair*
el **festival** *festival*
el **parque de atracciones** *amusement park*
el **zoológico** *zoo*

Los deportes

el/la **árbitro/a** *referee*
el **campeón/la campeona** *champion*
el **campeonato** *championship*
el **club deportivo** *sports club*
el/la **deportista** *athlete*
el **empate** *tie (game)*
el/la **entrenador(a)** *coach; trainer*
el **equipo** *team*
el/la **espectador(a)** *spectator*
el **torneo** *tournament*

anotar/marcar (un gol/un punto) *to score (a goal/a point)*
desafiar *to challenge*
empatar *to tie (games)*
ganar/perder (e:ie) un partido *to win/lose a game*
vencer *to defeat*

Ricardo y sus amigos **se reúnen** todos los sábados. Les **gustan el billar** y **el boliche**, y son verdaderos **aficionados** a **las cartas**.

el ajedrez *chess*
el billar *billiards*
el boliche *bowling*
las cartas/los naipes *(playing) cards*
los dardos *darts*
el juego de mesa *board game*
el pasatiempo *pastime*
la televisión *television*
el tiempo libre/los ratos libres *free time*
el videojuego *video game*

aburrirse *to get bored*
alquilar una película *to rent a movie*
brindar *to make a toast*
celebrar/festejar *to celebrate*
dar un paseo *to take a stroll/walk*
disfrutar (de) *to enjoy*
divertirse (e:ie) *to have fun*

entretener(se) (e:ie) *to entertain, amuse (oneself)*
gustar *to like*
reunirse (con) *to get together (with)*
salir (a comer) *to go out (to eat)*

aficionado/a (a) *fond of; a fan (of)*
animado/a *lively*
divertido/a *fun*
entretenido/a *entertaining*

  Práctica

1 **Escuchar**

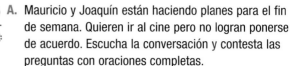

A. Mauricio y Joaquín están haciendo planes para el fin de semana. Quieren ir al cine pero no logran ponerse de acuerdo. Escucha la conversación y contesta las preguntas con oraciones completas.

1. ¿Cuándo planean ir al cine Mauricio y Joaquín?
2. ¿Qué película quiere ver Joaquín?
3. ¿Por qué Mauricio no quiere verla?
4. ¿Qué alternativa sugiere Mauricio?
5. ¿Qué le pasa a Joaquín cuando mira documentales?

 B. Ahora escucha el anuncio radial de *Los invasores de la galaxia* y decide si las oraciones son **ciertas** o **falsas**. Corrige las falsas.

1. *Los invasores de la galaxia* ya se estrenó en otros lugares.
2. La película tuvo poco éxito en Europa.
3. Si compras cuatro boletos, te regalan la banda sonora (*soundtrack*).
4. Si te vistes de extraterrestre, te regalan un boleto para una fiesta exclusiva.
5. El estreno de la película es a las nueve de la mañana.

 C. En parejas, imaginen que, después de escuchar el anuncio radial, Joaquín trata de convencer a Mauricio para ir a ver *Los invasores de la galaxia*. Inventen la conversación entre Mauricio y Joaquín y compártanla con la clase.

2 **Relaciones** Escoge la palabra que no está relacionada.

1. película (estrenar / dirigir / empatar)
2. obra de teatro (boleto / campeonato / taquilla)
3. concierto (vencer / aplaudir / hacer cola)
4. juego de mesa (ajedrez / naipes / videojuego)
5. celebrar (divertirse / aburrirse / disfrutar)

Práctica

(3) **¿Dónde están?** Indica en qué lugar están estas personas.

_____ 1. Llegamos muy temprano, pero hay una cola enorme. No voy a comprar los boletos si los asientos están muy lejos del escenario.

_____ 2. Hoy es el cumpleaños de mi hermana menor. En lugar de celebrarlo en casa, quiere pasar el día acá, con los tigres y los elefantes.

_____ 3. Una red (*net*), una pelota amarilla y dos deportistas. ¿Cuál será la campeona?

_____ 4. Hay máquinas que suben, bajan, dan vueltas hacia la derecha y hacia la izquierda. La más espectacular dibuja un laberinto de líneas en el aire.

_____ 5. ¿Cómo puede ser que cuatro personas hagan tanto ruido en un campo de fútbol lleno de gente? Mi novia se está divirtiendo mucho pero, ¡yo no entiendo nada de lo que cantan!

_____ 6. Aquí casi toda la gente suda (*sweat*) y suda, menos yo. ¡Cómo me gusta nadar!

a. un club deportivo
b. un parque de atracciones
c. un cine
d. un torneo de tenis
e. una taquilla
f. una discoteca
g. un zoológico
h. un concierto de rock

(4) **Goles y fiestas** Completa la conversación.

aburrirte	celebrar	equipo
animadas	disfruten	espectadores
árbitro	divertidos	ganar
campeonato	empate	televisión

PEDRO Mario, ¿todavía estás mirando (1)_____? ¿No ves que vamos a llegar tarde?

MARIO Lo siento, pero no puedo ir a la fiesta de tu novia. Pasan un partido de fútbol.

PEDRO Pero las fiestas de mi novia son más (2)_____ y más entretenidas que cualquier partido de fútbol. Todos los partidos son iguales… Veintidós tontos corriendo detrás de una pelota, los (3)_____ gritando (*shouting*) como locos y el (4)_____ pitando (*whistling*) sin parar.

MARIO Hoy no me puedes convencer. Es la final del (5)_____ y estoy seguro de que mi (6)_____ favorito va a (7)_____.

PEDRO ¿Y no vas a (8)_____, aquí solito, mientras todos tus amigos bailan?

MARIO ¡Jamás! ¡Todos vienen a ver el partido conmigo! Y después vamos a (9)_____ la victoria.

PEDRO Que (10)_____ del partido. Ya me voy… Espera, mi novia me está llamando al celular… ¿Qué me dices, amor? ¿Que la fiesta es aquí en mi casa? ¿Que tú también quieres ver el partido? ¡Ay, que yo me rindo (*give up*)!

Comunicación

⑤ Diversiones

A. Sin consultar con tu compañero/a, prepara una lista de cinco actividades que crees que le gustan a él/ella. Escoge de la lista y añade tus propias ideas.

jugar al ajedrez	ir a la feria
practicar deportes en un club	jugar videojuegos
ir al estreno de una película	bailar en una discoteca
ver televisión	jugar al boliche
escuchar música clásica	salir a cenar con amigos

B. Ahora habla con tu compañero/a para confirmar tus predicciones. Sigue el modelo.

> **MODELO** —Creo que te gusta jugar al ajedrez.
> —Es verdad, juego siempre que puedo. / —Te equivocas, me aburre. ¿Y a ti?

⑥ Lo mejor En grupos de cuatro, imaginen que son editores/as de un periódico local y quieren publicar la lista anual de *Lo mejor de la ciudad*.

A. Primero, escojan las categorías que quieren premiar (*to award*).

Lo mejor de la ciudad

Mejor club deportivo _____

Mejor discoteca _____

Mejor espectáculo sobre hielo _____

Mejor lugar para jugar a los dardos _____

Mejor equipo deportivo _____

Mejor parque para pasear _____

Mejor festival de arte _____

Mejor restaurante para
celebrar un cumpleaños _____

Mejor grupo musical en vivo (*live*) _____

B. Luego preparen una encuesta (*survey*) y entrevisten a sus compañeros/as de clase. Anoten las respuestas.

C. Ahora compartan los resultados con la clase y decidan qué lugares y eventos recibirán el premio *Lo mejor*.

⑦ Un fin de semana extraordinario Dos amigos/as con personalidades muy diferentes tienen que pasar un fin de semana juntos/as en una ciudad que nunca han visitado. Hacen muchas sugerencias interesantes, pero todo lo que una persona propone, la otra lo rechaza con alguna explicación absurda, y viceversa. En parejas, improvisen una conversación utilizando las palabras del vocabulario.

> **MODELO** —¿Vamos al circo? Todos dicen que es el espectáculo del año.
> —No, me mareo (*get dizzy*) viendo a los acróbatas...

Los empleados de Facetas hablan de las diversiones. Johnny trata de ayudar a Éric. Mariela habla de sus planes.

JOHNNY ¿Y a ti? ¿Qué te pasa?

ÉRIC Estoy deprimido.

JOHNNY Anímate, es fin de semana.

ÉRIC A veces me siento solo e inútil.

JOHNNY ¿Solo? No, hombre, yo estoy aquí; pero inútil...

JOHNNY Necesitas divertirte.

ÉRIC Lo que necesito es una chica. No tienes idea de lo que es vivir solo.

JOHNNY No, pero me lo estoy imaginando. El problema de vivir solo es que siempre te toca lavar los platos.

ÉRIC Las chicas piensan que soy aburrido.

JOHNNY No seas pesimista.

ÉRIC Soy un optimista con experiencia. Lo he intentado todo: el cine, la discoteca, el teatro... Nada funciona.

JOHNNY Tienes que contarles chistes. Si las haces reír, ¡*boom*! Se enamoran.

ÉRIC ¿De veras?

JOHNNY Seguro.

Mariela viene a hablar con ellos.

MARIELA ¡Los conseguí! ¡Los conseguí!

FABIOLA ¿Conseguiste qué?

MARIELA Los últimos boletos para el concierto de rock de esta noche.

FABIOLA ¿Cómo se llama el grupo?

MARIELA Distorsión. Aquí tengo el disco compacto. ¿Lo quieren oír?

FABIOLA (*mirando el reloj*) Uy, ¡qué tarde es!

Luego, en el escritorio de Diana...

ÉRIC Diana, ¿te puedo contar un chiste?

DIANA Estoy algo ocupada.

ÉRIC Es que se lo tengo que contar a una mujer.

DIANA Hay dos mujeres más en la oficina.

ÉRIC Temo que se rían cuando se lo cuente.

DIANA ¡Es un chiste!

ÉRIC Temo que se rían de mí y no del chiste.

DIANA ¿Qué te hace pensar que yo me voy a reír del chiste y no de ti?

ÉRIC No sé. Tú eres una persona seria.

DIANA ¿Y por qué se lo tienes que contar a una mujer?

ÉRIC Es un truco para conquistarlas.

Diana se ríe muchísimo.

AGUAYO

DIANA

ÉRIC

FABIOLA

JOHNNY

MARIELA

4

Johnny dibuja muchos puntos en la pizarra.

JOHNNY ¿Te sabes el chiste de la fiesta de puntos? Es un clásico… Hay una fiesta de puntos… Todos están divirtiéndose y pasándola bien. Y entonces entra un asterisco… y todos lo miran asombrados. Y el asterisco les dice: —¿Qué? ¿Nunca han visto un punto despeinado?

5

Mariela entra con dos boletos en la mano y comienza a besarlos.

MARIELA Sí, sí. Me encanta, me encanta…

FABIOLA Te lo dije.

AGUAYO ¿Me dijiste qué?

FABIOLA Que ella no parecía muy normal.

9

MARIELA Deséenme suerte.

AGUAYO ¿Suerte? ¿En qué?

MARIELA Esta noche le voy a quitar la camisa al guitarrista de Distorsión.

JOHNNY No, no lo harás.

MARIELA Voy a intentarlo.

ÉRIC Si crees que es tan fácil quitarle la camisa a un tipo, ¿por qué no practicas conmigo?

Mariela intenta quitarle la camisa a Éric.

10

Al final del día, en la cocina…

AGUAYO ¿Alguien quiere café?

JOHNNY ¿Lo hiciste tú o sólo lo estás sirviendo?

AGUAYO Sólo lo estoy sirviendo.

JOHNNY Yo quiero una taza.

ÉRIC Yo quiero una taza.

Expresiones útiles

Talking about whose turn it is

Siempre te toca lavar los platos.
It's always your turn to wash the dishes.

A Johnny le toca hacer el café.
It's Johnny's turn to make coffee.

¿A quién le toca pagar la cuenta?
Whose turn is it to pay the bill?

¿Todavía no me toca?
Is it my turn yet?

Encouraging other people

¡Anímate! *Cheer up! (sing.)*
¡Anímense! *Cheer up! (pl.)*

No seas pesimista.
Don't be pessimistic. (sing.)

No sean pesimistas.
Don't be pessimistic. (pl.)

Wishing someone well

¡Buen fin de semana!
Have a nice weekend!

¡Pásalo bien!
Have a good time! (sing.)

¡Pásenlo bien!
Have a good time! (pl.)

¡Que te diviertas!
Have fun! (sing.)

¡Que se diviertan!
Have fun! (pl.)

Additional vocabulary

contar *to tell*
inútil *useless*
el punto *period*
el tipo *guy*
el truco *trick*

Comprensión

1 **¿Cierto o falso?** Decide si estas oraciones son **ciertas** o **falsas**. Corrige las falsas.

Cierto	Falso	
☐	☐	1. Éric está deprimido.
☐	☐	2. A Éric le gusta vivir solo.
☐	☐	3. Según Johnny, hay que ser serio para enamorar a las mujeres.
☐	☐	4. Diana se ríe del chiste de Éric.
☐	☐	5. Fabiola quiere escuchar la música de Distorsión.
☐	☐	6. Mariela quiere quitarle la camisa al guitarrista de Distorsión.
☐	☐	7. Aguayo preparó el café.
☐	☐	8. Johnny quiere beber café porque no lo preparó Aguayo.

2 **Seleccionar** Selecciona la respuesta que explica de qué hablan Johnny y Éric.

1. ¿Qué <u>te</u> pasa? → ¿Qué te pasa _____?
   - a. a Johnny
   - b. al fin de semana
   - c. a ti

2. Tienes que contar<u>les</u> chistes. → Les tienes que contar chistes _____.
   - a. a los amigos
   - b. a todas las chicas
   - c. a Mariela y Diana

3. Tengo que contárse<u>lo</u> a una mujer. → Tengo que contarle a una mujer _____.
   - a. el chiste
   - b. el concierto de rock
   - c. el cuento

4. Temo que <u>se</u> rían cuando <u>se</u> lo cuente. → Temo que _____ se rían cuando se lo cuente.
   - a. Mariela y Aguayo
   - b. las mujeres
   - c. Diana, Fabiola y Mariela

5. No, pero me <u>lo</u> estoy imaginando. → No, pero me estoy imaginando _____.
   - a. el fin de semana
   - b. lo que es vivir solo
   - c. lavar los platos

6. ¿<u>Lo</u> hiciste tú o lo hizo Aguayo? → ¿Hiciste tú _____ o lo hizo Aguayo?
   - a. el boleto
   - b. la taza
   - c. el café

3 **Buscar** Busca en la Fotonovela las oraciones que expresan lo opuesto (*opposite*) a estas oraciones e indica con cuáles estás de acuerdo. Compara tus respuestas con las de un(a) compañero/a.

1. Si haces reír a las chicas, ellas creen que no eres serio.
2. Las chicas piensan que soy divertido.
3. El problema de vivir solo es que nunca te toca lavar los platos.
4. Tú sí que sabes lo que es vivir solo.
5. No tengo nada que hacer.
6. Soy un pesimista con experiencia.

Ampliación

④ Consejos

A. Un amigo le da consejos a Éric para salir con una chica, pero él no acepta ninguno.
Lee los consejos y emparéjalos (*match them*) con las respuestas de Éric.

Consejos del amigo

____ 1. ¡Ve con ella al concierto de rock!

____ 2. Pregúntale si quiere ver el partido.

____ 3. Llévala al cine.

____ 4. Invítala al parque de atracciones.

____ 5. Puedes invitarla a bailar.

Respuestas de Éric

a. Siempre me duermo viendo películas.

b. No conozco ninguna discoteca.

c. No me gustan los deportes.

d. Va a mirar al guitarrista y no a mí.

e. Las alturas (*heights*) me dan miedo.

B. En parejas, preparen cinco recomendaciones más para Éric y dramaticen la situación: uno/a
de ustedes es Éric y la otra persona es su amigo/a. Luego intercambien los papeles.

⑤ Apuntes culturales   En parejas, lean los párrafos y contesten las preguntas.

Piropos para enamorar

Johnny le asegura a Éric que para enamorar a las chicas hay que hacerlas
reír. En el mundo hispano, los hombres suelen decirles a las mujeres 'piropos'
(*compliments*) graciosos. ¿Piensas que Éric tendrá éxito con este piropo?
*"Si la belleza fuera pecado (*sin*), tú ya estarías en el infierno."*

La mejor taza de café

A Éric y a Johnny no les gusta el café que prepara Aguayo. Ellos lo prefieren
más intenso… ¡a lo cubano! En Cuba, el café se toma fuerte, con mucha
azúcar y se sirve en pequeñas tacitas (*little cups*). No puede faltar en el
desayuno, ni después de las comidas. No le vendría nada mal al jefe una
receta de **café cubano**, ¿verdad?

El rock mexicano

Mariela está contenta porque consiguió boletos para un concierto
de rock. El rock mexicano se caracteriza por la riqueza de estilos,
producida por la fusión con otros ritmos como boleros, corridos,
rancheras, reggae y jazz. **Maldita Vecindad, Café Tacuba** y
Maná son algunas de las bandas más populares en la actualidad.

Café Tacuba

1. ¿Existen expresiones similares a los piropos en tu cultura? Da ejemplos.

2. En tu país, ¿cómo se toma el café? ¿Cuándo se lo toma? ¿Cómo te gusta
a ti?

3. ¿Conoces a otros músicos mexicanos y del mundo hispano? ¿A qué
género pertenece su música?

4. ¿Has ido alguna vez a un concierto de rock? ¿A qué banda o cantante viste?

MÉXICO

En detalle

El nuevo CINE MEXICANO

Salma Hayek

México vivió la época dorada de su cine en los años cuarenta. Pasada esa etapa°, la industria cinematográfica mexicana perdió fuerza. Ha tardado casi medio siglo en volver a brillar, pero ahora ha vuelto al panorama internacional con gran vigor°.

Este resurgir°, en parte, se debe al apoyo que las instituciones gubernamentales han dado al mundo del cine; pero, en gran medida, se debe al trabajo de una nueva generación de creadores que ha logrado triunfar en las pantallas de todo el mundo.

En 1992, *Como agua para chocolate* de Alfonso Arau batió° récords de taquilla. Esta película, que puso en imágenes el realismo mágico que tanto éxito ha tenido en la literatura, despertó el interés por el cine mexicano. Las películas empezaron a disfrutar de una mayor distribución y muchos directores y actores se convirtieron en estrellas internacionales.

Alejandro González Iñárritu

El éxito también se vio reflejado en el dinero recaudado° y en las nominaciones y los premios° recibidos. Hoy día, los rostros° de Salma Hayek, Gael García Bernal y Diego Luna, entre otros, pueden verse no sólo en el cine, sino también en revistas y programas de televisión de todo el mundo. Muchos artistas alternan su trabajo entre Estados Unidos y México. En el año 2000, el enorme éxito de *Amores perros* impulsó la carrera de su director, Alejandro González Iñárritu, que poco tiempo después dirigió *21 Grams* en tierras estadounidenses. Otro director que trabaja en los dos países es Alfonso Cuarón. Después del éxito alcanzado° con *Y tu mamá también,* dirigió la tercera película de *Harry Potter.* La nueva generación de artistas mexicanos está demostrando que está preparada para enfrentar los retos° del futuro y reclamar su puesto en el cine mundial. ■

Algunas películas premiadas

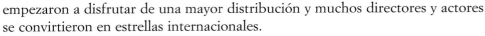

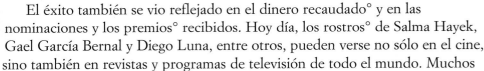

Como agua para chocolate Premio Ariel	**La ley de Herodes** Sundance – Premio al Cine Latinoamericano		**Y tu mamá también** Venecia–Mejor Guión	
1992	1996	2000	2001	2003
	El callejón de los milagros Premio Goya	**Amores perros** Chicago – Hugo de Oro a la Mejor Película		**El crimen del Padre Amaro** Premio Ariel a la Mejor Película

etapa *era* **vigor** *energy* **resurgir** *revival* **batió** *broke* **recaudado** *collected* **premios** *awards* **rostros** *faces* **alcanzado** *reached* **retos** *challenges*

Las diversiones

chido/a (Méx.)   *cool*
copado/a (Arg.)   *cool*
está que mola (Esp.)   *cool*
bacanal (Nic.)   *cool*

salir de parranda   *go out and have fun*
rumbear (Ven.)   *go out and have fun*
farandulear (Col.)   *go out and have fun*

la rola (Nic. y Méx.)   *song*
el tema (Arg.)   *song*

Los premios de cine

Cada año, distintos países hispanoamericanos premian las mejores películas nacionales y extranjeras.

En México, el premio **Ariel** es la máxima distinción otorgada° a los mejores trabajos cinematográficos mexicanos. La estatuilla° representa el triunfo del espíritu y el deseo de ascensión.

Susana Zabaleta recibe el premio Ariel.

En España, el premio más prestigioso es el **Goya**. La Academia de Artes y Ciencias Cinematográficas de España entrega estos premios a producciones nacionales en un festival en Madrid. La estatuilla recibe ese nombre por el pintor Francisco de Goya.

En Argentina, el Festival de Cine Internacional de Mar del Plata premia películas nacionales e internacionales. El galardón° se llama **Astor** en homenaje al compositor de tango Astor Piazzola, quien nació en la ciudad de Mar del Plata.

En Cuba, el Festival Internacional de La Habana entrega los premios **Coral**. Aunque predomina el cine latinoamericano, el festival también convoca a producciones de todas partes del mundo.

GAEL GARCÍA BERNAL

Gael García Bernal es una de las figuras más representativas del cine mexicano contemporáneo. Empieza a actuar en el teatro con tan sólo cinco años, de la mano de sus padres, también actores. Pasa pronto a trabajar en telenovelas°. Siendo adolescente, Gael entra en el mundo del cine. Su intuición y su talento lo llevan a renunciar a la fama fácil y, a los diecisiete años, se va a Londres para estudiar arte dramático. Tres años después, regresa a México lleno de confianza y no se asusta° a la hora de representar ningún papel, por controvertido o difícil que sea. A partir de ese momento, participa en algunas de las películas más emblemáticas del cine en español de los últimos años: *Amores perros*, *Y tu mamá también* y *Diarios de motocicleta*. Actualmente, Gael trabaja también del otro lado de las cámaras como director y productor, y participa activamente en la promoción del cine mexicano.

> **ᏸᏸ Es muy importante que el cine latino se mantenga muy específico, pero que al mismo tiempo sus temas sean universales. ᏺᏺ** (Alfonso Cuarón)

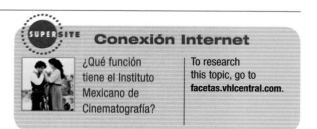

SUPERSITE   **Conexión Internet**

¿Qué función tiene el Instituto Mexicano de Cinematografía?

To research this topic, go to **facetas.vhlcentral.com**.

---

telenovelas *soap operas*   **no se asusta** *doesn't get scared*
otorgada *given*   **estatuilla** *statuette*   **galardón** *award*

¿Qué aprendiste?

1 **¿Cierto o falso?** Indica si estas afirmaciones son ciertas o falsas. Corrige las falsas.

1. La época dorada del cine mexicano fue en los años cincuenta.
2. El gobierno mexicano ha apoyado los nuevos proyectos de cine.
3. El director de *Como agua para chocolate* es Diego Luna.
4. El éxito de *Como agua para chocolate* despertó el interés por el cine mexicano.
5. Los artistas mexicanos van a Estados Unidos y no vuelven a trabajar en su país.
6. La película *Amores perros* es del año 2002.
7. Alfonso Cuarón dirigió *21 Grams*.
8. *Amores perros* y *El crimen del Padre Amaro* ganaron premios internacionales en el año 2000.

2 **Completar** Completa las oraciones.

1. Los premios del Festival Internacional de La Habana se llaman _____.
2. Los premios Ástor se entregan en _____.
3. El premio más prestigioso de España es el _____.
4. A los jóvenes venezolanos les gusta salir a_____.

3 **Preguntas** Contesta las preguntas con oraciones completas.

1. ¿A qué se dedican los padres de Gael García Bernal?
2. ¿A qué edad comenzó a trabajar como actor Gael García Bernal?
3. ¿Qué hizo en Londres Gael García Bernal?
4. ¿Gael García Bernal evita los papeles controvertidos?
5. ¿Qué otras actividades relacionadas con el c realiza Gael García Bernal además de actuar
6. Según Alfonso Cuarón, ¿cómo deben ser los temas del cine latino?
7. ¿Crees que es positivo que directores y actores de habla hispana se muden (*move*) a Hollywood? ¿Por qué?
8. Cuando decides ver una película, ¿qué facto tienes en cuenta (protagonistas, premios recibidos, director, idioma, etc.)? ¿Por qué?

4 **Opiniones** En parejas, escriban en qué se diferencia y en qué se parecen el cine de Hollywood y el cine internacional.

Diferente	Igual

PROYECTO

María Félix

Durante la época de oro del cine mexicano, actores como María Félix o Pedro Infante y directores como Emilio Fernández e Ismael Rodríguez —y también el español Luis Buñuel— llevaron el acento mexicano más allá de sus fronteras.

Busca información sobre uno de estos artistas y escribe una biografía de tres párrafos.

Debes incluir:

- datos biográficos
- trabajos principales del artista
- contribución al cine mexicano

Siguiendo el estilo usado en el perfil de Gael Garía Bernal, escribe tu texto usando los tiempos del presente.

Lila Downs

La popularidad en América Latina, Estados Unidos y Europa llevó a **Lila Downs** a la gran pantalla°. *Burn it blue*, de la banda de sonido de *Frida*, fue nominada para un Oscar como mejor canción en 2003. Downs nació en Oaxaca, un estado al sur de México, pero ha pasado su vida entre su país natal y los Estados Unidos. Downs, hija de una cantante indígena mixteca° y un profesor estadounidense de arte y cine, se mantiene fiel a sus raíces biculturales fusionando ritmos de sus dos mundos. De niña, cantaba canciones rancheras° sólo para su madre pero, más tarde, se dio cuenta de que necesitaba expresarse con el canto. Downs compone sus propias canciones aunque también son muy famosas sus interpretaciones de canciones tradicionales de la región mesoamericana: "Me siento comprometida con estas canciones porque son el alma de mi tierra".

Discografía

2006 La cantina   **2004** Una Sangre - One Blood   **2001** Border (La Línea)

Canción

Éste es un fragmento de la canción que tu instructor te hará escuchar.

La Bamba
Tradicional/Paul Cohen/Lila Downs

Para bailar la bamba se necesita,
Una poca de gracia y otra cosita,
Ay arriba, arriba y arriba iré,
Yo no soy marinero ni lo seré.
Se lo pido a mi amigo de compasión,
Que se acabe la bamba,
Y venga otro son°.

La Bamba es el 'son jarocho' más popular de Veracruz y es el resultado del profundo mestizaje de esta región mexicana. Se dice que los primeros versos se escribieron a finales del siglo XVII. Una versión dice que la palabra 'bamba' evoca una antigua región africana del Congo, de donde provenían muchos esclavos.

 Preguntas En parejas, contesten las preguntas.

1. ¿Por qué Downs es considerada una artista bicultural? ¿Qué tipo de canciones canta?
2. ¿Qué se necesita para bailar La Bamba?
3. ¿Por qué la canción de La Bamba es tan popular? ¿De dónde proviene?
4. ¿Conocen otras canciones que sean tan populares como La Bamba? ¿Quién(es) la(s) interpretan?

pantalla *screen* **mixteca** *Mixtec* **rancheras** *popular music from Mexico* **son** *a type of song*

2.1 Object pronouns

- Pronouns are words that take the place of nouns. Direct object pronouns directly receive the action of the verb. Indirect object pronouns identify *to whom* or *for whom* an action is done.

Esta noche le voy a quitar la camisa al guitarrista.

No, no lo harás.

Indirect object pronouns		Direct object pronouns	
me	nos	me	nos
te	os	te	os
le	les	lo/la	los/las

Position of object pronouns

- Direct and indirect object pronouns (**los pronombres de complemento directo e indirecto**) precede the conjugated verb.

INDIRECT OBJECT	DIRECT OBJECT
Carla siempre **me** da entradas para el teatro.	Ella **las** consigue gratis.
Carla always gives me tickets to the theater.	*She gets them for free.*
No **le** compro más juegos de mesa.	Nunca **los** juega.
I'm not buying him any more board games.	*He never plays them.*

- When the verb is an infinitive construction, object pronouns may either be attached to the infinitive or placed before the conjugated verb.

INDIRECT OBJECT	DIRECT OBJECT
Necesitamos pedir**le** un favor.	Voy a hacer**lo** enseguida.
Le necesitamos pedir un favor.	**Lo** voy a hacer enseguida.
Tienes que hablar**nos** de la película.	Van a ver**la** mañana.
Nos tienes que hablar de la película.	**La** van a ver mañana.

- When the verb is progressive, object pronouns may either be attached to the present participle or placed before the conjugated verb.

INDIRECT OBJECT	DIRECT OBJECT
Pedro está cantándo**me** una canción.	Está cantándo**la** muy mal.
Pedro **me** está cantando una canción.	**La** está cantando muy mal.

Double object pronouns

- The indirect object pronoun precedes the direct object pronoun when they are used together in a sentence.

Me mandaron **los boletos** por correo.

Te exijo **una respuesta** ahora mismo.

▶ **Me los** mandaron por correo.

▶ **Te la** exijo ahora mismo.

- **Le** and **les** change to **se** when they are used with **lo, la, los,** or **las**.

Le da **los libros** a Ricardo.

Le enseña **las invitaciones** a Elena.

▶ **Se los** da.

▶ **Se las** enseña.

Prepositional pronouns

Prepositional pronouns			
mí *me; myself* **ti** *you; yourself* **Ud.** *you; yourself*	**él** *him; it* **ella** *her; it* **sí** *himself;* *herself; itself*	**nosotros/as** *us; ourselves* **vosotros/as** *you; yourselves* **Uds.** *you;* *yourselves*	**ellos** *them* **ellas** *them* **sí** *themselves*

- Prepositional pronouns function as the objects of prepositions. Except for **mí, ti,** and **sí,** these pronouns are the same as the subject pronouns.

¿Qué piensas de **ella**?

Ay, mi amor, sólo pienso en **ti**.

¿Lo compraron para **mí** o para Javier?

Lo compramos para **él**.

- The indirect object can be repeated with the construction **a** + *[prepositional pronoun]* to provide clarity or emphasis.

¿Te gusta aquel cantante?

¿A quién se lo dieron?

¡**A mí** me fascina!

Se lo dieron **a ella**.

- When a third person subject refers to himself, herself, or itself, the pronoun **sí** is used. In this case, the adjective **mismo(s)/a(s)** is usually added to clarify the object.

José se lo regaló a **él**.

José gave it to him (someone else).

José se lo regaló a **sí mismo**.

José gave it to himself.

- When **mí, ti,** and **sí** are used with **con**, they become **conmigo, contigo,** and **consigo**.

¿Quieres ir **conmigo** al parque de atracciones?

Do you want to go to the amusement park with me?

Laura siempre lleva su computadora portátil **consigo**.

Laura always brings her laptop with her.

- These prepositions are used with **tú** and **yo** instead of **mí** and **ti: entre, excepto, incluso, menos, salvo, según**.

Todos están de acuerdo **menos tú** y **yo**.

Everyone is in agreement except you and me.

Entre tú y **yo**, Juan me cae mal.

Between you and me, I can't stand Juan.

¡ATENCIÓN!

When object pronouns are attached to infinitives, participles, or commands, a written accent is often required to maintain proper word stress.

Infinitive

cantármela

Present participle

escribiéndole

Command

acompáñeme

For more information on using object pronouns with commands, see **4.2, p. 140**.

TALLER DE CONSULTA

MANUAL DE GRAMÁTICA
Más práctica

2.1 Object pronouns, p. 252.

1 Dos buenas amigas Dos amigas, Rosa y Marina, están en un café hablando de unos conocidos. Selecciona las personas de la lista que corresponden a los pronombres subrayados (*underlined*).

a Antoñito	a mí
a Antoñito y Maite	a nosotras
a Maite	a ti
a ustedes	

ROSA Siempre <u>lo</u> veo bailando en la discoteca Club 49.

MARINA ¿<u>Te</u> saluda?

ROSA Nunca. Yo creo que no <u>me</u> saluda porque tiene miedo de que se lo diga a su novia.

MARINA ¿Su novia? Hace siglos que no sé nada de ella. Un día de éstos <u>la</u> tengo que llamar.

ROSA ¿Quieres que <u>los</u> invitemos a ir con nosotras a la fiesta del viernes?

MARINA Sí. Es una buena idea. A ver qué <u>nos</u> dice Antoñito de su afición a las discotecas.

1. _____

2. _____

3. _____

4. _____

5. _____

6. _____

2 Una pareja menos Completa las oraciones con una de estas expresiones: **conmigo, contigo, consigo.**

ANTOÑITO Ya estamos otra vez. (1) _____ siempre tengo problemas.

MAITE ¿Qué te crees tú? ¿Que yo siempre me divierto (2) _____ ?

ANTOÑITO Tú eres la que siempre quiere ir (3) _____ a la discoteca.

MAITE Eso no es verdad. A mí no me gusta salir (4) _____ . ¡Ni loca!

ANTOÑITO No te preocupes. Muchas chicas quieren estar (5)_____ . Siempre veo a Rosa en el Club 49. A ella seguro que le gusta.

MAITE ¿A Rosa? A ella no le gusta ni estar (6) _____ misma. ¡Es una falsa!

3 Una fiesta muy ruidosa Martín y Luisa han organizado una fiesta muy ruidosa (*noisy*) en su casa y un vecino ha llamado a la policía. El policía les aconseja lo que deben hacer para evitar más problemas. Reescribe los consejos cambiando las palabras subrayadas por los pronombres de complemento directo e indirecto correctos.

1. Traten amablemente <u>a la policía</u>.

2. Tienen que pedirle <u>perdón a sus vecinos</u>.

3. No pueden contratar <u>a un grupo musical</u> sin permiso.

4. Tienen que poner <u>la música</u> muy baja.

5. No deben servirles <u>bebidas alcohólicas a los menores de edad</u>.

6. No pueden organizar <u>fiestas</u> nunca más.

Comunicación

4 **¿En qué piensas?** Piensa en algunos de los objetos típicos que ves en la clase o en tu casa (un cuadro, una maleta, un mapa, etc.). Tu compañero/a debe adivinar el objeto que tienes en mente haciéndote preguntas con pronombres.

> **MODELO** **Tú piensas en: un libro**
> —Estoy pensando en algo que uso para estudiar.
> —¿Lo usas mucho?
> —Sí, lo uso para aprender español.
> —¿Lo compraste?
> —Sí, lo compré en una librería.

5 **La fiesta** En parejas, túrnense para contestar las preguntas usando pronombres de complemento directo o indirecto según sea necesario.

1. ¿Te gusta organizar fiestas? ¿Cuándo fue la última vez que organizaste una? ¿Por qué la organizaste?
2. ¿Invitaste a muchas personas? ¿A quiénes invitaste?
3. ¿Qué tipo de música escucharon? ¿Bailaron también?
4. ¿Qué les ofreciste de comer a los invitados en tu fiesta?
5. ¿Trajeron algo? ¿Qué trajeron? ¿Para quién?

6 **Fama** María Estela Pérez es una actriz de cine que debe encontrarse con sus fans pero, como no sabe dónde dejó su agenda, no recuerda a qué hora es el encuentro. En grupos de cuatro, miren la ilustración e inventen una historia inspirándose en ella. Utilicen por lo menos cinco pronombres de complemento directo y/o indirecto.

7 **Una persona famosa** En parejas, escriban una entrevista con una persona famosa. Utilicen estas cinco preguntas y escriban cinco más. Incluyan pronombres en las respuestas. Después, representen la entrevista delante de la clase.

> **MODELO** —¿Quién prepara la comida en tu casa?
> —Mi cocinero la prepara.

1. ¿Visitas frecuentemente a tus amigos/as?
2. ¿Ves mucho la televisión?
3. ¿Quién conduce tu auto?
4. ¿Preparas tus maletas cuando viajas?
5. ¿Evitas a los fotógrafos?

2.2 *Gustar* and similar verbs

Me encanta el grupo Distorsión.

No me gusta nada la música rock.

Using the verb *gustar*

- Though **gustar** is translated as *to like* in English, its literal meaning is *to please*. **Gustar** is preceded by an indirect object pronoun indicating *the person who is pleased*. It is followed by a noun indicating *the thing that pleases*.

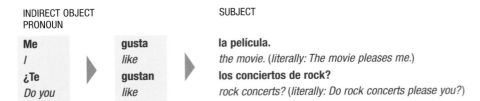

INDIRECT OBJECT PRONOUN		SUBJECT
Me	**gusta**	**la película.**
I	*like*	*the movie. (literally: The movie pleases me.)*
¿Te	**gustan**	**los conciertos de rock?**
Do you	*like*	*rock concerts? (literally: Do rock concerts please you?)*

- Because *the thing that pleases* is the subject, **gustar** agrees in person and number with it. Most commonly the subject is third person singular or plural.

SINGULAR SUBJECT

Nos gust**a** la música de Paulina Rubio.
We like Paulina Rubio's music.

Les gust**a** su casa nueva.
They like their new house.

PLURAL SUBJECT

Me gust**an** las quesadillas.
I like quesadillas.

¿Te gust**an** las películas románticas?
Do you like romantic movies?

- When **gustar** is followed by one or more verbs in the infinitive, the singular form of **gustar** is always used.

No nos **gusta** llegar tarde.
We don't like to arrive late.

Les **gusta** cantar y bailar.
They like to sing and dance.

- **Gustar** is often used in the conditional (**me gustaría**, etc.) to soften a request.

Me **gustaría** un refresco con hielo, por favor.
I would like a soda with ice, please.

¿Te **gustaría** salir a cenar esta noche conmigo?
Would you like to go out to dinner with me tonight?

Verbs like *gustar*

- Many verbs follow the same pattern as **gustar**.

aburrir *to bore*	**hacer falta** *to miss*
caer bien/mal *to (not) get along well with*	**importar** *to be important to; to matter*
disgustar *to upset*	**interesar** *to be interesting to; to interest*
doler *to hurt; to ache*	**molestar** *to bother; to annoy*
encantar *to like very much*	**preocupar** *to worry*
faltar *to lack; to need*	**quedar** *to be left over; to fit (clothing)*
fascinar *to fascinate; to like very much*	**sorprender** *to surprise*

¡**Me fascina** el álbum!
I love the album!

A Sandra **le disgusta** esa situación.
That situation upsets Sandra.

¿**Te molesta** si voy contigo?
Will it bother you if I come along?

Le duelen las rodillas.
Her knees hurt.

- The indirect object can be repeated using the construction **a** + [*prepositional pronoun*] or **a** + [*noun*]. This construction allows the speaker to emphasize who is pleased, bothered, etc.

A ella no le gusta bailar, pero **a él** sí.
She doesn't like to dance, but he does.

A Felipe le molesta ir de compras.
Shopping bothers Felipe.

- **Faltar** expresses what someone lacks and **quedar** what someone has left.

Le falta dinero.
He's short of money.

Nos quedan cinco libros.
We have five books left.

Me faltan dos pesos.
I need two pesos.

Esa falda **te queda** bien.
That skirt fits you well.

¿Qué te hace falta en la vida?

Discoteca Paladio

TALLER DE CONSULTA

MANUAL DE GRAMÁTICA
Más práctica

2.2 **Gustar** and similar verbs,
p. 253.

1 **Completar** Miguel y César son compañeros de cuarto y tienen algunos problemas. Hoy se han reunido para discutirlos. Completa su conversación con la forma correcta de los verbos entre paréntesis.

MIGUEL Mira, César, a mí (1) _____ (encantar) vivir contigo, pero la verdad es que (2) _____ (preocupar) algunas cosas.

CÉSAR De acuerdo. A mí también (3) _____ (disgustar) algunas cosas de ti.

MIGUEL Bueno, para empezar no (4) _____ (gustar) que pongas la música tan alta cuando vienen tus amigos. Tus amigos (5) _____ (caer) muy bien pero, a veces, hacen mucho ruido y no me dejan dormir.

CÉSAR Sí, claro, lo entiendo. Pues mira, Miguel, a mí (6) _____ (molestar) que no laves los platos después de comer. Además, tampoco sacas la basura.

MIGUEL Es verdad. Pues... vamos a intentar cambiar estas cosas. ¿Te parece?

CÉSAR ¡(7) _____ (fascinar) la idea! Yo bajo la música cuando vengan mis amigos y tú lavas los platos y sacas la basura más a menudo. ¿De acuerdo?

2 **¡A preguntar!** Túrnense para hacerse preguntas sobre estos temas siguiendo el modelo.

MODELO **a tu padre / fascinar**

—¿Qué crees que le fascina a tu padre?
—Pues, no sé. Creo que le fascina dormir.

1. al presidente / preocupar
2. a tu hermano/a / encantar
3. a ti / gustar
4. a tus padres / gustar
5. a tu profesor(a) de español / disgustar
6. a tu mejor amigo/a / importar
7. a tu novio/a / molestar
8. a tu compañero/a de clase / disgustar

3 **Las diversiones** En parejas, pregúntense si les gustaría hacer las actividades relacionadas con las fotos. Utilicen los verbos **aburrir**, **disgustar**, **encantar**, **fascinar**, **interesar** y **molestar**. Sigan el modelo.

MODELO —¿Te molestaría ir al parque de atracciones?
—No, me encantaría.

Comunicación

4 **Extrañas aficiones** Trabajen en grupos de cuatro. Miren las ilustraciones e imaginen qué les gusta, interesa o molesta a estas personas.

5 **¿Qué te gusta?** En parejas, pregúntense si les gustan o no las personas y actividades de la lista. Utilicen verbos similares a **gustar** y contesten las preguntas.

Cameron Diaz	dormir los fines de semana
salir con tus amigos	hacer bromas
las películas de misterio	los discos de Christina Aguilera
practicar algún deporte	ir a discotecas
Antonio Banderas	las películas extranjeras

6 **¿A quién le gusta?** Trabajen en grupos de cuatro.

A. Preparen una lista de cinco pasatiempos y cinco lugares de recreo. Luego circulen por la clase para ver a quiénes les gustan los lugares y las actividades de la lista.

B. Ahora escriban un párrafo breve para describir los gustos de sus compañeros. Utilicen **gustar** y otros verbos similares. Compartan su párrafo con la clase.

MODELO
A Luisa y a Simón les fascina el restaurante Acapulco, pero a Tonya le disgusta.
A todos nos gusta ir al cine, menos a Carlos, porque…

2.3 Reflexive verbs

- In a reflexive construction, the subject of the verb both performs and receives the action. Reflexive verbs (**verbos reflexivos**) always use reflexive pronouns (**me, te, se, nos, os, se**).

Reflexive verbs

Elena **se lava** la cara.

Non-reflexive verb

Elena **lava** los platos.

Reflexive verbs	
lavarse *to wash (oneself)*	
yo	me lavo
tú	te lavas
Ud./él/ella	se lava
nosotros/as	nos lavamos
vosotros/as	os laváis
Uds./ellos/ellas	se lavan

- Many of the verbs used to describe daily routines and personal care are reflexive.

acostarse *to go to bed*	**dormirse** *to go to sleep*	**peinarse** *to comb (one's hair)*
afeitarse *to shave*	**ducharse** *to take a shower*	**ponerse** *to put on (clothing)*
bañarse *to take a bath*	**lavarse** *to wash (oneself)*	**secarse** *to dry off*
cepillarse *to brush (one's hair/teeth)*	**levantarse** *to get up*	**quitarse** *to take off (clothing)*
despertarse *to wake up*	**maquillarse** *to put on makeup*	**vestirse** *to get dressed*

¡ATENCIÓN!

A transitive verb is one that takes a direct object.

Mariela compró dos boletos.
Mariela bought two tickets.

Johnny contó un chiste.
Johnny told a joke.

- In Spanish, most transitive verbs can also be used as reflexive verbs to indicate that the subject performs the action to or for himself or herself.

Félix **divirtió** a los invitados con sus chistes.
Félix amused the guests with his jokes.

Félix **se divirtió** en la fiesta.
Félix had fun at the party.

Ana **acostó** a los gemelos antes de las nueve.
Ana put the twins to bed before nine.

Ana **se acostó** muy tarde.
Ana went to bed very late.

- Many verbs change meaning when they are used with a reflexive pronoun.

aburrir *to bore*	**aburrirse** *to get bored*
acordar *to agree*	**acordarse (de)** *to remember*
comer *to eat*	**comerse** *to eat up*
dormir *to sleep*	**dormirse** *to fall asleep*
ir *to go*	**irse (de)** *to go away (from)*
llevar *to carry*	**llevarse** *to carry away*
mudar *to change*	**mudarse** *to move (change residence)*
parecer *to seem*	**parecerse (a)** *to resemble; to look like*
poner *to put*	**ponerse** *to put on (clothing)*
quitar *to take away*	**quitarse** *to take off (clothing)*

- Some Spanish verbs and expressions are used in the reflexive even though their English equivalents may not be. Many of these are followed by the prepositions **a, de**, and **en**.

acercarse (a) *to approach*	**fijarse (en)** *to take notice (of)*
arrepentirse (de) *to repent*	**morirse (de)** *to die (of)*
atreverse (a) *to dare (to)*	**olvidarse (de)** *to forget (about)*
convertirse (en) *to become*	**preocuparse (por)** *to worry (about)*
darse cuenta (de) *to realize*	**quejarse (de)** *to complain (about)*
enterarse (de) *to find out (about)*	**sorprenderse (de)** *to be surprised (about)*

- *To get* or *become* is frequently expressed in Spanish by the reflexive verb **ponerse** + [*adjective*].

  Pilar **se pone** muy nerviosa antes del torneo.
  Pilar gets very nervous before the tournament.

  Si no duermo bien, **me pongo insoportable**.
  If I don't sleep well, I become unbearable.

- In the plural, reflexive verbs can express reciprocal actions done *to one another*.

  Los dos equipos **se saludan** antes de comenzar del partido.
  The two teams greet each other at the start of the game.

  ¡Los entrenadores **se están peleando** otra vez!
  The coaches are fighting again!

- The reflexive pronoun precedes the direct object pronoun when they are used together in a sentence.

  ¿**Te** comiste el pastel?
  Did you eat the whole cake?

  Sí, **me lo** comí.
  Yes, I ate it all up.

¡ATENCIÓN!

Hacerse and **volverse** can also mean *to become*.

Se ha hecho cantante.
He has become a singer.

¿**Te has vuelto** loco/a?
Have you gone mad?

¡ATENCIÓN!

When used with infinitives and present participles, reflexive pronouns follow the same rules of placement as object pronouns. See **2.1, pp. 54-55**.

Práctica

TALLER DE CONSULTA

MANUAL DE GRAMÁTICA
Más práctica

2.3 Reflexive Verbs, p. 254.

1 Los lunes por la mañana Completa el párrafo sobre lo que hacen Carlos y su esposa Elena los lunes por la mañana. Utiliza la forma correcta de los verbos reflexivos correspondientes.

acostarse	irse	ponerse
afeitarse	lavarse	quitarse
cepillarse	levantarse	secarse
ducharse	maquillarse	vestirse

Los domingos por la noche, Carlos y Elena (1) _____ tarde y por la mañana tardan mucho en despertarse. Carlos es el que (2) _____ primero, (3) _____ el pijama y (4) _____ con agua fría. Después de unos minutos, entra en el cuarto de baño Elena, y Carlos (5) _____ la barba. Mientras Elena termina de ducharse, de (6) _____ el pelo y de (7) _____, Carlos prepara el desayuno. Cuando Elena está lista, ella y Carlos desayunan, luego (8) _____ los dientes y (9) _____ las manos. Después los dos van a la habitación, (10) _____ con ropa elegante y (11) _____ al trabajo. Carlos (12) _____ la corbata en el carro; Elena maneja.

2 Todos los sábados

A. En parejas, describan la rutina que sigue Silvia todos los sábados, según los dibujos.

B. ¿Qué hacen los sábados por la mañana cuatro amigos y/o familiares de Silvia? Imaginen sus rutinas. Utilicen verbos reflexivos y sean creativos.

Comunicación

3 **¿Y tú?** En parejas, túrnense para hacerse las preguntas. Contesten con oraciones completas y expliquen sus respuestas.

1. ¿A qué hora te despiertas normalmente los sábados por la mañana? ¿Por qué?
2. ¿Te duermes en las clases?
3. ¿A qué hora te acuestas normalmente los fines de semana?
4. ¿A qué hora te duchas durante la semana?
5. ¿Te levantas siempre a la misma hora que te despiertas? ¿Por qué?

6. ¿Qué te pones para salir los fines de semana? ¿Y tus amigos/as?
7. ¿Cuándo te vistes elegantemente?
8. ¿Te diviertes cuando vas a una fiesta? ¿Y cuando vas a una reunión familiar?
9. ¿Te fijas en la ropa que lleva la gente?
10. ¿Te preocupas por tu imagen?

11. ¿De qué se quejan tus amigos/as normalmente? ¿Y tus padres u otros miembros de la familia?
12. ¿Conoces a alguien que se preocupe constantemente por todo?
13. ¿Te arrepientes a menudo de las cosas que haces?
14. ¿Te peleas con tus amigos/as? ¿Y con tu novio/a?
15. ¿Te sorprende alguna costumbre o hábito de tus amigos/as?

4 **Síntesis** Imagina que estás en un café y que ves a tu antiguo/a novio/a coqueteando con alguien. ¿Qué haces? Trabajen en grupos para representar la escena. Utilicen por lo menos cinco verbos de la lista y cinco pronombres de complemento directo e indirecto.

acercarse	darse cuenta	interesar	olvidarse
arrepentirse	gustar	irse	preocuparse
caer bien/mal	hacer falta	molestar	sorprender

SUPERSITE

For additional cumulative practice of all the grammar points in this lesson, go to **facetas.vhlcentral.com**.

Antes de ver el corto

ESPÍRITU DEPORTIVO

país México

duración 11 minutos

director Javier Bourges

protagonistas futbolista muerto, esposa, amigos, grupo de jóvenes

Vocabulario

el ataúd *casket*

el balón *ball*

la cancha *field*

deber (dinero) *to owe (money)*

enterrado *buried*

la misa *mass*

mujeriego *womanizer*

el Mundial *World Cup*

patear *to kick*

la prueba *proof*

la señal *sign*

① **Comentaristas deportivos** Completa el diálogo entre los comentaristas deportivos.

COMENTARISTA 1 Emocionante comienzo del (1) _____ de fútbol. La (2) _____ está llena. El capitán patea el (3) _____, el arquero (*goalie*) no logra frenarlo (*stop it*) y… ¡gooooool!

COMENTARISTA 2 ¡Muy emocionante el debut de Sánchez como capitán! Debemos contar al público que sólo hace siete días murió el abuelo de Sánchez. El jugador casi no llega a tiempo para el primer partido porque no quiso dejar de ir a una (4) _____ en el cementerio donde ahora está (5) _____ su abuelo.

② **Comentar** En parejas, túrnense para hacerse las preguntas.

1. ¿Qué papel tiene el deporte en tu vida?

2. ¿Qué deporte practicabas cuando eras niño/a?

3. ¿Quién es tu deportista favorito? ¿Por qué?

4. Observen los fotogramas. ¿Qué está sucediendo en cada uno?

5. Piensen en el título del cortometraje. ¿Qué es para ustedes el "espíritu deportivo"?

6. Observen el afiche del cortometraje. ¿Creen que la historia será una comedia o un drama?

GANADOR DEL 3ER. CONCURSO NACIONAL DE PROYECTOS DE CORTOMETRAJE, MÉXICO 2004

espíritu deportivo

Una Producción de CONACULTA/INSTITUTO MEXICANO DE CINEMATOGRAFÍA   Guión y Dirección JAVIER BOURGES
Fotografía SERGEI SALDÍVAR TANAKA   Edición JAVIER BOURGES   Diseño Sonoro AURORA OJEDA
Música EDUARDO GAMBOA   Dirección de Arte ÁLVARO CHÁVEZ

Actores MAX KERLOW/MA. ELENA OLIVARES/PEPE URCELAY/FAMESIO DE BERNAL/JOSÉ L. AVENDAÑO/
RAFAEL G. MIYAGUI/VÍCTOR H. ARANA/JOSÉ L. HUERTA/BALTIMORE BELTRÁN/LUIS ÁVILA/RENÉ CAMPERO/
GEORGINA GONZÁLEZ/MA. FERNANDA GARCÍA

Escenas

ARGUMENTO El futbolista Efrén "El Corsario" Moreno ha muerto de un ataque al corazón. Su familia y amigos lo están velando°.

REPORTERA Sin duda, extrañaremos al autor de aquel gran gol de chilena° con el que eliminamos a Brasil del Mundial de Honduras de 1957.

REPORTERA Don Tacho, ¿es cierto que usted dio el pase para aquel famoso gol?
TACHO Claro que sí, yo le mandé como veinte pases al área penal, pero él nada más anotó esa sola vez.

JUANITA Quiso ser enterrado con el balón de futbol con las firmas de todos los que jugaron con él en aquel partido con Uru... con... con Brasil. Se irá a la tumba° con sus trofeos° y con su uniforme, como un gran héroe.

MARACA Tacho, eres un hablador. Estás mal. Tú ni siquiera fuiste a ese Mundial. Es más, cien pesos a que te lo compruebo.
TACHO Y cien pesos más que estuve en el juego.

MARACA A ver, ¿dónde está tu firma?
TACHO Aquí debe estar... ¡Ya la borraron!
(Molesto porque no encuentra su firma y patea el balón.)

(El balón cae sobre la guitarra de un grupo de jóvenes y la rompe.)
HUGO Si no le pagan la guitarra aquí a mi carnal°, no les regresamos° su balón. ¿Cómo ven?

° **velando** *holding a wake* ° **chilena** *scissors kick* ° **tumba** *grave* ° **trofeos** *trophies* ° **carnal** *buddy* ° **regresamos** *give back*

Después de ver el corto

1 **Comprensión** Contesta las preguntas con oraciones completas.

1. ¿Quién es Efrén "El Corsario" Moreno?
2. ¿Cuándo y de qué murió "El Corsario" Moreno?
3. ¿Cómo ganó México su partido contra Brasil en el Mundial de 1957?
4. Según "El Tacho" Taboada, ¿cómo anotó "El Corsario" el gol de la victoria?
5. ¿Qué hay en el balón de "El Corsario"?
6. ¿Cuánto apuestan los amigos sobre la firma de "El Tacho"?
7. ¿Cuánto le cuesta la misa a Juanita? ¿Por qué?
8. ¿Qué pasa cuando "El Tacho" patea el balón?
9. ¿Qué posición jugaba "El Tacho" en la selección nacional?
10. ¿Quién les ayuda a ganar a "El Tacho" y sus amigos?

2 **Interpretación** En parejas, contesten las preguntas.

1. ¿Crees que "El Tacho" jugó en el partido contra Brasil?
2. ¿Piensas que el sacerdote admira a "El Corsario" Moreno? ¿Cómo lo sabes?
3. ¿Piensas que "El Corsario" era mujeriego?
4. ¿Quién se queda con el balón al final?
5. ¿Por qué crees que "El Corsario" regresa voluntariamente al ataúd?
6. ¿Crees que el cortometraje tiene un final feliz?

3 **Análisis** En grupos de tres, analicen las citas. Después, compartan sus opiniones con el resto de la clase.

> "La muerte es una vida vivida. La vida es una muerte que viene." *Jorge Luis Borges*

> "La muerte es algo que no debemos temer porque, mientras somos, la muerte no es y cuando la muerte es, nosotros no somos." *Antonio Machado*

4 **El regreso de "El Corsario"** En parejas, imaginen que el fantasma de "El Corsario" regresa para hablar con un joven del grupo que se queda con el balón. "El Corsario" quiere pedirle al joven que repare el balón y lo use con sus amigos. ¿Por qué es esto importante para "El Corsario"? Ensayen la escena y represéntenla ante la clase. Pueden usar el vocabulario del corto y las palabras del recuadro.

homenaje *tribute*	**regalo** *gift*
recuerdo *memory; keepsake*	**tradición** *tradition*

Calesita en la plaza, 1999.
Aldo Severi, Argentina.

"No está la felicidad en vivir, sino en saber vivir."

— Diego de Saavedra Fajardo

Antes de leer

Idilio

Sobre el autor

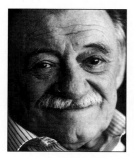

Mario Benedetti nació en Tacuarembó, Uruguay, en 1920. Su volumen de cuentos publicado en 1959, *Montevideanos*, lo consagró como escritor, y dos años más tarde alcanzó fama internacional con su segunda novela, *La tregua*, con fuerte contenido sociopolítico. Tras diez años de exilio en Argentina, Perú, Cuba y España, regresó a Uruguay en 1983. El exilio que lo alejó de su patria y de su familia dejó una profunda huella (*mark*) tanto en su vida personal como en su obra literaria. Benedetti ha incursionado en todos los géneros (*genres*): poesía, cuento, novela y ensayo. El amor, lo cotidiano, la ausencia, el retorno y el recuerdo son temas constantes en la obra de este prolífico escritor. En 1999, ganó el Premio Reina Sofía de Poesía Iberoamericana.

Vocabulario

colocar *to place (an object)*	**por primera/última vez** *for the first/last time*
hondo/a *deep*	
la imagen *image; picture*	**redondo/a** *round*
la pantalla *(television) screen*	**señalar** *to point to; to signal*
	el televisor *television set*

Practicar Completa las oraciones con palabras o frases del vocabulario.

1. Voy a _____ el televisor sobre la mesa.
2. Julio me _____ la calle que debo tomar, pero no quiso ir conmigo.
3. En lo más _____ de mi corazón, guardo el recuerdo de mi primera novela.
4. Ayer salí _____ en la televisión y me invitaron a participar en otro programa la semana que viene.

Conexión personal

¿Cómo te entretenías cuando eras niño/a? ¿A qué jugabas? ¿Mirabas mucha televisión? ¿Tus padres establecían límites y horarios? ¿Qué harás tú cuando tengas hijos?

Análisis literario: las formas verbales

Las formas verbales son un factor muy importante a tener en cuenta al analizar obras literarias. La elección de formas verbales es una decisión deliberada del autor y afecta el tono del texto. El uso de registro formal o informal puede hacer el texto más o menos cercano al lector. La elección de tiempos verbales también puede tener efectos como involucrar o distanciar al lector, dar o quitar formalidad, hacer que la narración parezca más oral, etc. A medida que lees *Idilio*, presta atención a los tiempos verbales que usa Benedetti. ¿Qué tono dan a la historia estas elecciones deliberadas del autor?

IDILIO

La noche en que colocan a Osvaldo (tres años recién cumplidos) por primera vez frente a un televisor (se exhibe un drama británico de hondas resonancias), queda hipnotizado, la boca entreabierta°, los ojos redondos de estupor.

half-opened

La madre lo ve tan entregado al sortilegio° de las imágenes que se va tranquilamente a la cocina. Allí, mientras friega ollas y sartenes°, se olvida del niño. Horas más tarde se acuerda, pero piensa: "Se habrá dormido". Se seca las manos y va a buscarlo al living.

surrendered to the magic   5

washes pots and pans

La pantalla está vacía°, pero Osvaldo se mantiene en la misma postura y con igual mirada extática.

empty; blank

10

—Vamos. A dormir —conmina° la madre.

orders

—No —dice Osvaldo con determinación.

—¿Ah, no? ¿Se puede saber por qué?

—Estoy esperando.

15

—¿A quién?

—A ella.

Y señaló el televisor.

—Ah. ¿Quién es ella?

—Ella.

20

Y Osvaldo vuelve a señalar la pantalla. Luego sonríe, candoroso°, esperanzado, exultante.

innocent; naïve

—Me dijo: "querido". ■

Después de leer

Idilio

Mario Benedetti

(1) Comprensión Contesta las preguntas con oraciones completas.

1. ¿Cómo se llama el protagonista de esta historia?
2. ¿Cómo se queda el niño cuando está por primera vez delante del televisor?
3. ¿Qué hace la madre mientras Osvaldo mira la televisión?
4. Cuando la madre va a buscarlo horas más tarde, ¿cómo está la pantalla?
5. ¿Qué piensa Osvaldo que le dice la televisión?

(2) Interpretar Contesta las preguntas.

1. Según Osvaldo, ¿quién le dijo "querido"? ¿Qué explicación lógica le puedes dar a esta situación?
2. En el cuento, la madre se olvida del hijo por varias horas. ¿Crees que este hecho es importante en la historia? ¿Crees que el final sería distinto si se tratara sólo de unos minutos frente al televisor?
3. ¿Crees que la televisión puede ser adictiva para los niños? ¿Y para los adultos? ¿Qué consecuencias crees que tiene la adicción a la televisión?

(3) Imaginar En grupos, imaginen que un grupo de padres de familia solicita una audiencia con el/la director(a) de programación infantil de una popular cadena de televisión. Los padres quieren sugerir cambios en la programación del canal. Miren la programación y decidan: ¿Qué programas quieren pedir que cambien y por qué? ¿Qué programas deben seguir en la programación? ¿Qué otros tipos de programas se pueden incluir? ¿Harían cambios en los horarios?

CANAL 7					
6:00	**6:30**	**7:00**	**8:00**	**9:15**	**10:00**
Trucos para la escuela Cómo causar una buena impresión con poco esfuerzo.	**Naturaleza viva** Documentales.	**Mi familia latina** Divertida comedia sobre un joven estadounidense que va a México como estudiante de intercambio.	**Historias policiales** Ladrones, crímenes, accidentes.	**Buenas y curiosas** Noticiero alternativo que presenta noticias buenas y divertidas de todo el mundo.	**Dibujos animados clásicos** Conoce los dibujos animados que miraban tus padres.

(4) Escribir Piensa en alguna anécdota divertida de cuando eras niño/a. Cuenta la anécdota en un párrafo usando el tiempo presente.

> **MODELO** Un día estoy con mi hermano en el patio de mi casa jugando a la pelota. De repente, …

Antes de leer

Vocabulario

la corrida *bullfight*	**el ruedo** *bullring*
lidiar *to fight bulls*	**torear** *to fight bulls in the bull ring*
el/la matador(a) *bullfighter who kills the bull*	**el toreo** *bullfighting*
	el/la torero/a *bullfighter*
la plaza de toros *bullfighting stadium*	**el traje de luces** *bullfighter's outfit (lit. costume of lights)*

El toreo Completa las oraciones con palabras y frases del vocabulario.

1. Ernest Hemingway era un aficionado al _____. Asistió a muchas _____ y las describió en detalle en sus obras.

2. El _____ es la persona que mata al toro al final. Siempre lleva un _____ de colores brillantes.

3. Manolete fue un _____ español muy famoso que fue herido por un toro y que murió al poco tiempo.

4. No se permite que el público baje al _____ porque los toros pueden ser muy peligrosos.

Conexión personal ¿Conoces alguna costumbre local o una tradición estadounidense que cause mucha controversia? ¿Hay deportes que son muy problemáticos o controvertidos para alguna gente? ¿Por qué? ¿Cuál es tu opinión al respecto?

Contexto cultural

En Fresnillo, México, en 1940 una mujer tomó una espada y se puso un traje de luces —una blusa y falda bordadas de adornos brillantes —para promover la causa de la igualdad en un terreno casi completamente dominado por los hombres: el toreo. **Juanita Cruz** había nacido en Madrid en 1917, cuando aún no se permitía a las mujeres torear a pie en el ruedo. En batalla constante contra obstáculos legales, Cruz consiguió lidiar en múltiples novilladas (*bullfights with young bulls*) en su país. Pero cuando terminó la guerra civil, al ver que Franco imponía estrictamente las leyes de prohibición del toreo a las mujeres, Cruz dejó España con rumbo a (*headed for*) México y se convirtió en torera oficial. Fue todo un fenómeno, la primera gran matadora de la historia, y en el proceso abrió camino para otras mujeres, como la española Cristina Sánchez, que han cruzado fronteras para llegar al ruedo. Hoy día la presencia de toreras añade sólo un nivel más a la controversia constante y a veces apasionada que marca el toreo. ¿Cuál es tu impresión? ¿Cambia la imagen del toreo con toreras lidiando junto a toreros?

El toreo: ¿Cultura o tortura?

¹ Hay pocas cosas tan emblemáticas en el mundo hispano, y a la vez tan polémicas, como el toreo. Los días de corrida, hasta cuarenta mil aficionados se sientan en la Plaza Monumental de México, la plaza de toros más grande de la Tierra. Sin embargo, la opinión
⁵ pública está profundamente dividida: algunos defienden con orgullo esta tradición que sobrevive desde tiempos antiguos y otros se levantan en protesta antes del final.

origins

Las raíces° del toreo son diversas. Los celtibéricos han dejado en España restos de templos circulares, precursores de las plazas actuales, donde sacrificaban animales. Los

slaughter

griegos y romanos practicaban la matanza° ritual de toros en ceremonias públicas sagradas. Sin embargo, fue en la España del

developed 15

siglo XVIII donde se desarrolló° la corrida que conocemos y se introdujeron la muleta, una capa muy fácil de manejar, y el estoque, la espada del matador.

rite, ceremony

El aficionado de hoy considera que el toreo es más un rito° que un espectáculo, ciertamente no un deporte. Es una lucha desigual, a muerte, entre una persona —armada con sólo la capa la mayor parte del tiempo— y el toro, bestia

weighs

que pesa° hasta más de media tonelada. El torero se prepara para el duelo como para una ceremonia: se viste con el traje de luces tradicional y actúa dirigido por la música. Se enfrenta contra el animal con su arte y su inteligencia y generalmente gana, aunque no siempre. El riesgo° de una cornada° grave

risk/goring

forma parte de la realidad del torero, que en su baile peligroso muestra su talento y su belleza. Para el defensor de las corridas, no matar al toro al final es como jugar con él,

una falta de respeto al animal, al público y a la tradición.

Quienes se oponen a las corridas dicen 40 que es una lucha injusta° y cruel. Hay gente

unjust
savagery

que piensa que el toreo es una barbarie° similar a la de los juegos de los romanos, una costumbre primitiva que no tiene sentido en una sociedad moderna y civilizada. Protestan 45 contra la crueldad de una muerte lenta y prolongada, dedicada al entretenimiento. En respuesta a las protestas, en algunos países ha aparecido una alternativa, la "corrida sin 50

bloodless
bullfight

sangre°", donde no se permite hacer daño físico° al toro.

to hurt

Pero otros sostienen que esta corrida tortura igualmente a la bestia y, por tanto, han 55 prohibido el toreo por completo. En abril de 2004, el ayuntamiento de Barcelona dio el

step

primer paso° hacia la prohibición al declarar

anti-
bullfighting

a la ciudad oficialmente "auntitaurina°".

Por último, a algunas personas les indigna 60 la idea machista de que sólo un hombre tiene la fuerza y el coraje para lidiar. Las toreras pioneras como Juanita Cruz tuvieron que

to sew

coserse° su propio traje de luces, con falda en vez de pantalón, y cruzar océanos para poder 65 ejercer su profesión. Incluso en tiempos recientes, algunos toreros célebres como el español Jesulín de Ubrique se han negado° a

have refused

lidiar junto a una mujer.

La torera más famosa de nuestra época, 70 Cristina Sánchez, sostiene que no es necesario ser hombre para lidiar con éxito: "El toreo es cabeza y plasticidad°, porque a fuerza

suppleness

siempre gana el toro." En su opinión, el derecho de torear es incuestionable, una 75 parte de la cultura hispana. No obstante, su profesión provoca tanta división que a veces el duelo entre la bestia y la persona es empequeñecido° por la batalla

dwarfed

entre las personas. ■

> **"El toreo es cabeza y plasticidad, porque a fuerza siempre gana el toro."**

¿Dónde hay corridas?

Toreo legalizado: España, México, Colombia, Ecuador, Perú, Venezuela

Corridas sin sangre: Bolivia, Nicaragua, Estados Unidos

Toreo ilegalizado: Argentina, Chile, Cuba, Uruguay

¡Olé! ¡Olé!

El público también tiene su papel en las corridas: evalúa el talento del torero. La interjección "¡olé!" se oye frecuentemente para celebrar una acción particularmente brillante y expresar admiración. De origen árabe, contiene la palabra "alá" (Dios) y significa literalmente "¡por Dios!".

Después de leer

El toreo: ¿cultura o tortura?

(1) Comprensión Responde a las preguntas con oraciones completas.

1. ¿En qué país se encuentra la plaza de toros más grande del mundo?
2. ¿Qué hacían los celtibéricos en sus templos circulares?
3. ¿Qué es el toreo según un aficionado?
4. ¿Cómo se prepara el torero para la corrida?
5. Para quienes se oponen al toreo, ¿cuáles son algunos de los problemas?
6. ¿Qué es una "corrida sin sangre"?
7. ¿Qué sucedió en Barcelona en abril de 2004?
8. Según Cristina Sánchez, ¿sólo los hombres pueden lidiar bien?

(2) Opinión Responde a las preguntas con oraciones completas.

1. ¿Te gustaría asistir a una corrida? ¿Por qué sí o por qué no?
2. ¿Qué opinas del duelo entre toro y torero/a? ¿Hay un aspecto especialmente problemático para ti?
3. ¿Qué piensas de las alternativas al toreo tradicional como la "corrida sin sangre"? ¿Es una solución adecuada para proteger a los animales?
4. En tu opinión, ¿es más cruel la vida de un toro destinado al toreo o la de una vaca destinada a una carnicería?

(3) ¿Qué piensan? Trabajen en parejas para contestar las preguntas. Luego compartan sus respuestas con la clase.

1. Un eslogan conocido en las protestas antitaurinas es: "Tortura no es arte ni cultura". ¿Qué significa esta frase?
2. ¿Hay acciones cuestionables que se justifiquen porque son parte de una costumbre o tradición? ¿Cuál es la postura de ustedes en el debate? ¿Por qué?
3. ¿Es apropiado tener una opinión sobre las tradiciones de culturas diferentes a la tuya o es necesario aceptar sin criticar?
4. ¿Creen que el gobierno tiene derecho a reglamentar (*regulate*) o prohibir tradiciones o costumbres? Den ejemplos.

(4) Entrevista Trabajen en parejas para preparar una entrevista con un(a) torero/a. Uno de ustedes será el/la torero/a y el otro el/la periodista. Cuando terminen, presenten la entrevista a la clase.

(5) Postales Imagina que viajaste a algún país donde son legales las corridas de toros y tus amigos te invitaron a una corrida. Escribe una postal a tu familia para contarles qué sucedió. Usa estas preguntas como guía: ¿Aceptaste la invitación o no? ¿Por qué? Si fuiste a la corrida, ¿qué te pareció? ¿Te sentiste obligado/a a asistir por respeto a la cultura local?

> **MODELO**
> Querida familia:
> Les escribo desde Guadalajara, una ciudad al noroeste de México. No saben dónde me llevaron mis amigos este fin de semana...

Atando cabos

¡A conversar!

La música y el deporte Trabajen en grupos de cuatro o cinco para preparar una presentación sobre un(a) cantante o deportista latino/a famoso/a.

Presentaciones

Tema: Pueden preparar una presentación sobre Lila Downs o pueden elegir un(a) cantante o deportista famoso/a que les guste.

Investigación: Busquen información en Internet o en la biblioteca. Una vez reunida la información necesaria, elijan los puntos más importantes y seleccionen material audiovisual. Informen a su profesor(a) acerca de estos materiales para contar con los medios necesarios el día de la presentación.

Organización: Hagan un esquema (*outline*) que los ayude a planear la presentación.

Presentación: Traten de promover la participación a través de preguntas y alternen la charla con los materiales audiovisuales. Recuerden tener a mano los materiales de la investigación para responder preguntas adicionales de sus compañeros.

¡A escribir!

Correo electrónico Imagina que tus padres vienen a visitarte por un fin de semana. Llevas varios días haciendo planes para que el fin de semana sea perfecto y tienes miedo de que tu novio/a se olvide de los planes y meta la pata (*put one's foot in one's mouth*). Mándale un mensaje por correo electrónico para recordarle los planes y lo que debe hacer.

Plan de redacción

Un saludo informal: Comienza tu mensaje con un saludo informal, como: **Hola, Qué tal, Qué onda**, etc.

Contenido: Organiza tus ideas para no olvidarte de nada.

1. Escribe una breve introducción para recordarle a tu novio/a qué cosas les gustan a tus padres y qué cosas no. Puedes usar estas expresiones: **(no) les gusta, les fascina, les encanta, les aburre, (no) les interesa, (no) les molesta**.

2. Recuérdale que tus padres son formales y elegantes y explícale que tiene que arreglarse un poco para la ocasión. Usa expresiones como: **quitarse el arete, afeitarse, vestirse mejor, peinarse**, etc.

3. Recuérdale dónde van a encontrarse.

Despedida: Termina el mensaje con un saludo informal de despedida.

Las diversiones

el ajedrez	chess
el billar	billiards
el boliche	bowling
las cartas/los naipes	(playing) cards
los dardos	darts
el juego de mesa	board game
el pasatiempo	pastime
la televisión	television
el tiempo libre/los ratos libres	free time
el videojuego	video game
aburrirse	to get bored
alquilar una película	to rent a movie
brindar	to make a toast
celebrar/festejar	to celebrate
dar un paseo	to take a stroll/walk
disfrutar (de)	to enjoy
divertirse (e:ie)	to have fun
entretener(se) (e:ie)	to entertain, amuse (oneself)
gustar	to like
reunirse (con)	to get together (with)
salir (a comer)	to go out (to eat)
aficionado/a (a)	fond of; a fan (of)
animado/a	lively
divertido/a	fun
entretenido/a	entertaining

Los lugares de recreo

el cine	movie theater; cinema
el circo	circus
la discoteca	discotheque; dance club
la feria	fair
el festival	festival
el parque de atracciones	amusement park
el zoológico	zoo

Los deportes

el/la árbitro/a	referee
el campeón/la campeona	champion
el campeonato	championship
el club deportivo	sports club
el/la deportista	athlete
el empate	tie (game)
el/la entrenador(a)	coach; trainer
el equipo	team
el/la espectador(a)	spectator
el torneo	tournament
anotar/marcar (un gol/un punto)	to score (a goal/a point)
desafiar	to challenge
empatar	to tie (games)
ganar/perder (e:ie) un partido	to win/lose a game
vencer	to defeat

La música y el teatro

el álbum	album
el asiento	seat
el/la cantante	singer
el concierto	concert
el conjunto/grupo musical	musical group; band
el escenario	scenery; stage
el espectáculo	show
el estreno	premiere; debut
la función	performance (theater; movie)
el/la músico/a	musician
la obra de teatro	play
la taquilla	box office
aplaudir	to applaud
conseguir (e:i) boletos/entradas	to get tickets
hacer cola	to wait in line
poner un disco compacto	to play a CD

Más vocabulario

Expresiones útiles	Ver p. 47
Estructura	Ver pp. 54-55, 58-59 y 62-63

Cinemateca

el ataúd	casket
el balón	ball
la cancha	field
la misa	mass
el Mundial	World Cup
la prueba	proof
la señal	sign
deber (dinero)	to owe (money)
patear	to kick
enterrado/a	buried
mujeriego	womanizer

Literatura

la imagen	image; picture
la pantalla	(television) screen
el televisor	television set
colocar	to place (an object)
señalar	to point to; to signal
hondo/a	deep
redondo/a	round
por primera/ última vez	for the first/last time

Cultura

la corrida	bullfight
el/la matador(a)	bullfighter who kills the bull
la plaza de toros	bullfighting stadium
el ruedo	bull ring
el toreo	bullfighting
el/la torero/a	bullfighter
el traje de luces	bullfighter's outfit (lit. costume of lights)
lidiar	to fight bulls
torear	to fight bulls in the bullring

La vida diaria

3

Communicative Goals

You will expand your ability to…
- narrate in the past
- express completed past actions
- express habitual or ongoing past events and conditions

La vida **diaria**

En casa

el balcón *balcony*

la escalera *staircase*
el hogar *home; fireplace*
la limpieza *cleaning*
los muebles *furniture*
los quehaceres *chores*

apagar *to turn off*
barrer *to sweep*
calentar (e:ie) *to warm up*
cocinar *to cook*
encender (e:ie) *to turn on*
freír (e:i) *to fry*
hervir (e:ie) *to boil*
lavar *to wash*
limpiar *to clean*
pasar la aspiradora *to vacuum*
quitar el polvo *to dust*
tocar el timbre *to ring the doorbell*

De compras

el centro comercial *mall*
el dinero en efectivo *cash*
la ganga *bargain*
el probador *dressing room*
el reembolso *refund*
el supermercado *supermarket*
la tarjeta de crédito/débito *credit/debit card*

devolver (o:ue) *to return (items)*
hacer mandados *to run errands*
ir de compras *to go shopping*
probarse (o:ue) *to try on*
seleccionar *to select; to pick out*

auténtico/a *real; genuine*
barato/a *cheap; inexpensive*
caro/a *expensive*

Camila **fue de compras** al **supermercado**, decidida a gastar lo menos posible. **Seleccionó** los productos más **baratos** y pagó con **dinero en efectivo**.

Expresiones

a menudo *frequently; often*
a propósito *on purpose*
a tiempo *on time*
a veces *sometimes*
apenas *hardly; scarcely*
así *like this; so*
bastante *quite; enough*
casi *almost*
casi nunca *rarely*
de repente *suddenly*
de vez en cuando *now and then; once in a while*
en aquel entonces *at that time*
en el acto *immediately; on the spot*
enseguida *right away*
por casualidad *by chance*

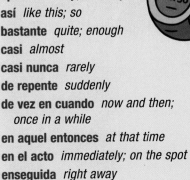

La vida diaria

Desde que comenzó a trabajar en un restaurante, Emilia ha tenido que **acostumbrarse** al **horario** de un chef. ¡La nueva **rutina** no es tan fácil! **Suele** volver a la casa después de la medianoche.

la agenda *datebook*
la costumbre *custom; habit*
el horario *schedule*
la rutina *routine*
la soledad *solitude; loneliness*

acostumbrarse (a) *to get used to; to grow accustomed*
arreglarse *to get ready*
averiguar *to find out; to check*
probar (o:ue) (a) *to try*
soler (o:ue) *to be in the habit of; to be used to*

atrasado/a *late*
cotidiano/a *everyday*
diario/a *daily*
inesperado/a *unexpected*

 Práctica

1 **Escuchar**

 A. Escucha lo que dice Julián y luego decide si las oraciones son **ciertas** o **falsas**. Corrige las falsas.

1. Julián está en un supermercado.
2. Julián tiene que limpiar la casa.
3. Él siempre sabe dónde está todo.
4. Él encuentra su tarjeta de crédito debajo de la escalera.
5. Julián recibe una visita inesperada.

 B. Escucha la conversación entre Julián y la visita inesperada y después contesta las preguntas con oraciones completas.

1. ¿Quién está tocando el timbre?
2. ¿Qué tiene que hacer ella?
3. ¿Qué quiere devolver?
4. ¿Eran caros los pantalones?
5. ¿Qué hace Julián antes de ir al centro comercial con ella?

2 **Sopa de letras** Busca ocho palabras y expresiones del vocabulario de **Contextos**. Después, escribe un párrafo usando al menos cuatro de las palabras que encontraste.

K	J	A	N	T	I	C	P	S	A
C	A	L	E	N	T	A	R	U	U
Í	O	S	A	S	V	R	E	C	T
A	G	S	I	Ó	E	S	H	N	É
B	E	R	T	C	A	S	I	M	N
A	S	U	B	U	V	E	B	D	T
L	A	T	I	E	M	P	O	A	I
C	A	I	O	L	Z	B	L	R	C
Ó	L	N	N	Í	N	U	R	P	O
N	B	A	Q	U	S	O	L	E	R

Práctica

(3) Julián y María Completa el párrafo con las palabras o expresiones lógicas de la lista.

a diario	cotidiano	horario	soledad
a tiempo	en aquel entonces	por casualidad	soler

Julián y María se conocieron un día (1) _____ en el supermercado. Julián estaba muy contento por haber conocido a María porque, (2) _____, él era nuevo en el barrio y no conocía a nadie. A él no le gusta la (3) _____. Desde aquel día, se ven casi (4) _____. Durante la semana, ellos (5) _____ quedar para tomar un café después del trabajo, pues los dos tienen (6) _____ similares.

(4) Una agenda muy llena Milena tiene mucho que hacer antes de su cita con Willy esta noche. Ha apuntado todo en su agenda, pero está muy atrasada.

A. En parejas, comparen el horario de Milena con la hora en que realmente logra hacer (*accomplishes*) cada actividad.

VIERNES, 15 DE OCTUBRE	
1:00 ¡Hacer mandados!	5:00 Hacer la limpieza
2:00 Banco: nueva tarjeta de débito	6:00 Cocinar, poner (*set*) la mesa
3:00 Centro comercial: comprar vestido	7:00 Arreglarme
4:00 Supermercado: pollo, arroz, verduras	8:00 Cita con Willy ♡

MODELO
—¿A qué hora recoge (*picks up*) la nueva tarjeta de débito?
—Milena quiere recogerla a las dos, pero no logra hacerlo hasta las dos y media.

2:30

1.
4:00

2.
5:30

3.
6:45

4.
7:30

5.
7:45

6.
8:00

B. Ahora improvisen una conversación entre Willy y Milena. ¿Creen que los dos lo pasan bien? ¿Creen que van a tener otra cita?

Comunicación

(5) Los quehaceres

A. En grupos de cuatro, túrnense para preguntar con qué frecuencia sus compañeros hacen los quehaceres de la lista. Combinen palabras de cada columna en sus respuestas y añadan sus propias ideas.

barrer	almuerzo	todos los días
cocinar	aspiradora	a menudo
lavar	balcón	a veces
limpiar	cuarto	de vez en cuando
pasar	polvo	casi nunca
quitar	ropa	nunca

MODELO —¿Con qué frecuencia barres el balcón?
—Lo barro de vez en cuando, especialmente si vienen invitados.

B. Ahora compartan la información con la clase y decidan quién es la persona más ordenada y la más desordenada.

(6) Agendas personales

A. Primero, escribe tu horario para esta semana. Incluye algunas costumbres de tu rutina diaria y también actividades inesperadas de esta semana.

lunes

martes

miércoles

jueves

viernes

sábado

domingo

B. En parejas, pregúntense sobre sus horarios. Comparen sus rutinas diarias y los sucesos (*events*) de esta semana. ¿Tienen costumbres parecidas? ¿Tienen algunas actividades en común?

C. Utiliza la información para escribir un párrafo breve sobre la vida cotidiana de tu compañero/a. ¿Le gusta la rutina? ¿Disfruta de lo inesperado? ¿Llena su agenda con actividades sociales o prefiere estar en casa? Comparte tu párrafo con la clase.

Diana y Fabiola conversan sobre la vida diaria. Aguayo pide ayuda con la limpieza, pero casi todos tienen excusas.

FABIOLA Odio los lunes.

DIANA Cuando tengas tres hijos, un marido y una suegra, odiarás los fines de semana.

FABIOLA ¿Discutes a menudo con tu familia?

DIANA Siempre tenemos discusiones. La mitad las ganan mis hijos y mi esposo. Mi suegra gana la otra mitad.

FABIOLA ¿Te ayudan en las tareas del hogar?

DIANA Ayudan, pero casi no hay tiempo para nada. Hoy tengo que ir de compras con la mayor de mis hijas.

FABIOLA ¿Y por qué no va ella sola?

DIANA Hay tres grupos que gastan el dinero ajeno, Fabiola: los políticos, los ladrones y los hijos… Los tres necesitan supervisión.

FABIOLA Tengan cuidado en las tiendas. Hace dos meses andaba de compras y me robaron la tarjeta de crédito.

DIANA ¿Y fuiste a la policía?

FABIOLA No.

DIANA ¿Lo dices así, tranquilamente? Te van a arruinar.

FABIOLA No creas. El que me la robó la usa menos que yo.

Más tarde en la cocina…

AGUAYO El señor de la limpieza dejó un recado diciendo que estaba enfermo. Voy a pasar la aspiradora a la hora del almuerzo. Si alguien desea ayudar…

FABIOLA Tengo una agenda muy llena para el almuerzo.

DIANA Yo tengo una reunión con un cliente.

ÉRIC Tengo que… Tengo que ir al banco. Sí. Voy a pedir un préstamo.

JOHNNY Yo tengo que ir al dentista. No voy desde la última vez… Necesito una limpieza.

Aguayo y Mariela se quedan solos.

Diana regresa del almuerzo con unos dulces.

DIANA Les traje unos dulces para premiar su esfuerzo.

AGUAYO Gracias. Los probaría todos, pero estoy a dieta.

DIANA ¡Qué bien! Yo también estoy a dieta.

MARIELA ¡Pero si estás comiendo!

DIANA Sí, pero sin ganas.

Personajes

AGUAYO

DIANA

ÉRIC

FABIOLA

JOHNNY

MARIELA

En la oficina de Aguayo...

MARIELA ¿Necesita ayuda?

AGUAYO No logro hacer que funcione.

MARIELA Creo que Diana tiene una pequeña caja de herramientas.

AGUAYO ¡Cierto!

Aguayo sale de la oficina. Mariela le da una patada a la aspiradora.

AGUAYO ¡Aceite lubricante y cinta adhesiva! ¿Son todas las herramientas que tienes?

DIANA ¡Claro! Es todo lo que necesito. La cinta para lo que se mueva y el aceite para lo que no se mueva.

Se escucha el ruido de la aspiradora encendida.

AGUAYO Oye... ¿Cómo lo lograste?

MARIELA Fácil... Me acordé de mi ex.

Fabiola y Johnny llegan a la oficina. Mariela está terminando de limpiar.

JOHNNY ¡Qué pena que no llegué a tiempo para ayudarte!

FABIOLA Lo mismo digo yo. Y eso que almorcé tan de prisa que no comí postre.

MARIELA Si gustan, quedan dos dulces en la cocina. Están riquísimos... (*habla sola mirando el aerosol*) Y no hubiera sido mala idea echarles un poco de esto.

Johnny y Fabiola vuelven de la cocina.

JOHNNY Qué descortés eres, Fabiola. Si yo hubiera llegado primero, te habría dejado el dulce grande a ti.

FABIOLA ¿De qué te quejas, entonces? Tienes lo que querías y yo también. Por cierto, ¿no estuviste en el dentista?

JOHNNY Los dulces son la mejor anestesia.

Comprensión

1 **¿Quién lo dijo?** Decide quién dice estas oraciones.

Aguayo   Diana   Éric

Fabiola   Johnny   Mariela

_____ 1. ¿Necesita ayuda?

_____ 2. Si alguien desea ayudar…

_____ 3. Tengo una agenda muy llena.

_____ 4. Tengo una reunión con un cliente.

_____ 5. Tengo que ir al banco.

_____ 6. Tengo que ir al dentista.

2 **Relacionar** Escribe oraciones que conecten las frases de las dos columnas usando **porque**.

____ 1. Diana odia los fines de semana…   a. está a dieta.

____ 2. Diana quiere ir de compras con su hija…   b. el ladrón usa la tarjeta de crédito menos que ella.

____ 3. Fabiola dice que tengan cuidado en las tiendas…   c. hace dos meses le robaron la tarjeta de crédito.

____ 4. Fabiola no fue a la policía…   d. el señor que limpia está enfermo.

____ 5. Aguayo pasará la aspiradora…   e. no quiere que gaste mucho dinero.

____ 6. Aguayo no prueba los dulces…   f. discute mucho con su familia.

3 **Seleccionar** Selecciona la opción que expresa la misma idea.

1. Odio los lunes.
   a. No soporto los lunes.   b. No detesto los lunes.   c. Me gustan los lunes.

2. Tengo una agenda muy llena para el almuerzo.
   a. Tengo planeado un almuerzo.   b. Tengo muchas tareas a la hora del almuerzo.   c. No tengo mi agenda aquí.

3. Tienes lo que quieres.
   a. Tu deseo se cumplió.   b. Tienes razón.   c. Te quiero.

4. Lo mismo digo yo.
   a. ¡Ni modo!   b. No creas.   c. Estoy de acuerdo.

Ampliación

4 **Excusas falsas** Aguayo pide ayuda para limpiar la oficina, pero sus compañeros le dan excusas. ¿Qué preguntas puede hacerles Aguayo para descubrir sus mentiras? Escribe las preguntas. Después, en grupos de cinco, dramaticen la situación: uno/a de ustedes es Aguayo y los/las demás son los/las compañeros/as. Sean creativos.

5 **Opiniones** En grupos de tres, contesten las preguntas. Si es posible, den ejemplos de la vida cotidiana.

1. ¿Es necesario a veces dar excusas falsas? ¿Por qué?

2. Describe una situación reciente en la que usaste una excusa falsa. ¿Por qué lo hiciste? ¿Se enteraron los demás?

3. ¿Es mejor decir la verdad siempre? ¿Por qué?

6 **Apuntes culturales** En parejas, lean los párrafos y contesten las preguntas.

La agenda diaria

¡Diana se queja de que no hay tiempo para nada! En muchos países hispanos, las horas del día se expresan utilizando números del 0 al 23. Muchas agendas en español usan este modelo horario, es decir que **10 p.m.** se indica **22:00** ó **22h**. ¡Pobre Diana! ¡Con tanto trabajo, necesita que el día tenga más horas!

La hora del almuerzo

Fabiola tiene una agenda muy ocupada para el almuerzo. En España y pueblos de Latinoamérica este descanso suele ser de 13 a 16. Los que trabajan cerca vuelven a sus casas pero, en las grandes ciudades españolas, algunas personas lo aprovechan además para hacer mandados, compras o ir al gimnasio. ¿Qué tendrá que hacer Fabiola que sea más importante que limpiar la oficina?

¿Servicios bancarios en el supermercado?

Éric tiene que ir al banco a pedir un préstamo. En Hispanoamérica, la mayoría de los préstamos y los pagos de servicios se realizan en el banco. No obstante, en países como Argentina, Costa Rica y Perú, las cuentas de gas, electricidad y teléfono también se pueden pagar en el supermercado.

1. ¿Cómo se puede expresar *8 a.m.* y *12 a.m.* en español?

2. En tu país, ¿cuántas horas se toman normalmente los empleados para almorzar? ¿Qué hacen durante ese descanso?

3. ¿Cuáles son los horarios comerciales de la ciudad en donde vives? ¿Te parecen suficientes?

4. ¿A qué hora sueles almorzar? ¿Dónde?

5. ¿Cómo pagas los servicios como electricidad y teléfono? ¿Te resulta conveniente tu método de pago? ¿Te gustaría poder pagarlos en el supermercado?

En detalle

ESPAÑA

LA FAMILIA REAL

El Rey Juan Carlos I y la Reina Sofía vuelven de visitar a su nieta recién nacida.

En 1948, el General Francisco Franco tomó bajo su tutela° al niño Juan Carlos de Borbón, que entonces tenía sólo diez años. Su plan era formarlo ideológicamente para que fuera su sucesor°. En 1975, tras la muerte del dictador y en contra de todas las predicciones, lo primero que hizo Juan Carlos I fue trabajar para implantar° la democracia en España.

La Familia Real española es una de las más queridas de las diez que todavía quedan en Europa. Juan Carlos I es famoso por su simpatía y su facilidad para complacer° a los ciudadanos españoles. Don Juan Carlos y doña Sofía llevan una vida sencilla, sin excesivos protocolos. Su vida diaria está llena de compromisos° sociales y políticos, pero siempre tienen un poco de tiempo para dedicarse a sus pasatiempos. La gran pasión del Rey son los deportes, especialmente el esquí y la vela, y participa en competiciones anuales, donde se destaca° por su destreza°. La Reina, por su parte, colabora en muchos proyectos de ayuda social y cultural.

Sus tres hijos, las Infantas° Elena y Cristina y el Príncipe Felipe, están casados y han formado sus propias familias. Mantienen las mismas costumbres sencillas de los Reyes. No es raro verlos de compras en los centros comerciales que están cerca de sus viviendas. Apasionados del deporte, como su padre, han participado en las más importantes competiciones y llevan una vida relativamente discreta. Don Juan Carlos y doña Sofía van de vacaciones todos los veranos a la isla de Mallorca y se los puede ver, como si se tratara de una familia más, comiendo en las terrazas de la isla junto a sus hijos y nietos. En esas ocasiones, los paseantes° no dudan en acercarse y saludarlos. Esta cercanía de los monarcas con los ciudadanos ha conseguido que la Corona° sea una de las instituciones más valoradas por los españoles. ■

Rey Juan Carlos I Reina Sofía

Infanta Elena Infanta Cristina Príncipe Felipe

Regatas reales

El Rey Juan Carlos da nombre a la regata **Copa del Rey**, que tiene lugar todos los años en Palma de Mallorca. Su esposa da nombre a la **Regata Princesa Sofía**. La realeza no sólo presta su nombre para estas competencias: el Rey Juan Carlos participa de ambas con su yate llamado Bribón.

tutela *protection* **sucesor** *successor* **implantar** *to establish* **complacer** *to please* **compromisos** *engagements* **destaca** *stands out* **destreza** *skill* **Infantas** *Princesses* **paseantes** *passers-by* **Corona** *Crown*

La familia

mima (Cu.) *mom*

pipo (Cu.) *dad*

amá (Col.) *mom*

apá (Col.) *dad*

tata (Arg. y Chi.) *grandpa*

carnal (Méx.) *brother or friend*

carnala (Méx.) *sister*

carnalita (Méx.) *little sister*

m'hijo/a (Amér. L.) *exp. to address a son or daughter*

chavalo/a (Amér. C.) *boy/girl*

chaval(a) (Esp.) *boy/girl*

Las compras diarias

- En España, las grandes tiendas y también muchas tiendas pequeñas cierran los domingos. Así, los españoles realizan todas sus compras durante el resto de la semana. En algunos casos, las grandes tiendas, como el Corte inglés, abren un domingo al mes.

- En el pueblo salvadoreño de Colonia la Sultana, el señor del pan pasa todos los días a las siete de la mañana con una canasta en la cabeza repleta de pan fresco. Cuando las personas lo escuchan llegar, salen a la calle para comprarle pan. Los que se quedan dormidos, si quieren pan fresco, tienen que ir al pueblo de al lado.

- En Argentina es muy común tomar soda (agua carbonada). El sodero pasa una vez por semana por las casas que solicitan entrega a domicilio. Se lleva los sifones° vacíos y deja sifones llenos.

LETIZIA ORTIZ

Letizia Ortiz nació en Oviedo el 15 de septiembre de 1972 en el seno de una familia trabajadora. Si alguien les hubiera dicho a sus padres que su hija iba a ser princesa, seguramente lo habrían tomado por loco. Esta joven inteligente y emprendedora° estudió periodismo y ejerció su profesión en algunos de los mejores medios españoles: el periódico *ABC*, y los canales CNN plus y TVE. Cuando se formalizó el compromiso° con el Príncipe Felipe, Letizia tuvo que dejar de trabajar y empezó un entrenamiento particular para ser princesa, ya que al casarse se convertiría en Princesa de Asturias. Su relación con el Príncipe se distingue por no haber respondido a la formalidad que se espera en estos casos. Poco antes de la boda, un periodista le preguntó: "¿Y cómo se declara un príncipe?", a lo que Letizia contestó: "Como cualquier hombre que quiere a una mujer".

" …a partir de ahora y de forma progresiva voy a integrarme y a dedicarme a esta nueva vida con las responsabilidades y obligaciones que conlleva. **"** (Letizia Ortiz)

SUPERSITE Conexión Internet

¿Qué tareas oficiales realiza Juan Carlos I como autoridad del gobierno español? | To research this topic, go to **facetas.vhlcentral.com**.

emprededora *enterprising* **compromiso** *engagement* **sifones** *siphons*

¿Qué aprendiste?

(1) Comprensión Indica si las oraciones son **ciertas** o **falsas**. Corrige las falsas.

1. El General Francisco Franco quería que Juan Carlos de Borbón fuera su sucesor.
2. El General Franco trabajó mucho para implantar la democracia en España.
3. La vida de los Reyes se caracteriza por la formalidad y el protocolo.
4. El Rey Juan Carlos es muy aficionado a los deportes.
5. La Reina participa en competiciones de esquí.
6. La Infanta Cristina es soltera.
7. La Familia Real pasa las vacaciones de verano en Mallorca.
8. A la mayoría de los españoles les gusta la Familia Real.

(2) Oraciones incompletas Completa las oraciones.

1. Los padres de Letizia Ortiz son _____.
2. Letizia estudió _____.
3. La Infanta Cristina es la _____ del Príncipe Felipe.
4. Felipe es el príncipe de _____.
5. En España, las grandes tiendas abren _____.
6. En México, usan la palabra **carnala** para referirse a _____.

(3) Preguntas Contesta las preguntas.

1. ¿Cuál es una forma cariñosa de referirse al padre en Cuba?
2. ¿Por qué crees que Letizia Ortiz tuvo que dejar de trabajar como periodista al convertirse en Princesa?
3. ¿A qué eventos deportivos dan nombre el Rey Juan Carlos y la Reina Sofía?
4. ¿Crees que es positivo o frívolo que el Rey de España participe en eventos deportivos? ¿Por qué?
5. Vuelve a leer la cita de Letizia Ortiz. ¿A qué responsabilidades y obligaciones crees que se refiere?
6. Muchos supermercados abren las 24 horas. ¿Crees que esto es necesario o crees que la gente está muy "malcriada" (*spoiled*)?

(4) Opiniones En parejas, preparen dos listas. En una lista, anoten los elementos positivos de ser príncipe o princesa heredero/a y, en la otra, los elementos negativos que creen que puede tener. ¿Vale la pena ser rico y famoso si pierdes la vida privada?

Positivo	Negativo

PROYECTO

A domicilio

Existen muchos servicios a domicilio que facilitan la vida diaria. Además del ejemplo del sodero en Argentina, están los paseadores de perros, los supermercados con entrega a domicilio y las empresas que nos permiten recibir libros o ropa por correo en casa.

Imagina que vas a crear una empresa para ofrecer un servicio a domicilio.

Usa esta guía para preparar un folleto (*brochure*) sobre tu empresa. Describe:

1. El servicio que vas a ofrecer y cómo se llama.
2. Las principales características de tu servicio.
3. Cómo va a facilitar la vida diaria de tus clientes.

AMPARANOIA

Amparo Sánchez es la fuerza motriz° causante del nacimiento, desarrollo y evolución de **Amparanoia**. Esta cantante andaluza inició su carrera musical en **Granada** y después de experimentar con varias formaciones se trasladó a **Madrid** donde comienza su viaje por las músicas del mundo. Su primer álbum, mezcla de rumba, ranchera, ska y bolero, salió a la venta° en 1997. A partir de ese momento su música la lleva a conocer otros países, otras culturas, otras formas de pensar y, sobre todo, otros músicos con quienes comparte una misma ideología y una atracción por los ritmos de distintas culturas. Su crecimiento personal y su constante observación de lo que pasa en el mundo son la base de otros trabajos musicales en los que expresa su realidad y participa en la lucha por un mundo más justo. Amparanoia se ha convertido° en un punto de referencia para entender la nueva mentalidad de la música española actual.

Discografía selecta

1997 El poder de Machín   **2004** Rebeldía con alegría   **2005** La vida te da

Canción

Éste es un fragmento de la canción que tu instructor te hará escuchar.

La vida te da

Vete tristeza, vienes con pereza
Y no me dejas pensar.
Vete tristeza, tú no me interesas
Está sonando la rumba y me llama,
Me llama a bailar.

El entorno familiar facilitó la curiosidad de Amparanoia por la música desde que ella era una niña. Esta curiosidad se intensificó con el paso de los años. Lo que más le llamó la atención cuando era pequeña fue el poder que la música ejercía (*excerted*) en los adultos. Se dio cuenta que en cuanto ésta empezaba a sonar, la alegría borraba todas las penas.

Preguntas En parejas contesta las preguntas con oraciones completas.

1. ¿Qué influencia tiene la música en la vida personal de Amparanoia?
2. ¿Qué elementos constituyen la base de sus trabajos musicales?
3. Amparanoia se dio cuenta de que la música ejercía poder sobre los adultos. ¿Qué música escuchaban sus padres cuando ustedes eran pequeños?
4. En su álbum, *La vida te da*, Amparanoia reflexiona sobre la vida. ¿Qué papel juega la música en sus vidas? ¿Qué hacen cuando están tristes? ¿Qué hacen cuando están alegres?

rodeá *surrounded* **estallar** *to explode* **caducá** *expired papers* **fuerza motriz** *moving force* **a la venta** *on sale* **se ha convertido** *has become*

3.1 The preterite

- Spanish has two simple tenses to indicate actions in the past: the preterite and the imperfect. The preterite is used to describe actions or states that began or were completed at a definite time in the past.

TALLER DE CONSULTA

MANUAL DE GRAMÁTICA
Más práctica

3.1 The preterite, p. 259
3.2 The imperfect, p. 260
3.3 The preterite vs. the imperfect, p. 261

Más gramática

3.4 Telling time, p. 262

The preterite of regular -ar, -er, and -ir verbs		
comprar	**vender**	**abrir**
compré	vendí	abrí
compraste	vendiste	abriste
compró	vendió	abrió
compramos	vendimos	abrimos
comprasteis	vendisteis	abristeis
compraron	vendieron	abrieron

- The preterite tense of regular verbs is formed by dropping the infinitive ending (**-ar**, **-er**, **-ir**) and adding the preterite endings. Note that the endings of regular **-er** and **-ir** verbs are identical in the preterite tense.

- The preterite of all regular and some irregular verbs requires a written accent on the preterite endings in the **yo, usted, él**, and **ella** forms.

> Ayer **empecé** un nuevo trabajo.   Mi mamá **preparó** una cena deliciosa.
> *Yesterday I started a new job.*   *My mom prepared a delicious dinner.*

- Verbs that end in **-car, -gar**, and **-zar** have a spelling change in the **yo** form of the preterite. All other forms are regular.

buscar	busc–	–qu–	yo busqué
llegar	lleg–	–gu–	yo llegué
empezar	empez–	–c–	yo empecé

- **Caer, creer, leer**, and **oír** change **-i-** to **-y-** in the **usted, él**, and **ella** forms and in the **ustedes, ellos**, and **ellas** forms (third person forms) of the preterite. They also require a written accent on the **-i-** in all other forms.

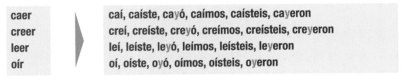

caer	caí, caíste, cayó, caímos, caísteis, cayeron
creer	creí, creíste, creyó, creímos, creísteis, creyeron
leer	leí, leíste, leyó, leímos, leísteis, leyeron
oír	oí, oíste, oyó, oímos, oísteis, oyeron

- Verbs with infinitives ending in **-uir** change **-i-** to **-y-** in the third-person forms of the preterite.

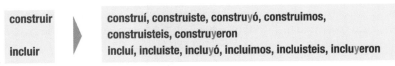

construir	construí, construiste, construyó, construimos, construisteis, construyeron
incluir	incluí, incluiste, incluyó, incluimos, incluisteis, incluyeron

- Stem-changing **-ir** verbs also have a stem change in the third-person forms of the preterite. Stem-changing **-ar** and **-er** verbs are regular.

Preterite of *-ir* stem-changing verbs			
pedir		**dormir**	
pedí	pedimos	dormí	dormimos
pediste	pedisteis	dormiste	dormisteis
pidió	pidieron	durmió	durmieron

- A number of **-er** and **-ir** verbs have irregular preterite stems. Note that none of these verbs takes a written accent on the preterite endings.

Les traje unos dulces para premiar su esfuerzo.

Por cierto, ¿no estuviste en el dentista?

Preterite of irregular verbs		
Infinitive	**u-stem**	**preterite forms**
andar	anduv-	anduve, anduviste, anduvo, anduvimos, anduvisteis, anduvieron
estar	estuv-	estuve, estuviste, estuvo, estuvimos, estuvisteis, estuvieron
poder	pud-	pude, pudiste, pudo, pudimos, pudisteis, pudieron
poner	pus-	puse, pusiste, puso, pusimos, pusisteis, pusieron
saber	sup-	supe, supiste, supo, supimos, supisteis, supieron
tener	tuv-	tuve, tuviste, tuvo, tuvimos, tuvisteis, tuvieron
Infinitive	**i-stem**	**preterite forms**
hacer	hic-	hice, hiciste, hizo, hicimos, hicisteis, hicieron
querer	quis-	quise, quisiste, quiso, quisimos, quisisteis, quisieron
venir	vin-	vine, viniste, vino, vinimos, vinisteis, vinieron
Infinitive	**j-stem**	**preterite forms**
conducir	conduj-	conduje, condujiste, condujo, condujimos, condujisteis, condujeron
decir	dij-	dije, dijiste, dijo, dijimos, dijisteis, dijeron
traer	traj-	traje, trajiste, trajo, trajimos, trajisteis, trajeron

- Note that the stem of **decir (dij-)** not only ends in **j**, but the stem vowel **e** changes to **i**. In the **usted, él**, and **ella** form of **hacer (hizo)**, **c** changes to **z** to maintain the pronunciation. Most verbs that end in **-cir** have **j**-stems in the preterite.

Práctica

1 **Quehaceres** Escribe la forma correcta del pretérito de los verbos indicados.

1. El sábado pasado mis compañeros de apartamento y yo _____ (hacer) la limpieza semanal.
2. Jorge _____ (barrer) el suelo de la cocina.
3. Yo _____ (pasar) la aspiradora por el salón.
4. Martín y Felipe _____ (quitar) los sillones para limpiarlos y después los _____ (volver) a poner en su lugar.
5. Yo _____ (lavar) toda la ropa sucia y la _____ (poner) en el armario.
6. Nosotros _____ (terminar) con todo en menos de una hora.
7. Luego, Martín _____ (abrir) el refrigerador.
8. Él _____ (ver) que no había nada de comer.
9. Felipe _____ (decir) que iría al supermercado. Todos nosotros _____ (decidir) acompañarlo.
10. Yo _____ (apagar) las luces y nos _____ (ir) al mercado.

2 **¿Qué hicieron?** Combina elementos de cada columna para narrar lo que hicieron las personas.

anoche	yo	conversar	?
anteayer	mi compañero/a	dar	?
ayer	de cuarto	decir	?
la semana	mis amigos/as	ir	?
pasada	el/la profesor(a)	leer	?
una vez	de español	pedir	?
dos veces	mi novio/a	tener que	?

3 **La última vez** Con oraciones completas, indica cuándo fue la última vez que hiciste cada una de estas actividades. Utiliza detalles en tus respuestas. Después comparte la información con la clase.

MODELO llorar viendo una película

La última vez que lloré viendo una película fue en 2005. La película fue *Mar adentro*…

1. hacer mandados
2. decir una mentira
3. andar atrasado/a
4. olvidar algo importante
5. devolver un regalo

6. ir de compras
7. oír una buena/mala noticia
8. encontrar una ganga increíble
9. ver tres programas de televisión seguidos
10. comprar algo muy caro

Comunicación

4 **La semana pasada** Pasea por el salón de clases y averigua lo que hicieron tus compañeros durante la semana pasada. Anota el nombre del primero que conteste que sí a las preguntas.

MODELO ir al cine

—¿Fuiste al cine durante la semana pasada?

—Sí, fui al cine y vi la última película de Almodóvar./No, no fui al cine.

Actividades	Nombre
asistir a un partido de fútbol	_____
cocinar para los amigos	_____
conseguir una buena nota en una prueba	_____
dar un consejo (*advice*) a un(a) amigo/a	_____
dormirse en clase o en el laboratorio	_____
estudiar toda la noche para un examen	_____
enojarse con un(a) amigo/a	_____
hacer una tarea dos veces	_____
ir a la oficina de un(a) profesor(a)	_____
ir al centro comercial	_____
pedir dinero prestado	_____
perder algo importante	_____
probarse un vestido/un traje elegante	_____

5 **Una fiesta** En parejas, túrnense para comentar la última fiesta que dieron o a la que asistieron.

- cuál fue la ocasión
- cuándo fue
- quiénes fueron y quiénes no pudieron ir
- qué se sirvió
- quién lo preparó
- qué tipo de música escucharon
- qué hicieron los invitados

6 **Los mandados** Escribe una lista de diez mandados que hiciste el mes pasado.

A. En parejas, túrnense para preguntarse si hicieron los mismos mandados.

B. Compartan la información con la clase y decidan quién es la persona más trabajadora.

3.2 The imperfect

- The imperfect tense in Spanish is used to narrate past events without focusing on their beginning, end, or completion.

El recado decía que él estaba enfermo.

Siempre tenía problemas con la aspiradora.

- The imperfect tense of regular verbs is formed by dropping the infinitive ending (**-ar, -er, -ir**) and adding personal endings. **-Ar** verbs take the endings **-aba, -abas, -aba, -ábamos, -abais, -aban.** **-Er** and **-ir** verbs take **-ía, -ías, -ía, -íamos, -íais, -ían**.

The imperfect of regular -ar, -er, and -ir verbs		
caminar	**deber**	**abrir**
caminaba	debía	abría
caminabas	debías	abrías
caminaba	debía	abría
caminábamos	debíamos	abríamos
caminabais	debíais	abríais
caminaban	debían	abrían

- **Ir, ser,** and **ver** are the only verbs that are irregular in the imperfect.

The imperfect of irregular verbs		
ir	**ser**	**ver**
iba	era	veía
ibas	eras	veías
iba	era	veía
íbamos	éramos	veíamos
ibais	erais	veíais
iban	eran	veían

- The imperfect tense narrates what was going on at a certain time in the past. It often indicates what was happening in the background.

> Cuando yo **era** joven, **vivía** en una ciudad muy grande. Todas las semanas, mis padres y yo **íbamos** al centro comercial.
>
> *When I was young, I lived in a big city. Each week, my parents and I went to the mall.*

- The imperfect of **hay** is **había**.

  Había tres cajeros en el supermercado.
  There were three cashiers in the supermarket.

  Sólo **había** un mesero en el café.
  There was only one waiter in the café.

- These words and expressions are often used with the imperfect because they express habitual or repeated actions: **de niño/a** (*as a child*), **todos los días** (*every day*), **mientras** (*while*), **siempre** (*always*).

  De niño vivía en un suburbio de Madrid.
  As a child, I lived in a suburb of Madrid.

  Todos los días iba a la casa de mi abuela.
  Every day I went to my grandmother's house.

  Siempre escuchaba música **mientras corría** en el parque.
  I always listened to music while I ran in the park.

TALLER DE CONSULTA

MANUAL DE GRAMÁTICA
Más práctica

3.2 The imperfect, p. 260

① **Granada** Escribe la forma correcta del imperfecto de los verbos indicados.

Granada, en el sur de España

Cuando yo (1) _____ (tener) veinte años, estuve en España por seis meses. (2) _____ (vivir) en Granada, una ciudad en Andalucía. (3) _____ (ser) estudiante en un programa de español para extranjeros. Entre semana mis amigos y yo (4) _____ (estudiar) español por las mañanas. Por las tardes, (5) _____ (visitar) los lugares más interesantes de la ciudad para conocerla mejor. Los fines de semana, nosotros (6) _____ (ir) de excursión. (Nosotros) (7) _____ (visitar) ciudades y pueblos nuevos. Los paisajes (8) _____ (ser) maravillosos. Quiero volver pronto.

② **Antes** En parejas, túrnense para hacerse preguntas usando estas frases. Sigan el modelo.

> **MODELO** levantarse tarde los lunes
>
> —¿Te levantas tarde los lunes?
> —Ahora sí, pero antes nunca me levantaba tarde los lunes./Ahora no, pero antes siempre me levantaba tarde los lunes.

1. hacer los quehaceres del hogar
2. usar una agenda
3. ir de compras al centro comercial
4. pagar con tarjeta de crédito
5. trabajar por las tardes
6. preocuparse por el futuro

③ **La cocina de Juan** La cocina de Juan era siempre un desastre. Escribe un párrafo sobre el estado de la cocina. Describe lo que Juan hacía y lo que nunca hacía.

> **MODELO** Juan siempre freía comida pero nunca lavaba los platos.

Comunicación

4 **De niños**

A. Busca en la clase compañeros/as que hacían estas cosas cuando eran niños/as. Escribe el nombre de la primera persona que conteste afirmativamente cada pregunta.

MODELO **ir mucho al parque**
—¿Ibas mucho al parque?
—Sí, iba mucho al parque.

¿Qué hacían?	Nombre
1. tener miedo de los monstruos	_____
2. llorar todo el tiempo	_____
3. siempre hacer su cama	_____
4. ser muy travieso/a (*mischievous*)	_____
5. romper los juguetes (*toys*)	_____
6. darles muchos regalos a sus padres	_____
7. comer muchos dulces	_____
8. creer en fantasmas	_____

B. Ahora, comparte con la clase los resultados de tu búsqueda.

5 **Antes y ahora** En parejas, comparen cómo ha cambiado la vida de Andrés en los últimos años. ¿Cómo era antes? ¿Cómo es ahora? Preparen una lista de por lo menos seis diferencias.

antes

ahora

6 **En aquel entonces**

A. Utiliza el imperfecto para escribir un párrafo breve sobre la vida diaria de un(a) pariente tuyo/a que creció (*grew up*) en otra época. Puede ser tu padre/madre, un(a) abuelo/a, o incluso un(a) antepasado/a (*ancestor*). ¿Cómo era su vida cotidiana? ¿Qué solía hacer para divertirse?

B. Ahora comparte tu párrafo con un(a) compañero/a. Pregúntense sobre los personajes y comparen la vida diaria de aquel entonces con la de hoy. ¿En qué aspectos era mejor la vida diaria hace veinte años? ¿Hace cincuenta años? ¿Hace dos siglos (*centuries*)? ¿En qué aspectos era peor?

3.3 The preterite vs. the imperfect

- Although the preterite and imperfect both express past actions or states, the two tenses have different uses and, therefore, are not interchangeable.

> ¿Cómo lograste encender la aspiradora? Antes no funcionaba.

> Fácil... Me acordé de mi ex.

Uses of the preterite

- To express actions or states viewed by the speaker as completed

Compraste los muebles hace un mes.
You bought the furniture a month ago.

Mis amigas **fueron** al centro comercial ayer.
My friends went to the mall yesterday.

- To express the beginning or end of a past action

La telenovela **empezó** a las ocho.
The soap opera began at eight o'clock.

El café **se acabó** enseguida.
The coffee ran out right away.

- To narrate a series of past actions

Me levanté, **me arreglé** y **fui** a clase.
I got up, got ready, and went to class.

Se sentó, tomó el bolígrafo y escribió.
He sat down, grabbed the pen, and wrote.

Uses of the imperfect

- To describe an ongoing past action without reference to beginning or end

Se acostaba muy temprano.
He went to bed very early.

Juan **tenía** pesadillas constantemente.
Juan constantly had nightmares.

- To express habitual past actions

Me **gustaba** jugar al fútbol los domingos por la mañana.
I used to like to play soccer on Sunday mornings.

Solían comprar las verduras en el mercado.
They used to shop for vegetables in the market.

- To describe mental, physical, and emotional states or conditions

José Miguel sólo **tenía** quince años en aquel entonces.
José Miguel was only fifteen years old back then.

Estaba tan hambriento que quería comerme un pollo entero.
I was so hungry that I wanted to eat a whole chicken.

TALLER DE CONSULTA

To review telling time, see **Manual de gramática, 3.4, p. 262.**

- To tell time

Eran las ocho y media de la mañana.
It was eight-thirty a.m.

Era la una en punto.
It was exactly one o'clock.

Uses of the preterite and imperfect together

- When narrating in the past, the imperfect describes what *was happening*, while the preterite describes the action that *interrupts* the ongoing activity. The imperfect provides background information, while the preterite indicates specific events that advance the plot.

Mientras **estudiaba**, **sonó** la alarma contra incendios. Me **levanté** de un salto y **miré** el reloj. **Eran** las 11:30. **Salí** corriendo de mi cuarto. En el pasillo **había** más estudiantes. La alarma **seguía** sonando. **Bajamos** las escaleras y, al llegar a la calle, la alarma **dejó** de sonar. No **había** ningún incendio.

*While I **was studying**, the fire alarm **went off**. I **jumped up** and **looked** at the clock. It **was** 11:30. I **ran out** of my room. In the hall **there were** more students. The alarm **continued** to blare. We **rushed** down the stairs and, upon getting to the street, the alarm **stopped**. **There was** no fire.*

¡ATENCIÓN!

Here are some useful sequencing expressions.

primero *first*
al principio *in the beginning*
antes (de) *before*
después (de) *after*
mientras *while*
entonces *then*
luego *then; next*
siempre *always*
al final *finally*
la última vez *the last time*

Different meanings in the imperfect and preterite

Quise encender la aspiradora, pero no pude.

Supe que el señor que limpia está enfermo.

- The verbs **querer, poder, saber**, and **conocer** have different meanings when they are used in the preterite. Notice also the meanings of **no querer** and **no poder** in the preterite.

INFINITIVE	IMPERFECT	PRETERITE
querer	**Quería acompañarte.** *I wanted to go with you.*	**Quise acompañarte.** *I tried to go with you (but failed).*
		No quise acompañarte. *I refused to go with you.*
poder	**Ana podía hacerlo.** *Ana could do it.*	**Ana pudo hacerlo.** *Ana succeeded in doing it.*
		Ana no pudo hacerlo. *Ana could not do it.*
saber	**Ernesto sabía la verdad.** *Ernesto knew the truth.*	**Por fin Ernesto supo la verdad.** *Ernesto finally discovered the truth.*
conocer	**Yo ya conocía a Andrés.** *I already knew Andrés.*	**Yo conocí a Andrés en la fiesta.** *I met Andrés at the party.*

 **Práctica**

TALLER DE CONSULTA

MANUAL DE GRAMÁTICA
Más práctica

3.3 The preterite vs. the imperfect, p. 261

1 **Una cena especial** Elena y Francisca tenían invitados a cenar y lo estaban preparando todo. Completa las oraciones con el imperfecto o el pretérito de estos verbos. Puedes usar los verbos más de una vez.

averiguar	haber	ofrecer	salir
decir	levantar	pasar	ser
estar	limpiar	preparar	terminar
freír	llamar	quitar	tocar

1. _____ las ocho cuando Francisca y Elena se _____ para preparar todo.
2. Elena _____ la aspiradora cuando Felipe la _____ para preguntar la hora de la cena. Le _____ que _____ a las diez y media.
3. Francisca _____ las tapas en la cocina. Todavía _____ temprano.
4. Mientras Francisca _____ las papas en aceite, Elena _____ la sala.
5. Elena _____ el polvo de los muebles cuando su madre _____ la puerta. ¡_____ una visita sorpresa!
6. Su madre se _____ a ayudar. Elena _____ que sí.
7. Cuando Francisca _____ de hacer las tapas, _____ si _____ suficientes refrescos. No había. Francisca _____ al supermercado.
8. Cuando por fin _____, ya _____ las nueve. Todo _____ listo.

2 **Interrupciones** Combina palabras y frases de cada columna para contar lo que hicieron estas personas. Usa el pretérito y el imperfecto.

> **MODELO** Ustedes miraban la tele cuando el médico llamó.

yo	dormir	usted	llamar por teléfono
tú	comer	el médico	salir
Marta y Miguel	escuchar música	la policía	sonar la alarma
nosotros	mirar la tele	el/la profesor(a)	recibir el mensaje
Paco	conducir	los amigos	ver el accidente
ustedes	ir a...	Juan Carlos	

3 **Las fechas importantes**

A. Escribe cuatro fechas importantes en tu vida y explica qué pasó.

> **MODELO**

Fecha	¿Qué pasó?	¿Dónde y con quién estabas?	¿Qué tiempo hacía?
el 6 de agosto de 2006	Conocí a Dave Navarro.	Estaba en el gimnasio con un amigo.	Llovía mucho.

 B. Intercambia tu información con tres compañeros/as. Ellos te van a hacer preguntas sobre lo que te pasó.

Comunicación

4 **La mañana de Esperanza**

A. En parejas, observen los dibujos. Escriban lo que le pasó a Esperanza después de abrir la puerta de su casa. ¿Cómo fue su mañana? Utilicen el pretérito y el imperfecto en la narración.

1.

2.

3.

4.

B. Con dos parejas más, túrnense para presentar las historias que han escrito. Después, combinen sus historias para hacer una nueva.

5 **Síntesis** Con la participación de toda la clase, escriban un cuento breve sobre un día extraordinario en el que la rutina diaria se vio interrumpida por una serie de acontecimientos (*events*) inesperados y maravillosos. Un(a) estudiante inventará la primera oración de la historia. Después, por turnos, cada compañero/a debe añadir una oración a la historia. Utilicen el pretérito, el imperfecto y el vocabulario de esta lección. ¡Inventen!

MODELO
—El día empezó como cualquier otro día…
—Me levanté, me arreglé y salí para la clase de las nueve…
—Caminaba por la avenida central como siempre, cuando de repente, en medio de la calle, vi algo horroroso, algo que me hizo temblar de miedo…

For additional cumulative practice of all the grammar points in this lesson, go to **facetas.vhlcentral.com**.

Antes de ver el corto

ADIÓS MAMÁ

país México   **director** Ariel Gordon

duración 7 minutos   **protagonistas** hombre joven, señora

Vocabulario

afligirse *to get upset*   **parecerse** *to look like*

el choque *crash*   **repentino/a** *sudden*

despedirse *to say goodbye*   **el timbre** *tone of voice*

las facciones *facial features*   **titularse** *to graduate*

(1) **Practicar** Completa cada una de las rimas usando el vocabulario del corto.

1. Cuando Anabel tiene un problema, _____ pero nunca lo corrige.
2. ¡Qué buen actor! Sus _____ siempre reflejan sus acciones.
3. ¡Pobre don Roque! Compró carro nuevo y a los dos días tuvo un _____.
4. No me gusta el _____ de la voz de ese hombre.
5. ¡Qué estilos tan variados! Las pinturas son trece y ninguna _____.
6. Le faltan muchos cursos. Si no decide apurarse (*hurry up*), nunca va a _____.

(2) **Comentar** En parejas, intercambien opiniones sobre las preguntas.

1. ¿Hablan con desconocidos en algunas ocasiones? ¿En qué situaciones?
2. Según su título, ¿de qué creen que va a tratar el corto?
3. ¿En qué lugares es más fácil o frecuente hablar con gente que no conocen? Den dos o tres ejemplos.
4. ¿A veces son ingenuos? ¿Se creen historias falsas? Den ejemplos.
5. ¿Alguna vez les sucedió algo interesante o divertido en un supermercado? ¿Qué sucedió?
6. Observen los fotogramas. ¿Qué creen que va a pasar en este cortometraje?

Premio especial del Jurado, Semana Internacional de Cine Experimental de Valladolid 1997, España

Una producción de CONACULTA/INSTITUTO MEXICANO DE CINEMATOGRAFÍA Guión y Dirección ARIEL GORDON
Producción JAVIER BOURGES Producción ejecutiva PATRICIA RIGGEN
Fotografía SANTIAGO NAVARRETE Edición CARLOS SALCES Música GERARDO TAMEZ
Sonido SANTIAGO NÚÑEZ/NERIO BARBERIS
Arte FERNANDO MERI/AARÓN NIÑO CÁMARA
Actores DANIEL GIMÉNEZ CACHO/DOLORES BERISTAIN/PATRICIA AGUIRRE/PACO MORAYTA

Escenas

SEÑORA Se parece a mi hijo. Realmente es igual a él.
HOMBRE Ah, pues no, no sé qué decir.

SEÑORA Murió en un choque. El otro conductor iba borracho. Si él viviera, tendría la misma edad que usted.
HOMBRE Por favor, no llore.

SEÑORA ¿Sabe? Usted es su doble. Bendito sea el Señor que me ha permitido ver de nuevo a mi hijo. ¿Le puedo pedir un favor?
HOMBRE Bueno.

SEÑORA Nunca tuve oportunidad de despedirme de él. Su muerte fue tan repentina. ¿Al menos podría llamarme "mamá" y decirme adiós cuando me vaya?

SEÑORA ¡Adiós hijo!
HOMBRE ¡Adiós mamá!
SEÑORA ¡Adiós querido!
HOMBRE ¡Adiós mamá!

CAJERA No sé lo que pasa, la máquina desconoce el artículo. Espere un segundo a que llegue el gerente.
(El gerente llega y ayuda a la cajera.)

Después de ver el corto

(1) Comprensión Contesta las preguntas con oraciones completas.

1. ¿Dónde están los personajes?
2. ¿Qué relación hay entre el hombre y la señora?
3. ¿A quién se parece físicamente el hombre?
4. ¿Por qué no pudo despedirse la señora de su hijo?
5. ¿Qué favor le pide la señora al hombre?
6. ¿Cuánto dinero tiene que pagar el hombre? ¿Por qué?

(2) Ampliación En parejas, háganse las preguntas.

1. ¿Les pasó a ustedes o a alguien que conocen algo similar alguna vez?
2. Si alguien se les acerca (*approach*) en el supermercado y les pide este tipo de favor, ¿qué hacen?
3. ¿Qué creen que sucedió realmente al final? ¿Tuvo que pagar la cuenta completa el hombre? ¿Tuvo que intervenir la policía?
4. Después de lo que sucedió, ¿qué consejos puede darles el hombre a sus amigos?

(3) Imaginar En parejas, describan la vida de uno los personajes del corto. Escriban por lo menos cinco oraciones usando como base las preguntas.

- ¿Cómo es?
- ¿Dónde vive?
- ¿Con quién vive?
- ¿Qué le gusta? ¿Qué no le gusta?
- ¿Tiene dinero?

(4) Detective El joven está contándole a un(a) detective lo que pasó en el supermercado. En parejas, uno/a de ustedes es el/la detective y el/la otro/a es el hombre. Preparen el interrogatorio (*interrogation*) y represéntenlo delante de la clase.

(5) Notas Ahora, imagina que eres el/la detective y escribe un informe (*report*) de lo que pasó. Tiene que ser un informe lo más completo posible. Puedes inventar los datos que tú quieras.

MODELO Este es un informe detallado de lo que ocurrió en el Supermercado Jumbo el 18 de enero de 2005. La víctima dice llamarse...

La siesta, 1943.
Antonio Berni. Argentina.

"Tras el vivir y el soñar, está lo que
más importa: el despertar."

— Antonio Machado

Antes de leer

Pedro Salvadores

Sobre el autor

Jorge Luis Borges nació en Buenos Aires en 1899. En el comienzo fue poeta y en 1923 publicó *Fervor de Buenos Aires*, al que seguiría una importante obra de cuentos y ensayos breves; nunca escribió una novela. Alguna vez afirmó: "El hecho central de mi vida ha sido la existencia de las palabras y la posibilidad de entretejer (*interweave*) y transformar las palabras en poesía". Sus obras fundamentales son *Ficciones* (1944) y *El Aleph* (1949). Sus temas principales son la muerte, el tiempo, el "yo", el mundo como sueño y Buenos Aires, y sus símbolos recurrentes son el laberinto, la biblioteca, los libros, los espejos y el ajedrez. Muchas obras de Borges desafían los límites entre la ficción y la realidad. En 1961 compartió el Premio del Congreso Internacional de Escritores con Samuel Beckett y en 1980 recibió el prestigioso Premio Cervantes. Murió en Ginebra en 1986. Se lo considera uno de los escritores más importantes del siglo XX.

Vocabulario

amenazar *to threaten*	**ocultarse** *to hide*
delatar *to denounce*	**la servidumbre** *servants; servitude*
el hecho *fact*	**el sótano** *basement*
huir *to flee; to run away*	**vedado/a** *forbidden*
la madriguera *burrow; den*	**el zaguán** *entrance hall; vestibule*

Sinónimos Escribe el sinónimo de cada palabra.

1. vestíbulo: _____
2. prohibido: _____
3. esconder: _____
4. denunciar: _____
5. intimidar: _____
6. escapar: _____
7. cueva: _____
8. evento: _____

Conexión personal

Todo el mundo sueña; a veces podemos recordar qué soñamos y a veces no. Cuando los sueños son espantosos se llaman pesadillas (*nightmares*) y sentimos alivio (*relief*) al despertar. ¿Recuerdas alguna pesadilla que hayas tenido?

Análisis literario: la metáfora

La metáfora consiste en nombrar una cosa con el nombre de otra, con la que tiene semejanza real o ficticia. En la metáfora, una cosa se equipara con otra sin usar la palabra **como**: "tus labios son como rubíes" es una comparación, pero "tus labios son rubíes" es una metáfora. Éste es un recurso que Borges usa a menudo. Cuando leas el cuento, presta atención para buscar algún ejemplo.

Pedro Salvadores

Jorge Luis Borges

Litografía de *Usos y Costumbres del Río de la Plata,* 1845, Carlos Morel.

Quiero dejar escrito, acaso por primera vez, uno de los hechos más raros y más tristes de nuestra historia. Intervenir lo menos posible en su narración, prescindir de adiciones pintorescas y de conjeturas° aventuradas es, me parece, la mejor manera de hacerlo.

Un hombre, una mujer y la vasta sombra de un dictador son los tres personajes. El hombre se llamó Pedro Salvadores; mi abuelo Acevedo lo vio, días o semanas después de la batalla de Caseros. Pedro Salvadores, tal vez, no difería del común de la gente, pero su destino y los años lo hicieron único. Sería un señor como tantos otros de su época. Poseería (nos cabe suponer) un establecimiento de campo y era unitario°. El apellido de su mujer era Planes; los dos vivían en la calle Suipacha, no lejos de la esquina del Temple. La casa en que los hechos ocurrieron sería igual a las otras: la

conjectures

opposer of the regime

storm door

depth

dull; low/hooves
cries of "long live"
and "die"
horsemen/supporters
of the regime

knocked down

lift

whiped/table
service

sworn

to decipher

hatred

curbstone of a
well/bucket

Uruguay

sewing/course
of time
to repudiate,
to reject

tyrant

puerta de calle, el zaguán, la puerta cancel°, las habitaciones, la hondura° de los patios. Una noche, hacia 1842, oyeron el creciente y sordo° rumor de los cascos° de los caballos 25 en la calle de tierra y los vivas y mueras° de los jinetes°. La mazorca°, esta vez, no pasó de largo. Al griterío sucedieron los repetidos golpes; mientras los hombres derribaban° la puerta, Salvadores pudo correr la mesa del 30 comedor, alzar° la alfombra y ocultarse en el sótano. La mujer puso la mesa en su lugar. La mazorca irrumpió, venían a llevárselo a Salvadores. La mujer declaró que éste había huido a Montevideo. No le creyeron; la 35 azotaron°, rompieron toda la vajilla° celeste, registraron la casa, pero no se les ocurrió levantar la alfombra. A la medianoche se fueron, no sin haber jurado° volver.

Aquí principia verdaderamente la historia 40 de Pedro Salvadores. Vivió nueve años en el sótano. Por más que nos digamos que los años están hechos de días y los días de horas y que nueve años es un término abstracto y una suma imposible, esa historia es atroz. Sospecho 45 que en la sombra que sus ojos aprendieron a descifrar°, no pensaba en nada, ni siquiera en su odio° ni en su peligro. Estaba ahí, en el sótano. Algunos ecos de aquel mundo que le estaba vedado le llegarían desde arriba: 50 los pasos habituales de su mujer, el golpe del brocal° y del balde°, la pesada lluvia en el patio. Cada día, por lo demás, podía ser el último.

La mujer fue despidiendo a la servidumbre, que era capaz de delatarlos. 55 Dijo a todos los suyos que Salvadores estaba en la Banda Oriental°. Ganó el pan de los dos cosiendo° para el ejército. En el decurso° de los años tuvo dos hijos; la familia la repudió°, atribuyéndolos a un amante. Después de la caída 60 del tirano°, le pedirían perdón de rodillas.

uncertain

coward
loyally

oil lamp

would sink

steel

plain

harassed

soft, spongy

wax

¿Qué fue, quién fue, Pedro Salvadores? ¿Lo encarcelaron el terror, el amor, la invisible presencia de Buenos Aires y, finalmente, la costumbre? Para que no la dejara sola, su mujer le daría inciertas° noticias de conspiraciones 65 y de victorias. Acaso era cobarde° y la mujer lealmente° le ocultó que ella lo sabía. Lo imagino en su sótano, tal vez sin un candil°, sin un libro. La sombra lo hundiría° en el sueño. Soñaría, al principio, con la noche tremenda 70 en que el acero° buscaba la garganta, con las calles abiertas, con la llanura°. Al cabo de los años no podría huir y soñaría con el sótano. Sería, al principio, un acosado°, un amenazado; después no lo sabremos nunca, 75 un animal tranquilo en su madriguera o una suerte de oscura divinidad.

Todo esto hasta aquel día del verano de 1852 en que Rosas huyó. Fue entonces cuando el hombre secreto salió a la luz del 80 día; mi abuelo habló con él. Fofo° y obeso, estaba del color de la cera° y no hablaba en voz alta. Nunca le devolvieron los campos que le habían sido confiscados; creo que murió en la miseria. 85

Como todas las cosas, el destino de Pedro Salvadores nos parece un símbolo de algo que estamos a punto de comprender. ■

Después de leer

Pedro Salvadores
Jorge Luis Borges

(1) Comprensión Indica si las oraciones son **ciertas** o **falsas**. Corrige las falsas.

1. El apellido de la esposa de Pedro es Acevedo.
2. De acuerdo con el narrador, Pedro Salvadores es un hombre común.
3. El sótano de la casa está debajo del comedor.
4. Los perseguidores no ven la alfombra.
5. La esposa trabajaba haciendo pan para el ejército.
6. Ella dice que su marido huyó a Montevideo.
7. Pedro Salvadores pasó ocho años en el sótano.
8. El narrador vio a Pedro cuando salió del sótano.

(2) Historia Contesta las preguntas con oraciones completas.

1. ¿En qué siglo se desarrolla la acción?
2. ¿Dónde transcurre el relato?
3. ¿A qué bando pertenecía Pedro Salvadores? ¿Y el narrador?
4. ¿En qué año terminó el gobierno del dictador?

(3) Análisis En parejas, respondan a las preguntas.

1. El narrador imagina a Salvadores en el sótano, y usa dos metáforas: "un animal tranquilo en su madriguera o una suerte de oscura divinidad". ¿Qué características puedes atribuir a uno y a otro?
2. ¿Qué significa la frase "el acero (*steel*) buscaba la garganta (*throat*)"?
3. Borges usa palabras entre paréntesis, comas o guiones para expresar vacilación. También usa expresiones como "tal vez" y "me parece". Busca ejemplos. ¿Qué función tienen?

(4) Interpretación Responde a las preguntas con oraciones completas.

1. ¿Qué importancia tiene la hora del día en este cuento?
2. ¿Por qué piensas que Salvadores permaneció encerrado en el sótano?
3. ¿Cómo era Pedro cuando se escondió? ¿Cómo es ahora? ¿Por qué?
4. El narrador menciona "el destino de Pedro Salvadores". ¿Crees en el destino?

(5) Imaginar En grupos de tres preparen un *talk show* en el que un presentador entrevista a Pedro y a su esposa sobre cómo eran sus días durante el tiempo de encierro.

(6) Escribir Resume brevemente la historia de Pedro Salvadores en un artículo periodístico, publicado después de su aparición.

Antes de leer

Vocabulario

el cansancio *exhaustion*	**pintar** *to paint*
el cuadro *painting*	**el/la pintor(a)** *painter*
fatigado/a *exhausted*	**previsto/a** *planned*
imprevisto/a *unexpected*	**retratar** *to portray*
la obra maestra *masterpiece*	**el retrato** *portrait*

Pablo Picasso Completa las oraciones con el vocabulario de la tabla.

Guernica, Pablo Picasso

1. De todo el arte del Museo Reina Sofía, yo prefiero los _____ de Pablo Picasso.

2. De muy joven, el _____ español creaba arte realista.

3. Al poco tiempo, este gran artista empezó a experimentar y a _____ obras de otros estilos; incluso inventó el cubismo.

4. Su obra más famosa, el "Guernica", quiere _____ el horror de un día cuando los alemanes bombardearon un pueblo español.

5. Según mucha gente, el "Guernica" es su creación más importante, la _____ de Picasso.

Conexión personal ¿Qué haces para no olvidar los eventos y las personas que son importantes para ti? ¿Sacas fotos o mantienes un diario? ¿Cuentas historias? ¿Cuáles son algunos de los recuerdos que quieres atesorar (*treasure*)?

Contexto cultural

Niños comiendo uvas y un melón, Bartolomé Esteban Murillo.

Del siglo XVI al siglo XVII, España pasó de ser una enorme potencia política a un imperio en camino de extinción. Donde antes había victorias militares, riqueza (*wealth*) y expansión ahora había derrota (*defeat*), crisis económica y decadencia. Sin embargo, estos problemas formaron un contraste extremo con el arte del momento, que estaba en su época cumbre (*peak*), el Siglo de Oro. A pesar de su éxito, se consideraba a los pintores más artesanos que artistas y, por lo tanto, no eran de alta posición social. Muchos artistas trabajaban por encargo; la realeza (*royalty*) y la nobleza eran sus mecenas (*patrons*). Con sus obras, contribuían a la educación cultural, y frecuentemente religiosa, de la sociedad.

La vieja friendo huevos

El arte de la vida diaria

Diego Velázquez es importante no sólo por su mérito artístico, sino también por lo que nos cuentan sus cuadros. Conocido sobre todo como pintor de retratos, Velázquez se interesaba también por temas mitológicos y escenas cotidianas. 5 En todo su arte, examinaba y reproducía en minucioso detalle sólo aquello que veía. Su imitación de la naturaleza, de lo inmediatamente observable, era lo que daba vida a su arte y a la vez creaba un arte de la vida diaria.

Antes de mudarse° a la Corte del rey°, Velázquez pintó cuadros de temas cotidianos. Un ejemplo célebre es "La vieja friendo huevos" (1618). El cuadro capta un momento sin aparente importancia: una mujer vieja cocina mientras un niño trae aceite° y un melón. Varios objetos de la casa, reproducidos con precisión, llenan el lienzo°, dignos de nuestra atención, por ejemplo: la cuchara, un plato blanco en el que descansa un cuchillo, jarras°, una cesta de paja°. Junto con la comida que prepara —no hay carne ni variedad— la ropa típica de pobre sugiere que la mujer es humilde. Con el cuadro, Velázquez interrumpe un momento que podría ser de cualquier día. No es una naturaleza muerta°, sino un instante de la vida.

Incluso cuando pintaba temas mitológicos, Velázquez tomaba como modelo gente de la calle. Por eso, se pueden percibir escenas diarias en temas distanciados de la época. Un ejemplo es "El triunfo° de Baco" (1628-9). En este cuadro, el dios romano del vino se sienta en un campo abierto no con otros dioses, sino con campesinos°, cuyas caras fatigadas reflejan a la vez el cansancio de una vida de trabajo —la vida del plebeyo° español era entonces especialmente dura— y la alegría de poder descansar un rato.

En los cuadros de la Corte, Velázquez nos da una imagen rica y compleja del mundo del

El triunfo de Baco

palacio. En vez de retratar exclusivamente a la familia real y los nobles, incluye también toda la tropa de personajes° que los servía y entretenía. En este grupo numeroso entraban enanos° y bufones°, a quienes Velázquez pinta con dignidad. En "Las Meninas" (c.1656), su cuadro más famoso y misterioso, la princesa Margarita está rodeada° por sus damas, enanos y un perro. A la izquierda, el mismo Velázquez pinta detrás de un lienzo inmenso. En el fondo° se ve al rey y a la reina.

Sin embargo, el cuadro sugiere más preguntas que respuestas. ¿Dónde están exactamente el rey y la reina? ¿La imagen de ellos que vemos es un reflejo de espejo°? ¿Qué pinta el artista y por qué aparece en el cuadro? ¿Qué significa? Tampoco se sabe por qué se detiene aquí el grupo: puede ser por una razón prevista, como posar para un cuadro; o puede ser algo totalmente imprevisto, un momento efímero° de la vida de una princesa y su grupo. ¿Es un momento importante? "Las Meninas" invita el debate sobre un instante que no se pierde sólo porque un pintor lo capta y lo rescata° del olvido. Paradójicamente es su enfoque en lo momentáneo y en el detalle de la vida común lo que eleva a Velázquez por encima de otros grandes artistas. ■

Margin glosses:
before moving/ king's court
oil
canvas
jugs/wicker basket
still life
triumph
peasants
common person
characters
little people/ jesters
surrounded
background
mirror
fleeting
rescues

Las Meninas

Biografía breve
1599 Diego Velázquez nace en Sevilla
1609 Empieza sus estudios formales de arte
1623 Nombrado pintor oficial del Rey Felipe IV en Madrid
1660 Muere después de una breve enfermedad

Después de leer

El arte de la vida

(1) Comprensión Después de leer el texto, decide si las oraciones son **ciertas** o **falsas**. Corrige las falsas.

1. Velázquez es conocido sobre todo como pintor religioso.
2. Velázquez era un pintor impresionista que transformaba su sujeto en la imaginación.
3. Por lo general, Velázquez tomaba como modelo gente de la calle.
4. En "El triunfo de Baco", el dios romano del vino se sienta con campesinos españoles.
5. Velázquez retrataba exclusivamente a la familia real y a los nobles.
6. Velázquez se autorretrata en "Las Meninas".

(2) Interpretación Contesta las preguntas con oraciones completas.

1. ¿Se puede encontrar evidencia de la crisis económica del siglo XVII en los cuadros de Velázquez? Menciona detalles específicos en tu respuesta.
2. ¿Qué puedes aprender de "La vieja friendo huevos" que posiblemente no puedas leer en un libro de historia?
3. ¿Es "El triunfo de Baco" un cuadro realista? Explica tu respuesta.
4. ¿Te sorprende que Velázquez represente a los sirvientes de la Corte? ¿Por qué?
5. ¿En qué sentido es "Las Meninas" un cuadro misterioso?

(3) Análisis En parejas, respondan a las preguntas.

1. A través de pequeños detalles, "El triunfo de Baco" revela mucho sobre la posición social de los hombres del cuadro. Estudien, por ejemplo, la ropa y el aspecto físico para describir y analizar su situación económica. ¿Cuál es su conclusión?
2. ¿Qué o quién es el verdadero sujeto de "Las Meninas"? ¿El grupo de la princesa? ¿Los reyes? ¿El mismo Velázquez? ¿El arte? Discutan la múltiples posibilidades y presenten una teoría sobre la historia que cuenta el cuadro.

(4) Reflexión Reflexionen sobre la vida de las personas que entretenían a los nobles en la Corte de Felipe IV. Algunos nobles consideraban que los bufones eran sagrados y por eso los protegían y les daban trabajo. ¿Qué piensas de la situación social de los bufones (*jesters*) de la Corte? ¿Es ético utilizar a las personas para la diversión?

(5) Recuerdos Imagina que "La vieja friendo huevos" capta, como una fotografía, un momento de tu propio pasado cuando ayudabas a tu abuela en la cocina. Inspirándote en el cuadro de Velázquez, inventa una historia. ¿Qué hacía tu abuela? ¿Cómo pasaba los días? Y tú, ¿por qué llegaste a la cocina aquel día? ¿Te mandó tu madre o tenías hambre? Utilizando los tiempos del pasado que conoces, describe esta escena de tu infancia.

Atando cabos

¡A conversar!

Un día en la historia Trabajen en grupos pequeños para preparar una presentación sobre un día en la vida de un personaje histórico hispano.

Presentaciones

Tema: Elijan un personaje histórico hispano. Algunos personajes que pueden investigar son: Moctezuma, Sor Juana Inés de la Cruz, Simón Bolívar, José de San Martín, Emiliano Zapata, Catalina de Erauso, Álvar Núñez Cabeza de Vaca, Fray Bartolomé de las Casas. Pueden elegir también un personaje que no esté en la lista.

Investigación y preparación: Busquen información en Internet o en la biblioteca. Recuerden buscar o preparar materiales visuales. Una vez reunida la información necesaria sobre el personaje, imagínense un día en su vida cotidiana, desde que se levantaba hasta que se acostaba. Al imaginar los detalles, tengan en cuenta la época en la que vivió el personaje.

Organización: Hagan un esquema (*outline*) que los ayude a planear la presentación.

Presentación: Utilicen el pretérito y el imperfecto para las descripciones. Traten de promover la participación a través de preguntas y alternen la charla con materiales visuales.

Emiliano Zapata

¡A escribir!

Una anécdota del pasado Sigue el plan de redacción para contar una anécdota que te haya ocurrido en el pasado. Piensa en una historia divertida, dramática o interesante relacionada con uno de estos temas:

- un regalo especial que recibiste
- una situación en la que usaste una excusa falsa y las cosas no te salieron bien
- una situación en la que fuiste muy ingenuo/a

Plan de redacción

Título: Elige un título breve que sugiera el contenido de la historia pero que no dé demasiada información.

Contenido: Explica qué estaba pasando cuando ocurrió el acontecimiento, dónde estabas, con quién estabas, qué pasó, cómo pasó, etc. Usa expresiones como: **al principio, al final, después, entonces, luego, todo empezó/comenzó cuando**, etc. Recuerda que debes usar el pretérito para las acciones y el imperfecto para las descripciones.

Conclusión: Termina la historia explicando cuál fue el resultado del acontecimiento y cómo te sentiste.

En casa

el balcón	balcony
la escalera	staircase
el hogar	home; fireplace
la limpieza	cleaning
los muebles	furniture
los quehaceres	chores
apagar	to turn off
barrer	to sweep
calentar (e:ie)	to warm up
cocinar	to cook
encender (e:ie)	to turn on
freír (e:i)	to fry
hervir (e:ie)	to boil
lavar	to wash
limpiar	to clean
pasar la aspiradora	to vacuum
quitar el polvo	to dust
tocar el timbre	to ring the doorbell

De compras

el centro comercial	mall
el dinero en efectivo	cash
la ganga	bargain
el probador	dressing room
el reembolso	refund
el supermercado	supermarket
la tarjeta de crédito/débito	credit/debit card
devolver (o:ue)	to return (items)
hacer mandados	to run errands
ir de compras	to go shopping
probarse (o:ue)	to try on
seleccionar	to select; to pick out
auténtico/a	real; genuine
barato/a	cheap; inexpensive
caro/a	expensive

La vida diaria

la agenda	datebook
la costumbre	custom; habit
el horario	schedule
la rutina	routine
la soledad	solitude; loneliness
acostumbrarse (a)	to get used to; to grow accustomed
arreglarse	to get ready
averiguar	to find out; to check
probar (o:ue) (a)	to try
soler (o:ue)	to be in the habit of; to be used to
atrasado/a	late
cotidiano/a	everyday
diario/a	daily
inesperado/a	unexpected

Expresiones

a menudo	frequently; often
a propósito	on purpose
a tiempo	on time
a veces	sometimes
apenas	hardly; scarcely
así	like this; so
bastante	quite; enough
casi	almost
casi nunca	rarely
de repente	suddenly
de vez en cuando	now and then; once in a while
en aquel entonces	at that time
en el acto	immediately; on the spot
enseguida	right away
por casualidad	by chance

Más vocabulario

Expresiones útiles	Ver p. 87
Estructura	Ver pp. 94-95, 98-99 y 102-103

Cinemateca

el choque	crash
las facciones	facial features
el timbre	tone of voice
afligirse	to get upset
despedirse	to say goodbye
parecerse	to look like
titularse	to graduate
repentino/a	sudden

Literatura

el hecho	fact
la madriguera	burrow; den
la servidumbre	servants; servitude
el sótano	basement
el zaguán	entrance hall; vestibule
amenazar	to threaten
delatar	to denounce
huir	to flee; to run away
ocultarse	to hide
vedado/a	forbidden

Cultura

el cansancio	exhaustion
el cuadro	painting
la obra maestra	masterpiece
el/la pintor(a)	painter
el retrato	portrait
pintar	to paint
retratar	to portray
fatigado/a	exhausted
imprevisto/a	unexpected
previsto/a	planned

La salud y el bienestar

4

Communicative Goals
You will expand your ability to…
- express will and emotion
- express doubt and denial
- give orders, advice, and suggestions

La salud y el bienestar

Los síntomas y las enfermedades

Inés pensaba que tenía sólo un **resfriado**, pero no paraba de **toser** y estaba **agotada**. El médico le confirmó que era una **gripe** y que debía **permanecer** en cama.

la depresión depression
la enfermedad disease; illness
la gripe flu
la herida injury
el malestar discomfort
la obesidad obesity
el resfriado cold
la respiración breathing
la tensión (alta/baja) (high/low) blood pressure
la tos cough
el virus virus
_____
contagiarse to become infected
desmayarse to faint
empeorar to deteriorate; to get worse
enfermarse to get sick
estar resfriado/a to have a cold
lastimarse to get hurt
permanecer to remain; to last
ponerse bien/mal to get well/sick
sufrir (de) to suffer (from)
tener buen/mal aspecto to look healthy/sick
tener fiebre to have a fever
toser to cough
trasnochar to stay up all night
_____
agotado/a exhausted
inflamado/a inflamed
mareado/a dizzy

La salud y el bienestar

la alimentación diet (nutrition)
la autoestima self-esteem
el bienestar well-being
el estado de ánimo mood
la salud health

adelgazar to lose weight
dejar de fumar to quit smoking

descansar to rest
engordar to gain weight
estar a dieta to be on a diet
mejorar to improve
prevenir (e:ie) to prevent
relajarse to relax
_____
sano/a healthy

Los médicos y el hospital

la cirugía surgery
el/la cirujano/a surgeon
la consulta doctor's appoinment

el consultorio doctor's office
la operación operation
los primeros auxilios first aid
la sala de emergencias emergency room

Las medicinas y los tratamientos

A Ignacio no le gusta tomar medicinas. Nunca toma **pastillas** ni **jarabes**. Sin embargo, para ir a la selva, tuvo que ponerse varias **vacunas**. ¡Qué dolor cuando la enfermera le **puso la inyección**!

la aspirina *aspirin*
el calmante *painkiller; tranquilizer*
el jarabe *syrup*
la pastilla *pill*
la receta *prescription*
el tratamiento *treatment*
la vacuna *vaccine*
la venda *bandage*
el yeso *cast*

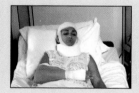

curarse *to heal; to be cured*
poner una inyección *to give a shot*
recuperarse *to recover*
sanar *to heal*
tratar *to treat*
_____
curativo/a *healing*

---

1 **Escuchar**

🎧 **A.** Escucha la conversación entre Sara y su hermano David. Después completa las oraciones y decide quién dijo cada una.

1. No sé lo que me pasa, la verdad. Estoy siempre muy _____. _____

2. Creo que _____ demasiado. ¿Has ido al _____? _____

3. No he ido porque no tenía _____, sólo era un ligero _____. _____

4. Deja de ser una niña. Tienes que _____. _____

5. Por eso te llamo. No se me va el dolor de estómago ni con _____. _____

6. Ahora mismo llamo al doctor Perales para hacerle una _____. _____

🎧 **B.** A Sara le diagnosticaron apendicitis. Escucha lo que le dice la cirujana a la familia después de la operación y luego contesta las preguntas.

1. ¿Qué tiene que tomar Sara cada ocho horas?
2. ¿Cómo se puede sentir al principio?
3. ¿Va a tomar mucho tiempo su recuperación?
4. ¿Puede comer de todo?

2 **A curarse** Indica qué tiene que hacer una persona a la que le ocurre lo siguiente:

_____ 1. Se lastimó con un cuchillo.

_____ 2. Tiene fiebre.

_____ 3. Su estado de ánimo es malo.

_____ 4. Quiere prevenir la gripe.

_____ 5. Le falta la respiración.

_____ 6. Está obeso/a.

a. empezar una dieta
b. dejar de fumar
c. hablar con un(a) amigo/a
d. ponerse una venda
e. tomar aspirinas y descansar
f. ponerse una vacuna

Práctica

3 **Acróstico** Completa el acróstico. Al terminarlo, se formará una palabra de **Contextos**.

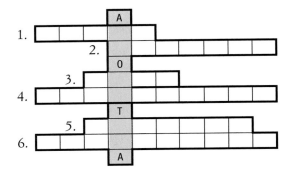

1. Organismo invisible que transmite enfermedades.
2. Si la tienes alta, puedes tener problemas del corazón.
3. Material blanco que se usa para inmovilizar fracturas.
4. No dormir en toda la noche.
5. Es sinónimo de *operación*.
6. Caerse y perder el conocimiento.

4 **Amelia está enferma** Completa las oraciones con la opción lógica.

1. Amelia está tosiendo continuamente. No se le cura (la gripe/la depresión).
2. Sus compañeros de trabajo no se enfermaron este año porque se pusieron (la herida/la vacuna).
3. Su madre siempre le había dicho que es mejor (mejorar/prevenir) las enfermedades que curarlas.
4. El médico le dio una receta para (un jarabe/un consultorio).
5. Su jefe le ha dicho que no vaya a trabajar. Ella tiene que volver a la oficina cuando esté (agotada/recuperada).

5 **Malos hábitos** Martín tiene hábitos que no son buenos para la salud. Completa la conversación entre Martín y su doctor con las palabras de la lista. Haz los cambios necesarios.

ánimo	descansar	mejorar	sano
dejar de fumar	empeorar	pastillas	trasnochar
deprimido	engordar	salud	vacuna

MARTÍN Doctor, a mí me gusta pasar muchas horas comiendo y viendo tele.

DOCTOR Por eso usted está (1) _____ tanto. Debe hacer ejercicio y (2) _____ su alimentación.

MARTÍN También me gusta salir y acostarme tarde.

DOCTOR No es bueno (3) _____ todo el tiempo. Es importante (4) _____.

MARTÍN ¡Pero, doctor! ¿Puedo fumar un poco, por lo menos?

DOCTOR No, don Martín. Usted debe (5) _____ cuanto antes.

MARTÍN ¡No puede ser, doctor! ¿Todo lo que me gusta hacer es malo para la (6) _____ ? Si hago lo que me dice usted, voy a estar (7) _____ pero deprimido.

DOCTOR No es así. Si usted mejora su forma física, su estado de (8) _____ va a mejorar también. Recuerde: "Mente sana en cuerpo sano".

Comunicación

6 Vida sana

A. En parejas, háganse las preguntas de la encuesta.

	Siempre	A menudo	De vez en cuando	Nunca
1. ¿Trasnochas más de dos veces por semana?	☐	☐	☐	☐
2. ¿Practicas algún deporte?	☐	☐	☐	☐
3. ¿Consumes vitaminas y minerales diariamente?	☐	☐	☐	☐
4. ¿Comes mucha comida frita?	☐	☐	☐	☐
5. ¿Tienes dolores de cabeza?	☐	☐	☐	☐
6. ¿Te enfermas?	☐	☐	☐	☐
7. ¿Desayunas sin prisa?	☐	☐	☐	☐
8. ¿Pasas muchas horas del día sentado/a?	☐	☐	☐	☐
9. ¿Te pones de mal humor?	☐	☐	☐	☐
10. ¿Tienes problemas para dormir?	☐	☐	☐	☐

B. Imagina que eres un médico. ¿Tiene tu compañero/a una vida sana? ¿Qué debe hacer para mejorar su salud? Utiliza la conversación entre Martín y su médico de la Actividad 5 como modelo.

7 Citas célebres

A. En grupos de cuatro, elijan las citas (*quotations*) que les parezcan más interesantes y expliquen por qué las eligieron.

La salud

"La salud no lo es todo pero sin ella, todo lo demás es nada".
A. Schopenhauer

"El ser humano pasa la primera mitad de su vida arruinando la salud y la otra mitad intentando recuperarla".
Joseph Leonard

"Come poco y cena más poco, que la salud de todo el cuerpo se decide en la oficina del estómago".
Miguel de Cervantes

La medicina

"Antes que al médico, llama a tu amigo".
Pitágoras

"Los médicos no están para curar, sino para recetar y cobrar; curarse o no es cuenta del enfermo".
Molière

"La esperanza es el mejor médico que yo conozco".
Alejandro Dumas, hijo.

La enfermedad

"El peor de todos los males es creer que los males no tienen remedio".
Francisco Cabarrus

"La investigación de las enfermedades ha avanzado tanto que cada vez es más difícil encontrar a alguien que esté completamente sano".
Aldous Huxley

"De noventa enfermedades, cincuenta las produce la culpa y cuarenta la ignorancia".
Anónimo

B. Utilicen el vocabulario de **Contextos** para escribir una cita original sobre la salud. Compártanla con la clase. ¿Cuál es la cita más original?

Los empleados de Facetas se preocupan por mantenerse sanos y en forma.

DIANA ¿Johnny? ¿Qué haces aquí tan temprano?

JOHNNY Madrugué para ir al gimnasio.

DIANA ¿Estás enfermo?

JOHNNY ¿Qué? ¿Nunca haces ejercicio?

DIANA No mucho… A veces me dan ganas de hacer ejercicio, y entonces me acuesto y descanso hasta que se me pasa.

En la cocina…

JOHNNY *(habla con los dulces)* Los recordaré dondequiera que esté. Sé que esto es difícil, pero deben ser fuertes… No pongan esa cara de "cómeme". Por mucho que insistan, los tendré que tirar. Ojalá me puedan olvidar.

FABIOLA ¿Empezaste a ir al gimnasio? Te felicito. Para ponerse en forma hay que trabajar duro.

JOHNNY No es fácil.

FABIOLA No es difícil. Yo, por ejemplo, no hago ejercicio, pero trato de comer cosas sanas.

JOHNNY Nada de comidas rápidas.

FABIOLA ¡Cómo me gustaría tener tu fuerza de voluntad!

En la cocina…

DON MIGUEL ¡Válgame! Aquí debe haber como mil pesos en dulces. ¡Mmm! Y están buenos.

JOHNNY ¿Qué tal, don Miguel? ¿Cómo le va?

DON MIGUEL *(Sonríe sin poder decir nada porque está comiendo.)*

JOHNNY ¡Otro que se ha quedado sin voz! ¿Qué es esto? ¿Una epidemia?

FABIOLA ¿Qué compraste?

JOHNNY Comida bien nutritiva y baja en calorías. Juré que jamás volvería a ver un dulce.

FABIOLA ¿Qué es eso?

JOHNNY Esto es tan saludable que con sólo tocar la caja te sientes mejor.

FABIOLA ¿Y sabe bien?

JOHNNY Claro, sólo hay que calentarlo.

En la oficina de Aguayo…

DIANA Los nuevos diseños están perfectos. Gracias.

AGUAYO Mariela, insisto en que veas a un doctor. Vete a casa y no vuelvas hasta que no estés mejor. Te estoy dando un consejo. No pienses en mí como tu jefe.

DIANA Piensa en él como un amigo que siempre tiene razón.

Personajes

AGUAYO

DIANA

ÉRIC

FABIOLA

JOHNNY

MARIELA

DON MIGUEL

4

En la sala de conferencias…

AGUAYO *(dirigiéndose a Mariela)* Quiero que hagas unos cambios a estos diseños.

DIANA Creemos que son buenos y originales, pero tienen dos problemas.

ÉRIC Los que son buenos no son originales, y los que son originales no son buenos.

AGUAYO ¿Qué crees? *(Mariela no contesta.)*

5

Mariela escribe "perdí la voz" en la pizarra.

AGUAYO ¿Perdiste la voz?

DIANA Gracias a Dios… Por un momento creí que me había quedado sorda.

AGUAYO Estás enferma. Deberías estar en cama.

ÉRIC Sí, podías haber llamado para decir que no venías.

9

AGUAYO Por cierto, Diana, acompáñame a entregar los diseños ahora mismo. Tengo que volver enseguida. Estoy esperando una llamada muy importante.

DIANA Vamos.

Se van. Suena el teléfono. Mariela se queda horrorizada porque no puede contestarlo.

10

FABIOLA ¿No ibas a mejorar tu alimentación?

JOHNNY Si no puedes hacerlo bien, disfruta haciéndolo mal. Soy feliz.

FABIOLA Los dulces no dan la felicidad, Johnny.

JOHNNY Lo dices porque no has probado la Chocobomba.

Expresiones útiles

Giving advice and making recommendations

Insisto en que veas/vea a un doctor.
I insist that you go see a doctor. (fam./form.)

Te aconsejo que vayas a casa.
I advise you to go home. (fam.)

Le aconsejo que vaya a casa.
I advise you to go home. (form.)

Sugiero que te pongas a dieta.
I suggest you go on a diet. (fam.)

Sugiero que se ponga usted a dieta.
I suggest you go on a diet. (form.)

Asking about tastes

¿Y sabe bien?
And does it taste good?

¿Cómo sabe?
How does it taste?

Sabe a ajo/menta/limón.
It tastes like garlic/mint/lemon.

¿Qué sabor tiene? ¿Chocolate?
What flavor is it? Chocolate?

Tiene un sabor dulce/agrio/ amargo/agradable.
It has a sweet/sour/bitter/pleasant taste.

Additional vocabulary

la comida rápida *fast food*
dondequiera *wherever*
la epidemia *epidemic*
la fuerza de voluntad *willpower*
madrugar *to wake up early*
mantenerse en forma *to stay in shape*
nutritivo/a *nutritious*
ponerse en forma *to get in shape*
quedarse sordo/a *to go deaf*
saludable *healthy*

 **Comprensión**

(1) **¿Cierto o falso?** Decide si las oraciones son **ciertas** o **falsas**. Corrige las **falsas**.

Cierto   Falso

☐ ☐ 1. Johnny llegó temprano porque madrugó para ir al gimnasio.

☐ ☐ 2. Cuando Diana va al gimnasio se queda dormida.

☐ ☐ 3. Los primeros diseños de Mariela están perfectos.

☐ ☐ 4. Diana se quedó sorda.

☐ ☐ 5. Don Miguel probó los dulces.

☐ ☐ 6. Johnny no continuó con su dieta.

(2) **Oraciones incompletas** Completa las oraciones de la **Fotonovela** con la opción correcta.

1. Para ponerse en ____ hay que trabajar duro.
   a. cama   b. dieta   c. forma

2. ¡Cómo me gustaría tener tu fuerza ____!
   a. física   b. de voluntad   c. de carácter

3. ¡Otro que se ha quedado ____!
   a. sordo   b. sin voz   c. dormido

4. Piensa en él como un amigo que siempre ____.
   a. tiene razón   b. se mantiene en forma   c. se preocupa

(3) **Títulos** Busca en la **Fotonovela** la palabra adecuada para poner un título a cada lista.

_____	_____	_____	_____
chocolates	correr	salchicha	sopa de verduras
caramelos	saltar	hamburguesa	ensalada
pastel de chocolate	caminar	papas fritas	pollo asado
postre	nadar	sándwich	frutas

(4) **Opiniones**

A. Los empleados de *Facetas* tienen opiniones distintas sobre la salud y el bienestar. En parejas, escriban una descripción breve de la actitud de cada personaje. Utilicen las frases de la lista y añadan sus propias ideas.

comer comidas sanas	ir al gimnasio	descansar
permanecer en cama	ir al médico	probar los dulces

MODELO Diana casi nunca va al gimnasio. Cree que es más importante descansar para mantenerse sana...

B. ¿Con qué opinión te identificas más? ¿Qué haces tú para mantenerte en forma?

Ampliación

⑤ Comidas rápidas

A. Para ponerse en forma, Johnny decide evitar las comidas rápidas. En parejas, háganse las preguntas y comparen sus propias opiniones acerca de la comida rápida.

1. ¿Con qué frecuencia comes en restaurantes de comida rápida?
2. ¿Crees que la comida rápida es mala para la salud?
3. ¿Buscas opciones saludables cuando necesitas comer de prisa?
4. ¿Crees que las personas obesas tienen derecho a demandar (*sue*) a los restaurantes de comida rápida?

B. Ahora, en dos grupos, organicen un debate sobre los beneficios y desventajas de la comida rápida. Un grupo representa a los dueños y ejecutivos de los restaurantes, y el otro grupo representa a la gente que ha sufrido problemas de salud por comer demasiadas comidas rápidas.

⑥ Apuntes culturales En parejas, lean los párrafos y contesten las preguntas.

Los dulces

"Los recordaré dondequiera que esté", dice Johnny despidiéndose de los dulces. ¡A los hispanos les encantan los dulces! Un postre muy popular de la cocina colombiana, venezolana, mexicana y centroamericana es el postre de **las tres leches**. Este postre se prepara con leche fresca, leche condensada y crema de leche. ¡Un verdadero manjar (*delicacy*)!

El deporte colombiano

Fabiola dice que para ponerse en forma hay que trabajar duro. La colombiana **María Isabel Urrutia Ocoró** sabe mucho de esto, pues su gran dedicación a la halterofilia (levantamiento de pesas) la convirtió en estrella del deporte colombiano. Ganó numerosos premios mundiales, entre ellos, la medalla de oro en las Olimpiadas de Sydney en el año 2000.

Las comidas rápidas

Fabiola y Johnny conversan sobre las comidas rápidas. En los países hispanos, las cadenas estadounidenses adaptan los menús a los sabores típicos de esos países. En Chile, McDonald's ofrece la **McPalta**, hamburguesa con palta (*avocado*), y los **McCafé** sirven postres tradicionales como la **rellenita de manjar** (*caramel*). ¿Podrá resistirse Johnny?

1. ¿Conoces otros postres típicos de los países hispanos? ¿De qué países o regiones son? ¿Cuáles son los ingredientes principales?
2. Menciona postres o platos típicos de tu cultura. ¿Cuál es tu preferido?
3. ¿Qué deportistas hispanos juegan en equipos de los EE.UU.?
4. ¿Probaste comidas rápidas de otras culturas? ¿Cuáles? ¿Cuál es tu favorita?

COLOMBIA

En detalle

DE ABUELOS Y CHAMANES

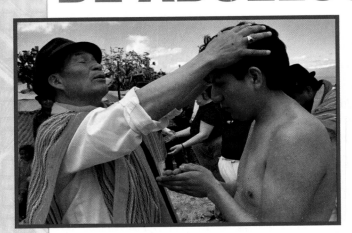

Sentada en su cocina en Bogotá, Marcela Uribe destapa frasquitos° de hierbas y describe las "agüitas°" que le enseñó a preparar su abuela: "agüita de toronjil°" para calmar los nervios, "agüita de paico°" para los cólicos° y muchas más.

Muchos de estos remedios caseros° son más que simples "recetas de la abuela". Su uso proviene de los conocimientos milenarios que los curanderos° y chamanes° han ido pasando de generación en generación. Colombia, segundo país en el mundo en diversidad de especies vegetales, desarrolló una medicina tradicional muy rica, que aún hoy subsiste en todos los niveles de la sociedad. A pesar de la llegada de la medicina científica, muchas comunidades indígenas siguen practicando su medicina tradicional. Cuanto más aislada está la comunidad, mejor mantiene sus tradiciones.

En la cultura indígena americana, lo espiritual y lo corporal se funden° con la naturaleza. Los curanderos y chamanes son los responsables de mantener estos mundos en equilibrio. Para ello, combinan las propiedades medicinales de las plantas con ritos sagrados. En Colombia, al igual que en otros países, hay un renovado interés por conocer las propiedades medicinales de las plantas que se han usado durante siglos. Instituciones gubernamentales, universidades y organizaciones ecologistas intentan recuperar y conservar estos conocimientos. En sólo siete años, el Instituto Nacional de Vigilancia de Alimentos y Medicamentos aumentó de 17 a 95 el número de plantas medicinales aprobadas para usos curativos.

El deseo de las empresas farmacéuticas de apropiarse de las plantas y patentarlas ha hecho que el gobierno colombiano controle el derecho a sacarlas del país. Esto es importante porque algunas están en peligro de extinción y porque estas plantas forman parte indeleble° de la identidad indígena. ∎

Algunas plantas curativas

Chuchuguaza Árbol que crece en la región amazónica de Colombia, Ecuador y Perú. Se usa como diurético y también contra el reumatismo, la gota° y la anemia.

Gualanday Árbol originario del Valle del Cauca y que crece en las regiones colombianas de Putumayo y Amazonas. La corteza°, la hoja y la flor se usan contra neuralgias, dolores de huesos, várices° y afecciones del hígado°.

Sauco Árbol proveniente de cultivos en la sabana° de Bogotá. La hoja, la corteza, el fruto y la flor se usan para tratar afecciones bronquiales.

destapa frasquitos *uncovers little jars* **agüitas** *herbal teas* **toronjil** *lemon balm* **paico** *Mexican tea (plant)* **cólicos** *cramps* **caseros** *homemade* **curanderos** *folk healers* **chamanes** *shamans* **se funden** *merge* **indeleble** *indelible* **gota** *gout* **corteza** *bark* **várices** *varicose veins* **afecciones del hígado** *liver conditions* **sabana** *savannah*

ASÍ LO DECIMOS

La salud y el bienestar

el/la buquí (R. Dom.)   *glutton*

cachucharse (Chi.)   *to hit yourself*

caer bien/mal   *to sit well/bad*

curar el empacho (Arg.)   *to cure indigestion*

estar constipado/a (Esp.)   *to be congested*

estar constipado/a (Amér. L.)   *to be constipated*

estar depre (Arg., Esp. y Pe.)   *to feel down*

estar funado/a (Chi.)   *to feel demotivated*

estar pachucho/a (Arg y Esp.)   *to be under the weather*

el/la matasanos (Esp.)   *bad doctor; quack*

¡se me parte la cabeza! (Arg.)   *I have a splitting headache!*

EL MUNDO HISPANOHABLANTE

La salud y el bienestar públicos

Los gobiernos hispanoamericanos suelen brindar servicios de salud pública gratuitos a todos los ciudadanos. Algunos países, como Cuba, han desarrollado un **sistema de salud universalista** en el cual todos los servicios son gratuitos. Otros países, como Chile, tienen un modelo mixto, que combina el sector público con el privado.

En el **ránking de calidad de vida** del año 2005 realizado por *The Economist Intelligence Unit,* España aparece en el décimo lugar sobre un total de 111 países. Este ránking considera no sólo los ingresos económicos, sino también otros indicadores como el bienestar y la satisfacción individual de las personas.

Entre los médicos latinoamericanos, se destaca **Carlos Finlay**, médico y biólogo cubano nacido en 1833. Su mayor contribución científica fue el descubrimiento del mecanismo de transmisión de la fiebre amarilla (*yellow fever*) que había sido un enigma desde sus primeros registros en el siglo XV. Recibió numerosos premios en Estados Unidos y Europa.

PERFIL

COMUNIDAD DE CHOCÓ

En ciertas zonas de Colombia, se han establecido comunidades de origen africano que han desarrollado tradiciones muy diferentes de las que se encuentran en el resto del país. Entre todas ellas, se destacan las comunidades afrocolombianas del Pacífico, como la de Chocó (ver mapa en la página anterior), por su particular sentido de la religiosidad, en la que la magia tiene un papel predominante. Esta visión religiosa le da una especial importancia a la salud y a la enfermedad. Además de conocer y aprovechar las propiedades curativas de las plantas, Chocó mantiene los conjuros (*spells*) de sus ancestros africanos y las oraciones católicas de los conquistadores españoles. Esta mezcla de culturas tiene como resultado una tradición curandera diferente en la que se puede ver claramente la influencia europea, africana e indígena. En la actualidad, muchos miembros de esta comunidad acuden a (*resort to*) la medicina científica pero no dudan en usar sus métodos curativos tradicionales cuando lo consideran necesario.

“Los conocimientos de la medicina tradicional son conocimientos adquiridos de nuestros antepasados y mantienen vivas las más ricas culturas de América Latina.”
(Donato Ayma, político boliviano)

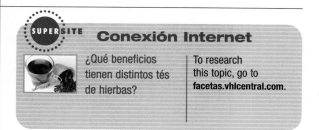

SUPERSITE   **Conexión Internet**

¿Qué beneficios tienen distintos tés de hierbas?

To research this topic, go to **facetas.vhlcentral.com.**

¿Qué aprendiste?

(1) **Comprensión** Indica si estas afirmaciones son **ciertas** o **falsas**. Corrige las falsas.

1. Marcela aprendió a usar infusiones en un viaje a Colombia, la tierra de su abuela.
2. Colombia es uno de los países con mayor diversidad de especies vegetales.
3. En las prácticas curativas tradicionales, se combinan las propiedades curativas de las plantas con el poder curativo de los animales.
4. Los conocimientos sobre los poderes curativos de las plantas han pasado de padres a hijos a través de los siglos.
5. En Colombia, el uso de plantas curativas es popular sólo entre las comunidades indígenas.
6. A pesar de la llegada de la medicina científica, muchas comunidades mantuvieron sus prácticas medicinales tradicionales.
7. Las comunidades que mejor conservaron las tradiciones fueron las que estaban más cerca de la costa.
8. En Colombia, las instituciones no se preocupan por recuperar las tradiciones curativas.
9. Las empresas farmacéuticas quieren apropiarse de las plantas.
10. Colombia ha empezado a controlar las exportaciones de plantas curativas.

(2) **Oraciones incompletas** Completa las oraciones con la información correcta.

1. Las costumbres de las comunidades afrocolombianas del/de _____ son muy diferentes de las del resto del país.
   a. Pacífico   b. Atlántico   c. Cauca
2. Estas comunidades mantienen costumbres que mezclan la cultura africana, indígena y _____.
   a. caribeña   b. americana   c. europea
3. En Chile, el sistema de salud sigue el model _____.
   a. mixto   b. universalista   c. privado
4. Carlos Finlay colaboró para descubrir cómo transmite _____.
   a. la malaria   b. la fiebre amarilla
   c. la gripe
5. En Chile, usan "estar funado" para decir qu alguien tiene _____.
   a. indigestión   b. gripe
   c. poca energía

 (3) **Opiniones** En parejas, hablen sobre estas pregunta ¿Se puede patentar la naturaleza? ¿Tienen derecho la empresas farmacéuticas a patentar plantas? ¿Tienen derecho a hacerlo si modifican la estructura genética la planta? ¿Qué consecuencias tiene el patentamiento de plantas y organismos vivos? Compartan su opinión con la clase.

PROYECTO

Las plantas curativas

Como hemos visto, muchas comunidades latinoamericanas usan las plantas para curar diferentes enfermedades. Busca información en Internet o en la biblioteca sobre alguna de estas plantas.

Usa las preguntas como guía para tu investigación.

- ¿Para qué se usa la planta?
- ¿En qué comunidad(es) se usa?
- ¿Qué enfermedades específicas cura?
- ¿Cómo se usa según la tradición?
- ¿Se comprobaron científicamente las propiedades de la planta?
- ¿Es común su uso en la medicina científica?

Marta Gómez

Marta Gómez es una de esas personas que siempre supo lo que quería. A los cuatro años, comenzó a cantar en un coro de su Cali natal. Más tarde, cursó sus estudios universitarios de música en la Pontificia Universidad Javeriana de Bogotá, y en 1999 ganó una beca° para estudiar en el Berklee College of Music en Boston, Estados Unidos. Allí, conoció a unos músicos argentinos con quienes formó una banda bajo su nombre. Así, Gómez pasó de la música clásica a cantar música folclórica latinoamericana con influencias de jazz. Hoy, la voz de esta cantautora° colombiana se escucha en toda Latinoamérica, Europa, Canadá y los Estados Unidos, donde actualmente vive. En 2005, su álbum *Cantos de agua dulce* fue nominado a los premios *Billboard* de la música latina como mejor álbum de jazz latino.

Discografía

2006 Entre cada palabra   **2004** Cantos de agua dulce   **2003** Sólo es vivir

Canción

Éste es un fragmento de la canción que tu instructor te hará escuchar.

Canta

Canta cuando hay que cantar
y llora cuando hay que llorar
y es que cantando lloras de todas formas
te da igual.

Y cuando quieras llorar yo te doy mi llanto
y en mí traigo a un país que sabe llorar
y si a eso le voy sumando a todos los
que sufren de soledad
entonces vamos llorando ya todo un mar.

Éstos son otros músicos hispanos famosos que estudiaron en el **Berklee College of Music**:
Pedro Aznar músico y cantautor (Argentina)
Juan Luis Guerra guitarrista y cantautor (Rep. Dominicana)
Beto Hale baterista y compositor (México)
Danilo Pérez pianista y compositor (Panamá)
Néstor Torres flautista de jazz (Puerto Rico)

Juan Luis Guerra

 Preguntas En parejas, contesta las preguntas con oraciones completas.

1. ¿Cómo se compone la banda de Marta Gómez? ¿Qué tipo de música tocan?
2. ¿Qué otros hispanos estudiaron música en la misma universidad?
3. ¿Qué significa este verso de la canción: "y en mí traigo a un país que sabe llorar"?
4. ¿Es popular la música folclórica en sus países? Den ejemplos.

beca *scholarship* **cantautora** *singer-songwriter*

4.1 The subjunctive in noun clauses

Forms of the present subjunctive

- The subjunctive (**el subjuntivo**) is used mainly in multiple clause sentences which express will, influence, emotion, doubt, or denial. The present subjunctive is formed by dropping the **–o** from the **yo** form of the present indicative and adding the subjunctive endings.

TALLER DE CONSULTA

MANUAL DE GRAMÁTICA
Más práctica

4.1 The subjunctive in noun clauses, p. 264
4.2 Commands, p. 265
4.3 **Por** and **para**, p. 266

Más gramática

4.4 The subjunctive with impersonal expressions, p. 267

The present subjunctive		
hablar	**comer**	**escribir**
hable	coma	escriba
hables	comas	escribas
hable	coma	escriba
hablemos	comamos	escribamos
habléis	comáis	escribáis
hablen	coman	escriban

- Verbs with irregular **yo** forms show that same irregularity throughout the forms of the present subjunctive.

conocer	conozca	seguir	siga
decir	diga	tener	tenga
hacer	haga	traer	traiga
oír	oiga	venir	venga
poner	ponga	ver	vea

- Verbs that have stem changes in the present indicative have the same changes in the present subjunctive. Remember that only **–ir** verbs undergo stem changes in the **nosotros/as** and **vosotros/as** forms.

pensar (e:ie)	piense, pienses, piense, pensemos, penséis, piensen
jugar (u:ue)	juegue, juegues, juegue, juguemos, juguéis, jueguen
mostrar (o:ue)	muestre, muestres, muestre, mostremos, mostréis, muestren
entender (e:ie)	entienda, entiendas, entienda, entendamos, entendáis, entiendan
resolver (o:ue)	resuelva, resuelvas, resuelva, resolvamos, resolváis, resuelvan
pedir (e:i)	pida, pidas, pida, pidamos, pidáis, pidan
sentir (e:ie)	sienta, sientas, sienta, sintamos, sintáis, sientan
dormir (o:ue)	duerma, duermas, duerma, durmamos, durmáis, duerman

- The following five verbs are irregular in the present subjunctive.

dar	dé, des, dé, demos, deis, den
estar	esté, estés, esté, estemos, estéis, estén
ir	vaya, vayas, vaya, vayamos, vayáis, vayan
saber	sepa, sepas, sepa, sepamos, sepáis, sepan
ser	sea, seas, sea, seamos, seáis, sean

¡ATENCIÓN!

The indicative is used to express actions, states, or facts the speaker considers to be certain. The subjunctive expresses the speaker's attitude toward events, as well as actions or states that the speaker views as uncertain.

· · · ·

Verbs that end in **–car, -gar,** and **–zar** undergo spelling changes in the present subjunctive.

sacar: saque

jugar: juegue

almorzar: almuerce

· · · ·

The present subjunctive form of **hay** is **haya**.

No creo que haya una solución. *I don't think there is a solution.*

Verbs of will and influence

- A clause is a group of words that contains both a conjugated verb and a subject (expressed or implied). In a subordinate (dependent) noun clause (**oración subordinada sustantiva**), a group of words function together as a noun.

Quiero que hagas unos cambios en estos diseños.

- When the subject of the main clause of a sentence exerts influence or will on the subject of the subordinate clause, the verb in the subordinate clause must be in the subjunctive.

MAIN CLAUSE	CONNECTOR	SUBORDINATE CLAUSE
Yo quiero	**que**	**tu vayas al médico.**

> ### Verbs and expressions of will and influence
>
> | | | |
> |---|---|---|
> | **aconsejar** *to advise* | **gustar** *to like* | **preferir** *to prefer* |
> | **desear** *to desire;* | **hacer** *to make* | **prohibir** *to prohibit* |
> | *to wish* | **importar** *to be important* | **proponer** *to propose* |
> | **es importante** | **insistir (en)** *to insist (on)* | **querer** *to want; to wish* |
> | *it's important* | **mandar** *to order* | **recomendar** |
> | **es necesario** | **necesitar** *to need* | *to recommend* |
> | *it's necessary* | **oponerse a** *to oppose* | **rogar** *to beg; to plead* |
> | **es urgente** *it's urgent* | **pedir** *to ask for;* | **sugerir** *to suggest* |
> | **exigir** *to demand* | *to request* | |

Necesito que **consigas** estas pastillas en la farmacia.
I need you to get these pills at the pharmacy.

Insisto en que **vayas** a la sala de emergencias.
I insist that you go to the emergency room.

El médico siempre me **recomienda** que **deje** de fumar.
The doctor always recommends that I quit smoking.

Se oponen a que **salgas** si estás enfermo.
They object to your going out if you're sick.

- The infinitive, not the subjunctive, is used with verbs and expressions of will and influence if there is no change of subject in the sentence.

Quiero **ir** a Bogotá en junio.
I want to go to Bogota in June.

Prefiero que **vayas** en agosto.
I prefer that you go in August.

¡ATENCIÓN!

Pedir is used with the subjunctive to ask someone to do something. **Preguntar** is used to ask questions, and is not followed by the subjunctive.

Verbs of emotion

- When the main clause expresses an emotion like hope, fear, joy, pity, or surprise, the verb in the subordinate clause must be in the subjunctive if its subject is different from that of the main clause.

Espero que te **recuperes** pronto.	Qué pena que **necesites** una operación.
I hope you recover quickly.	*What a shame you need an operation.*

Verbs and expressions of emotion

alegrarse (de) *to be happy (about)*	**es terrible** *it's terrible*	**molestar** *to bother*
es bueno *it's good*	**es una lástima** *it's a shame*	**sentir** *to be sorry; to regret*
es extraño *it's strange*	**es una pena** *it's a pity*	**sorprender** *to surprise*
es malo *it's bad*	**esperar** *to hope; to wish*	**temer** *to fear*
es mejor *it's better*	**gustar** *to like; to be pleasing*	**tener miedo (de)** *to be afraid (of)*
es ridículo *it's ridiculous*		

- The infinitive, not the subjunctive, is used with verbs and expressions of emotion if there is no change of subject in the sentence.

No me gusta **llegar** tarde.	Es mejor que lo **hagas** ahora.
I don't like to be late.	*It's better that you do it now.*

Verbs of doubt or denial

- When the main clause implies doubt, uncertainty, or denial, the verb in the subordinate clause must be in the subjunctive if its subject is different from that of the main clause.

No cree que él nos **quiera** engañar.	Dudan que eso **sea** un buen tratamiento.
She doesn't believe that he wants to deceive us.	*They doubt that would be a good treatment.*

Verbs and expressions of doubt and denial

dudar *to doubt*	**negar** *to deny*
es imposible *it's impossible*	**no creer** *not to believe*
es improbable *it's improbable*	**no es evidente** *it's not evident*
es poco seguro *it's uncertain*	**no es seguro** *it's not certain*
(no) es posible *it's (not) possible*	**no es verdad/cierto** *it's not true*
(no) es probable *it's (not) probable*	**no estar seguro (de)** *not to be sure (of)*

- The infinitive, not the subjunctive, is used with verbs and expressions of doubt or denial if there is no change in the subject of the sentence.

Es imposible **viajar** hoy.	Es improbable que él **viaje** hoy.
It's impossible to travel today.	*It's unlikely that he would travel today.*

¡ATENCIÓN!

The subjunctive is also used with expressions of emotion that begin with **¡Qué…!** (*What a…!/It's so…!*)

¡Qué pena que él no vaya!
What a shame he's not going!

• • • •

The expression **ojalá** (*I hope; I wish*) is always followed by the subjunctive. The use of **que** with **ojalá** is optional.

Ojalá (que) no llueva.
I hope it doesn't rain.

Ojalá (que) no te enfermes.
I hope you don't get sick.

¡ATENCIÓN!

The subjunctive is also used after **quizá(s)** and **tal vez** (*maybe; perhaps*) when they signal uncertainty, even if there is no change of subject in the sentence.

Quizás vengan a la fiesta.
Maybe they'll come to the party.

 Práctica

(1) Opiniones contrarias Escribe la oración que expresa lo opuesto en cada ocasión.

> **MODELO** Dudo que la comida rápida sea buena para la salud.
> —No dudo que la comida rápida es buena para la salud.

1. Están seguros de que Pedro puede dejar de fumar.
2. Es evidente que estás agotado.
3. No creo que las medicinas naturales sean curativas.
4. Es verdad que la cirujana no quiere operarte.
5. No es seguro que este médico sepa el mejor tratamiento.

TALLER DE CONSULTA

MANUAL DE GRAMÁTICA
Más práctica

4.1 The subjunctive in noun clauses, p. 264

(2) Siempre enferma Últimamente, Ana María se enferma demasiado y sus amigas están preocupadas por ella. Completa la conversación con el infinitivo, el indicativo o el subjuntivo de los verbos entre paréntesis.

MARTA Es una pena que Ana María (1) _____ (estar / está / esté) enferma otra vez.

ADRIANA El problema es que no le gusta (2) _____ (tomar / toma / tome) vitaminas. Además, ella casi nunca (3) _____ (comer / come / coma) verduras.

MARTA Y no creo que Ana María (4) _____ (hacer / hace / haga) ejercicio. Yo siempre le (5) _____ (pedir / pido / pida) que (6) _____ (venir / viene / venga) conmigo al gimnasio, pero ella prefiere (7) _____ (quedarse / se queda / se quede) en casa.

ADRIANA Y cuando ella se enferma, no (8) _____ (seguir / sigue / siga) los consejos del médico. Si él le recomienda que (9) _____ (permanecer / permanece / permanezca) en cama, ella dice que no es necesario (10) _____ (descansar / descansa / descanse). Si él le da una receta, ella ni (11) _____ (comprar / compra / compre) las medicinas. ¿Qué vamos a hacer, Marta?

MARTA Es necesario que (12) _____ (hablar / hablamos / hablemos) con ella. Si no, ¡temo que un día de éstos ella nos (13) _____ (llamar / llama / llame) para llevarla a la sala de emergencias!

ADRIANA Bueno, creo que (14) _____ (tener / tienes / tengas) razón. ¡Sólo espero que ella nos (15) _____ (escuchar / escucha / escuche)!

(3) Consejos Adriana y Marta le dan consejos a Ana María. Combina los elementos de cada columna para escribir cinco oraciones completas. No olvides usar el presente del subjuntivo.

> **MODELO** —Te recomendamos que hagas más ejercicio.

aconsejar		comer frutas y verduras
es importante		descansar
es necesario	que	hacer más ejercicio
querer		ir al gimnasio
recomendar		seguir las recomendaciones del médico
sugerir		tomar las medicinas

Práctica

4) Ojalá Para muchos, el amor es una enfermedad. El cantante Silvio Rodríguez sugiere en esta canción una cura para el amor.

A. Utiliza el presente del subjuntivo de los verbos entre paréntesis para completar la estrofa *(verse)* de la canción.

> Ojalá que las hojas no te (1) _____ (tocar) el cuerpo cuando (2) _____ (caer) para que no las puedas convertir en cristal.
> Ojalá que la lluvia (3) _____ (dejar) de ser milagro que baja por tu cuerpo.
> Ojalá que la luna (4) _____ (poder) salir sin ti.
> Ojalá que la tierra no te (5) _____ (besar) los pasos.

B. Escribe tu propia estrofa para la canción de Silvio Rodríguez.

1. Ojalá que los sueños _____.
2. Ojalá que la noche _____.
3. Ojalá que la herida _____.
4. Ojalá una persona _____.

5) El hombre ideal Roberto está enamorado de Lucía, pero ella no le presta atención. Roberto está dispuesto a hacer cualquier cosa para ganar su amor. Mira el dibujo del hombre ideal de Lucía y escribe cinco recomendaciones para Roberto. Utiliza el presente del subjuntivo.

Roberto   hombre ideal

MODELO   **Es necesario que...**
Roberto se vista mejor.

1. Le aconsejo que _____.
2. Es importante que _____.
3. Es mejor que _____.
4. Sugiero que _____.
5. Le propongo que _____.

Comunicación

6 **El doctor Sánchez responde** Los lectores de una revista de salud envían sus consultas al doctor Sánchez. En la columna de la izquierda están las preguntas y, a la derecha, algunas notas del médico para responder a esas preguntas. Trabajen en parejas para decidir qué notas corresponden a cada pregunta. Utilicen las expresiones de la lista. Luego redacten la respuesta para cada lector.

Los lectores preguntan. **El Dr. Sánchez responde.**

1. Estimado Dr. Sánchez:
   Tengo 55 años y quiero bajar 10 kilos. Mi médico insiste en que mejore mi alimentación. Probé varias dietas, pero no logro bajar de peso. ¿Qué puedo hacer?
   Ana J.

2. Querido Dr. Sánchez:
   Tengo 38 años y sufro fuertes dolores de espalda (*back*). Trabajo en una oficina y estoy muchas horas sentada. Después de varios análisis, mi médico dijo que todo está bien en mis huesos (*bones*). Me recetó unas pastillas para los músculos, pero no quiero tomar medicinas. ¿Hay otra solución?
   Isabel M.

3. Dr. Sánchez:
   Siempre me duele mucho el estómago. Soy muy nervioso y no puedo dormir. Mi médico me aconseja que trabaje menos. Pero eso es imposible.
   Andrés S.

A. No comer con prisa.
   Pasear mucho.
   No tomar café.
   Practicar yoga.

B. Caminar mucho.
   Practicar natación.
   No comer las cuatro "p":
   papas, pastas, pan y postres.
   Tomar dos litros de agua
   por día.

C. No permanecer sentada más
   de dos horas seguidas.
   Hacer cincuenta minutos
   de ejercicio por día.
   Adoptar una buena postura
   al estar sentada.
   Elegir una buena cama.
   Usar una almohada delgada
   y dura.

es importante que	le aconsejo que
es improbable que	le propongo que
es necesario que	le recomiendo que
es poco seguro que	le sugiero que
es urgente que	no es seguro que

7 **Estilos de vida** En parejas, cada uno debe elegir una de estas dos personalidades. Después, dense consejos mutuamente para cambiar su estilo de vida. Utilicen el subjuntivo en la conversación.

1. Voy al gimnasio tres veces al día. Lo más importante en mi vida es mi cuerpo.
2. Me gusta salir por las noches. Trasnocho casi todos los días.

4.2 Commands

Formal (*Ud.* and *Uds.*) commands

- Formal commands (**mandatos**) are used to give orders or advice to people you address as **usted** or **ustedes**. Their forms are identical to the present subjunctive forms for **usted** and **ustedes**.

Formal commands		
Infinitive	**Affirmative command**	**Negative command**
tomar	**tome** Ud.	**no tome** Ud.
	tomen Uds.	**no tomen** Uds.
volver	**vuelva** Ud.	**no vuelva** Ud.
	vuelvan Uds.	**no vuelvan** Uds.
salir	**salga** Ud.	**no salga** Ud.
	salgan Uds.	**no salgan** Uds.

¡ATENCIÓN!

***Vosotros/as* commands**

In Latin America, **ustedes** commands serve as the plural of familiar (**tú**) commands. The familiar plural **vosotros/as** command is used in Spain. The affirmative command is formed by changing the **–r** of the infinitive to **–d**. The negative command is identical to the **vosotros/as** form of the present subjunctive.

bailar: bailad/no bailéis

For reflexive verbs, affirmative commands are formed by dropping the **–r** and adding the reflexive pronoun **–os**. In negative commands, the pronoun precedes the verb.

levantarse: levantaos/ no os levantéis

Irse is irregular: **idos/ no os vayáis**

Familiar (*tú*) commands

- Familar commands are used with people you address as **tú**. Affirmative **tú** commands have the same form as the **él, ella**, and **usted** form of the present indicative. Negative **tú** commands have the same form as the **tú** form of the present subjunctive.

Piensa en él como un amigo que tiene siempre razón.

No pienses en mí como tu jefe.

Familiar commands		
Infinitive	**Affirmative command**	**Negative command**
viajar	viaja	no viajes
empezar	empieza	no empieces
pedir	pide	no pidas

- Eight verbs have irregular affirmative **tú** commands. Their negative forms are still the same as the **tú** form of the present subjunctive.

decir	di	salir	sal
hacer	haz	ser	sé
ir	ve	tener	ten
poner	pon	venir	ven

Nosotros/as commands

- **Nosotros/as** commands are used to give orders or suggestions that include yourself as well as other people. In Spanish, **nosotros/as** commands correspond to the English *let's* + [*verb*]. Affirmative and negative **nosotros/as** commands are generally identical to the **nosotros/as** forms of the present subjunctive.

Infinitive	Affirmative command	Negative command
bailar	bailemos	no bailemos
beber	bebamos	no bebamos
abrir	abramos	no abramos

Table title: *Nosotros/as* commands

- The **nosotros/as** commands for **ir** and **irse** are irregular: **vamos** and **vámonos**. The negative commands are regular: **no vayamos** and **no nos vayamos.**

Using pronouns with commands

- When object and reflexive pronouns are used with affirmative commands, they are always attached to the verb. When used with negative commands, the pronouns appear after **no** and before the verb.

  Levántense temprano.
  Wake up early.

  No se levanten temprano.
  Don't wake up early.

  Dime todo.
  Tell me everything.

  No me digas.
  Don't tell me.

- When the pronouns **nos** or **se** are attached to an affirmative **nosotros/as** command, the final **s** of the command form is dropped.

  Sentémonos aquí.
  Let's sit here.

  No nos sentemos aquí.
  Let's not sit here.

  Démoselo mañana.
  Let's give it to him/her tomorrow.

  No se lo demos mañana.
  Let's not give it to him/her tomorrow.

Indirect (*él, ella, ellos, ellas*) commands

- The construction **que** + [*verb*] in the third-person subjunctive can be used to express indirect commands that correspond to the English *let someone do something*. If the subject of the indirect command is expressed, it usually follows the verb.

  Que pase el siguiente.
  Let the next person pass.

  Que lo **haga** ella.
  Let her do it.

- As with other uses of the subjunctive, pronouns are never attached to the conjugated verb, regardless of whether the indirect command is affirmative or negative.

  Que se lo den los otros.
  Que lo vuelvan a hacer.

  Que no **se lo den**.
  Que no **lo vuelvan** a hacer.

¡ATENCIÓN!

When one or more pronouns are attached to an affirmative command, an accent mark may be necessary to maintain the original stress. This usually happens when the combined verb form has three or more syllables.

decir

di, dile, dímelo

diga, dígale, dígaselo
digamos, digámosle,
digámoselo

TALLER DE CONSULTA

See **2.1**, **p. 54** for object pronouns.

See **2.3**, **p. 62** for reflexive pronouns.

Práctica

TALLER DE CONSULTA

MANUAL DE GRAMÁTICA
Más práctica

4.2 Commands, p. 265

1 **Mandatos** Cambia estas oraciones para que sean mandatos.

1. Te conviene descansar.
2. Deben relajarse.
3. Es hora de que usted tome su pastilla.
4. ¿Podría usted describir sus síntomas?
5. ¿Y si dejamos de fumar?
6. ¿Podrías consultar con un especialista?
7. Ustedes necesitan comer bien.
8. Le pido que se vaya de mi consultorio.

2 **El cuidado de los dientes**

A. Un dentista visita una escuela para hablar a los estudiantes sobre el cuidado de los dientes. Escribe los consejos que dio el dentista. Usa el imperativo formal de la segunda persona del plural.

1. prevenir las caries (*cavities*)
2. cepillarse los dientes después de cada comida
3. no comer dulces
4. poner poco azúcar en el café o el té
5. comer o beber alimentos que tengan calcio
6. consultar al dentista periódicamente

B. Un estudiante estuvo ausente el día de la charla con el dentista. Al día siguiente, sus compañeros le contaron sobre la charla y le dieron los mismos consejos. Reescribe los consejos usando el imperativo informal.

3 **El doctor de Felipito** Felipito es un niño muy inquieto. A cada rato tiene pequeños accidentes. Su doctor decide explicarle cómo evitarlos y cómo cuidar su salud. Utiliza mandatos informales para escribir las indicaciones del médico.

1.   2.   3.

4.   5.   6.

Comunicación

4 **Que lo hagan ellos** Carlos está tan entretenido con su nuevo videojuego que no quiere hacer nada más. En parejas, preparen una conversación entre Carlos y su madre en la que ella le da mandatos y Carlos sugiere que otras personas la ayuden. Utilicen mandatos indirectos en la conversación.

MODELO

MARTA Limpia tu cuarto, Carlos.

CARLOS Que lo limpie mi hermano. ¡Estoy a punto de alcanzar el próximo nivel!

ayudarme en la cocina	**mis amigos**
cortar cebollas	**mi hermana**
pasear al perro	**mi hermano**
llamar a la abuela	**mi padre**
ir a la farmacia	**tú/Ud.**

5 **Hasta el siglo XXII**

A. ¿Qué consejos le darías a un(a) amigo/a para que viva hasta el siglo XXII? En grupos pequeños, escriban ocho recomendaciones utilizando mandatos informales afirmativos y negativos. Sean creativos.

MODELO No tomes mucho café. Toma sólo agua y jugos naturales.

B. Ahora reúnanse con otro grupo y lean las dos listas. ¿En qué se parecen y en qué se diferencian sus recomendaciones?

6 **Anuncios** En grupos, elijan tres de estos productos y escriban un anuncio (*commercial*) de televisión para promocionar cada uno de ellos. Utilicen los mandatos formales para convencer al público de que lo compre.

MODELO El nuevo perfume "Enamorar" de Rita Ferrero le va a encantar. Cómprelo en cualquier perfumería de su ciudad. Pruébelo y…

perfume "Enamorar"	**computadora portátil "Digitex"**
chocolate sin calorías "Deliz"	**crema hidratante "Suave"**
raqueta de tenis "Rayo"	**todo terreno "4 X 4"**
pasta de dientes "Sonrisa Sana"	**cámara digital "Flimp"**

4.3 Por and para

- **Por** and **para** are both translated as *for*, but they are not interchangeable.

Madrugué para
ir al gimnasio.

Por mucho que
insistan, los tendré
que tirar.

Uses of *para*

Destination *(toward; in the direction of)*	El cirujano sale de su casa **para** la clínica a las ocho. *The surgeon leaves his house at eight to go to the clinic.*
Deadline or a specific time in the future *(by; for)*	El resultado del análisis va a estar listo **para** mañana. *The results of the analysis will be ready by tomorrow.*
Purpose or goal + [*infinitive*] *(in order to)*	El doctor usó un termómetro **para** ver si el niño tenía fiebre. *The doctor used a thermometer to see if the boy had a fever.*
Purpose + [*noun*] *(for; used for)*	El investigador descubrió una cura **para** la enfermedad. *The researcher discovered a cure for the illness.*
Recipient *(for)*	La enfermera preparó la cama **para** doña Ángela. *The nurse prepared a bed for doña Ángela.*
Comparison with others or opinion *(for; considering)*	**Para** su edad, goza de muy buena salud. *For her age, she enjoys very good health.*
	Para mí, lo que tienes es gripe y no un resfriado. *To me, what you have is the flu, not a cold.*
Employment *(for)*	Mi hijo trabaja **para** una empresa farmacéutica. *My son works for a pharmaceutical company.*

Expressions with *para*

no estar para bromas *to be in no mood for jokes*
no ser para tanto *to not be so important*

para colmo *to top it all off*
para que sepas *just so you know*
para siempre *forever*

Para ponerse en forma hay que trabajar duro.

Yo, por ejemplo, trato de comer cosas sanas.

Uses of *por*

Motion or a general location *(along; through; around; by)*	Me quebré la pierna corriendo **por** el parque. *I broke my leg running through the park.*
Duration of an action *(for; during; in)*	Estuvo en cama **por** dos meses. *He was in bed for two months.*
Reason or motive for an action *(because of; on account of; on behalf of)*	Rezó **por** su hijo enfermo. *She prayed for her sick child.*
Object of a search *(for; in search of)*	El enfermero fue **por** un termómetro. *The nurse went for a thermometer.*
Means by which *(by; by way of; by means of)*	Consulté con el doctor **por** teléfono. *I consulted with the doctor by phone.*
Exchange or substitution *(for; in exchange for)*	Cambiamos ese tratamiento **por** uno nuevo. *We changed from that treatment to a new one.*
Unit of measure *(per; by)*	Tengo que tomar las pastillas cinco veces **por** día. *I have to take the pills five times per day.*
Agent (passive voice) *by*	La nueva política de salud pública fue anunciada **por** la prensa. *The new public health policy was announced by the press.*

¡ATENCIÓN!

In many cases it is grammatically correct to use either **por** or **para** in a sentence. However, the meaning of each sentence is different.

Trabajó por su tío.
He worked for (in place of) his uncle.

Trabajó para su tío.
He worked for his uncle('s company).

Expressions with *por*

por ahora *for the time being*	**por lo menos** *at least*
por allí/aquí *around there/here*	**por lo tanto** *therefore*
por casualidad *by chance/accident*	**por lo visto** *apparently*
por cierto *by the way*	**por más/mucho que** *no matter how much*
por ejemplo *for example*	**por otro lado/otra parte** *on the other hand*
por eso *therefore; for that reason*	**por primera vez** *for the first time*
por fin *finally*	**por si acaso** *just in case*
por lo general *in general*	**por supuesto** *of course*

TALLER DE CONSULTA

MANUAL DE GRAMÁTICA
Más práctica

4.3 **Por** and **para**, p. 266

(1) **Otra manera** Lee la primera oración y completa la segunda versión con **por** o **para**.

1. Mateo pasó el verano en Colombia con su abuela.
   Mateo fue a Colombia _____ visitar a su abuela.

2. Ella estaba enferma y quería la compañía de su nieto.
   Ella estaba enferma; _____ eso, Mateo decidió ir.

3. La familia le envió muchos regalos a la abuela.
   La familia envió muchos regalos _____ la abuela.

4. La abuela se alegró mucho de la visita de Mateo.
   La abuela se puso muy feliz _____ la visita de Mateo.

5. Mateo pasó tres meses allá.
   Mateo estuvo en Colombia _____ tres meses.

Cartagena, Colombia

(2) **Carta de amor** Completa la carta con **por** y **para**.

Mi amada Catalina:

(1) _____ fin encuentro un momento (2) _____ escribirte. Es que mi abuela me tiene a su lado (3) _____ horas y horas cada día, contándome historias de su niñez aquí en Cartagena. Poquito a poco va recuperándose, pero no sé de dónde saca tantas fuerzas (4) _____ hablar. Pero estoy aquí sólo (5) _____ ella, así que no me quejo de nada. En las tardes ella descansa y yo suelo caminar (6) _____ la playa y, (7) _____ supuesto, pienso en ti…

Hoy mi abuelita me pidió llamar (8) _____ teléfono a la clínica, pues le duele mucho el estómago y cree que es (9) _____ las otras medicinas que le recetó el cirujano. Mientras tío Javi la lleva a la clínica, yo iré al centro (10) _____ hacer unas compras. Ya sé lo que voy a comprar (11) _____ ti.

☺ Ya pronto nos veremos…

Te amaré (12) _____ siempre…

Mateo

(3) **Oraciones** Utiliza palabras de cada columna para formar oraciones lógicas.

MODELO Mi hermana preparó una cena especial para la fiesta.

caminar		él
comprar		la fiesta
jugar	por	mi mamá
hacer	para	su hermana
preparar		el parque

Comunicación

4) Soluciones En parejas, comenten cuáles son las mejores maneras de lograr los objetivos de la lista. Sigan el modelo y utilicen **por** y **para**.

> **MODELO** —Para tener buena salud, lo mejor es comer cinco frutas o verduras por día porque tienen muchas vitaminas.

concentrarse al estudiar	relajarse
divertirse	ser famoso/a
hacer muchos amigos	ser organizado/a
mantenerse en forma	tener buena salud

5) Conversación En parejas, elijan una de las situaciones y escriban una conversación. Utilicen **por** y **para** y algunas de las expresiones de la lista.

A. Don Horacio, tu vecino millonario, está escribiendo la versión final de su testamento (*will*). Él no tiene herederos y quiere dejar toda su fortuna a una sola persona. Está pensando en ti y en el alcalde (*mayor*) del pueblo. Convence a don Horacio de que te deje toda su fortuna a ti y no al alcalde.

B. Hace un año que trabajas en una librería y nunca has tenido vacaciones. Habla con tu jefe/a y dile que quieres tomarte unas vacaciones de dos semanas. Tu jefe/a dice que no necesitas tomarte vacaciones y te da algunas razones. Explícale tus razones y dile que si te vas de vacaciones vas a ser un(a) mejor empleado/a al regresar.

no es para tanto	por casualidad	por lo menos
para colmo	por eso	por lo tanto
para siempre	por fin	por supuesto

6) Síntesis En grupos de cuatro, miren la foto e inventen una conversación que incluya a todos los miembros de la familia. Deben usar por lo menos tres verbos en el subjuntivo, tres mandatos y tres expresiones con por o para. Dramaticen la conversación para el resto de la clase.

For additional cumulative practice of all the grammar points in this lesson, go to **facetas.vhlcentral.com**.

Antes de ver el corto

ÉRAMOS POCOS

país España

duración 16 minutos

director Borja Cobeaga

protagonistas Joaquín (padre), Fernando (hijo), Lourdes (abuela)

Vocabulario

el álbum (de fotos) *(photo) album*	**enseguida** *right away*
apañar *to mend; to fix*	**largarse** *to take off*
apañarse *to manage*	**el marco** *frame*
el asilo (de ancianos) *nursing home*	**la paella** *(Esp.) traditional rice and seafood dish*
descalzo/a *barefoot*	**la tortilla** *(Esp.) potato omelet*
el desorden *mess*	**el trastero** *storage room*

1 **Oraciones incompletas** Completa las oraciones con las palabras apropiadas.

1. Pones las fotos en un _____ para colocarlas en la pared.
2. Te vas a vivir a un _____ cuando eres un anciano.
3. Guardas los muebles antiguos en un _____.
4. Cuando no llevas zapatos, vas _____.
5. La _____ es un plato que se cocina con huevos y patatas.

2 **Preguntas** En parejas, contesten las preguntas.

1. ¿Crees que ahora los hombres ayudan en las tareas del hogar más que hace unos años?
2. ¿Conoces a alguna mujer que sea ama de casa? ¿Le gusta serlo?
3. ¿Cuáles son las ventajas y las desventajas de vivir en un asilo o vivir con la familia cuando una persona es anciana? ¿Qué vas a preferir tú: vivir en un asilo o vivir con la familia? ¿Por qué?
4. ¿Crees que la situación de los ancianos va a mejorar dentro de unos años? ¿Por qué?

3 **¿Qué sucederá?** En parejas, miren el fotograma e imaginen lo que va a ocurrir en la historia. Compartan sus ideas con la clase.

Escenas

FERNANDO ¿Por qué estás descalzo?
JOAQUÍN Porque no encuentro mis zapatillas.
FERNANDO ¿Y estás seguro de que se ha ido sin más°?
JOAQUÍN Eso parece.

JOAQUÍN Cuánto tiempo sin verte.
LOURDES Mucho tiempo.
JOAQUÍN Mira papá, es la abuela.
LOURDES Hola.
JOAQUÍN Hola, soy tu yerno Joaquín. No sé si te acuerdas de mí.

LOURDES ¿Y mi habitación?
JOAQUÍN Esto se arregla en un momento. Desde que te fuiste usamos este cuarto como un trastero, pero en seguida lo apañamos. ¡Fernando!
LOURDES No te preocupes, no pasa nada.
JOAQUÍN ¡Fernando!

JOAQUÍN Creo que se ha dado cuenta. Que sabe a qué la hemos traído.
FERNANDO ¿Qué dices?
JOAQUÍN ¿No la notas demasiado… contenta?

ABUELA ¿Qué? ¿No coméis?
JOAQUÍN Que te diga esto a lo mejor te parece desproporcionado, Lourdes. Pero es que Julia lleva mucho tiempo de viaje.
FERNANDO Mucho, mucho.
JOAQUÍN No sabes lo que esta tortilla significa para nosotros.

JOAQUÍN Julia, soy yo. No me cuelgues°, ¿eh? Es importante. Es sobre tu madre. Ya sé que fui yo el que insistió en meterla en un asilo pero ahora está aquí, con nosotros. Es para pedirte perdón y para que veas que puedo cambiar.

sin más *just like that* **cuelgues** *hang up*

Después de ver el corto

1 **Comprensión** Contesta las preguntas con oraciones completas.

1. ¿Dónde está Julia?
2. ¿Qué ha pasado con las zapatillas de Joaquín?
3. ¿Por qué van a recoger a la abuela?
4. ¿Por qué cree Joaquín que la abuela se ha dado cuenta del plan?
5. ¿Para qué llama Joaquín a su mujer?
6. ¿Qué le dice su mujer?
7. ¿Para qué mira Joaquín el álbum de fotos?
8. ¿Qué descubre Joaquín?

2 **Ampliación** Contesta las preguntas.

1. ¿Por qué piensas que Joaquín y Fernando son incapaces de vivir sin una mujer?
2. Según Joaquín, ¿por qué es importante la tortilla?
3. ¿Por qué está tan contenta Lourdes a pesar de trabajar tanto?
4. ¿Por qué crees que Joaquín no dice que la mujer no es su suegra?
5. ¿Qué opinas del final del corto? ¿Te parece que los personajes se están engañando unos a otros o se están ayudando? ¿Por qué?
6. ¿Cómo se relaciona el título con lo que sucede en el corto?

3 **Julia** En parejas, imaginen cómo es la esposa de Joaquín y cómo es su vida.

- ¿Cómo es?
- ¿Por qué se fue de casa?
- ¿Dónde está ahora?
- ¿Crees que sigue haciendo las labores del hogar?
- ¿Volverá con su familia?

4 **Salud mental** En parejas, imaginen que un día Julia llama a su hijo para explicarle por qué se fue. Según ella, era necesario para su salud mental y su bienestar. Piensen en estas preguntas y ensayen la conversación telefónica entre Fernando y Julia. Represéntenla delante de la clase.

- ¿Está Fernando de acuerdo con la explicación de su madre?
- ¿Perdona Fernando a su madre?
- ¿Le importa realmente que su madre se haya ido?
- ¿Está arrepentida Julia?
- ¿Estaba realmente enferma Julia cuando se fue de la casa?

5 **Cartas** Elige una de estas dos situaciones y escribe una carta.

1. Eres la anciana que se hace pasar por Lourdes y decides escribirle una carta a tu verdadera familia explicando por qué te fuiste del asilo con otra familia.
2. Eres un(a) anciano/a que acaba de irse a un asilo. Escribe una carta a tu familia describiendo qué cosas extrañas de vivir en casa y qué te gusta acerca del asilo.

Vegetal Life, 1984.
Hector Giuffre. Argentina.

"Cuando sientes que la mano de la muerte
se posa sobre el hombro, la vida se ve
iluminada de otra manera…"

— Isabel Allende

Antes de leer

Mujeres de ojos grandes

Sobre la autora

Ángeles Mastretta nació en Puebla, México, en 1949. Estudió periodismo y colaboró en periódicos y revistas: "Escribía de todo: de política, de mujeres, de niños, de lo que veía, de lo que sentía, de literatura, de cultura, de guerra". Su primer libro fue de poemas: *La pájara pinta* (1978), pero *Arráncame la vida* (1985), su primera novela, le dio fama y reconocimiento. En su obra se destaca el pensamiento femenino. *Mujeres de ojos grandes* está compuesto de relatos sobre mujeres que muestran "el poder que tienen en sus cosas y el poder que tienen para hacer con sus vidas lo que quieran, aunque no lo demuestren. Son mujeres poderosas que se saben poderosas pero no lo ostentan (*boast*)".

Vocabulario

el adelanto *improvement*	**el/la enfermero/a** *nurse*	**el ombligo** *navel*
la aguja *needle*	**el hallazgo** *finding; discovery*	**la pena** *sorrow*
la cordura *sanity*	**la insensatez** *folly*	**el regocijo** *joy*
desafiante *challenging*	**latir** *to beat*	**la terapia intensiva** *intensive care*

La historia de Julio Completa el párrafo con las palabras apropiadas.

Julio prefería una vida (1) _____ que no lo aburriera. Sin embargo al perder todo por la caída de la bolsa (*stock exchange*), Julio —siempre una persona tan sensata— perdió la (2) _____. Después de unos meses, los síntomas desaparecieron para gran (3) _____ de la familia. Sin embargo, pensar en su trabajo lo llenaba de (4) _____ y en su corazón latía el deseo de hacer algo nuevo. Tan agradecido estaba con los médicos que decidió estudiar para ser (5) _____.

Conexión personal

Cuando te sientes enfermo, ¿intentas curarte por tus propios medios? ¿Alguna vez estuviste en un hospital? ¿Confías en la medicina tradicional o has probado la medicina alternativa? ¿Crees que la ciencia puede resolverlo todo?

Análisis literario: el símil o comparación

El símil o comparación es un recurso literario que consiste en comparar una cosa con otra por su semejanza, parecido o relación. De esa manera, se logra mayor expresividad. Implica el uso del término comparativo explícito: **como**. Por ejemplo: "*ojos* grandes **como** *lunas*". Crea algunas comparaciones con estos pares de palabras o inventa tus propias comparaciones: muerte/noche, rostro/fantasma, mejillas/manzanas, hombre/ratón, lugar/cementerio.

Mujeres de ojos grandes

Último cuento; sin título

Ángeles Mastretta

Tía Jose Rivadeneira tuvo una hija con los ojos grandes como dos lunas, como un deseo. Apenas colocada en su abrazo, todavía húmeda y vacilante°, la niña mostró los ojos y algo en las alas° de sus labios que parecía pregunta.

—¿Qué quieres saber? —le dijo tía Jose jugando a que entendía ese gesto.

Como todas las madres, tía Jose pensó que no había en la historia del mundo una criatura tan hermosa como la suya. La deslumbraban° el color de su piel, el tamaño de sus pestañas° y la placidez con que dormía. Temblaba de orgullo imaginando lo que haría con la sangre y las quimeras° que latían en su cuerpo.

Se dedicó a contemplarla con altivez° y regocijo durante más de tres semanas. Entonces la inexpugnable° vida hizo caer sobre la niña una enfermedad que en cinco horas convirtió su extraordinaria viveza° en un sueño extenuado° y remoto° que parecía llevársela de regreso a la muerte.

Cuando todos sus talentos curativos no lograron mejoría alguna, tía Jose, pálida de terror, la cargó hasta el hospital. Ahí se la quitaron de los brazos y una docena de médicos y enfermeras empezaron a moverse agitados y confundidos en torno a la niña. Tía Jose la vio irse tras una puerta que le prohibía la entrada y se dejó caer al suelo incapaz de cargar consigo misma y con aquel dolor como un acantilado°.

Ahí la encontró su marido, que era un hombre sensato y prudente como los hombres acostumbran fingir° que son. La ayudó a levantarse y la regañó° por su falta de cordura y esperanza. Su marido confiaba en la ciencia

hesitating

wings

dazzled

eyelashes

fancy ideas

arrogance; pride

impregnable

liveliness

exhausted/remote far off

cliff

to feign

scolded

médica y hablaba de ella como otros hablan de
Dios. Por eso lo turbaba° la insensatez en que
se había colocado su mujer, incapaz de hacer
otra cosa que llorar y maldecir° al destino.

disturbed;
embarrassed

to damn;
to curse

Aislaron a la niña en una sala de terapia
intensiva. Un lugar blanco y limpio al que las
madres sólo podían entrar media hora diaria.
Entonces se llenaba de
oraciones y ruegos. Todas
las mujeres persignaban°
el rostro de sus hijos, les
recorrían el cuerpo con
estampas y agua bendita°,
pedían a todo Dios que los
dejara vivos. La tía Jose
no conseguía sino llegar
junto a la cuna° donde su
hija apenas respiraba para
pedirle: "no te mueras".
Después lloraba y lloraba
sin secarse los ojos ni
moverse hasta que las
enfermeras le avisaban
que debía salir.

crossed

holy

cradle

Entonces volvía a
sentarse en las bancas
cercanas a la puerta,
con la cabeza sobre las
piernas, sin hambre
y sin voz, rencorosa°
y arisca°, ferviente° y desesperada. ¿Qué
podía hacer? ¿Por qué tenía que vivir su
hija? ¿Qué sería bueno ofrecerle a su cuerpo
pequeño lleno de agujas y sondas° para
que le interesara quedarse en este mundo?
¿Qué podría decirle para convencerla de
que valía la pena hacer el esfuerzo en vez
de morirse?

spiteful

churlish/
fervent

probes;
catheters

Una mañana, sin saber la causa, iluminada
sólo por los fantasmas de su corazón, se
le acercó a la niña y empezó a contarle las
historias de sus antepasadas°. Quiénes habían
sido, qué mujeres tejieron° sus vidas con qué
hombres antes de que la boca y el ombligo
de su hija se anudaran° a ella. De qué estaban
hechas, cuántos trabajos°
habían pasado, qué penas
y jolgorios° traía ella
como herencia. Quiénes
sembraron con intrepidez°
y fantasías la vida que le
tocaba prolongar.

ancestors

wove

tied

hardships

boisterous
frolic

bravery

Durante muchos
días recordó, imaginó,
inventó. Cada minuto
de cada hora disponible
habló sin tregua° en
el oído de su hija. Por
fin, al atardecer de un
jueves, mientras contaba
implacable alguna historia,
su hija abrió los ojos y la
miró ávida° y desafiante,
como sería el resto de su
larga existencia.

relentlessly

avid; eager

El marido de tía
Jose dio las gracias a los
médicos, los médicos
dieron gracias a los adelantos de su ciencia,
la tía abrazó a su niña y salió del hospital sin
decir una palabra. Sólo ella sabía a quiénes
agradecer la vida de su hija. Sólo ella supo
siempre que ninguna ciencia fue capaz
de mover tanto, como la escondida en los
ásperos° y sutiles° hallazgos de otras mujeres
con los ojos grandes. ■

rough; harsh/
subtle

Después de leer

Mujeres de ojos grandes
Ángeles Mastretta

(1) Comprensión Contesta las siguientes preguntas con oraciones completas.

1. ¿Quiénes son los personajes de este relato?
2. ¿Tía Jose lleva inmediatamente a su hija al hospital?
3. ¿Qué piensa el marido de la ciencia de los médicos y del comportamiento de su esposa?
4. ¿Qué historias le cuenta tía Jose a su hija? ¿Son todas reales?
5. Para el padre de la niña, ¿qué o quién le salvó la vida? ¿Y para tía Jose?

(2) Análisis Lee el relato nuevamente y contesta las preguntas.

1. Los ojos de la hija de tía Jose son "grandes como dos lunas, como un deseo". ¿Por qué se eligen estos dos términos para la comparación? ¿Puedes encontrar otras comparaciones en el cuento?
2. La expresión "las alas de sus labios" es un recurso ya analizado. ¿Cómo se llama?
3. En el hospital, la niña es llevada lejos de su madre, "tras una puerta que le prohibía la entrada". ¿A qué lugar se refiere?
4. Tía Jose comienza a contarle historias a su hija "iluminada por los fantasmas de su corazón". Reflexiona: ¿los fantasmas se asocian con la luz o con la oscuridad? ¿A quiénes se refiere la palabra "fantasmas" en el relato?

(3) Interpretación En parejas, respondan las preguntas.

1. El personaje de la tía Jose pierde la voz ante la enfermedad de su hija. ¿Cómo recupera la voz y por qué?
2. La hija de tía Jose tiene ojos grandes al igual que las mujeres de los relatos que le cuenta su madre. ¿Qué creen que simboliza esto?
3. El padre agradece a los médicos por haber salvado a la niña; los médicos agradecen a la ciencia. ¿Por qué tía Jose "salió del hospital sin decir una palabra"?
4. ¿Qué creen que salvó la vida de la niña? ¿Conocen algún caso de recuperación asombrosa en la vida real?

(4) Debate Formen dos grupos: uno debe hacer una lista de los argumentos que usó el marido de tía Jose para tranquilizarla en el hospital; el otro grupo debe imaginar cuáles eran las razones de las mujeres que rezaban (*prayed*) para sanar a sus hijos. Cuando hayan terminado la lista, organicen un debate para discutir las alternativas defendiendo el argumento que les tocó y señalando las debilidades del argumento contrario.

(5) Historias Redacta una de las historias que la tía Jose le contó a su hija. Utiliza algunos de los usos de **por** y **para**. Incluye por lo menos dos comparaciones.

156 *ciento cincuenta y seis*   **Lección 4**

Antes de leer

Vocabulario

afligir *to afflict*

descubrir *to discover*

la dolencia *illness; condition*

la genética *genetics*

el/la indígena *indigenous person*

el/la investigador(a) *researcher*

la lesión *wound*

la población *population*

el pueblo *people*

recetar *to prescribe*

Oraciones incompletas Completa las oraciones con la palabra apropiada. No repitas palabras.

1. La diversidad cultural de Latinoamérica es un efecto del contacto entre múltiples _____.

2. La _____ es la ciencia que estudia los factores hereditatios con respecto a las enfermedades.

3. La _____ de este laboratorio trabaja para _____ un tratamiento nuevo para el cáncer.

4. Cuando los españoles llegaron a Suramérica se encontraron con los _____ que estaban allí.

5. Los doctores trabajan para curar las _____ que _____ a los enfermos.

6. Debido a la epidemia, toda la _____ debe ponerse la vacuna.

Conexión personal ¿Puedes pensar en alguna enfermedad o dolencia que afecta a tu comunidad o a un grupo que conoces? ¿Ha recibido la comunidad alguna ayuda?

Contexto cultural

Situada en una zona de tránsito entre Norteamérica y Suramérica, Colombia presenta un lugar ideal para la convergencia de múltiples culturas. La mayoría de los habitantes son mestizos, es decir, descendientes de europeos y amerindios. Hay también más de diez millones de afrocolombianos —casi el veinte por ciento de la nación entera— y una población indígena que cuenta con más de 700.000 mil habitantes. De esta diversidad étnica han surgido (*arisen*) costumbres variadas, una riquísima tradición musical y la multiplicidad lingüística. El lenguaje oficial del país es el español, pero todavía se hablan más de sesenta lenguas indígenas.

La ciencia: la nueva arma en una guerra antigua

1 Famoso por su talento especial con el arco y la flecha°, el pueblo indígena Chimila tiene una historia larga de rebelión y resistencia contra los españoles de la época colonial. Estos valientes guerreros° formaron una sorprendente potencia militar que parecía imposible
5 de conquistar. Ahora, en nuestra época, los indígenas Chimila hacen guerra a° unos enemigos muy distintos: la pobreza, la falta de recursos° médicos y enfermedades endémicas sin solución.

bow and arrow

warriors

wage war against/ lack of resources

allies/fight
tries 10
afflict

Por fortuna, tienen aliados° en su lucha°. La Expedición Humana es una organización que identifica y trata° de resolver los problemas que afligen° particularmente a las comunidades indígenas y afrocolombianas.

with the aim of 15

discovered

a chronic 20
skin disorder

appears
wounds

25

En los últimos quince años, varios grupos de la Expedición Humana se han integrado en numerosas comunidades con el fin de° determinar sus verdaderas necesidades. De esta manera, los investigadores han descubierto° que los Chimila tienen una incidencia sorprendentemente alta de una enfermedad dermatológica llamada prurigo actínico°. Esta enfermedad ataca a varios grupos indígenas en toda Latinoamérica y se considera incurable. Aparece° normalmente en niños pequeños en forma de lesiones° y, en situaciones graves, puede afectar los ojos y la vista. A pesar de su potencial gravedad, el prurigo actínico ha recibido muy poca atención por parte de la comunidad médica mundial.

sources 30
pre-Columbian

dug up

35

40

45

Al estudiar el caso desde muchos ángulos, el equipo de la Expedición Humana encontró información en varias fuentes° interesantes, incluyendo los artefactos precolombinos°. De las cerámicas con dibujos de enfermos que desenterraron° los arqueólogos, aprendieron que problemas similares han afectado a las poblaciones colombianas desde hace 2.500 años. Los investigadores sabían que la exposición al sol provoca la aparición del prurigo actínico, pero tenían muchas preguntas. ¿Por qué afecta especialmente a ciertas comunidades? En una población como los indígenas Chimila, ¿por qué aflige sólo a ciertas personas? ¿Qué tienen en común estos pacientes?

Los científicos decidieron explorar la base genética de la enfermedad. Después de años de investigación, el equipo de la Expedición Humana confirmó que existe una predisposición genética que, en combinación con la exposición al sol, causa las lesiones. Gracias a la cooperación de los Chimila en los estudios, los investigadores pudieron desarrollar tratamientos° más efectivos que utilizan medicamentos con menos efectos secundarios que los que habitualmente recetaban° los médicos. Estos medicamentos alternativos, asimismo, son de fácil adquisición y de bajo costo.

50

to develop treatments

55

prescribed

Según los Centros para el Control y la Prevención de Enfermedades° del gobierno de los Estados Unidos, la mayoría de las dolencias más comunes son el resultado de la interacción entre genes y ciertos factores medioambientales°. Los estudios que ha realizado la Expedición Humana son un modelo de cooperación entre personas de diferentes comunidades y de integración de muchas maneras de investigar. Nos ofrecen un ejemplo para imitar en la gran batalla° contra las enfermedades del mundo. ∎

60 *Centers for Disease Control and Prevention (CDC)*

environmental

65

70 *battle*

Detalles de la investigación

- El prurigo actínico afecta principalmente a poblaciones indígenas y mestizas de países como México, Guatemala, Honduras, Colombia, Perú, Bolivia y el norte de Argentina, así como a las de Canadá y los Estados Unidos.

- Entre 704 habitantes de la comunidad Chimila, se diagnosticaron 56 casos.

- Fundada por el Instituto de Genética Humana de la Pontificia Universidad Javeriana de Bogotá, la Expedición Humana reúne a profesores, científicos y estudiantes con el propósito de servir a los pueblos colombianos que viven aislados de la capital y que tradicionalmente están menos representados en los estudios científicos del país.

- En la etapa llamada la Gran Expedición Humana (1992-3), los investigadores realizaron 17 viajes en los que participaron 320 personas, que visitaron 35 comunidades y atendieron alrededor de 8.000 pacientes en los lugares más apartados de Colombia.

Después de leer

La ciencia: la nueva arma en una guerra antigua

(1) Comprensión Responde a las preguntas con oraciones completas.

1. ¿Contra quiénes lucharon los Chimila durante la época colonial?
2. ¿Qué han descubierto los investigadores de la Expedición Humana?
3. ¿Qué es el prurigo actínico?
4. ¿Ha recibido el prurigo actínico mucha atención por parte de la comunidad médica mundial?
5. ¿Qué descubrimiento por parte de unos arqueólogos ayudó a la Expedición Humana?
6. ¿Qué decidieron explorar los científicos de la Expedición Humana?

(2) Interpretación Contesta las preguntas con oraciones completas.

1. ¿Cuál es la fama de los indígenas Chimila?
2. ¿Cuáles son algunos de los problemas que afectan al pueblo Chimila?
3. ¿Por qué es importante el desarrollo de nuevos tratamientos?
4. ¿Cuáles son los dos factores principales relacionados con la aparición de la enfermedad?
5. ¿Cuál es el objetivo de la Expedición Humana?
6. Según la perspectiva de los Centros para el Control y la Prevención de Enfermedades, ¿es el prurigo actínico una enfermedad inusual? Explica tu respuesta.

(3) Los peligros del sol En parejas, imaginen que son médicos y que están hablando con un grupo de niños que no comprenden los peligros de la exposición al sol. ¿Qué preguntas deben hacerles? ¿Qué consejos pueden darles? Usen el imperativo para los consejos.

(4) Debate Considerando el dinero y el tiempo que se necesitan para curar o combatir una enfermedad como el prurigo actínico, ¿es aceptable utilizar gran cantidad de recursos para investigar los productos de belleza? Divídanse en grupos de cuatro para debatir el tema. Compartan sus conclusiones con la clase.

(5) Opiniones Uno de los objetivos de la Expedición Humana es ayudar a comunidades particulares. En tu opinión, ¿es bueno que una universidad gaste dinero en la investigación de una enfermedad poco estudiada aunque afecte a pocas personas? O bien, ¿es más importante que los científicos piensen en los problemas de la mayor parte de la población? Utilizando expresiones con el subjuntivo, describe en tres párrafos lo que piensas de los objetivos de la Expedición Humana y defiende tu posición.

> **MODELO**
>
> No pienso que sea una buena idea gastar tanto dinero en investigar enfermedades que afectan a pocas personas./Creo que es fundamental que la Expedición Humana trabaje para ayudar a comunidades pequeñas con pocos recursos económicos.

Atando cabos

¡A conversar!

La nueva cafetería Trabajen en grupos de cuatro. Imaginen que son consultores/as contratados/as por una escuela o universidad para diseñar una nueva cafetería que cumpla con los objetivos del recuadro. Presenten su plan a la clase.

Objetivos de la nueva cafetería

- brindar a los estudiantes un espacio para socializar y relajarse
- ofrecer una selección de alimentos que sea atractiva pero que al mismo tiempo sea saludable y lo más natural posible
- informar a los estudiantes acerca de temas relacionados con la salud, la alimentación y el bienestar a través de afiches y otros elementos visuales

---

¡A escribir!

Un decálogo Imagina que eres un(a) médico/a. Sigue el **Plan de redacción** para escribir un decálogo en el que das diez consejos generales a tus pacientes para que lleven una vida sana.

Plan de redacción

Preparación: Prepara un esquema (*outline*) con los diez consejos más importantes.

Título: Elige un título para el decálogo.

Contenido: Escribe los diez consejos. Utiliza el subjuntivo o el imperativo en todos los consejos. Puedes incluir la siguiente información.

- qué alimentos se deben comer y cuáles se deben evitar
- cuántas comidas se deben consumir al día
- horas que se deben dormir
- hábitos que se deben evitar

Cuídese:

1. Haga ejercicio tres veces a la semana como mínimo.

2. Es importante que no consuma muchas grasas.

3. Es esencial que...

Los síntomas y las enfermedades

la depresión	depression
la enfermedad	disease; illness
la gripe	flu
la herida	injury
el malestar	discomfort
la obesidad	obesity
el resfriado	cold
la respiración	breathing
la tensión (alta/baja)	(high/low) blood pressure
la tos	cough
el virus	virus
contagiarse	to become infected
desmayarse	to faint
empeorar	to deteriorate; to get worse
enfermarse	to get sick
estar resfriado/a	to have a cold
lastimarse	to get hurt
permanecer	to remain; to last
ponerse bien/mal	to get well/sick
sufrir (de)	to suffer (from)
tener buen/mal aspecto	to look healthy/sick
tener fiebre	to have a fever
toser	to cough
trasnochar	to stay up all night
agotado/a	exhausted
inflamado/a	inflamed
mareado/a	dizzy

Los médicos y el hospital

la cirugía	surgery
el/la cirujano/a	surgeon
la consulta	doctor's appointment
el consultorio	doctor's office
la operación	operation
los primeros auxilios	first aid
la sala de emergencias	emergency room

Las medicinas y los tratamientos

la aspirina	aspirin
el calmante	painkiller; tranquilizer
el jarabe	syrup
la pastilla	pill
la receta	prescription
el tratamiento	treatment
la vacuna	vaccine
la venda	bandage
el yeso	cast
curarse	to heal; to be cured
poner una inyección	to give a shot
recuperarse	to recover
sanar	to heal
tratar	to treat
curativo/a	healing

La salud y el bienestar

la alimentación	diet (nutrition)
la autoestima	self-esteem
el bienestar	well-being
el estado de ánimo	mood
la salud	health
adelgazar	to lose weight
dejar de fumar	to quit smoking
descansar	to rest
engordar	to gain weight
estar a dieta	to be on a diet
mejorar	to improve
prevenir	to prevent
relajarse	to relax
sano/a	healthy

Más vocabulario

Expresiones útiles	Ver p. 127
Estructura	Ver pp. 134-136, 140-141 y 144-145

Cinemateca

el álbum (de fotos)	(photo) album
el asilo (de ancianos)	nursing home
el desorden	mess
el marco	frame
la paella	(Esp.) traditional rice and seafood dish
la tortilla	(Esp.) potato omelet
el trastero	storage room
apañar	to mend; to fix
apañarse	to manage
largarse	to take off
enseguida	right away
descalzo/a	barefoot

Literatura

el adelanto	improvement
la aguja	needle
la cordura	sanity
el/la enfermero/a	nurse
el hallazgo	finding; discovery
la insensatez	folly
el ombligo	navel
la pena	sorrow
el regocijo	joy
la terapia intensiva	intensive care
latir	to beat
desafiante	challenging

Cultura

la dolencia	illness; condition
la genética	genetics
el/la indígena	indigenous person
el/la investigador(a)	researcher
la lesión	wound
la población	population
el pueblo	people
afligir	to afflict
descubrir	to discover
recetar	to prescribe

Los viajes

5

Communicative Goals

You will expand your ability to…
- make comparisons
- express uncertainty and indefiniteness
- use negative and positive expressions

Los viajes

De viaje

Para sus vacaciones, Cecilia y Juan **hicieron un viaje** al Caribe. El último día decidieron descansar en la piscina antes de **hacer las maletas**. Se durmieron... ¡y **perdieron el vuelo**! De todos modos, no querían **regresar**.

la bienvenida *welcome*
la despedida *farewell*
el destino *destination*
el itinerario *itinerary*
la llegada *arrival*
el pasaje (de ida y vuelta) *round trip ticket*
el pasaporte *passport*
la temporada alta/baja *high/low season*
el/la viajero/a *traveler*

hacer las maletas *to pack*
hacer un viaje *to take a trip*
ir(se) de vacaciones *to take a vacation*
perder (e:ie) (el vuelo) *to miss (the flight)*
regresar *to return*

a bordo *on board*
retrasado/a *delayed*
vencido/a *expired*
vigente *valid*

El alojamiento

el albergue *hostel*
el alojamiento *lodging*
la habitación individual/doble *single/double room*
la recepción *front desk*
el servicio de habitación *room service*

alojarse *to stay*
cancelar *to cancel*
estar lleno/a *to be full*
quedarse *to stay*
reservar *to reserve*

de buena categoría *high quality*
incluido/a *included*
recomendable *recommendable; advisable*

La seguridad y los accidentes

el accidente (automovilístico) *(car) accident*
el/la agente de aduanas *customs agent*
el aviso *notice; warning*
el cinturón de seguridad *seatbelt*
el congestionamiento *traffic jam*
las medidas de seguridad *security measures*
la seguridad *safety; security*
el seguro *insurance*

ponerse/quitarse (el cinturón) *to fasten/to unfasten (the seatbelt)*
reducir (la velocidad) *to reduce (speed)*

peligroso/a *dangerous*
prohibido/a *prohibited*

NO ESTACIONAR

Las excursiones

Después de **recorrer** el Canal de Panamá, el **crucero navegó** hasta **Puerto** Limón, donde los viajeros pudieron disfrutar de dos días de **ecoturismo** en Costa Rica.

la aventura *adventure*
el/la aventurero/a *adventurer*
la brújula *compass*
el buceo *scuba diving*
el campamento *campground*
el crucero *cruise ship*
el (eco)turismo *(eco)tourism*
la excursión *excursion; tour*
la frontera *border*
el/la guía turístico/a *tour guide*
la isla *island*

las olas *waves*
el puerto *port*
las ruinas *ruins*
la selva *jungle*
el/la turista *tourist*

navegar *to sail*
recorrer *to go across; to travel*

lejano/a *distant*
turístico/a *tourist (adj.)*

 Práctica

1 **Escuchar**

🎧 **A.** Escucha lo que dice Julia, una guía turística, y después marca las oraciones que contienen la información correcta.

1. a. Los turistas llegaron hace una semana.
   b. La guía turística les da la bienvenida.

2. a. Los turistas se van a alojar en un campamento.
   b. Los turistas van a ir a un albergue.

3. a. El destino es una isla.
   b. El destino es la selva.

4. a. Les van a dar el itinerario mañana.
   b. El itinerario se lo darán la semana que viene.

🎧 **B.** Dos aventureros se separaron del grupo y tuvieron problemas. Escucha la conversación telefónica entre Mariano y el agente de viajes, y después contesta las preguntas.

1. ¿Qué les ha pasado a Mariano y a su novia?

2. ¿Adónde iban ellos cuando tuvieron el accidente?

3. ¿Tienen que pagar mucho por los médicos?

4. ¿Qué ha decidido la pareja?

2 **Adivinanzas** Completa las palabras con la ayuda de las definiciones y de las letras que se dan.

1. documento necesario para ir a otro país

2. las forma el movimiento del agua del mar

3. vacaciones a bordo de un barco

4. instrumento que ayuda a saber dónde está el polo norte

5. línea que separa dos países

6. lugar del hotel donde te dan las llaves de la habitación

1. ___ ___ ___ ___ ___ o ___ ___ ___
2. ___ l ___ ___
3. ___ ___ ___ c ___ ___ ___
4. b ___ ___ ___ ___ ___ ___
5. ___ ___ ___ ___ ___ ___ ___ a
6. r ___ ___ ___ ___ ___ ___ ___ ___

Práctica

(3) Oraciones incompletas Completa las oraciones con las palabras apropiadas de **Contextos**.

1. Si vas a estar solo en el hotel, tomas una habitación _____.

2. Cuando hay muchos coches en la calle al mismo tiempo, se producen _____.

3. Los barcos, cuando llegan a tierra, se amarran (*dock*) en los _____.

4. Si vas a viajar a otro país, tienes que comprobar que tu pasaporte no esté _____.

5. El deporte que se practica debajo del agua del mar es el _____.

(4) Planes Haz los cambios que sean necesarios para completar la conversación.

a bordo	navegar	reservar
lleno	recorrer	retrasado

MAR ¿Qué quieres hacer hoy? ¿Quieres ir al crucero que (1) _____ las islas de la zona?

PEDRO ¿No hay que llamar antes para (2) _____ las plazas (*seats*)?

MAR No creo que el barco esté (3) _____. Espera, llamo por teléfono…

MAR ¡Tenemos suerte! El barco está (4) _____, ahora sale a las diez y media. Tenemos que estar (5) _____ a las diez. ¡En marcha!

PEDRO Perfecto, me gusta la idea. Hoy es un buen día para (6) _____.

(5) De viaje En parejas, utilicen palabras y expresiones de **Contextos** para escribir oraciones completas sobre cada dibujo. Sigan el modelo.

MODELO Primero Eva hizo las maletas. Metió camisetas, un traje de baño y…

1.

2.

3.

4.

5.

6.

Comunicación

6 **Problemas** En parejas, representen una de estas situaciones. Den detalles, excusas y razones y traten de buscar una solución al problema. Luego representen la situación para el resto de la clase.

1.
ESTUDIANTE 1	Eres un(a) huésped en un hotel que está muy sucio. No te gusta el servicio de habitación y además hace demasiado calor en tu cuarto.
ESTUDIANTE 2	Tu tío te ha dejado a cargo de su hotel. No sabes qué hacer. Es temporada alta y, como el hotel está lleno, tienes mucho que hacer.

2.
ESTUDIANTE 1	Eres un(a) agente del gobierno apostado/a (*assigned to*) en la frontera. Nadie puede cruzar sin su pasaporte.
ESTUDIANTE 2	Después de viajar por muchas horas, llegas con tu hermano/a a la frontera. Aunque traes identificación, olvidaste tu pasaporte.

3.
ESTUDIANTE 1	Ibas manejando y has tenido un accidente. Te bajas del carro para hablar con el/la otro/a conductor(a). No tienes los papeles del seguro.
ESTUDIANTE 2	Ibas manejando y has tenido un accidente. No llevabas el cinturón de seguridad puesto y te has roto una pierna.

7 **¡Bienvenidos!**

A. En grupos de cuatro, imaginen que trabajan en la Secretaría de Turismo de su ciudad. Tienen que organizar una visita turística de tres días. Conversen sobre las preguntas de la lista y luego preparen un itinerario detallado para los turistas.

- ¿Quiénes son los/las turistas y a qué aeropuerto/ puerto/estación llegan?
- ¿En qué hotel se alojan?
- ¿Qué excursiones pueden hacer?
- ¿Hay lugares exóticos para visitar?
- ¿Adónde pueden ir con un guía turístico?
- ¿Pueden navegar en algún mar/río?
- ¿Hay algún museo/parque/edificio para visitar?
- ¿Pueden practicar algún deporte?

Tres días en Antigua Guatemala

B. Ahora reúnanse con otro grupo y túrnense para explicar sus itinerarios. Un grupo representa a los empleados de la Secretaría de Turismo y el otro a los turistas. Háganse preguntas específicas.

Fabiola y Éric se preparan para un viaje de ecoturismo a la selva amazónica.

DIANA Aquí están los boletos para Venezuela, la guía de la selva amazónica y los pasaportes… Después les doy la información del hotel.

ÉRIC Gracias.

FABIOLA Gracias.

ÉRIC ¿Me dejas ver tu pasaporte?

FABIOLA No me gusta como estoy en la foto. Me hicieron esperar tanto que salí con cara de enojo.

ÉRIC No te preocupes… Ésa es la cara que vas a poner cuando estés en la selva.

DIANA Es necesario que memoricen esto. A ver, repitan: tenemos que salir por la puerta 12.

FABIOLA, ÉRIC Y JOHNNY Tenemos que salir por la puerta 12.

DIANA El autobús del hotel nos va a recoger a las 8:30.

FABIOLA Y ÉRIC El autobús del hotel nos va a recoger a las 8:30.

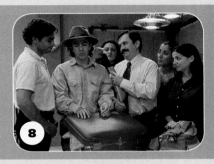

ÉRIC Sí, pero en el Amazonas, Fabiola. ¡Amazonas!

MARIELA Es tan arriesgado que van a tener un guía turístico y el alojamiento más lujoso de la selva.

ÉRIC Mientras ella escribe su artículo en la seguridad del hotel, yo voy a estar explorando y tomando fotos. Debo estar protegido.

FABIOLA Según parece, de lo único que debes estar protegido es de ti mismo.

Juegan que están en la selva.

JOHNNY (*con la cara pintada*) ¿Cuál es el chiste? Los soldados llevan rayas… Lo he visto en las películas.

ÉRIC Intentémoslo nuevamente.

JOHNNY Esta vez soy un puma que te ataca desde un árbol.

ÉRIC Mejor.

Antes de despedirse, Éric guarda cosas en su maleta.

AGUAYO Por la seguridad de todos creo que debes dejar tu machete, Éric.

ÉRIC ¿Por qué debo dejarlo? Es un machete de mentiras.

DIANA Pero te puede traer problemas reales.

AGUAYO Todos en la selva te lo van a agradecer.

Personajes

AGUAYO

DIANA

ÉRIC

FABIOLA

JOHNNY

MARIELA

DIANA El último número que deben recordar es cuarenta y ocho dólares con cincuenta centavos.

FABIOLA Y ÉRIC Cuarenta y ocho dólares con cincuenta centavos.

JOHNNY Y ese último número, ¿para qué es?

DIANA Es lo que van a tener que pagar por llegar en taxi al hotel si olvidan los dos números primeros.

ÉRIC *(Entra vestido de explorador.)* Fuera, cobardes, la aventura ha comenzado.

MARIELA ¿Quién crees que eres? ¿México Jones?

ÉRIC No. Soy Cocodrilo Éric, el fotógrafo más valiente de la selva. Listo para enfrentar el peligro.

FABIOLA ¿Qué peligro? Vamos a hacer un reportaje sobre ecoturismo… ¡Ecoturismo!

ÉRIC ¿Alguien me puede ayudar a cerrar la maleta?

JOHNNY ¿Qué rayos hay acá dentro?

AGUAYO Es necesario que dejes algunas cosas.

ÉRIC Imposible. Todo lo que llevo es de primerísima necesidad.

JOHNNY ¿Cómo? ¿Esto?

Johnny saca un látigo de la maleta.

Diana cierra la maleta con cinta adhesiva.

DIANA Listo… ¡Buen viaje!

AGUAYO Espero que disfruten y que traigan el mejor reportaje que puedan.

JOHNNY Y es importante que no traten de mostrarse ingeniosos, ni cultos; sólo sean ustedes mismos.

DIANA Y no olviden sus pasaportes.

ÉRIC Ahora que me acuerdo… ¡lo había puesto en la maleta!

Expresiones útiles

Making comparisons

Soy el fotógrafo más valiente de la selva.
I am the bravest photographer in the jungle.

Van a tener el alojamiento más lujoso de la selva.
You're going to have the finest accommodations in the jungle.

Es el hotel menos costoso de la región.
It's the least expensive hotel in the region.

Ir en autobús es menos caro que ir en taxi.
It's less expensive to take a bus than a taxi.

El hotel es tan caro como el boleto.
The hotel is as expensive as the ticket.

Using negative and positive expressions

¿Alguien me puede ayudar?
Can somebody help me?

No hay nadie que te pueda ayudar.
There is no one who can help you.

Hay que dejar algunas cosas.
I/we/etc. have to leave some things behind.

No hay nada que pueda dejar.
There is nothing I can leave behind.

Additional vocabulary

arriesgado/a *risky*
de mentiras *pretend*
enfrentar *to confront*
lujoso/a *luxurious*
protegido/a *protected*
la puerta de embarque *(airline) gate*
¿Qué rayos…? *What on earth…?*
la raya *war paint; stripe*

Comprensión

(1) Comprensión Contesta las preguntas con oraciones completas.

1. ¿Adónde van Éric y Fabiola?
2. ¿Por qué a Fabiola no le gusta la foto del pasaporte?
3. ¿A qué hora los recoge el autobús del hotel?
4. ¿Por qué van de viaje?
5. ¿Será realmente un viaje arriesgado?
6. ¿Por qué Éric tiene que dejar algunas cosas?

(2) Preguntas y respuestas Une las preguntas de la **Fotonovela** con las respuestas apropiadas. Luego identifica quién dice cada oración.

AGUAYO   **DIANA**   **ÉRIC**   **FABIOLA**   **JOHNNY**   **MARIELA**

____ 1. ¿Me dejas ver tu pasaporte?

____ 2. Y ese último número, ¿para qué es?

____ 3. ¿Quién crees que eres? ¿México Jones?

____ 4. ¿Por qué debo dejarlo? Es un machete de mentiras.

____ 5. ¿Alguien me puede ayudar a cerrar la maleta?

a. Es lo que van a tener que pagar por llegar en taxi.

b. Es necesario que dejes algunas cosas.

c. No me gusta como estoy en la foto.

d. No, soy el fotógrafo más valiente de la selva.

e. Sí, pero te puede traer problemas reales.

(3) Consejos

A. Diana y Aguayo les dan varios consejos a Fabiola y Éric antes de su viaje a la selva. Utiliza el subjuntivo o el infinitivo para completar las sugerencias que les dan.

1. Es necesario que _____ esto.
2. El último número que deben _____ es cuarenta y ocho dólares.
3. Es lo que van a tener que _____ por llegar en taxi.
4. Creo que debes _____ tu machete.
5. Es necesario que _____ algunas cosas.
6. Espero que _____ y que _____ el mejor reportaje que puedan.

B. ¿Qué sugerencias les darían ustedes? En parejas, escriban una lista de seis o siete consejos, órdenes y sugerencias para que disfruten de sus vacaciones y eviten problemas.

MODELO   Creo que deben probar la comida típica de Venezuela.
Espero que no hagan nada arriesgado y que tengan cuidado con los animales de la selva.

Ampliación

(4) ¿Te gusta hacer ecoturismo? En parejas, háganse las preguntas. Luego, recomienden un viaje ideal para su compañero/a según los resultados.

	Más o menos	No	
Sí			
☐	☐	☐	1. ¿Te gusta ir de campamento?
☐	☐	☐	2. ¿Sabes prender fuego?
☐	☐	☐	3. ¿Sabes cocinar?
☐	☐	☐	4. ¿Te gusta ver animales salvajes?
☐	☐	☐	5. ¿Te gusta caminar mucho?
☐	☐	☐	6. ¿Puedes estar una semana sin bañarte?

Clave

Sí = 2 puntos
Más o menos = 1 punto
No = 0 puntos

Resultados

0 a 4	No intentes hacer ecoturismo.
5 a 8	Puedes hacer ecoturismo.
9 a 12	¿Qué esperas para hacer ecoturismo?

(5) Apuntes culturales En parejas, lean los párrafos y contesten las preguntas.

El felino más temido

Johnny juega a ser un puma listo para atacar a Éric. El puma habita en todo el continente americano, especialmente en montañas y bosques (*forests*). Por su fortaleza y agilidad, los incas lo consideraron el símbolo supremo de poder y fuerza. ¿Podrá Éric contra la astucia (*shrewdness*) de este felino?

Ecoturismo en Centroamérica

Fabiola y Éric van a realizar un reportaje sobre ecoturismo. En Centroamérica, el ecoturismo constituye no sólo una fuente importante de trabajo, sino también una forma de obtener recursos económicos para la administración de las áreas protegidas. Actualmente existen más de 550 áreas protegidas, lo que representa aproximadamente un 25% del territorio de la región.

El pulmón del planeta

La selva amazónica es la reserva ecológica generadora de oxígeno más grande del planeta. Comprende, entre otros países, Brasil, Venezuela y Perú. Es el hogar de numerosas comunidades indígenas, como los piaroas en Venezuela. ¿Qué pensarán los piaroas de las rayas de chocolate de Johnny?

1. ¿Qué animales fueron considerados sagrados en el pasado?, ¿y en la actualidad?

2. ¿Hay áreas protegidas en la región donde vives? ¿Cuál es su importancia para los habitantes de la zona? ¿Contienen especies amenazadas (*threatened*)?

3. ¿Conoces otros lugares en donde se puede hacer ecoturismo? ¿Cuáles son?

4. ¿Qué significa la expresión "el pulmón del planeta" (*the world's lung*)? ¿Qué otros "pulmones" existen? ¿Por qué es importante preservarlos?

En detalle

CENTROAMÉRICA

LA RUTA DEL CAFÉ

Los turistas que llegan al "ecoalbergue" Finca° Esperanza Verde, ubicado a 1.200 metros (4.000 pies) de altura en la selva tropical nicaragüense, descubren un paraíso natural con bosques, montañas exuberantes y aves tropicales. En este paraíso, los turistas pueden visitar un cafetal° y conocer los aspectos humanos y ecológicos que se conjugan° para que podamos disfrutar de algo tan simple como una taza de café.

El café, ese compañero de las mañanas, es el protagonista de la vida social, cultural y económica de Centroamérica. Para el visitante, esto salta a la vista apenas llega a estas tierras: el paisaje está cubierto de cafetales. Hoy día dos de las terceras partes del café de todo el mundo son de origen americano.

Esta popular bebida llegó a América en el siglo XVIII. Pocos años después, su cultivo° se había extendido por México y Centroamérica. Los precios bajos del café de los últimos años han llevado a los productores centroamericanos a diversificar sus actividades: han iniciado el cultivo de café orgánico, han creado cooperativas de comercio justo° que buscan alcanzar° precios más equitativos° para productores y consumidores y se ha empezado a promocionar el turismo ecológico.

El país pionero fue Costa Rica, que organizó la primera Ruta del Café, pero ya todos los países centroamericanos han creado sus rutas. Un día por la Ruta del Café suele constar° de una visita a las plantaciones de café, donde no sólo se conoce el proceso de cultivo y producción, sino que también se pueden tomar unas tazas de café. Después, se organizan almuerzos con platos típicos y, para terminar la jornada°, se visitan rutas históricas y pueblos cercanos donde los turistas pueden disfrutar del folklore local y comprar artesanías°. ∎

La primera ruta del café

Europa
Venecia 1615
Estambul 1555
Marsella 1644
Persia
Santo Domingo 1731
África
El Cairo 1510
Caribe
Martinica 1730
Etiopía

finca *farm* **cafetal** *coffee plantation* **se conjugan** *are combined* **cultivo** *growing*
justo *fair* **alcanzar** *to reach* **equitativos** *equal; fair* **constar** *to consist of* **jornada** *day*
artesanías *handicrafts*

ASÍ LO DECIMOS

Los viajes

el turismo sostenible   *sustainable tourism*
el turismo sustentable (Arg.)   *sustainable tourism*

el billete (Esp.)   *ticket*
el boleto (Amér. L.)   *ticket*
el boleto redondo (Méx.)   *round trip ticket*
la autopista (Esp.)   *highway; toll road*
la autovía (Esp.)   *highway*
la carretera (Esp.)   *road*
la burra (Gua.)   *bus*
la guagua (Dom.)   *bus*

EL MUNDO HISPANOHABLANTE

De América al mundo

El tomate Su nombre deriva de la palabra náhuatl° tomatl. Entró en Europa por la región de Galicia en el noroeste de España y se extendió luego a Francia e Italia. Los españoles y portugueses lo difundieron por Oriente Medio, África, Estados Unidos y Canadá.

El maíz Es uno de los cereales de mayor producción mundial junto con el trigo y el arroz. A pesar de controversias acerca de su origen exacto, los investigadores coinciden en que indígenas de América Central y México lo difundieron° por el continente, los conquistadores lo introdujeron a Europa y los comerciantes lo llevaron a Asia y África.

La papa o patata Estudios científicos ubican el origen de la papa en el Perú. En la actualidad, la papa se consume por todo el mundo, pero Bielorrusia (Europa Oriental) es el mayor consumidor mundial con un promedio anual de 169 kg (372 libras) por persona.

PERFIL

EL CANAL DE PANAMÁ

El Canal de Panamá, una de las obras arquitectónicas más extraordinarias del planeta, une° los océanos Atlántico y Pacífico a través del istmo° de Panamá. Es, a su vez, una ruta importantísima para la economía mundial, pues lo cruzan° más de 12.000 barcos por año, es decir, unos 230 barcos por semana. La monumental obra, construida por los Estados Unidos entre 1904 y 1914, consta de dos lagos artificiales, varios canales, tres estructuras de compuertas° y una represa°. Como no todo el canal se encuentra al nivel del mar, la finalidad de las esclusas° es subir y bajar los barcos entre los niveles de los dos océanos y el nivel del canal. Dependiendo del tránsito, la travesía° por este atajo° de 80 km (50 millas) puede demorar hasta 10 horas. Panamá y Estados Unidos negociaron la entrega del canal a Panamá en 1977, que pasó a estar bajo control panameño el 31 de diciembre de 1999.

❝ Viajar es imprescindible y la sed de viaje, un síntoma neto de inteligencia. ❞ (Enrique Jardiel Poncela, escritor español)

SUPERSITE Conexión Internet

¿Qué otras opciones de turismo sostenible hay en América Central?

To research this topic, go to **facetas.vhlcentral.com**.

une *links* **istmo** *isthmus* **cruzan** *cross* **compuertas** *lockgates* **represa** *dam*
esclusas *locks* **travesía** *crossing (by boat)* **atajo** *shortcut* **náhuatl** *Uto-Aztecan language*
difundieron *spread*

¿Qué aprendiste?

1 **¿Cierto o falso?** Indica si estas afirmaciones son **ciertas** o **falsas**. Corrige las falsas.

1. Finca Esperanza Verde se encuentra en una zona montañosa de Costa Rica.

2. Los turistas que van a Finca Esperanza Verde pueden visitar un cafetal que se encuentra allí mismo.

3. La mitad del café mundial se produce en América.

4. El café es originario del continente americano.

5. El café entró en América a través de México.

6. Los productores tuvieron que diversificar sus actividades debido a los precios bajos del café.

7. La finalidad de las cooperativas de comercio justo es ayudar a que los productores reciban un pago justo y los consumidores paguen precios razonables.

8. El primer país en crear una Ruta del Café fue Honduras.

9. Los turistas pueden visitar las plantaciones pero no pueden presenciar el proceso de producción.

10. Los turistas que van a la Ruta del Café suelen visitar también las rutas históricas de la zona.

2 **Oraciones incompletas** Completa las oraciones con la información correcta.

1. El Canal de Panamá está en manos panameñas _____.

2. El Canal de Panamá tiene _____.

3. Se usa un sistema de esclusas porque _____.

4. En la República Dominicana, **guagua** significa _____.

5. _____ difundieron el tomate por Oriente Medio.

3 **Preguntas** En parejas, contesten las preguntas.

1. ¿Qué papel tiene el café en tu cultura? ¿Tiene la misma importancia que en la cultura centroamericana?

2. ¿Prefieres productos ecológicos y los productos que garantizan el comercio justo o compras productos comunes?

3. ¿Qué tipo de turismo sueles hacer? ¿Hiciste alguna vez turismo ecológico?

4. ¿Qué alimentos provenientes de otros continentes forman parte de tu dieta?

4 **Opiniones** En grupos de tres, hablen sobre estas preguntas: ¿Es bueno para los países recibir turismo? ¿Por qué? ¿Qué consecuencias tiene la llegada del turismo a ciertas zonas? ¿Qué beneficios tiene viajar?

PROYECTO

Un viaje por la Ruta del Café

Busca información sobre una excursión organizada por una Ruta del Café. Imagina que vas a la excursión y escribe una pequeña descripción de un día de visita, basándote en la información que has encontrado.

Incluye información sobre:
- los platos típicos que comiste
- los pueblos que visitaste
- lo que aprendiste sobre el café
- qué fue lo más interesante de la visita
- lo que compraste para llevar a casa

RITMOS

RUBÉN BLADES

Rubén Blades es quizás el artista más famoso en la historia de la música panameña. Heredó la pasión musical de sus padres: su madre tocaba el piano y su padre era percusionista. Blades, no es sólo artista; también es abogado y político. Estudió derecho° en Panamá y luego en los Estados Unidos, adonde él y su familia emigraron por problemas políticos.

Allí, Blades encontró el espacio para desarrollar su talento musical: con canciones como *Pedro Navaja* transformó para siempre la salsa, género que hasta ese entonces no solía hablar de la problemática social latinoamericana. Incursionó además en otros géneros musicales: en *El capitán y la sirena*, explora ritmos asiáticos. Blades ha recibido incontables reconocimientos, entre ellos varios premios Grammy y en el año 2000 el título de Embajador Mundial contra el Racismo otorgado° por la ONU.

Discografía selecta

2002 Mundo   **1999** Tiempos   **1978** Siembra

Canción

Éste es un fragmento de la canción que tu instructor te hará escuchar.

El capitán y la sirena

Una vez, un barco en plena alta mar
se hundió° en una fiera° tormenta.
Una bella sirena° salvó al capitán
y lo devolvió hasta la arena°.
Y el capitán de ella se enamoró,
y aunque también lo amó la sirena,
venían de mundos distintos los dos,
y su amor les sería una condena°.

La música de Blades se caracteriza por la gran experimentación musical. Éstos son algunos de los instrumentos que ha empleado en sus canciones.

el chekere (África)

el bongó (Cuba)

la clave (Cuba)

el didgeridoo (Australia)

Preguntas En parejas, contesten las preguntas.

1. ¿Dónde y cuándo descubre Blades la pasión por la música?
2. ¿Por qué se caracteriza la música de Blades? ¿Qué instrumentos utiliza? ¿Los has tocado alguna vez?
3. En la canción, ¿qué le ocurrió al capitán? ¿Quién lo ayudó? ¿Cómo?
4. ¿Qué historia cuenta la canción? ¿Por qué Blades habla de "mundos distintos"?

derecho *law* **otorgado** *awarded* **hundió** *sank* **fiera** *fierce* **sirena** *mermaid* **arena** *sand* **condena** *sentence; condemnation*

5.1 Comparatives and superlatives

Comparisons of inequality

TALLER DE CONSULTA

MANUAL DE GRAMÁTICA
Más práctica

5.1 Comparatives and
superlatives, p. 269
5.2 The subjunctive in
adjective clauses, p. 270
5.3 Negative and positive
expressions, p. 271

Más gramática

5.4 *Pero* and *sino*, p. 272

- With adjectives, adverbs, nouns, and verbs, these constructions are used to make comparisons of inequality (*more than/less than*).

$$\text{más/menos} + \begin{bmatrix} \textit{adjective} \\ \textit{adverb} \\ \textit{noun} \end{bmatrix} + \text{que} \qquad \boxed{\textit{verb}} + \text{más/menos que}$$

ADJECTIVE

Este hotel es **más elegante que**
el otro.
*This hotel is more elegant than the
other one.*

NOUN

Franco tiene **menos tiempo
que** Clementina.
*Franco has less time than
Clementina does.*

ADVERB

¡Llegaste **más tarde que** yo!
You arrived later than I did!

VERB

Mi hermano **viaja menos que** yo.
My brother travels less than I do.

- Before a number (or equivalent expression), more/less than is expressed with **más/menos de.**

Un pasaje de ida y vuelta va a
costar **más de** quinientos dólares.
*A round-trip ticket will cost more
than five hundred dollars.*

Te consigo una respuesta en
menos de media hora.
*I'll get you an answer in less
than half an hour.*

Comparisons of equality

¡ATENCIÓN!

Tan and **tanto** can also
be used for emphasis,
rather than to compare:

tan *so*

tanto *so much*

tantos/as *so many*

¡El viaje es tan largo!
The trip is so long!

¡Viajas tanto!
You travel so much!

**¿Siempre traes tantas
maletas?** *Do you always
bring so many suitcases?*

- These constructions are used to make comparisons of equality.

$$\text{tan} + \begin{bmatrix} \textit{adjective} \\ \textit{adverb} \end{bmatrix} + \text{como} \qquad \text{tanto/a(s)} + \begin{bmatrix} \textit{m./f. sing} \\ \textit{m./f. plu.} \end{bmatrix} + \text{como}$$

$$\boxed{\textit{verb}} + \text{tanto como}$$

ADJECTIVE

El vuelo de regreso no parece
tan largo como el de ida.
*The return flight doesn't seem
as long as the flight over.*

NOUN

Cuando viajo a la ciudad, tengo
tantas maletas como tú.
*When I travel to the city, I have
as many suitcases as you do.*

ADVERB

Se puede ir de Madrid a Sevilla **tan
rápido** en tren **como** en avión.
*You can get from Madrid to Sevilla
as quickly by train as by plane.*

VERB

Guillermo **disfrutó tanto como** yo
en las vacaciones.
*Guillermo enjoyed our vacation as
much as I did.*

Superlatives

- This construction is used to form superlatives (**superlativos**). The noun is preceded by a definite article, and **de** is the equivalent of *in* or *of*.

$$\text{el/la/los/las} + \boxed{\textit{noun}} + \text{más/menos} + \boxed{\textit{adjective}} + \text{de}$$

Ésta es **la playa más bonita de** todas.
This is the prettiest beach of them all.

Es **el hotel menos caro del** pueblo.
It is the least expensive hotel in town.

- The noun may also be omitted from a superlative construction.

¿Conoce usted un buen restaurante en Sevilla?

Do you know a good restaurant in Sevilla?

Las Dos Palmas es **el más elegante de** la ciudad.

Las Dos Palmas is the most elegant one in the city.

Irregular comparatives and superlatives

Adjective	Comparative form	Superlative form
bueno/a *good*	**mejor** *better*	**el/la mejor** *best*
malo/a *bad*	**peor** *worse*	**el/la peor** *worst*
grande *big*	**mayor** *bigger*	**el/la mayor** *biggest*
pequeño/a *small*	**menor** *smaller*	**el/la menor** *smallest*
joven *young*	**menor** *younger*	**el/la menor** *youngest*
viejo/a *old*	**mayor** *older*	**el/la mayor** *oldest*

- When **grande** and **pequeño/a** refer to size and not age or quality, the regular comparative and superlative forms are used.

Ernesto es **mayor** que yo.
Ernesto is older than I am.

Ese edificio es **el más grande** de todos.
That building is the biggest one of all.

- When **mayor** and **menor** refer to age, they follow the noun they modify.

María Fernanda es mi hermana **menor**.
María Fernanda is my younger sister.

Hubo un **menor** número de turistas.
There was a smaller number of tourists.

- The adverbs **bien** and **mal** also have irregular comparatives, **mejor** and **peor**.

Mi esposo maneja muy **mal**. ¿Y el tuyo?
My husband is a bad driver. How about yours?

¡Mi esposo maneja **peor** que los turistas!
My husband drives worse than the tourists!

Tú puedes hacerlo **bien** por ti mismo.
You can do it well by yourself.

Ayúdame, que tú lo haces **mejor** que yo.
Help me; you do it better than I do.

¡ATENCIÓN!

Absolute superlatives
The suffix **–ísimo/a** is added to adjectives and adverbs to form the *absolute superlative*.

This form is the equivalent of *extremely* or *very* before an adjective or adverb in English.

malo → malísimo

mucha → muchísima

difícil → dificilísimo

fácil → facilísimo

Adjectives and adverbs with stems ending in **c**, **g**, or **z** change spelling to **qu**, **gu**, and **c** in the absolute superlative.

rico → riquísimo

larga → larguísima

feliz → felicísimo

Adjectives that end in **–n** or **–r** form the absolute by adding **–císimo/a**.

joven → jovencísimo

Práctica

TALLER DE CONSULTA

MANUAL DE GRAMÁTICA
Más práctica

5.1 Comparatives and
superlatives, p. 269

1 **Demasiadas deudas** Ágata trabaja en una agencia de viajes y su amiga Elena en un hotel. Completa la conversación con las palabras de la lista.

baratísimos	más	menor	muchísimas
como	mejor	menos	que

ELENA Tengo (1) _____ deudas y necesito ganar (2) _____ dinero.

ÁGATA ¿Por qué no mandas tu currículum a mi empresa? No es tan prestigiosa (3) _____ la tuya, pero paga mejor.

ELENA Tú trabajas (4) _____ horas (5) _____ yo, pero ganas más.

ÁGATA Y cuando quiero viajar, los pasajes me salen (6) _____, mientras que en el hotel no te dan ni el (7) _____ descuento.

ELENA ¡Sin duda el trabajo tuyo es (8) _____ que el mío!

2 **El peor viaje de su vida** Conecta las frases de la izquierda con las correspondientes de la derecha para formar oraciones lógicas.

____ 1. El sábado pasado Alberto y yo hicimos el peor

____ 2. Yo llegué al aeropuerto más temprano

____ 3. Pero él pasó por seguridad más rápido

____ 4. Luego anunciaron que el vuelo estaba retrasado más

____ 5. Por fin salimos, tan cansados

____ 6. De repente, hubo un olor

____ 7. Alberto gritaba tanto

____ 8. Al final pasamos las vacaciones en casa, lo cual fue

a. como enojados.

b. como yo hasta que logramos aterrizar.

c. de tres horas a causa de un problema mecánico.

d. malísimo; ¡el motor se había prendido fuego!

e. menos interesante pero mucho más seguro.

f. que Alberto y no lo podía encontrar.

g. que yo y por fin nos encontramos en la puerta de embarque.

h. viaje de nuestra vida.

3 **Oraciones** Mira la información del cuadro y escribe cinco oraciones con superlativos y cinco con comparativos. Sigue el modelo.

MODELO *Harry Potter es más popular que El señor de los anillos. Harry Potter es el libro más vendido de la década.*

Harry Potter	libro	menor
Jennifer López	cantante y actriz	famosa
Donald Trump	hombre de negocios	rico
El Nilo	río	largo
Disneyland	lugar	feliz

Comunicación

(4) **Un viaje inolvidable**

A. Habla con un(a) compañero/a sobre el viaje más inolvidable de tu vida. Puede ser un viaje buenísimo o un viaje malísimo, e incluso puede ser un viaje imaginario. Debes hacer por lo menos siete u ocho oraciones usando comparativos y superlativos y algunas de las palabras de la lista. Túrnense.

mejor/peor que	tan
más/menos que	como
de los mejores/peores	buenísimo/malísimo

B. Ahora describe el viaje de tu compañero/a al resto de la clase. Traten de adivinar qué viajes son verdaderos y cuáles son ficticios.

(5) **Las vacaciones ideales** En grupos de cuatro, imaginen que son miembros de una familia que ganó un viaje de tres semanas a cualquier país del mundo. El único problema es que tienen que llegar a una decisión unánime para ganar su premio.

A. Primero, cada uno/a debe decidir cuál es el país ideal para sus vacaciones y escribir una descripción breve con las razones para escogerlo. Utiliza comparativos y superlativos en tu descripción.

B. Luego, túrnense para presentar sus opiniones y traten de convencer a los demás de que su país ideal es el mejor de todos. Deben usar comparativos y superlativos para comparar las atracciones de cada país. Compartan su decisión final con la clase.

MODELO Es obvio que Venezuela es el mejor país para nuestras vacaciones. Venezuela tiene la catarata más alta del mundo y unas playas tan bonitas como las de la República Dominicana. Leí en un libro que en la selva amazónica hay mayor cantidad de aves que en Costa Rica. Además, ¡las arepas venezolanas son más ricas que las tortillas mexicanas!

5.2 The subjunctive in adjective clauses

- When the subordinate clause of a sentence refers to something (the antecedent) that is known to exist, the indicative is used. When the antecedent is uncertain or indefinite, the subjunctive is used.

MAIN CLAUSE	CONNECTOR	SUBORDINATE CLAUSE
Busco un trabajo	**que**	**pague bien.**

ANTECEDENT CERTAIN → INDICATIVE

Necesito el libro que **tiene** información sobre las ruinas mayas.
I need the book that has information about Mayan ruins.

Buscamos los documentos que **describen** el itinerario del viaje.
We're looking for the documents that describe the itinerary for the trip.

Tenemos un guía que **conoce** muy bien la zona.
We have a guide who knows the area very well.

ANTECEDENT UNCERTAIN → SUBJUNCTIVE

Necesito un libro que **tenga** información sobre las ruinas mayas.
I need a book that has information about Mayan ruins.

Buscamos documentos que **describan** el itinerario del viaje.
We're looking for (any) documents that (may) describe the itinerary for the trip.

Queremos un guía que **conozca** muy bien la zona.
We want a guide who knows the area very well.

- When the antecedent of an adjective clause is an indefinite pronoun (**alguien, algún**) or negative pronoun (**nadie, ninguno/a**), the subjunctive is used in the subordinate clause.

ANTECEDENT CERTAIN → INDICATIVE

Elena tiene tres parientes que **viven** en San Salvador.
Elena has three relatives who live in San Salvador.

Para su viaje, hay dos países que **requieren** una visa.
For your trip, there are two countries that require visas.

Hay muchos viajeros que **quieren** quedarse en el hotel.
There are many travelers who want to stay at the hotel.

ANTECEDENT UNCERTAIN → SUBJUNCTIVE

Elena no tiene **ningún** pariente que **viva** en La Palma.
Elena doesn't have any relatives who live in La Palma.

Para su viaje, no hay **ningún** país que **requiera** una visa.
For your trip, there are no countries that require a visa.

No hay **nadie** que **quiera** alojarse en el albergue.
There is nobody who wants to stay at the hostel.

- The personal **a** is not used with direct objects that represent hypothetical persons.

ANTECEDENT UNCERTAIN → SUBJUNCTIVE	ANTECEDENT CERTAIN → INDICATIVE
Busco un guía que **hable** inglés. *I'm looking for a guide who* *speaks English.*	Conozco **a** un guía que **habla** inglés. *I know a guide who speaks English.*

- The personal **a** is maintained before **nadie** and **alguien**, even when their existence is uncertain.

ANTECEDENT UNCERTAIN → SUBJUNCTIVE	ANTECEDENT CERTAIN → INDICATIVE
No conozco **a nadie** que **se queje** tanto como mi suegra. *I don't know anyone who complains* *as much as my mother-in-law.*	Yo conozco **a alguien** que **se queja** aún más... ¡la mía! *I know someone who complains even* *more... mine!*

- The subjunctive is commonly used in questions with adjective clauses when the speaker is trying to find out information about which he or she is uncertain. If the person who responds knows the information, the indicative is used.

ANTECEDENT UNCERTAIN → SUBJUNCTIVE	ANTECEDENT CERTAIN → INDICATIVE
¿Me recomienda usted un hotel que **esté** cerca de la costa? *Can you recommend a hotel that* *is near the coast?* ¿Tiene otra brújula que **sea** más fácil de usar? *Do you have another compass that* *is easier to use?*	Sí, el hotel Flamingo **está** justo en la playa. *Yes, the Flamingo Hotel is* *right on the beach.* Vea ésta y, si no, tengo tres más que **son** muy fáciles de usar. *Look at this one, and if not I have three* *others that are very easy to use.*

Hotel Tucán

En el hotel Tucán su satisfacción es lo más importante. Si hay alguna cosa que podamos hacer para mejorar nuestros servicios, no dude en informarnos.

Práctica

TALLER DE CONSULTA

MANUAL DE GRAMÁTICA
Más práctica

5.2 The subjunctive in
adjective clauses, p. 270

1 **Oraciones** Combina las frases de las dos columnas para formar oraciones lógicas. Recuerda que a veces vas a necesitar el subjuntivo y a veces no.

_____ 1. Luis tiene un hermano que   a. sea alta e inteligente.

_____ 2. Tengo dos primos que   b. sean respetuosos y estudiosos.

_____ 3. No conozco a nadie que   c. canta cuando se ducha.

_____ 4. Jorge busca una novia que   d. hablan español.

_____ 5. Quiero tener hijos que   e. hable más de cinco lenguas.

2 **El agente de viajes** Carmen va a ir de vacaciones a Montelimar, en Nicaragua, y le escribe un correo electrónico a su agente de viajes explicándole cuáles son sus planes. Completa el correo electrónico con el subjuntivo o el indicativo.

De:	Carmen <Carmen@micorreo.com>
Para:	Jorge <Jorge@micorreo.com>
Asunto:	Viaje a Montelimar

Querido Jorge:

Estoy muy contenta porque el mes que viene voy a viajar a Montelimar para tomar unas vacaciones. He estado pensando en el viaje y quiero decirte qué me gustaría hacer. Quiero ir a un hotel que (1)_____ (ser) de cinco estrellas, que (2)_____ (tener) vista al mar. Me gustaría hacer una excursión que (3)_____ (durar) varios días y que me (4)_____ (permitir) ver el famoso lago Nicaragua. ¿Qué te parece?

Mi hermano me dice que hay un guía turístico que (5)_____ (conocer) algunos lugares exóticos y que me puede llevar a verlos. También dice que el guía es un hombre que (6)_____ (tener) el pelo muy rubio y (7)_____ (ser) muy alto. ¿Tú lo conoces? Creo que se llama Ernesto Montero.

Espero tu respuesta.
Carmen

3 **Aniversario** Enrique y Julia se preparan para celebrar su aniversario de bodas. Completa las oraciones con la opción más lógica de la lista. Haz los cambios necesarios.

gustarle a Enrique	ser muy rápido
hacer cortes de pelo modernos	tener arena blanca
	tocar jazz

1. Para la fiesta, Julia quiere contratar a la banda "Armonías" que _____.

2. Enrique busca un peluquero que _____.

3. Julia prepara las comidas que _____.

4. Enrique quiere comprarle a Julia un carro que _____.

5. Después de la fiesta, Julia quiere hacer un viaje a alguna playa que _____.

Comunicación

4 **El ideal** En parejas, imaginen cómo es el/la compañero/a ideal en cada una de estas situaciones. Si ya conocen a una persona que tiene las características ideales, también pueden hablar de él/ella. Utilicen el subjuntivo o el indicativo de acuerdo a la situación.

> **MODELO** Lo ideal es vivir con alguien que no se queje demasiado.

- alguien con quien vivir
- alguien con quien trabajar
- alguien con quien ver películas de amor o de aventura
- alguien con quien comprar ropa
- alguien con quien estudiar
- alguien con quien viajar por el desierto del Sahara

5 **Anuncios** En parejas, imaginen que trabajan para el diario El País escribiendo anuncios. El jefe les ha dejado algunos mensajes indicándoles qué anuncios deben escribir. Escriban anuncios detallados sobre lo que se busca usando el indicativo o el subjuntivo. Después inventen dos anuncios originales para enseñárselos a la clase.

La familia Pérez busca a su perro Tomás, quien se perdió en el parque. Aquí tienen una foto de él.

Miguel y Carlos Solís buscan un guía turístico para su viaje a los volcanes de Guatemala.

6 **Sueños y realidad** En grupos de cuatro, hagan comparaciones sobre lo que ustedes tienen y lo que sueñan tener. Usen las palabras de la lista y añadan sus propias ideas. Recuerden utilizar el indicativo o el subjuntivo según el caso.

yo	buscar	hermano/a
tú	conocer	mascota (*pet*)
nosotros	necesitar	trabajo
ustedes	querer	vecino/a

5.3 Negative and positive expressions

Cocodrilo Éric no le tiene miedo a nada.

TALLER DE CONSULTA

To express contradictions, **pero** and **sino** are also used.

See **Manual de gramática, 5.4, p. 272.**

- Negative words (**palabras negativas**) deny something's existence or contradict statements.

Positive expressions	Negative expressions
algo *something; anything*	**nada** *nothing; not anything*
alguien *someone; somebody; anyone*	**nadie** *no one; nobody; not anyone*
alguno/a(s), algún *some; any*	**ninguno/a, ningún** *no; none; not any*
o...o *either...or*	**ni...ni** *neither...nor*
siempre *always*	**nunca, jamás** *never; not ever*
también *also; too*	**tampoco** *neither; not either*

- In Spanish, double negatives are perfectly acceptable.

¿Dejaste **algo** en la mesa?
Did you leave something on the table?

No, **no** dejé **nada**.
No, I didn't leave anything.

Siempre tuvimos ganas de viajar a Costa Rica.
We always wanted to travel to Costa Rica.

Hasta ahora, **no** tuvimos **ninguna** oportunidad de ir.
Until now, we had no chance to go there.

- Most negative statements use the pattern **no** + [verb] + [negative word]. When the negative word precedes the verb, **no** is omitted.

No lo extraño **nunca**.
I never miss him.

Nunca lo extraño.
I never miss him.

Su opinión **no** le importa a **nadie**.
His opinion doesn't matter to anyone.

A **nadie** le importa su opinión.
Nobody cares about his opinion.

- Once one negative word appears in an English sentence, no other negative word may be used. In Spanish, however, once a negative word is used, all other elements must be expressed in the negative if possible.

No le digas **nada** a **nadie**.
Don't say anything to anyone.

Tampoco hables **nunca** de esto.
Don't ever talk about this either.

No quiero **ni** pasta **ni** pizza.
I don't want pasta or pizza.

Tampoco quiero **nada** para tomar.
I don't want any anything to drink either.

- The personal **a** is used before negative and indefinite words that refer to people when they are the direct object of the verb.

Nadie me comprende. ¿Por qué será?
No one understands me. Why is that?

Porque tú no comprendes **a nadie**.
Because you don't understand anybody.

Algunos pasajeros prefieren no desembarcar en los puertos.
Some passengers prefer not to disembark at the ports.

Pues, no conozco **a ninguno** que se quede en el crucero.
Well, I don't know of any who stay on the cruise ship.

- Before a masculine, singular noun, **alguno** and **ninguno** are shortened to **algún** and **ningún**.

¿Ha sufrido **algún** daño en el choque?
Have you suffered any harm in the accident?

Me había puesto el cinturón de seguridad, por lo que no sufrí **ningún** daño.
I had fastened my seatbelt, and so I suffered no injuries.

- **Tampoco** means *neither or not either*. It is the opposite of **también**.

Mi novia no soporta los congestionamientos en el centro, ni yo **tampoco**.
My girlfriend can't stand the traffic jams downtown, and neither can I.

Por eso toma el metro, y yo **también**.
That's why she takes the subway, and so do I.

¿Esto también es de primerísima necesidad?

- The conjunction **o. . . o** (*either. . . or*) is used when there is a choice to be made between two options. **Ni. . . ni** (*neither. . . nor*) is used to negate both options.

Debo hablar **o** con el gerente **o** con la dueña.
I have to speak with either the manager or the owner.

El precio del pasaje **ni** ha subido **ni** ha bajado en los últimos días.
The price of the ticket has neither risen nor fallen in the past days.

- The conjunction **ni siquiera** (*not even*) is used to add emphasis.

Ni siquiera se despidieron antes de salir.
They didn't even say goodbye before they left.

La señora Guzmán no viaja nunca, **ni siquiera** para visitar a sus nietos.
Mrs. Guzmán never travels, not even to visit her grandchildren.

Práctica

TALLER DE CONSULTA

MANUAL DE GRAMÁTICA
Más práctica

5.3 Negative and positive
expressions, p. 271

1 **Comidas típicas** Marlene acaba de regresar de un viaje a Madrid y le fascinó la comida española. Completa su conversación con Frank usando expresiones negativas y positivas. Ten en cuenta que vas a usar dos veces una de ellas.

alguna	ni... ni	o... o
nadie	ningún	tampoco
	nunca	

MARLENE Frank, ¿(1) _____ vez has probado las tapas españolas?

FRANK No, (2) _____ he probado la comida española.

MARLENE ¿De veras? ¿No has probado (3) _____ la tortilla de patata (4) _____ la paella?

FRANK No, no he comido (5) _____ plato español. (6) _____ conozco los ingredientes típicos de la cocina española.

MARLENE Entonces tenemos que salir a comer juntos. ¿Conoces el restaurante llamado Carmela?

FRANK No, no conozco (7) _____ restaurante con ese nombre.

MARLENE (8) _____ lo conoce. Es nuevo pero es muy bueno. A mí me viene bien que vayamos (9) _____ el lunes (10) _____ el jueves que viene.

FRANK El jueves también me viene bien.

2 **El viajero** Imagina que eres un(a) viajero/a un poco especial y estás hablando de lo que no te gusta hacer en los viajes. Cambia las oraciones de positivas a negativas usando las expresiones negativas correspondientes. Sigue el modelo.

> **MODELO** Yo siempre como la comida del país.
> *Nunca como la comida del país.*

1. Cuando voy de viaje, siempre compro algunos regalos típicos.
2. A mí también me gusta visitar todos los lugares turísticos.
3. Yo siempre hablo el idioma del país con todo el mundo.
4. Normalmente, o alquilo un coche o alquilo una motocicleta.
5. Siempre intento visitar a algún conocido de mi familia.
6. Cuando visito un lugar nuevo, siempre hago algunos amigos.

3 **Argumento** En parejas, escriban los argumentos que provocarían estas respuestas.

Comunicación

4 **Escena** En grupos de tres, miren la foto y escriban una conversación entre un(a) hijo/a adolescente y sus padres usando expresiones positivas y negativas. Luego representen la conversación que escribieron ante la clase.

MODELO

HIJA ¿Por qué siempre desconfían de mí?
No soy ninguna mentirosa y mis amigos tampoco lo son.
No tienen ninguna razón para preocuparse.

MAMÁ Sí hija, muy bien, pero recuerda que....

5 **Síntesis** La tormenta tropical Alberto azota (*is hitting*) las costas de Florida. Tú y un(a) compañero/a deben cubrir esta noticia para un programa de televisión. Uno/a de ustedes es el/la corresponsal y la otra persona es el/la conductor(a) del programa. Siguiendo el modelo, escriban una conversación sobre el alcance del desastre y las consecuencias para el turismo y para la gente local. Usen comparativos/superlativos, subjuntivos en oraciones subordinadas adjetivas y expresiones negativas y positivas.

MODELO

CONDUCTOR Cuéntanos, Juan Francisco, ¿cómo es la tormenta?

CORRESPONSAL ¡Nunca he visto una tormenta tan destructiva! ¡No hay casas que puedan soportar vientos tan fuertes!

CONDUCTOR ¡Pero no es posible que el viento sea más fuerte que durante la tormenta Ximena en 1996!

CORRESPONSAL Siempre dicen que esa tormenta fue la más fuerte, pero les aseguro que ésta es peor.

For additional cumulative practice of all the grammar points in this lesson, go to **facetas.vhlcentral.com**.

Antes de ver el corto

EL ANILLO

país Puerto Rico
duración 8 minutos
director Coraly Santaliz Pérez

protagonistas la prometida, Arnaldo (su novio), el vagabundo, el dueño del restaurante, el empleado del restaurante, la novia del empleado, la anfitriona, la senadora

Vocabulario

el anillo *ring*	**echar** *to throw away*
el azar *chance*	**enganchar** *to get caught*
botar *to throw… out*	**la manga** *sleeve*
botarse *(P.Rico; Cuba) to outdo oneself*	**la sortija** *ring*
la casualidad *chance; coincidence*	**el tapón** *traffic jam*
el diamante *diamond*	**tirar** *to throw*

1. **Definiciones** Conecta cada oración con la palabra correspondiente.

___ 1. Forma parte de una camisa.
___ 2. Sucede cuando hay mucho tráfico o cuando hay un accidente.
___ 3. Es un sinónimo de anillo.
___ 4. Es un conjunto de acontecimientos que ocurren por casualidad.
___ 5. Puede pasar esto si andas en bicicleta con pantalones muy anchos (*wide*).

a. azar
b. enganchar
c. diamante
d. manga
e. tapón
g. sortija
h. tirar

2. **Preguntas** En parejas, contesten las preguntas.

1. ¿Alguna vez perdieron algo de mucho valor? ¿Lo encontraron?
2. ¿Encontraron algo valioso en alguna ocasión? ¿Qué hicieron?
3. ¿Pierden cosas a menudo?
4. Imaginen que encuentran tirado un anillo de diamantes. ¿Qué hacen?

3. **Un anillo** En parejas, miren la fotografía del cortometraje e imaginen lo que va a ocurrir en la historia. Compartan sus ideas con la clase.

Watch the short film at facetas.vhlcentral.com.

El Anillo

Premio al mejor guión en First Short Film Competition, patrocinado por The Film Foundation, Inc.

Producción Ejecutiva LUIS J. CRUZ ESPINETA "THE FILM FOUNDATION, INC."
Guión, Edición y Dirección CORALY SANTALIZ PÉREZ **Producción** CORALY SANTALIZ PÉREZ / JAN G. SANTIAGO ECHANDI
Dirección de Fotografía CARLOS J. ZAYAS PLAZA **Música** WALTER MORCIGLIO
Diseño de Sonido WALTER SANTALIZ **Actores** GERARDO ORTIZ / ANNETTE SANTALIZ / JOSÉ JORGE MEDINA /
SASHA BETANCOURT / ANDRÉS SANTIAGO / VIVIANA FUSARO / ELIA ENID CADILLA

Escenas

ARGUMENTO Una prometida pierde su anillo de compromiso que va pasando de persona a persona por azar.

INVITADA Nena, ¡qué bello ese anillo! Arnaldo se botó.
PROMETIDA Sí, lo sé. Permiso. Voy al baño.
(La prometida olvida el anillo que termina en manos de un vagabundo por azar.)

DUEÑO ¿Cuántas veces te tengo que botar? ¿Eh?
VAGABUNDO Quiero algo de comer. Además me encontré una sortija de diamantes. Deja que la veas. Pero si estaba aquí. Pero, ¡te lo juro que estaba aquí!

(El vagabundo pierde el anillo. Lo encuentra el empleado del restaurante, que se lo lleva a su casa. Su novia cree que le está pidiendo matrimonio.)

NOVIA ¡No lo puedo creer, mi amor! ¡Te botaste! Sí, sí. ¡Me caso contigo! Tengo que llamar a mami.

EMPLEADO Yo no la compré. No, no. Yo estaba limpiando en el restaurante y me la encontré, ¿sabes? Esto nos resuelve porque vale, ¡vale pesos! La podemos vender.

NOVIA ¿Eso es todo lo que a ti te importa?
EMPLEADO Pero mi amor, no te pongas así, chica. ¿Qué tú estás haciendo? ¡No! ¿Qué tú haces?

(La senadora llega a una fiesta con el anillo enganchado en el bolso.)

ANFITRIONA ¡Senadora!
SENADORA Buenas noches.
ANFITRIONA ¡Al fin llegó!
SENADORA Es que había un tapón terrible.

Después de ver el corto

1 Comprensión Contesta las preguntas con oraciones completas.

1. ¿Quién compró el anillo y para quién?
2. ¿Cómo llega el anillo por primera vez a la calle?
3. ¿Adónde va el vagabundo cuando encuentra el anillo?
4. ¿Quién encuentra el anillo cuando lo pierde el vagabundo?
5. ¿Qué piensa la novia del empleado al ver el anillo?
6. ¿Qué quiere hacer el empleado del restaurante con el anillo?
7. ¿Qué hace la novia al ver que no era un anillo comprado para ella?
8. ¿Dónde cae el anillo esta vez?
9. ¿Adónde va la senadora?
10. ¿Dónde encuentra la prometida su anillo?

2 Ampliación Contesta las preguntas con oraciones completas.

1. En tu opinión, ¿cómo es la prometida? ¿Por qué?
2. ¿Por qué crees que el dueño del restaurante no deja entrar al vagabundo?
3. ¿Crees que realmente había un tapón de tráfico o crees que la senadora llegó tarde a propósito?
4. Imagina que la prometida vuelve a dejar el anillo en el cuarto de baño. ¿Qué sucede esta vez?
5. ¿Crees en las casualidades? ¿Por qué?

3 Cita Al principio del corto, aparece una cita de Fernando Galiano. En parejas, lean la traducción de la cita. ¿Están de acuerdo con lo que dice? ¿Por qué? Den ejemplos de situaciones que apoyen su postura u opinión.

> **"Si el mundo realmente estuviera regido por el azar, no habría injusticias porque el azar es justo."**
>
> — Fernando Galiano

4 Me encontré un anillo En parejas, imagínense que uno de estos dos personajes se queda con (*keeps*) el anillo. Imaginen cómo cambia la vida del personaje durante los próximos seis meses. Luego compartan la historia con la clase.

VAGABUNDO	EMPLEADO DEL RESTAURANTE

Antes de leer

La luz es como el agua

Sobre el autor

Nacido en 1928 en Aracataca, un pequeño pueblo cerca del Mar Caribe, **Gabriel García Márquez** fue criado por sus abuelos entre mitos, leyendas y libros fantásticos. Eso fue construyendo la base de su futura obra narrativa. Comenzó a estudiar derecho pero lo abandonó para dedicarse al periodismo. Como corresponsal en Italia, viajó por toda Europa. Vivió en diferentes lugares y escribió guiones (*scripts*) cinematográficos, cuentos y novelas. En 1967 publicó su novela más famosa, *Cien años de soledad*, cuya acción transcurre en el mítico pueblo de Macondo. En 1982 se le concedió el Premio Nobel de Literatura. De su libro *Doce cuentos peregrinos* (al que pertenece el cuento *La luz es como el agua*) dijo que surgió (*came about*) porque quería escribir "sobre las cosas extrañas que les suceden a los latinoamericanos en Europa".

Vocabulario

ahogado/a *drowned*	**el faro** *lighthouse; beacon*	**la popa** *stern*
la bahía *bay*	**flotar** *to float*	**la proa** *bow*
el bote *boat*	**el muelle** *pier*	**el remo** *oar*
la cascada *cascade; waterfall*	**la pesca** *fishing*	**el tiburón** *shark*

Palabras relacionadas Indica la palabra que no pertenece al grupo.

1. bote
   remo
   sótano
   navegar

2. brújula
   servidumbre
   puerto
   proa

3. pesca
   buceo
   tiburones
   agujas

4. popa
   penas
   cascada
   bahía

5. muelle
   flotar
   zaguán
   ahogado

Conexión personal Cuando eras niño, ¿te gustaba soñar con viajes a lugares imposibles? ¿Sigues soñando o imaginando viajes a lugares fantásticos o imposibles? ¿Alguna vez viviste en un país extranjero? ¿Qué cosas extrañabas?

Análisis literario: el realismo mágico

El realismo mágico es una síntesis entre el realismo y la literatura fantástica. Muchos escritores latinoamericanos, como Gabriel García Márquez y Carlos Fuentes, incorporan elementos fantásticos al mundo cotidiano de los personajes, que aceptan la magia y la fantasía como normales. En el realismo mágico, lo real se torna mágico, lo maravilloso es parte de lo cotidiano y no se cuestiona la lógica de lo fantástico. Uno de los precursores del género, Alejo Carpentier, explicó que "En América Latina, lo maravilloso se encuentra en vuelta de cada esquina, en el desorden, en lo pintoresco de nuestras ciudades, ... en nuestra naturaleza y... también en nuestra historia". Presta atención a la representación de la realidad en el cuento.

Altamar, 2000.
Graciela Rodo Boulanger. Bolivia.

La luz es como el agua

Gabriel García Márquez

1 En Navidad los niños volvieron a pedir un bote de remos.

—De acuerdo —dijo el papá, lo compraremos cuando volvamos a Cartagena.

5 Totó, de nueve años, y Joel, de siete, estaban más decididos de lo que sus padres creían.

—No —dijeron a coro—. Nos hace falta ahora y aquí.

—Para empezar —dijo la madre—, aquí no 10 hay más aguas navegables que la que sale de la ducha°.

Tanto ella como el esposo tenían razón. En la casa de Cartagena de Indias había un patio con un muelle sobre la bahía, y un refugio para dos yates grandes. En cambio aquí en Madrid 15 vivían apretados° en el piso quinto del número 47 del Paseo de la Castellana. Pero al final ni él ni ella pudieron negarse, porque les habían prometido un bote de remos con su sextante y su brújula si se ganaban el laurel del tercer 20 año de primaria, y se lo habían ganado. Así que el papá compró todo sin decirle nada a su esposa, que era la más reacia° a pagar deudas de juego. Era un precioso bote de aluminio con un hilo dorado en la línea de flotación. 25

—El bote está en el garaje —reveló el papá

shower (línea 11)

tight (línea 15)

reluctant (línea 23)

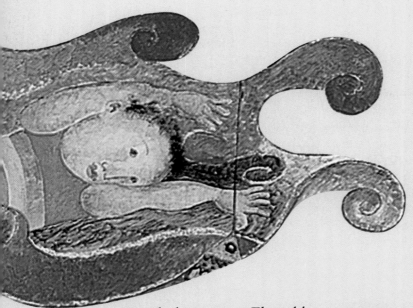

en el almuerzo—. El problema es que no hay cómo subirlo ni por el ascensor ni por la escalera, y en el garaje no hay más espacio disponible.

Sin embargo, la tarde del sábado siguiente los niños invitaron a sus condiscípulos° para subir el bote por las escaleras, y lograron llevarlo hasta el cuarto de servicio.

—Felicitaciones —les dijo el papá—, ¿ahora qué?

—Ahora nada —dijeron los niños—. Lo único que queríamos era tener el bote en el cuarto, y ya está.

La noche del miércoles, como todos los miércoles, los padres se fueron al cine. Los niños, dueños y señores de la casa, cerraron puertas y ventanas, y rompieron la bombilla encendida de una lámpara de la sala. Un chorro° de luz dorada y fresca como el agua empezó a salir de la bombilla° rota, y lo dejaron correr hasta que el nivel llegó a cuatro palmos. Entonces cortaron la corriente°, sacaron el bote, y navegaron a placer° por entre las islas de la casa.

Esta aventura fabulosa fue el resultado de una ligereza° mía cuando participaba en un seminario sobre la poesía de los utensilios domésticos. Totó me preguntó cómo era que la luz se encendía con sólo apretar un botón, y

yo no tuve el valor de pensarlo dos veces.

—La luz es como el agua —le contesté: uno abre el grifo°, y sale.

De modo que siguieron navegando los miércoles en la noche, aprendiendo el manejo del sextante y la brújula, hasta que los padres regresaban del cine y los encontraban dormidos como ángeles de tierra firme. Meses después, ansiosos de ir más lejos, pidieron un equipo de pesca submarina. Con todo: máscaras, aletas, tanques y escopetas de aire comprimido.

—Está mal que tengan en el cuarto de servicio un bote de remos que no les sirve para nada —dijo el padre—. Pero está peor que quieran tener además equipos de buceo.

—¿Y si nos ganamos la gardenia de oro del primer semestre? —dijo Joel.

—No —dijo la madre, asustada—. Ya no más.

El padre le reprochó su intransigencia.

—Es que estos niños no se ganan ni un clavo por cumplir con su deber —dijo ella—, pero por un capricho son capaces de ganarse hasta la silla del maestro.

Los padres no dijeron al fin ni que sí ni que no. Pero Totó y Joel, que habían sido los últimos en los dos años anteriores, se ganaron en julio las dos gardenias de oro y el reconocimiento público del rector. Esa misma tarde, sin que hubieran vuelto a pedirlos, encontraron en el dormitorio los equipos de buzos en su empaque original. De modo que el miércoles siguiente, mientras los padres veían *El último tango en París*, llenaron el apartamento hasta la altura de dos brazas, bucearon como tiburones mansos° por debajo de los muebles y las camas, y rescataron del fondo° de la luz las cosas que durante años se habían perdido en la oscuridad.

En la premiación° final los hermanos fueron aclamados como ejemplo para la escuela, y les

Marginal glosses:
schoolmates — condiscípulos (line 32)
spurt — chorro (line 45)
electric light bulb — bombilla (line 46)
current/ — corriente (line 48)
at one's pleasure — a placer (line 49)
lightness — ligereza (line 52)
faucet — grifo (line 57)
60
65
70
75
80
85
tame — mansos (line 92)
90
bottom — fondo (line 93)
95
awarding — premiación (line 96)

dieron diplomas de excelencia. Esta vez no tuvieron que pedir nada, porque los padres les preguntaron qué querían. Ellos fueron tan razonables, que sólo quisieron una fiesta en casa para agasajar° a los compañeros de curso.

El papá, a solas con su mujer, estaba radiante.

—Es una prueba de madurez —dijo.

—Dios te oiga —dijo la madre.

El miércoles siguiente, mientras los padres veían *La Batalla de Argel*, la gente que pasó por la Castellana vio una cascada de luz que caía de un viejo edificio escondido entre los árboles. Salía por los balcones, se derramaba° a raudales° por la fachada°, y se encauzó° por la gran avenida en un torrente dorado que iluminó la ciudad hasta el Guadarrama.

Llamados de urgencia, los bomberos forzaron la puerta del quinto piso, y encontraron la casa rebosada° de luz hasta el techo. El sofá y los sillones forrados en piel de leopardo flotaban en la sala a distintos niveles, entre las botellas del bar y el piano de cola y su mantón de Manila que aleteaba a media agua como una mantarraya de oro. Los utensilios domésticos, en la plenitud de su poesía, volaban con sus propias alas por el cielo de la cocina. Los instrumentos de la banda de guerra, que los niños usaban para bailar, flotaban al garete° entre los peces de colores liberados de la pecera de mamá, que eran los únicos que flotaban vivos y felices en la vasta ciénaga° iluminada. En el cuarto de baño flotaban los cepillos de dientes de todos, los preservativos de papá, los pomos° de cremas y la dentadura de repuesto de mamá, y el televisor de la alcoba° principal flotaba de costado, todavía encendido en el último episodio de la película de media noche prohibida para niños.

Al final del corredor, flotando entre dos aguas, Totó estaba sentado en la popa del bote, aferrado a los remos y con la máscara puesta, buscando el faro del puerto hasta donde le alcanzó el aire de los tanques, y Joel flotaba en la proa buscando todavía la altura de la estrella polar con el sextante, y flotaban por toda la casa sus treinta y siete compañeros de clase, eternizados en el instante de hacer pipí° en la maceta° de geranios, de cantar el himno de la escuela con la letra cambiada por versos de burla contra el rector, de beberse a escondidas un vaso de brandy de la botella de papá. Pues habían abierto tantas luces al mismo tiempo que la casa se había rebosado, y todo el cuarto año elemental de la escuela de San Julián el Hospitalario se había ahogado en el piso quinto del número 47 del Paseo de la Castellana. En Madrid de España, una ciudad remota de veranos ardientes y vientos helados, sin mar ni río, y cuyos aborígenes° de tierra firme nunca fueron maestros en la ciencia de navegar en la luz. ∎

°to entertain
°poured out
°in abundance/façade/channeled
°overflowed
°adrift
°marsh
°flasks
°bedroom
°to pee/flower pot
°natives

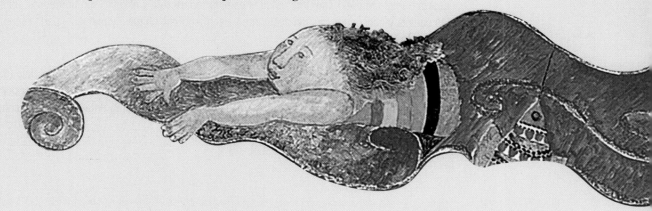

Después de leer

La luz es como el agua
Gabriel García Márquez

(1) Comprensión Indica si las oraciones son **ciertas** o **falsas**. Corrige las falsas.

1. La acción transcurre en Cartagena.
2. Totó y Joel dicen que quieren el bote para pasear con sus compañeros en el río.
3. Los padres van todos los miércoles por la noche al cine.
4. Los niños inundan la casa con agua del grifo.
5. Los únicos que sobreviven a la inundación son los peces de colores.
6. El que le sugiere a Totó la idea de que la luz es como el agua es su papá.

(2) Análisis En parejas, relean la definición de realismo mágico y luego respondan las preguntas.

1. Los niños navegan "entre las islas de la casa". ¿Qué son las islas del apartamento?
2. ¿Qué significa la frase "rescataron del fondo de la luz las cosas que durante años se habían perdido en la oscuridad"? En la realidad, ¿les parece que la luz tiene fondo? En este relato, ¿cuál es el fondo de la luz?
3. Repasa el significado de **comparación (Lección 4)**. ¿Se usan comparaciones en este relato? Escríbanlas y expliquen cómo proporcionan mayor expresividad.

(3) Interpretación Responde las preguntas con oraciones completas.

1. ¿Por qué te parece que teniendo una gran casa en Cartagena viven en Madrid en un pequeño apartamento? ¿Cuáles crees que podrían ser las causas?
2. El narrador señala que toda la aventura de los niños es consecuencia de una "ligereza" suya, porque "no tuvo el valor de pensarlo dos veces". ¿Por qué te parece que dice eso? ¿Qué opinas tú de su respuesta? ¿Crees que él es culpable de lo que ocurre después?
3. Los niños aprovechan que sus padres no están para inundar el apartamento y guardan el secreto; sólo se lo cuentan a sus compañeros. ¿Por qué hacen eso? ¿Puedes establecer algún paralelo entre ir al cine y navegar con la luz?

(4) Entrevista En grupos de cuatro, preparen una entrevista con el primer bombero que entró en el apartamento inundado. Un(a) de ustedes es el/la reportero/a y el resto son bomberos. Hablen sobre las causas y consecuencias del accidente y usen lenguaje objetivo y preciso. Luego representen la entrevista frente a la clase.

(5) Bitácoras de viaje Utilizando el realismo mágico, describe en una bitácora de viaje (*travel log*) un día de un viaje especial. Describe adónde fuiste, qué hiciste, con quién fuiste y por qué fue especial. Describe elementos maravillosos de tu viaje y presenta detalles mágicos como si fueran normales.

SUPERSITE

Antes de leer

Vocabulario

el apogeo *height; highest level*	**el mito** *myth*
el artefacto *artifact*	**la pared** *wall*
el campo *ball field*	**la piedra** *stone*
el/la dios(a) *god/goddess*	**la pirámide** *pyramid*
el juego de pelota *ball game*	**la ruta maya** *the Mayan Trail*
la leyenda *legend*	

Tikal Completa las oraciones con las palabras apropiadas.

1. Tikal, antiguamente una gran ciudad, es ahora una impresionante colección de ruinas que se encuentra en la _____ de Guatemala.

2. Hay seis _____ en el centro de la ciudad. Son los edificios más grandes de Tikal.

3. En la misma zona hay varios _____ donde se jugaba al _____.

4. Durante sus excavaciones, los arqueólogos han encontrado _____ fascinantes y también esculturas y monumentos de _____.

Conexión personal ¿Cuál es la ruta más interesante que has recorrido? ¿Fue un viaje organizado o lo planeaste por tu cuenta?

Contexto cultural

Campo de pelota en Chichén Itzá

En la cultura maya, el deporte era a veces cuestión de vida o muerte. El juego de pelota se jugó durante más de 3.000 años en un campo entre muros (*stone walls*) con una pelota de goma (*rubber*) dura y mucha protección para el cuerpo de los jugadores. Era un juego muy violento y acababa a veces en un sacrificio ritual, posiblemente la decapitación (*beheading*) de algunos jugadores.

Cuenta la leyenda que los hermanos gemelos (*twins*) Ixbalanqué y Hunahpú eran tan aficionados al juego que enojaron a los dioses de la muerte, los señores de Xibalbá, con el ruido (*noise*) que hacían con las pelotas. Los señores de Xibalbá controlaban un mundo subterráneo, al que se llegaba por una cueva (*cave*). Todo individuo que entraba en Xibalbá pasaba por una serie de pruebas y trampas (*traps*) peligrosas como cruzar (*cross*) un río de escorpiones, entrar en una casa llena de cuchillos en movimiento y participar en un juego mortal de pelota. Los gemelos usaron su habilidad atlética, su inteligencia y la magia para vencer (*defeat*) a los dioses y transformarse en el sol y la luna. Por eso, entre los mayas el juego era una competencia entre fuerzas enemigas como el bien y el mal o la luz y la oscuridad.

APOGEO MAYA

Uxmal
600-900 d.C.
Chichén Itzá
967-987 d.C.

Tikal
250-800 d.C.

Copán
300-900 d.C.

La ruta maya

1 Los mayas, investigadores de ciencias y matemáticas y destacados° *outstanding*
arquitectos de espacios monumentales, han dejado evidencia de
un mundo ilustre e intelectual que todavía brilla hoy día. En su
momento de mayor extensión, el territorio maya incluía partes
5 de lo que ahora es México, Guatemala, Belice, El Salvador y
Honduras. Una imaginaria ruta maya une estos lugares dispersos,
atravesando° siglos y países, y revela restos de una gran civilización. *crossing*
La ruta pasa por selva y ciudad, por vegetación exuberante y por

ruinas que resisten y también muestran el
paso del tiempo. El viajero puede elegir entre
múltiples lugares y numerosos caminos. Sin
embargo, hay un itinerario particular que
conecta la arquitectura, la cultura y el deporte
a través del tiempo y el espacio: la ruta de los
campos de pelota. Debido al° enorme valor
cultural del juego, se construyeron canchas
en casi todas las poblaciones importantes,
incluyendo las espléndidas construcciones
de Copán y Chichén Itzá. La ruta que pasa
por algunos de los 700 campos de pelota
desentierra° maravillas arqueológicas.

En la densa selva en el oeste de Honduras,
cerca de la frontera con Guatemala, surge°
Copán, donde gobernaron varias dinastías
de reyes. Entre las ruinas permanece° un
elegantísimo campo de pelota, una cancha
que tenía hasta vestuarios° para los jugadores.
Grandes paredes, adornadas de esculturas
de loros°, rodean° el campo más artístico de
Mesoamérica. En Copán vivía una élite de
artesanos y nobles que esculpían° y escribían
en piedra°. Por eso, se concentran en Copán
la mayor cantidad de esculturas° y estelas°
—monumentos de figuras y lápidas° con

Chichén Itzá

El más impresionante de los campos
de pelota se encuentra en Chichén Itzá
en Yucatán, México. En su período de
esplendor, Chichén Itzá era el centro de
poder de Mesoamérica. Actualmente es uno
de los sitios arqueológicos más importantes
del mundo. La gran pirámide, conocida con
el nombre *El Castillo*, era un rascacielos°
en su época. Con escaleras que suben a la
cumbre° por los cuatro lados, El Castillo
sirvió de templo del dios Kukulcán. Hay
varias canchas de pelota en Chichén Itzá,
pero la más grandiosa y espectacular se llama
el Gran Juego de Pelota. A pesar de medir°
166 por 68 metros (181 por 74 yardas), la
acústica es tan magnífica que sirve de modelo
para teatros: un susurro° se puede oír de un
extremo al otro. Mientras competían, los
jugadores sentían la presión de las esculturas
que adornaban las paredes, las cuales
muestran a unos jugadores decapitando a
otros. El peligro era un recordatorio° de que
el juego era también una ceremonia solemne
y el campo, un templo.

Esta ruta maya continúa por campos
como el de Uxmal en Yucatán, México,
donde se pueden apreciar grandes logros°
arquitectónicos. En todos ellos, se oyen las
voces lejanas de la civilización maya, ecos que
nos hacen viajar por el tiempo y despiertan
la imaginación. ▪

Mesoamérica

La región de Mesoamérica empieza en el centro de
México y llega hasta la frontera entre Nicaragua y
Costa Rica. Aquí vivían sociedades agrarias que se
destacaron por sus avances en la arquitectura, el
arte y la tecnología en los 3.000 años anteriores a la
llegada de Cristobal Colón al continente americano.
Entre las culturas de Mesoamérica se incluyen la
maya, azteca, olmeca y tolteca. Los mayas tomaron
la escritura y el calendario mesoamericanos y los
desarrollaron hasta su mayor grado de sofisticación.

jeroglíficos— de la ruta maya. En las famosas
escalinatas° de la ciudad se pueden examinar
jeroglíficos que contienen todo un árbol
genealógico y que cuentan la historia de los
reyes de Copán. Estas inscripciones forman el
texto maya más largo que se preserva hoy día.

Margin glosses:

due to 15
unearths
arises
stands 25
dressing rooms
parrots/ surround
sculpted
stone sculptures/ steles
stone tables
skyscraper
peak 50
measuring
whisper
reminder
achievements
stairways

Después de leer

La ruta maya

(1) Comprensión Decide si las oraciones son **ciertas** o **falsas**. Corrige las falsas.

1. En su momento de mayor extensión, el territorio maya empezaba en lo que hoy se llama México y terminaba en lo que hoy se llama Guatemala.
2. Los mayas construyeron muy pocas canchas de pelota.
3. En Copán vivía una élite de artesanos y nobles que escribían en piedra.
4. Los jeroglíficos de Copán cuentan la leyenda de los gemelos Ixbalanqué y Hunahpú.
5. Chichén Itzá fue el centro de poder de Mesoamérica.
6. El Castillo es la cancha de pelota más grande.

(2) Interpretación Contesta las preguntas con oraciones completas.

1. ¿Qué significado tenía el juego de pelota en la cultura maya?
2. ¿Cuáles eran algunos de los peligros del juego?
3. ¿Qué tienen de extraordinario las ruinas de Copán?
4. ¿Qué detalles indican que Chichén Itzá había sido una ciudad importantísima?
5. ¿Cuál es un ejemplo de la importancia de los dioses para los mayas?

(3) Itinerarios En grupos, preparen el itinerario para un recorrido por una de estas rutas. Luego compartan el itinerario con el resto de la clase.

- la ruta de los campos de béisbol
- Norteamérica de punta a punta
- las mansiones de los famosos en Hollywood

(4) Leyendas Imagina que los gemelos de la leyenda maya, Ixbalanqué y Hunahpú, vuelven al mundo subterráneo de los señores de Xibalbá. Los dioses de la muerte quieren que los hermanos pasen por una serie de pruebas y trampas. Inventa un capítulo de su historia en tres párrafos. Utiliza los tiempos del pasado que conoces.

MODELO Una madrugada de un día frío y oscuro, los hermanos Ixbalanqué y Hunahpú decidieron volver a desafiar a los señores de Xibalbá...

Atando cabos

¡A conversar!

La luna de miel Trabajen en grupos de cuatro. Imaginen cómo fue la luna de miel de dos de estas parejas.

a   b   c   d

A. Primero, hablen acerca de la luna de miel de cada pareja: ¿cómo es la pareja?, ¿adónde fueron?, ¿qué hicieron?, ¿por qué eligieron ese lugar?, ¿qué cosas empacaron?

B. Luego, comparen las dos lunas de miel usando comparativos y expresiones negativas y positivas. Escriban por lo menos tres o cuatro comparaciones.

C. Por último, compartan sus comparaciones con la clase y escuchen las comparaciones de sus compañeros/as. Entre todos, realicen algunas comparaciones sobre todas las parejas usando comparativos y superlativos.

¡A escribir!

Consejos de viaje Sigue el **Plan de redacción** para escribir unos consejos de viaje. Imagina que trabajas en una agencia de viajes y tienes que organizar un tour para unos/as amigos/as tuyos/as que van a visitar una ciudad o un país que tú conoces bastante bien. Haz una lista de los lugares y cosas que les recomiendas que hagan. Ten en cuenta la personalidad de tus amigos/as y elige bien qué sitios crees que les van a gustar más.

Plan de redacción

Contenido: Recuerda que tienes que tener en cuenta el clima del lugar, la ropa que deben llevar, el hotel donde pueden alojarse y los espectáculos culturales a los que pueden asistir. También es importante que les recomiendes algún restaurante o alguna comida típica del lugar. No olvides utilizar oraciones con subjuntivo en todas tus recomendaciones. Puedes usar estas expresiones:

- Es importante que...
- Les recomiendo que...
- Busquen un hotel que…
- Es probable que…
- Es mejor que…
- Visiten lugares que…

Conclusión: Termina la lista de consejos deseándoles a tus amigos/as un buen viaje.

De viaje

la bienvenida	welcome
la despedida	farewell
el destino	destination
el itinerario	itinerary
la llegada	arrival
el pasaje (de ida y vuelta)	(round trip) ticket
el pasaporte	passport
la temporada alta/ baja	high/low season
el/la viajero/a	traveler
hacer las maletas	to pack
hacer un viaje	to take a trip
ir(se) de vacaciones	to take a vacation
perder (e:ie) (el vuelo)	to miss (the flight)
regresar	to return
a bordo	on board
retrasado/a	delayed
vencido/a	expired
vigente	valid

El alojamiento

el albergue	hostel
el alojamiento	lodging
la habitación individual/doble	single/double room
la recepción	front desk
el servicio de habitación	room service
alojarse	to stay
cancelar	to cancel
estar lleno/a	to be full
quedarse	to stay
reservar	to reserve
de buena categoría	high quality
incluido/a	included
recomendable	recommendable; advisable

La seguridad y los accidentes

el accidente (automovilístico)	(car) accident
el/la agente de aduanas	customs agent
el aviso	notice; warning
el cinturón de seguridad	seatbelt
el congestionamiento	traffic jam
las medidas de seguridad	security measures
la seguridad	safety; security
el seguro	insurance
ponerse/quitarse (el cinturón)	to fasten/to unfasten (the seatbelt)
reducir (la velocidad)	to reduce (speed)
peligroso/a	dangerous
prohibido/a	prohibited

Las excursiones

la aventura	adventure
el/la aventurero/a	adventurer
la brújula	compass
el buceo	scuba diving
el campamento	campground
el crucero	cruise ship
el (eco)turismo	(eco)tourism
la excursión	excursion; tour
la frontera	border
el guía turístico	tour guide
la isla	island
las olas	waves
el puerto	port
las ruinas	ruins
la selva	jungle
el/la turista	tourist
navegar	to sail
recorrer	to go across; to travel
lejano/a	distant
turístico/a	tourist (adj.)

Más vocabulario

Expresiones útiles	Ver p. 169
Estructura	Ver pp. 176-177, 180-181 y 184-185

Cinemateca

el anillo	ring
el azar	chance
la casualidad	chance; coincidence
el diamante	diamond
la manga	sleeve
la sortija	ring
el tapón	traffic jam
botar	to throw… out
botarse	(P.Rico; Cuba) to outdo oneself
echar	to throw away
enganchar	to get caught
tirar	to throw

Literatura

la bahía	bay
el bote	boat
la cascada	cascade; waterfall
el faro	lighthouse; beacon
el muelle	pier
la pesca	fishing
la popa	stern
la proa	bow
el remo	oar
el tiburón	shark
flotar	to float
ahogado/a	drowned

Cultura

el apogeo	height; highest level
el artefacto	artifact
el campo	ball field
el/la dios(a)	god/goddess
el juego de pelota	ball game
la leyenda	legend
el mito	myth
la pared	wall
la piedra	stone
la pirámide	pyramid
la ruta maya	the Mayan Trail

La naturaleza

6

Communicative Goals

You will expand your ability to…

- describe and narrate in the future
- express purpose, condition, and intent
- describe relationships between things/ people/ideas

La naturaleza

SUPERSITE

La naturaleza

El Caribe presenta **costas** infinitas con palmeras **a orillas del mar**, aguas cristalinas y extensos **arrecifes** de coral con un **paisaje** submarino sin igual.

el árbol *tree*
el arrecife *reef*
el bosque (lluvioso) *(rain) forest*
el campo *countryside; field*
la cordillera *mountain range*

la costa *coast*
el desierto *desert*
el mar *sea*
la montaña *mountain*
el paisaje *landscape; scenery*
la tierra *land; earth*
___
húmedo/a *humid; damp*
seco/a *dry*
___
a orillas de *on the shore of*
al aire libre *outdoors*

Los animales

el ave (f.)/el pájaro *bird*
el cerdo *pig*
el conejo *rabbit*
el león *lion*
el mono *monkey*
la oveja *sheep*
el pez *fish*
la rana *frog*

la serpiente *snake*
el tigre *tiger*
la vaca *cow*
___
atrapar *to trap; to catch*
cazar *to hunt*
dar de comer *to feed*

extinguirse *to become extinct*
morder (o:ue) *to bite*
___
en peligro de extinción *endangered*
salvaje *wild*
venenoso/a *poisonous*

Los fenómenos naturales

el huracán *hurricane*
el incendio *fire*
la inundación *flood*
el relámpago *lightning*
la sequía *drought*
el terremoto *earthquake*
la tormenta (tropical) *(tropical) storm*
el trueno *thunder*

El medio ambiente

Eugenia le explica a Jorge que el **reciclaje** de botellas es muy importante para evitar **malgastar** el plástico y **proteger** el **medio ambiente**.

el calentamiento global *global warming*
la capa de ozono *ozone layer*
el combustible *fuel*
la contaminación *pollution; contamination*

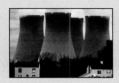

la deforestación *deforestation*
el desarrollo *development*
la erosión *erosion*
la fuente de energía *energy source*
el medio ambiente *environment*
los recursos naturales *natural resources*

agotar *to use up*
conservar *to conserve; to preserve*
contaminar *to pollute; to contaminate*
contribuir (a) *to contribute*
desaparecer *to disappear*
destruir *to destroy*
malgastar *to waste*
proteger *to protect*
reciclar *to recycle*

resolver (o:ue) *to solve*

dañino/a *harmful*
desechable *disposable*
renovable *renewable*
tóxico/a *toxic*

La naturaleza

Práctica

1 **Escuchar**

🎧 **A.** Escucha el informativo de la noche y después completa las oraciones con la opción correcta.

1. Hay ____.
   a. una inundación   b. un incendio
2. Las causas de lo que ha ocurrido ____.
   a. se conocen   b. se desconocen
3. En los últimos meses, ha habido ____.
   a. mucha sequía   b. muchas tormentas
4. Las autoridades temen que ____.
   a. los animales salvajes vayan a los pueblos
   b. el incendio se extienda
5. Los pueblos de los alrededores ____.
   a. están en peligro   b. están contaminados

🎧 **B.** Escucha la conversación entre Pilar y Juan y después contesta las preguntas con oraciones completas.

1. ¿Dónde hay un incendio?
2. Según lo que escuchó Pilar, ¿qué puede suceder?
3. ¿Qué animales tenían los abuelos de Juan?
4. ¿Qué hacía Pilar con los peces que veía?
5. ¿Qué ha pasado con los peces que había antes en la costa?

C. En parejas, hablen de los cambios que han visto ustedes en la naturaleza a lo largo de los años. Hagan una lista y compártanla con la clase.

2 **¡A emparejar!** Conecta las palabras de forma lógica.

| MODELO | fenómeno natural: terremoto |

____ 1. proteger   a. león
____ 2. tormenta   b. serpiente
____ 3. destrucción   c. incendio
____ 4. campo   d. conservar
____ 5. salvaje   e. trueno
____ 6. venenosa   f. aire libre

Práctica

3 **¿Cierto o falso?** Indica si estas afirmaciones son **ciertas** o **falsas**. Corrige las falsas.

Cierto   Falso

☐   ☐   1. Un relámpago es un fenómeno natural que ilumina el cielo cuando hay tormenta.

☐   ☐   2. Cuando algo es desechable, se debe reciclar.

☐   ☐   3. Algunas vacas son venenosas.

☐   ☐   4. Un producto tóxico es dañino para el medio ambiente.

☐   ☐   5. La sequía es un largo período de tiempo con lluvias.

☐   ☐   6. Un desierto es una extensión de tierra donde no suele llover.

☐   ☐   7. Una inundación es un fenómeno natural que se produce cuando se mueve la tierra.

☐   ☐   8. Dicen que el conejo es el rey de la selva.

4 **¿Qué es la biodiversidad?** Completa el artículo de la revista *Facetas* con la palabra o expresión correspondiente.

animal	costas	paisaje
arrecifes de coral	mar	proteger
bosques	medio ambiente	recursos naturales
conservar	montañas	tierra

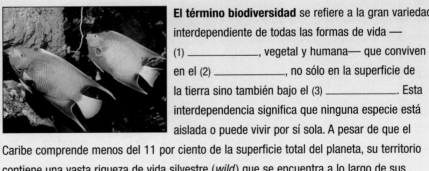

El término biodiversidad se refiere a la gran variedad interdependiente de todas las formas de vida — (1) _____, vegetal y humana— que conviven en el (2) _____, no sólo en la superficie de la tierra sino también bajo el (3) _____. Esta interdependencia significa que ninguna especie está aislada o puede vivir por sí sola. A pesar de que el Caribe comprende menos del 11 por ciento de la superficie total del planeta, su territorio contiene una vasta riqueza de vida silvestre (*wild*) que se encuentra a lo largo de sus (4) _____ tropicales húmedos, (5) _____ altas, extensas costas, y del increíble (6) _____ submarino de los (7) _____. Se estima que en la actualidad hay más de 65 organizaciones ambientalistas que trabajan para (8) _____ y (9) _____ los valiosos (10) _____ de las islas caribeñas.

Comunicación

5 **Preguntas** En parejas, túrnense para contestar las preguntas.

1. Cuando vas de vacaciones, ¿qué tipo de lugar prefieres? ¿El campo, la costa, la montaña? ¿Por qué?

2. ¿Tienes un animal preferido? ¿Cuál es? ¿Por qué te gusta? ¿Y qué animales no te gustan? ¿Por qué?

3. ¿Qué opinas de la práctica de cazar animales salvajes? ¿Es cruel? ¿Es necesario controlar la población para el bien de la especie?

4. ¿Qué opinas del uso de abrigos de piel (*fur*)? ¿Hay alguna diferencia entre usar zapatos de cuero (*leather*) y usar un abrigo de piel de zorro (*fox*)?

5. ¿Qué fenómenos naturales son comunes en tu área? ¿Los huracanes, las sequías? ¿Qué efectos o consecuencias tienen para el medio ambiente?

6. En tu opinión, ¿cuál es el problema más grave que afecta al medio ambiente? ¿Qué podemos hacer para mejorar la situación?

6 **¿Qué es mejor?** En parejas, hablen sobre las ventajas y las desventajas de las alternativas de la lista. Consideren el punto de vista práctico y el punto de vista ambiental. Utilicen el vocabulario de **Contextos**.

- usar servilletas de papel o de tela (*fabric*)
- tirar restos de comida a la basura o en el triturador del fregadero (*garbage disposal*)
- acampar en un parque nacional o alojarse en un hotel
- imprimir (*print*) el papel de los dos lados o simplemente imprimir menos

7 **Asociaciones** En parejas, comparen sus personalidades con las cualidades de estos animales, elementos y/o fuerzas de la naturaleza. ¿Con cuáles te identificas? ¿Con cuáles crees que se identifica tu compañero/a? ¿Por qué? Comparen sus respuestas. Utilicen el vocabulario de **Contextos**.

árbol	fuente de energía	mar	relámpago
bosque	huracán	montaña	serpiente
conejo	incendio	pájaro	trueno
desierto	león	pez	terremoto

MODELO

terremoto
Soy como un terremoto. No me quedo quieto/a un instante.
pájaro
Yo me identifico con los pájaros. Soy libre y soñador(a).

SUPERSITE

Aguayo se va de vacaciones, dejando su pez al cuidado de los empleados *Facetas*.

1

MARIELA ¡Es una araña gigante!

FABIOLA No seas miedosa.

MARIELA ¿Qué haces allá arriba?

FABIOLA Estoy dejando espacio para que la atrapen.

DIANA Si la rocías con esto (*muestra el matamoscas en spray*), la matas bien muerta.

AGUAYO Pero esto es para matar moscas.

2

FABIOLA ¡Las arañas jamás se van a extinguir!

MARIELA Las que no se van a extinguir son las cucarachas. Sobreviven la nieve, los terremotos y hasta los huracanes, y ni la radiación les hace daño.

FABIOLA ¡Vaya! Y… ¿tú crees que sobrevivirían al café de Aguayo?

3

AGUAYO Mariela, ¿podrías hacer el favor de tomar mis mensajes? Voy a casa por mi pez. Diana se ofreció a cuidarlo durante mis vacaciones.

MARIELA ¡Cómo no, jefe!

AGUAYO Mañana por la tarde estaremos en el campamento.

FABIOLA ¿Cómo pueden llamarle "vacaciones" a eso de dormir en el suelo y comer comida enlatada?

6

AGUAYO Ésta es su comida. Sólo una vez al día. No le des más aunque ponga cara de perrito… Bueno, debo irme.

MARIELA ¿Cómo sabremos si pone cara de perrito?

AGUAYO En vez de hacer así (*hace gestos con la cara*)…, hace así.

7

JOHNNY Última llamada.

FABIOLA Nos quedaremos cuidando a Bambi.

ÉRIC Me encanta el pececito, pero me voy a almorzar. Buen provecho.

Los chicos se marchan.

8

DIANA ¡Ay! No sé ustedes, pero yo lo veo muy triste.

FABIOLA Claro. Su padre lo abandonó para irse a dormir con las hormigas.

MARIELA ¿Por qué no le damos de comer?

FABIOLA ¡Ya le he dado tres veces!

MARIELA Ya sé. Podríamos darle el postre.

AGUAYO

DIANA

ÉRIC

FABIOLA

JOHNNY

MARIELA

AGUAYO La idea es tener contacto con la naturaleza, Fabiola. Explorar y disfrutar de la mayor reserva natural del país.

MARIELA Debe ser emocionante.

AGUAYO Lo es. Sólo tengo una duda. ¿Qué debo hacer si veo un animal en peligro de extinción comerse una planta en peligro de extinción?

FABIOLA Tómale una foto.

AGUAYO Chicos, les presento a Bambi.

MARIELA ¿Qué? ¿No es Bambi un venadito?

AGUAYO ¿Lo es?

JOHNNY ¿No podrías ponerle un nombre más original?

FABIOLA Sí, como *Flipper*.

FABIOLA Miren lo que encontré en el escritorio de Johnny.

MARIELA ¡Galletitas de animales!

DIANA ¿Qué haces?

MARIELA Hay que encontrar la ballenita. Es un pez y está solo. Supongo que querrá compañía.

DIANA Pero no podemos darle galletas.

FABIOLA ¿Y qué vamos a hacer? Todavía se ve tan triste.

MARIELA ¡Ya sé! Tenemos que hacerlo sentir como si estuviera en su casa. (*Pegan una foto de la playa en la pecera.*) ¿Qué tal ésta con el mar?

DIANA ¡Perfecta! Se ve tan feliz.

FABIOLA Míralo.

Llegan los chicos.

ÉRIC ¡Bambi! Maldito pez. En una playa tropical con tres mujeres.

Expresiones útiles

Talking about the future

¡Las arañas jamás se van a extinguir!
Spiders will never go extinct!

¿Y qué vamos a hacer?
What are we going to do?

Mañana por la tarde estaremos en el campamento.
Tomorrow afternoon we will be in the campground.

Nos quedaremos cuidando a Bambi.
We will stay and look after Bambi.

Expressing perceptions

Yo lo/la veo muy triste.
He/She looks very sad to me.

Se ve tan feliz.
He/She looks so happy.

Parece que está triste/contento/a.
It looks like he/she is sad/happy.

Al parecer, no le gustó.
It looks like he/she didn't like it.

¡Qué guapo/a te ves!
How attractive you look!

¡Qué elegante se ve usted!
How elegant you look!

Additional vocabulary

la araña *spider*
Buen provecho. *Enjoy your meal.*
la comida enlatada *canned food*
la cucaracha *cockroach*
la hormiga *ant*
la mosca *fly*
rociar *to spray*

Comprensión

1 **¿Quién lo dijo?** Identifica lo que dijo cada personaje.

1. No podemos darle galletas.
2. Mañana por la tarde, estaremos en el campamento.
3. Tómale una foto.
4. Me encanta el pececito, pero me voy a almorzar.
5. Podríamos darle el postre.

> AGUAYO
> DIANA
> ÉRIC
> FABIOLA
> MARIELA

2 **¿Qué falta?** Completa las oraciones con las frases de la lista.

las cucarachas	un nombre original
el pez	denle de comer
de comer	tener contacto con la naturaleza

1. **FABIOLA** ¿Tu crees que _____ pueden sobrevivir al café de Aguayo?
2. **MARIELA** Debe ser emocionante _____.
3. **FABIOLA** Sí, _____ como "Flipper".
4. **AGUAYO** _____ sólo una vez al día.
5. **MARIELA** ¿Cómo sabremos si _____ pone cara de perrito?
6. **FABIOLA** Ya le he dado tres veces _____.

3 **¿Qué dijo?** Comenta lo que dijeron los personajes. Utiliza los verbos entre paréntesis.

> **MODELO** **JOHNNY** **¿No podrías ponerle un nombre más original? (sugerir a Aguayo)**
>
> Johnny le sugiere a Aguayo que le ponga un nombre más original.

AGUAYO Mariela, ¿podrías hacer el favor de tomar mis mensajes? (pedir a Mariela)

FABIOLA Toma una foto. (aconsejar a Aguayo)

AGUAYO No le des más aunque ponga cara de perrito… (ordenar a Mariela)

MARIELA ¿Por qué no le damos de comer? (sugerir a Diana)

4 **Preguntas y respuestas** En parejas, háganse preguntas sobre estos temas.

> **MODELO** **irse de campamento**
>
> —¿Quién se va de campamento?
> —Aguayo se va de campamento.

- tenerle miedo a las arañas
- Aguayo y su esposa / comer
- cuidar a la mascota
- irse a almorzar
- dar de comer
- sentirse feliz

Ampliación

⑤ **Carta a Aguayo** Aguayo dejó a su pececito al cuidado de los empleados de *Facetas*, pero ocurrió algo terrible: Bambi se murió. Ahora, ellos deben contarle a Aguayo lo sucedido. En parejas, escriban la carta que los empleados le enviaron a Aguayo.

> *Querido jefe:*
>
> *Esperamos que esté disfrutando de sus vacaciones y de la comida enlatada. Nosotros estamos bien, pero tenemos que darle una mala noticia. El otro día…*

 ⑥ **Apuntes culturales** En parejas, lean los párrafos y contesten las preguntas.

Las mascotas

Aguayo dejará su mascota Bambi al cuidado de Diana. Otro tipo de mascota con hábitos acuáticos es el carpincho (*capybara*), común a orillas de ríos en Sudamérica. Este simpático "animalito" fácil de domesticar es el roedor (*rodent*) más grande del planeta, ¡con un peso de hasta 100 libras! Un poquito grande para la oficina de *Facetas*, ¿no?

De campamento

Según Aguayo, la idea de acampar es estar en contacto con la naturaleza. Un sitio emocionante para acampar es la comunidad boliviana de **Rurrenabaque**, puerta de entrada al **Parque Nacional Madidi**. Este parque, una de las reservas más importantes del planeta, comprende cinco pisos (*floors*) ecológicos, desde llanuras (*plains*) amazónicas hasta cordilleras nevadas.

El alacrán

Fabiola y Mariela les tienen miedo a las arañas. ¡Y no es para menos! Algunos arácnidos (*arachnids*) son muy peligrosos. En la República Dominicana, los alacranes (*scorpions*) son temidos (*feared*) por su veneno mortal. Se los puede encontrar debajo de los muebles, en los zapatos… ¿Sobrevirían los alacranes al matamoscas de Diana?

1. ¿Qué mascotas exóticas conoces? Menciona como mínimo tres o cuatro. ¿Cuáles son sus hábitos? ¿Son fáciles o difíciles de domesticar? ¿Son peligrosos/as?

2. ¿Has acampado alguna vez? ¿Dónde? ¿Por cuántos días? ¿Qué hiciste?

3. ¿Qué significa la expresión "piso ecológico"? ¿Has estado alguna vez en una región con distintos "pisos ecológicos"? ¿Cómo es la geografía de la región en donde vives?

4. ¿Has visto un alacrán alguna vez? ¿Qué otros insectos peligrosos conoces? ¿Te han picado (*bitten*)? ¿Les tienes miedo?

En detalle

EL CARIBE

Los bosques
DEL MAR

¿Te sumergiste alguna vez en el más absoluto de los silencios para contemplar los majestuosos arrecifes de coral? En el Caribe hay más de 26.000 kilómetros cuadrados de arrecifes, también llamados *bosques tropicales del mar* por la inmensa biodiversidad que se encuentra en ellos. Sus extravagantes formas de intensos colores proporcionan el ecosistema ideal para las más de 4.000 especies de peces y miles de especies de plantas que en ellos habitan.

Nuestras vidas también dependen de estas formaciones: los arrecifes del Caribe protegen las costas de Florida y de los países caribeños de los huracanes. Sus inmensas estructuras aplacan° la fuerza de las tormentas antes de que lleguen a las costas, cumpliendo la función de barreras° naturales. También protegen las playas de la erosión y son un refugio para muchas especies animales en peligro de extinción.

En Cuba se destacan° los arrecifes de María la Gorda, en el extremo occidental de la isla. En esta área altamente protegida, más de 20 especies de corales forman verdaderas cordilleras, grutas° y túneles subterráneos.

3200 Km de arrecifes
Cuba
María La Gorda
166 Km de arrecifes
237 especies de coral
República Dominicana
Puerto Rico
Parque Nacional Submarino La Caleta

Lamentablemente, los arrecifes están en peligro por culpa de la mano del hombre. La construcción desmedida° en las costas y la contaminación de las aguas por los desechos° de las alcantarillas° provocan una sedimentación que enturbia° el agua y mata el coral porque le quita la luz que necesita. La pesca descontrolada, el exceso de turismo y la recolección de coral por parte de los buceadores son otros de sus grandes enemigos. De hecho, algunos expertos dicen que el 70% del coral desaparecerá en unos 40 años. Así que, si eres uno de los afortunados que puede visitarlos cuídalos, no los toques y avisa si ves que alguien los está dañando. Su futuro depende de todos nosotros. ∎

Los **arrecifes de coral** son uno de los más antiguos hábitats de la Tierra; algunos de ellos llegan a tener más de 10.000 años. Muchos los confunden con plantas o con rocas, pero los arrecifes de coral son, en realidad, estructuras formadas por pólipos° de coral, unos animales diminutos° que al morir dejan unos residuos de piedra caliza°. Los arrecifes son el refugio ideal para muchos tipos de animales, tales como esponjas, pescados y tortugas.

aplacan *placate* **barreras** *barriers* **se destacan** *stand out* **grutas** *caves* **desmedida** *excessive* **desechos** *waste*
alcantarillas *sewers* **enturbia** *clouds* **pólipos** *polyps* **diminutos** *minute* **piedra caliza** *limestone*

Frases de animales

andar como perro sin pulga° (Méx.)   *to be carefree*

comer como un chancho   *to eat like a pig*

¡el mono está chiflando!° (Cu.)   *how windy!*

estar como una cabra (Esp.)   *to be as mad as a hatter*

marca perro (Arg., Chi. y Uru.)   *(of an object) by an unknown brand*

¡me pica el bagre!° (Arg.)   *I'm getting hungry!*

¡qué búfalo/a! (Nic.)   *fantastic!*

¡qué tortuga! (Col.)   *(of a person) how slow!*

ser (una) rata   *to be stingy*

Organizaciones ambientales

Protección de la biosfera El Parque Nacional Yasuní, declarado Reserva Mundial de la Biosfera por la UNESCO en 1989, está ubicado en la Amazonia ecuatoriana. En la actualidad, varias organizaciones ambientales intentan frenar el avance de empresas petroleras que operan en el 60% del territorio del parque.

Campañas contra transgénicos En 2004, Greenpeace comenzó una campaña en Chile con el objetivo de lograr que el gobierno obligue a las empresas alimenticias a identificar los alimentos elaborados con ingredientes de origen transgénico mediante el etiquetado de los envases°.

Protección de aves amenazadas Gracias al Fondo Peregrino de Panamá, las aves arpías° están siendo rescatadas y protegidas. Se calcula que Panamá es el único país de América Latina que protege esta ave. En 2002 y 2003 se estima que nacieron un promedio de siete aves por año, cifra que en otros países lleva años alcanzar.

PARQUE NACIONAL SUBMARINO LA CALETA

En 1984, por obra y gracia del Grupo de Investigadores Submarinos, el buque de rescate Hickory se hundió en el Parque Nacional Submarino La Caleta, a unos 17 kilómetros de Santo Domingo. No fue un accidente, sino que el objetivo de los especialistas era sumergir el buque intacto para que sirviera de arrecife artificial para las especies en peligro. Con el paso de los años, el barco se cubrió de esponjas y corales, y por él pasean miles de peces. El Hickory, que está a unos 20 metros de profundidad, es hoy día una de las mayores atracciones del Parque. Por cierto, el Hickory no es el único atractivo del Parque Nacional. Tiene otro barco-museo hundido para el buceo y en sus aguas, que llegan a una profundidad de 180 metros (590 pies), se pueden contemplar tres terrazas de arrecifes. Los corales forman verdaderas alfombras de tonos rojos, amarillos y anaranjados que impresionan al buceador más exigente.

> ❝El hombre no sólo es un problema para sí, sino también para la biosfera en que le ha tocado vivir.❞
> (Ramón Margalef, ecólogo español)

SUPERSITE Conexión Internet

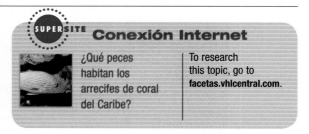

¿Qué peces habitan los arrecifes de coral del Caribe?

To research this topic, go to **facetas.vhlcentral.com**.

andar como... *(lit.) to be like a dog without a flea* **el mono**... *(lit.) the monkey is whistling* **estar como**... *(lit.) to be like a goat* **me pica**... *(lit.) my catfish is itching/tickling me* **etiquetado**... *container labeling* **aves arpías** *harpy eagles*

¿Qué aprendiste?

1 **¿Cierto o falso?** Indica si estas afirmaciones son ciertas o falsas. Corrige las falsas.

1. Los arrecifes de coral son unas plantas de intensos colores.
2. Los arrecifes de coral también son conocidos como los *bosques tropicales del mar*.
3. Los huracanes se hacen más fuertes cuando pasan por los arrecifes.
4. Estas estructuras son un ecosistema ideal para las especies en peligro de extinción.
5. Las formaciones de coral necesitan luz.
6. Está permitido que los turistas tomen un poco de coral para llevárselo.
7. María la Gorda se encuentra en el extremo occidental de Puerto Rico.
8. En María la Gorda, los arrecifes forman túneles y cordilleras.
9. La construcción de casas cerca de las playas no afecta al desarrollo de los arrecifes.
10. Los arrecifes de coral son uno de los hábitats más antiguos del planeta.
11. En los arrecifes no viven tortugas porque no encuentran su alimento.
12. Los expertos están preocupados por el futuro de los arrecifes.

2 **Opciones** Elige la opción correcta.

1. El Grupo de Investigadores Submarinos hundieron el Hickory para crear (un parque nacional/un arrecife artificial).
2. El Parque Nacional Submarino La Caleta está ubicado en (Puerto Rico/ la República Dominicana).
3. ¿No quieres contribuir para el regalo de Juan? ¡Eres (una rata./un chancho!)
4. Si estás en Argentina y tienes hambre, dices que (te pica el bagre/estás como una cabra).

3 **Preguntas** Contesta las preguntas.

1. ¿Qué quieren frenar las organizaciones ambientales en el Parque Nacional Yasuní?
2. ¿Qué animales protege el Fondo Peregrino de Panamá?
3. ¿Qué busca Greenpeace con la campaña contra transgénicos?
4. En tu opinión, ¿a qué se refiere Ramón Margalef cuando dice que el hombre es un problema para la biosfera?

4 **Opiniones** ¿Les preocupa a ustedes la contaminación del mar? ¿Creen que tienen algún hábito en su vida diaria que perjudica nuestros mares? ¿Están dispuestos a cambiar su estilo de vida para conservar los mares sin contaminación? ¿Qué cambiarían? Compartan su opinión con la clase.

PROYECTO

Arrecifes del Caribe

Busquen información sobre los arrecifes de coral de Cuba, Puerto Rico y la República Dominicana. Elijan una zona de arrecifes y preparen una presentación para la clase. La presentación debe incluir:

- datos sobre la ubicación y la extensión
- datos sobre turismo
- datos sobre las especies de coral y otras especies de los arrecifes
- información sobre el estado de los arrecifes. ¿Están en peligro? ¿Alguna organización los protege?

¡No olviden incluir un mapa con la ubicación exacta para presentarlo en la clase!

RITMOS

GILBERTO SANTA ROSA

Gilberto Santa Rosa, más conocido como el Caballero de la Salsa, es considerado el heredero de la tradición salsera caribeña y el puente hacia los nuevos tiempos de este género musical. Comenzó su carrera de pequeño cuando, siendo adolescente, fue invitado a participar en bandas famosas, entre ellas, la orquesta *La Grande* junto al destacado° trompetista Elías López. Hoy este puertorriqueño es una figura consagrada en su país y en el mundo. Santa Rosa se convirtió en el primer cantante de música tropical en actuar en el Carnegie Hall en Nueva York. Su éxito artístico radica en su talento como sonero° en la interpretación de música tropical y también de boleros. En su producción *Directo al corazón* (2006), que incluye *Isla del encanto*, Santa Rosa coquetea con el reggaetón y la balada y, fiel a su estilo, da justo en el blanco°.

Discografía

2006 Directo al corazón   **2002** Intenso   **1995** En vivo desde el Carnegie Hall

Canción

Éste es un fragmento de la canción que tu instructor te hará escuchar.

Isla del encanto

Cuando la luna cae sobre tus palmeras
Y en tus playas el mar agita sus olas
El firmamento brinda su mejor estrella
Para darle la luz a tu preciosa arena.

Por la mañana siempre sale el sol primero
Y se llena de luz el paraíso mío
Y en la verde montaña el jibarito° canta
Un lelolay° que es signo en el mundo entero.

La **Rueda de Casino** es una de las variantes más llamativas de salsa surgida en los años cincuenta en Cuba. Las parejas bailan en forma circular y, cuando el líder del grupo hace un llamado° con el nombre de un tipo de vuelta°, las mujeres deben cambiar de pareja. Existen muchísimos llamados, algunos de ellos muy graciosos como por ejemplo: *pa'arriba, ¡dile que no!* y *Juana la cubana.*

Preguntas En parejas, contesten las preguntas.

1. ¿Cuándo comenzó la formación artística de Gilberto Santa Rosa?
2. ¿Por qué el título de la canción es *Isla del encanto*? ¿A qué se refiere?
3. ¿Qué es la Rueda de Casino?
4. ¿Qué otros cantantes de salsa conocen? ¿Bailan salsa?

destacado *renowned* **sonero** *improvising singer* **blanco** *target* **jibarito** *little Puerto Rican farmer*
lelolay *exclamation typical of jíbaros* **llamado** *call* **vuelta** *turn*

6.1 The future

Forms of the future tense

Mañana por la tarde estaremos en el campamento.

Nos quedaremos cuidando a Bambi.

TALLER DE CONSULTA

MANUAL DE GRAMÁTICA

Más práctica

6.1 The future, p. 274

6.2 The subjunctive in adverbial clauses, p. 275

6.3 Prepositions: **a, hacia**, and **con**, p. 276

Más gramática

6.4 Adverbs, p. 277

¡ATENCIÓN!

Note that all of the future tense endings carry a written accent mark except the **nosotros** form.

- The future tense (**el futuro**) uses the same endings for all **–ar, –er**, and **–ir** verbs. For regular verbs, the endings are added to the infinitive.

The future tense		
hablar	**deber**	**abrir**
hablaré	deberé	abriré
hablarás	deberás	abrirás
hablará	deberá	abrirá
hablaremos	deberemos	abriremos
hablaréis	deberéis	abriréis
hablarán	deberán	abrirán

- For irregular verbs, the same future endings are added to the irregular stem.

Infinitive	stem	preterite forms
caber	cabr-	cabré, cabrás, cabrá, cabremos, cabréis, cabrán
haber	habr-	habré, habrás, habrá, habremos, habréis, habrán
poder	podr-	podré, podrás, podrá, podremos, podréis, podrán
querer	querr-	querré, querrás, querrá, querremos, querréis, querrán
saber	sabr-	sabré, sabrás, sabrá, sabremos, sabréis, sabrán
poner	pondr-	pondré, pondrás, pondrá, pondremos, pondréis, pondrán
salir	saldr-	saldré, saldrás, saldrá, saldremos, saldréis, saldrán
tener	tendr-	tendré, tendrás, tendrá, tendremos, tendréis, tendrán
valer	valdr-	valdré, valdrás, valdrá, valdremos, valdréis, valdrán
venir	vendr-	vendré, vendrás, vendrá, vendremos, vendréis, vendrán
decir	dir-	diré, dirás, dirá, diremos, diréis, dirán
hacer	har-	haré, harás, hará, haremos, haréis, harán

Uses of the future tense

- In Spanish, as in English, the future tense is one of many ways to express actions or conditions that will happen in the future.

PRESENT INDICATIVE	PRESENT SUBJUNCTIVE
conveys a sense of certainty that the action will occur	**refers to an action that has yet to occur: used after verbs of will and influence.**
Llegan a la costa mañana.	Prefiero que lleguen a la costa mañana.
They arrive at the coast tomorrow.	*I prefer that they arrive at the coast tomorrow.*

ir a + [*infinitive*]	FUTURE TENSE
expresses the near future; is commonly used in everyday speech	**expresses an action that will occur; often implies more certainty than *ir a* + [infinitive]**
Van a llegar a la costa mañana.	Llegarán a la costa mañana.
They are going to arrive at the coast tomorrow.	*They will arrive at the coast tomorrow.*

- The English word *will* can refer either to future time or to someone's willingness to do something. To express willingness, Spanish uses the verb **querer** + [*infinitive*], not the future tense.

  ¿Quieres contribuir a la protección del medio ambiente?
  Will you contribute to the protection of the environment?

  Quiero ayudar, pero no sé por dónde empezar.
  I'm willing to help, but I don't know where to begin.

- In Spanish, the future tense may be used to express conjecture or probability, even about present events. English expresses this sense in various ways, such as *wonder, bet, must be, may, might,* and *probably.*

  ¿Qué hora **será**?
  I wonder what time it is.

  Ya **serán** las dos de la mañana.
  It must be two a.m. by now.

  ¿Lloverá mañana?
  Do you think it will rain tomorrow?

  Probablemente **tendremos** un poco de sol y un poco de viento.
  It'll probably be sunny and windy.

- When the present subjunctive follows a conjunction of time like **cuando, después (de) que, en cuanto, hasta que,** and **tan pronto como,** the future tense is often used in the main clause of the sentence.

  Nos **quedaremos** lejos de la costa **hasta que pase** el huracán.
  We'll stay far from the coast until the hurricane passes.

  En cuanto termine de llover, **regresaremos** a casa.
  As soon as it stops raining, we'll go back home.

TALLER DE CONSULTA

For a detailed explanation of the subjunctive with conjunctions of time, see **6.2.**

TALLER DE CONSULTA

MANUAL DE GRAMÁTICA

Más práctica

6.1 The future, p. 274

1 **Catástrofe** Hay muchas historias que cuentan el fin del mundo. Aquí tienes una de ellas.

A. Primero, lee la historia y subraya las expresiones del futuro. Después cambia esas expresiones por verbos en futuro.

> Los videntes (*fortune-tellers*) aseguran que van a llegar catástrofes. El clima va a cambiar. Va a haber huracanes y terremotos. Vamos a vivir tormentas permanentes. Una gran niebla va a caer sobre el mundo. El suelo del bosque va a temblar. El mundo que conocemos también va a acabarse. En ese instante, la tierra va a volver a sus orígenes.

1. _____
2. _____
3. _____
4. _____
5. _____
6. _____
7. _____
8. _____

B. Ahora, en parejas, escriban su propia historia del futuro del planeta. Pueden inspirarse en el párrafo anterior o pueden escribir una versión más optimista.

2 **Horóscopo chino** En el horóscopo chino cada signo es un animal. Lee las predicciones del horóscopo chino para la serpiente. Conjuga los verbos en paréntesis usando el futuro.

Trabajo: Esta semana (1) _____ (tener) que trabajar duro. (2) _____ (salir) poco y no (3) _____ (poder) divertirte, pero (4) _____ (valer) la pena. Muy pronto (5) _____ (conseguir) el puesto que estás esperando.

Dinero: (6) _____ (venir) tormentas económicas. No malgastes tus ahorros.

Salud: (7) _____ (resolver) tus problemas respiratorios, pero (8) _____ (deber) cuidarte la garganta.

Amor: (9) _____ (recibir) una noticia muy buena. Una persona especial te (10) _____ (decir) que te ama. (11) _____ (venir) días felices.

3 **El vidente** En parejas, imaginen que uno/a de ustedes es un(a) vidente (*fortune teller*). La otra persona quiere saber qué le sucederá en el futuro cuando hable español fluidamente. El/la vidente deberá contestar preguntas sobre estos temas.

- viajes
- relaciones
- trabajo
- estudios

MODELO **ESTUDIANTE** ¿Seguiré estudiando español en el futuro?
VIDENTE Sí, dentro de diez años harás un doctorado en español.

Comunicación

4 **Viaje ecológico** Tú y tu compañero/a tienen que planear un viaje ecológico. Decidan a qué país irán, en qué fechas y qué harán allí. Usen ocho verbos en futuro.

ECOTURISMO

Puerto Rico

- acampar en la costa y disfrutar de las playas
- visitar el Viejo San Juan
- montar a caballo por la Cordillera Central
- ir en bicicleta por la costa
- viajar en barco por Isla Culebra

República Dominicana

- ir en kayak por los ríos tropicales
- bucear por los arrecifes
- ir de safari por La Descubierta y ver los cocodrilos del Lago Enriquillo
- disfrutar del paisaje de Barahona
- observar las aves en el Parque Nacional del Este

5 **¿Qué será de...?** Todo cambia con el paso del tiempo. En parejas, conversen sobre lo que sucederá en el futuro en relación con estos temas y lugares.

- las ballenas (*whales*) en 2200
- Venecia en 2035
- los libros tradicionales en 2105
- la televisión en 2056
- Internet en 2050

- las hamburguesas en 2020
- los Polos Norte y Sur en 2300
- el Amazonas en 2100
- Los Ángeles en 2245
- el petróleo en 2025

6 **¿Dónde estarán en 20 años?** La fama es, en muchas ocasiones, pasajera (*fleeting*). En grupos de tres, hagan una lista de cinco personas famosas y anticipen lo que será de ellas dentro de veinte años.

7 **Situaciones** En parejas, seleccionen uno de estos temas e inventen una conversación usando el tiempo futuro.

1. Dos jóvenes han terminado sus estudios universitarios y hablan sobre lo que harán para convertirse en millonarios.

2. Dos ladrones acaban de robar todo el dinero de un banco internacional. Piensa en lo que hará la policía para atraparlos.

3. Los/as hermanos/as Rondón han decidido convertir su granja (*farm*) en un centro de ecoturismo. Deben planear algunas atracciones para los turistas.

4. Dos científicos se reúnen para participar en un intercambio (*exchange*) de ideas. El objetivo es controlar, reducir e, idealmente, eliminar la contaminación del aire en las grandes ciudades. Cada uno/a dice lo que hará o inventará para conseguirlo.

6.2 The subjunctive in adverbial clauses

- In Spanish, adverbial clauses are commonly introduced by conjunctions. Certain conjunctions require the subjunctive, while others can be followed by the subjunctive or the indicative, depending on the context in which they are used.

¡Estoy dejando espacio para que la atrapen!

No le des más comida aunque ponga cara de perrito.

Conjunctions that require the subjunctive

- Certain conjunctions are always followed by the subjunctive because they introduce actions or states that are uncertain or have not yet happened. These conjunctions commonly express purpose, condition, or intent.

¡ATENCIÓN!

An adverbial clause (**oración adverbial**) is one that modifies or describes verbs, adjectives, or other adverbs. It describes how, why, when, or where an action takes place.

To review the use of adverbs, see **Manual de gramática 6.4, p. 277**.

MAIN CLAUSE	CONNECTOR	SUBORDINATE CLAUSE
Se acabará el petróleo en pocos años	a menos que	busquemos energías alternativas.

Conjunctions that require the subjunctive	
a menos que *unless*	**en caso (de) que** *in case*
antes (de) que *before*	**para que** *so that*
con tal (de) que *provided that*	**sin que** *without; unless*

El gobierno se prepara **en caso de que haya** una gran sequía el verano que viene.
The government is getting ready in case there is a big drought in the coming summer.

Iremos a las montañas el próximo miércoles **a menos que haga** mal tiempo.
We will go to the mountains next Wednesday unless the weather is bad.

Debemos proteger a los animales salvajes **antes de que se extingan.**
We should protect wild animals before they become extinct.

- If there is no change of subject in the sentence, a subordinate clause is not necessary. Instead, the prepositions **antes de, con tal de, en caso de, para**, and **sin** can be used, followed by the infinitive. Note that the connector **que** is not necessary in this case.

Las organizaciones ecologistas trabajan **para proteger** los arrecifes de coral.
Environmental organizations work to protect coral reefs.

Tienes que pedir permiso **antes de darles de comer** a los monos del zoológico.
You have to ask permission before feeding the monkeys at the zoo.

Conjunctions followed by the subjunctive or the indicative

- If the action in the main clause has not yet occurred, then the subjunctive is used after conjunctions of time or concession. Note that adverbial clauses often come at the beginning of a sentence.

Conjunctions of time or concession	
a pesar de que *despite*	**hasta que** *until*
aunque *although; even if*	**luego que** *as soon as*
cuando *when*	**mientras que** *while*
después (de) que *after*	**siempre que** *as long as*
en cuanto *as soon as*	**tan pronto como** *as soon as*

La excursión no saldrá **hasta que estemos** todos.
The excursion will not leave until we all are here.

Dejaremos libre al pájaro **en cuanto** el veterinario nos **diga** que puede volar.
We will free the bird as soon as the vet tells us it can fly.

Aunque me **digan** que es inofensivo, no me acercaré al perro.
Even if they tell me he's harmless, I'm not going near the dog.

Cuando Pedro vaya a cazar, tendrá cuidado con las serpientes venenosas.
When Pedro goes hunting, he will be careful of the poisonous snakes.

- If the action in the main clause has already happened, or happens habitually, then the indicative is used in the adverbial clause.

Tan pronto como paró de llover, Matías salió a jugar al parque.

As soon as the rain stopped, Matías went out to play in the park.

Mi padre y yo siempre nos peleamos **cuando hablamos** del calentamiento global.

My father and I always fight when we talk about global warming.

Práctica

TALLER DE CONSULTA

MANUAL DE GRAMÁTICA
Más práctica

6.2 The subjunctive in
adverbial clauses, p. 275

1 Reunión Completa las oraciones con el indicativo (presente o pretérito) o el subjuntivo de los verbos entre paréntesis.

1. Los ecologistas no apoyarán al alcalde (*mayor*) a menos que éste _____ (cambiar) su política de medio ambiente.
2. El alcalde va a hablar con su asesor (*advisor*) antes de que _____ (llegar) los ecologistas.
3. Los ecologistas entraron en la oficina del alcalde tan pronto como _____ (saber) que los esperaban.
4. El alcalde les asegura que siempre piensa en el medio ambiente cuando _____ (dar) permisos para construir edificios nuevos.
5. Los ecologistas van a estar preocupados hasta que el alcalde _____ (responder) todas sus preguntas.

2 ¿Infinitivo o subjuntivo? Completa las oraciones con el verbo en infinitivo o en subjuntivo.

1. Compraré un carro híbrido con tal de que no _____ (ser) muy caro. Compraré un carro híbrido con tal de _____ (conservar) los recursos naturales.
2. Los biólogos viajan para _____ (estudiar) la biodiversidad. Los biólogos viajan para que la biodiversidad se _____ (conocer).
3. Él se preocupará por el calentamiento global después de que los científicos le _____ (demostrar) que es una realidad. Él se preocupará por el calentamiento global después de _____ (ver) lo que ocurre con sus propios ojos.
4. No podremos continuar sin _____ (tener) un mapa. No podremos continuar sin que alguien nos _____ (dar) un mapa.

3 Declaraciones Elige la conjunción adecuada para completar la conversación entre un periodista y la señora Corbo, encargada de relaciones públicas de un zoológico.

PERIODISTA Señora Corbo, ¿qué le parece el artículo que se ha publicado en el que se dice que el zoológico no trata bien a los animales?

SRA. CORBO Lo he leído, y (1) _____ (aunque / cuando) yo no estoy de acuerdo con el artículo, hemos iniciado una investigación. (2) _____ (Hasta que / Tan pronto como) terminemos la investigación, se lo comunicaremos a la prensa. Queremos hablar con todos los empleados (3) _____ (en cuanto / para que) no haya ninguna duda.

PERIODISTA ¿Es verdad que limpian las jaulas sólo cuando va a haber una inspección (4) _____ (para que / sin que) el zoológico no tenga problemas con las autoridades?

SRA. CORBO Le aseguro que todo se limpia diariamente hasta el último detalle. Y si no me cree, lo invito a que nos visite mañana mismo.

PERIODISTA ¿Cuándo cree que sabrán lo que ha ocurrido?

SRA. CORBO (5) _____ (En cuanto / Aunque) termine la investigación.

Comunicación

4 **Instrucciones** Javier va a salir de viaje por el país, así que le ha dejado una lista de instrucciones a su compañero de casa. En parejas, túrnense para preparar las instrucciones usando oraciones adverbiales con subjuntivo y las conjunciones de la lista.

> **MODELO** No uses mi computadora a menos que sea una emergencia.

a menos que
a pesar de que
con tal de que
cuando
en caso de que
en cuanto
para que
siempre que
tan pronto como

Instrucciones
- *Darles de comer a los peces*
- *Comprar productos ecológicos*
- *No pasear el perro si hay tormenta*
- *Usar sólo papel reciclado*
- *No usar mucha agua excepto para regar (to water) las plantas*
- *Llamarme por cualquier problema*

5 **Situaciones** En parejas, túrnense para completar las oraciones.

1. Terminaré mis estudios a tiempo, a menos que…
2. Me iré a vivir a otro país en caso de que…
3. Ahorraré (*I will save*) mucho dinero para que…
4. Yo cambiaré de carrera en cuanto…
5. Me jubilaré (*will retire*) cuando…

6 **Huracán** En grupos de cuatro, imaginen que son compañeros/as de casa y que un huracán se acerca a la zona donde viven. Escriban un plan para explicar qué harán en diferentes situaciones hipotéticas o futuras. Usen el subjuntivo y las conjunciones adverbiales. Consideren estas posibles situaciones.

- las bombillas de luz se queman
- las ventanas se rompen
- las líneas de teléfono se cortan
- el sótano se inunda (*flood*)
- los vecinos ya se han ido
- no hay suficiente alimento

6.3 Prepositions: *a*, *hacia*, and *con*

The preposition *a*

- The preposition **a** can mean *to*, *at*, *for*, *upon*, *within*, *of*, *from*, or *by*, depending on the context. Sometimes it has no direct translation in English.

Terminó **a** las doce.
It ended at midnight.

Lucy estaba **a** mi derecha.
Lucy was on my right.

El mar Caribe está **a** doce millas de aquí.
The Caribbean Sea is twelve miles from here.

Le compré un pájaro exótico **a** Juan.
I bought an exotic bird from/for Juan.

Al llegar **a** casa, me sentí feliz.
Upon returning home, I felt happy.

Fui **a** casa de mis padres para ayudarlos después de la inundación.
I went to my parents' house to help them after the flood.

- The preposition **a** introduces indirect objects.

Le prometió **a** su hijo que irían a navegar.
He promised his son they would go sailing.

Hoy, en el zoo, le di de comer **a** un conejo.
Today, in the zoo, I fed a rabbit.

- The preposition **a** can be used in commands.

¡**A** comer!
Let's eat!

¡**A** dormir!
Time for bed!

- When a direct object noun is a person (or a pet), it is preceded by the personal **a**, which has no equivalent in English. The personal **a** is also used with the words **alguien, nadie**, and **alguno**.

¿Viste **a** tus amigos en el parque?
Did you see your friends in the park?

No, no he visto **a** nadie.
No, I haven't seen anyone.

- The personal **a** is not used when the person in question is not specific.

La organización ambiental busca voluntarios.
The environmental organization is looking for volunteers.

Sí, necesitan voluntarios para limpiar la costa.
Yes, they need volunteers to clean the coast.

The preposition *hacia*

- With movement, either literal or figurative, **hacia** means *toward* or *to*.

La actitud de Manuel **hacia** mí fue negativa.
Manuel's attitude toward me was negative.

El biólogo se dirige **hacia** Puerto Rico para la entrevista.
The biologist is headed to Puerto Rico for the interview.

- With time, **hacia** means *approximately*, *around*, *about*, or *toward*.

El programa que queremos ver empieza **hacia** las 8.
The show that we want to watch will begin around 8:00.

La televisión se hizo popular **hacia** la segunda mitad del siglo XX.
Television became popular toward the second half of the twentieth century.

¡ATENCIÓN!

Some verbs require **a** before an infinitive, such as **ir a, comenzar a, volver a, enseñar a, aprender a, ayudar a**.

Aprendí a manejar.
I learned to drive.

Me ayudó a arreglar el coche.
He helped me fix the car.

¡ATENCIÓN!

There is no accent mark on the **i** in the preposition **hacia**. The stress falls on the first **a**. The word **hacía** is a form of the verb **hacer**.

The preposition *con*

La idea es tener contacto con la naturaleza.

¡Maldito pez! En una playa tropical con tres mujeres.

- The preposition **con** means *with*.

  Me gustaría hablar **con** el director del departamento.

  I would like to speak with the director of the department.

  Es una organización ecológica **con** muchos miembros.

  It's an environmental organization with lots of members.

- Many English adverbs can be expressed in Spanish with **con** + [*noun*].

  Habló del tema **con** cuidado.

  She spoke about the issue carefully.

  Hablaba **con** cariño.

  He spoke affectionately.

- The preposition **con** is also used rhetorically to emphasize the value or the quality of something or someone, contrary to a given fact or situation. In this case, **con** conveys surprise at an apparent conflict between two known facts. In English, the words *but*, *even though*, and *in spite of* are used.

  Los turistas tiraron los envoltorios al suelo.

  The tourists threw wrappers on the ground.

  ¡**Con** lo limpio que estaba todo!

  But the place was so clean!

- If **con** is followed by **mí** or **ti**, it forms a contraction: **conmigo**, **contigo**.

| con + mí | ▶ | conmigo |
| con + ti | | contigo |

  ¿Quieres venir **conmigo** al campo?
  Do you want to come with me to the countryside?

  Por supuesto que quiero ir **contigo**.
  Of course I want to go with you.

- **Consigo** is the contraction of **con** + **usted/ustedes** or **con** + **él/ella/ellos/ellas**. **Consigo** is equivalent to the English *with himself/herself/yourself* or *with themselves/yourselves*, and is commonly followed by **mismo**. It is only used when the subject of the sentence is the same person referred to after **con**.

  Están satisfechos **consigo mismos**.

  La sequía trajo **consigo** muchos problemas.

  Fui al cine **con él**.

  Prefiero ir al parque **con usted**.

TALLER DE CONSULTA

MANUAL DE GRAMÁTICA
Más práctica

6.3 Prepositions: **a, hacia,**
and **con**, p. 276

1 **¿Cuál es?** Elige entre las preposiciones **a**, **hacia** y **con** para completar cada oración.

1. El león caminaba _____ el árbol.
2. Dijeron que la tormenta empezaría _____ las dos de la tarde.
3. Le prometí que iba _____ ahorrar combustible.
4. Ellos van a tratar de ser responsables _____ el medio ambiente.
5. Contribuyó a la campaña ecológica _____ mucho dinero.
6. El depósito de combustible estaba _____ mi izquierda.

2 **Amigos** Primero, completa los párrafos con las preposiciones **a** y **con**. Marca los casos que no necesitan una preposición con una **X**.

Emilio invitó (1) _____ María (2) _____ ir de excursión. Él quería ir al bosque (3) _____ ella porque quería mostrarle un paisaje donde se podían ver (4) _____ muchos pájaros. Él sabía que (5) _____ ella le gustaba observar (6) _____ las aves.

María le dijo que sí (7) _____ Emilio. Ella no conocía (8) _____ nadie más (9) _____ quien compartir su interés por la naturaleza. Hacía poco que había llegado (10) _____ la ciudad y buscaba (11) _____ amigos (12) _____ sus mismos intereses.

3 **Conversación** Completa la conversación de Emilio y María con la opción correcta de la preposición **con**. Puedes usar las opciones de la lista más de una vez.

con	contigo	con nosotros
conmigo	consigo	con ustedes

EMILIO Gracias por haber venido (1) _____ a la montaña. Ha sido una tarde divertida.

MARÍA No, Emilio. Gracias a ti por haberme invitado a venir (2) _____. No conocía este sitio y es maravilloso. ¡(3) _____ lo que me gustan las montañas! Echo de menos venir más a menudo.

EMILIO Pues ya lo sabes, puedes venir (4) _____ cuando quieras. ¿Qué te parece si lo repetimos la próxima semana?

MARÍA Me encantaría volver. La próxima vez, vendré (5) _____ mis prismáticos (*binoculars*) para ver los pájaros.

EMILIO A veces, vengo (6) _____ con mi hermano pequeño. Tiene once años, seguro que te cae bien. Si quieres, la semana que viene puede venir (7) _____. Él siempre se trae una cámara (8) _____. Él dice que va a ser un director famoso.

MARÍA Perfecto, la semana que viene venimos los tres. Estoy segura de que lo voy a pasar bien (9) _____.

Comunicación

4 **Safari** En parejas, escriban un artículo periodístico breve sobre lo que le sucedió a un grupo de turistas durante un safari. Usen por lo menos cuatro frases de la lista. Sean imaginativos. Después, compartan el informe periodístico con la clase.

hacia el león	con la cámara digital	con la boca abierta
al guía	a tomar una foto	a correr
hacia el carro	a nadie	hacia el tigre

5 **Noticias** En grupos de cuatro o cinco, lean los titulares e inventen la noticia. Formen un círculo. El primero debe leer el titular al segundo, añadiendo (*adding*) algo. El estudiante repite la noticia al tercero y añade otra cosa, y así sucesivamente (*and so-on*). Las partes que añadan a la noticia deben incluir las preposiciones **a**, **con** o **hacia**.

> **MODELO** **Acusaron a Petrosur de contaminar el río.**
>
> **ESTUDIANTE 1:** Acusaron a Petrosur de contaminar el río <u>con productos químicos</u>.
>
> **ESTUDIANTE 2:** Acusaron a Petrosur de contaminar el río <u>con productos químicos</u>. <u>A diario se ven horribles manchas que flotan en el agua</u>.
>
> **ESTUDIANTE 3:** Acusaron a Petrosur de contaminar el río <u>con productos químicos</u>. <u>A diario se ven horribles manchas que flotan en el agua hacia la bahía</u>.

1. Inventaron un combustible nuevo.
2. El presidente felicitó (*congratulated*) a los bomberos.
3. Inauguran hoy una nueva reserva.
4. Se acerca una tormenta.

6 **Síntesis**

A. En parejas háganse estas preguntas sobre la naturaleza. Deben usar el futuro, el subjuntivo y las preposiciones **a**, **hacia** y **con** en sus respuestas.

1. ¿Conoces a alguien que contribuya a cuidar el medio ambiente?
2. ¿Te gusta cazar? ¿Conoces a mucha gente que cace?
3. ¿Crees que reciclar es importante? ¿Por qué? ¿Qué sucederá si no reciclamos?
4. ¿Qué actitud tienes hacia el uso de productos desechables?
5. ¿Crees que el calentamiento global empeorará a menos que cambiemos nuestro estilo de vida?
6. ¿Qué medidas debe tomar el gobierno para que no se agoten los recursos naturales?

B. Informen a la clase de lo que han aprendido de su compañero/a usando las preposiciones correspondientes. Sigan el modelo.

> **MODELO** Juana, mi compañera, dice que no conoce a nadie que contribuya a cuidar el medio ambiente. Ella dice que si no reciclamos, tendremos problemas con la cantidad de basura...

SUPERSITE

For additional cumulative practice of all the grammar points in this lesson, go to **facetas.vhlcentral.com**.

Antes de ver el corto

EL DÍA MENOS PENSADO

país México
duración 13 minutos

director Rodrigo Ordóñez
protagonistas Julián, Inés, Ricardo (vecino), Esther (esposa de Ricardo)

Vocabulario

acabarse *to run out; to come to an end*
la cisterna *cistern; underground tank*
descuidar(se) *to get distracted; to neglect*
disculparse *to apologize*
envenenado/a *poisoned*
quedarse sin *to run out of*

resentido/a *resentful*
la salida *exit*
sobre todo *above all*
el tanque *tank*
la tubería *piping*
el/la vándalo/a *vandal*

1. **El carpincho Pedro** Completa el párrafo con las palabras o las frases apropiadas.

Noticia de último momento: un grupo de (1) _____ causó graves daños (*harm*) en la Reserva Ecológica. Aparentemente, los guardias nocturnos (2) _____ y no los vieron entrar por una de las (3) _____. Los delincuentes hicieron un agujero (*hole*) en la (4) _____ que lleva agua para llenar los (5) _____ en la zona de los baños. Pero eso no fue todo. Por la mañana, los guardaparques se encontraron con una triste escena. Además de encontrar el parque inundado (*flooded*) y de (6) _____ agua en la (7) _____, encontraron muy enfermo al carpincho (*capybara*) Pedro, el animalito más querido de la reserva. Le habían dado comida (8) _____. Afortunadamente, los veterinarios aseguran que el carpincho se va a recuperar.

2. **Preguntas** En parejas, contesten las preguntas.

1. ¿Qué tipos de contaminación hay en su comunidad? Mencionen dos o tres.
2. ¿Creen que algún día se puede acabar el agua? ¿Qué pasará si eso sucede?
3. Observen el afiche del cortometraje. ¿Qué está mirando el hombre?
4. Observen los fotogramas. ¿Qué está sucediendo en cada uno?
5. El corto se titula *El día menos pensado* (*when you least expect it*). ¿Qué catástrofes ecológicas pueden ocurrir el día menos pensado?

Después de ver el corto

1 **Comprensión** Contesta las preguntas con oraciones completas.

1. ¿Qué hace el hombre en el techo de su casa? ¿Por qué?
2. ¿Qué le dice el hombre a su esposa cuando está desayunando?
3. ¿Qué hay en las salidas de la ciudad?
4. ¿Qué pasa con las tuberías?
5. ¿Por qué deciden irse de la ciudad? ¿Quiénes van con ellos en el coche?
6. ¿Por qué quieren los vándalos atacar a las personas que van en el carro?

2 **Ampliación** En parejas, contesten las preguntas.

1. ¿Qué creen que ocurre al final?
2. El agua está envenenada por un accidente. ¿Qué tipo de accidente creen que hubo?
3. ¿Creen que Ricardo es una mala persona porque intentó robar agua? ¿Por qué?
4. ¿Quiénes son las personas que aparecen al final del corto? ¿Qué quieren?
5. Imaginen que son los protagonistas de este corto. ¿Qué opciones tienen?

3 **¿El agua en peligro?** En grupos de tres, lean el texto y respondan las preguntas.

Construimos nuestras ciudades cerca del agua; nos bañamos en el agua; jugamos en el agua; trabajamos con el agua. Nuestras economías están en gran parte basadas sobre la fuerza de su corriente, el transporte a través de ella, y todos los productos que compramos y vendemos están vinculados, de una u otra manera, al agua. Nuestra vida diaria se desarrolla y se configura en torno al agua. Sin el agua que nos rodea nuestra existencia sería inconcebible. En las últimas décadas, nuestra estima por el agua ha decaído. Ya no es un elemento digno de veneración y protección, sino un producto de consumo que hemos descuidado enormemente. El 80% de nuestro cuerpo está compuesto de agua y dos tercios de la superficie del planeta están cubiertos por agua: el agua es nuestra cultura, nuestra vida.

Declaración de la UNESCO con motivo del Día Mundial del Agua 2006.

1. ¿Creen que realmente estamos descuidando el agua, o el aumento del consumo es una consecuencia normal del aumento de la población?
2. Algunos expertos opinan que en el futuro se puede desencadenar una guerra mundial por el agua. ¿Creen que esto es una exageración? ¿Por qué?
3. ¿Creen que es posible cuidar el agua y otros recursos naturales sin tener que hacer grandes cambios en nuestro estilo de vida?
4. ¿Creen que hay naciones que son más responsables que otras por el consumo excesivo de recursos naturales? Expliquen su respuesta.

Autorretrato con mono, 1938.
Frida Kahlo. México.

"Quien rompe una tela de araña,
a ella y a sí mismo daña."

— Anónimo

Antes de leer

El eclipse

Sobre el autor

Augusto Monterroso nació en Honduras en 1921, pero pasó su infancia y juventud en Guatemala. En 1944 se radicó (*settled*) en México tras dejar Guatemala por motivos políticos. A pesar de su origen y de haber vivido su vida adulta en México, siempre se consideró guatemalteco. Monterroso tuvo acceso desde pequeño al mundo intelectual de los adultos. Fue prácticamente autodidacta: abandonó la escuela a los 11 años y con sólo 15 años fundó una asociación de artistas y escritores. Considerado padre y maestro del microcuento latinoamericano, Monterroso recurre (*resorts to*) en su prosa al humor inteligente con el que presenta su visión de la realidad. Entre sus obras se destacan *La oveja negra y demás fábulas* (1969) y la novela *Lo demás es silencio* (1978). Recibió numerosos premios, incluso el Premio Príncipe de Asturias en 2000.

Vocabulario

aislado/a *isolated*	**florecer** *to flower*	**sacrificar** *to sacrifice*
digno/a *worthy*	**oscurecer** *to darken*	
disponerse a *to be about to*	**prever** *to foresee*	**salvar** *to save*
la esperanza *hope*	**la prisa** *hurry; rush*	**valioso/a** *valuable*

Exploradores Completa la introducción de este cuento con las palabras apropiadas.

Los exploradores salieron rumbo a la ciudad perdida sin (1) _____ ninguno de los peligros de la selva. El viejo mapa indicaba que la ciudad escondía un (2) _____ tesoro. Cuando (3) _____ a iniciar la marcha, se dieron cuenta de que iba a (4) _____ antes de que llegaran, por lo que decidieron avanzar con (5) _____. Tenían la (6) _____ de llegar antes de la medianoche.

Conexión personal

¿Alguna vez viste un eclipse? ¿Cómo fue la experiencia? ¿Hay algún fenómeno natural al que le tengas miedo? ¿Cuál? ¿Por qué?

Análisis literario: el microcuento

El microcuento es un relato breve, pero no por eso se trata de un relato simple. En estos cuentos, el lector participa activamente porque debe compensar los recursos utilizados (economía lingüística, insinuación, elipsis) a través de la especulación o haciendo uso de sus conocimientos previos. A medida que lees *El eclipse,* haz una lista de los conocimientos previos y también de las especulaciones que sean necesarias para comprender el relato.

EL ECLIPSE

Augusto Monterroso

Cuando fray° Bartolomé Arrazola se sintió perdido,
aceptó que ya nada podría salvarlo. La selva
poderosa de Guatemala lo había apresado°,
implacable y definitiva. Ante su ignorancia topográfica se
sentó con tranquilidad a esperar la muerte. Quiso morir allí,
sin ninguna esperanza, aislado, con el pensamiento fijo en
la España distante, particularmente en el convento de Los
Abrojos, donde Carlos Quinto condescendiera una vez a
bajar de su eminencia para decirle que confiaba en el celo°
religioso de su labor redentora°.

Al despertar se encontró rodeado por un grupo de indígenas
de rostro° impasible que se disponían a sacrificarlo ante un
altar, un altar que a Bartolomé le pareció como el lecho° en que
descansaría, al fin, de sus temores°, de su destino, de sí mismo.

Tres años en el país le habían conferido un mediano
dominio° de las lenguas nativas. Intentó algo. Dijo algunas
palabras que fueron comprendidas.

Entonces floreció° en él una idea que tuvo por digna de su
talento y de su cultura universal y de su arduo conocimiento
de Aristóteles. Recordó que para ese día se esperaba un eclipse
total de sol. Y dispuso, en lo más íntimo°, valerse de° aquel
conocimiento para engañar a sus opresores y salvar la vida.

—Si me matáis —les dijo— puedo hacer que el sol se
oscurezca en su altura.

Los indígenas lo miraron fijamente y Bartolomé sorprendió
la incredulidad en sus ojos. Vio que se produjo un pequeño
consejo°, y esperó confiado, no sin cierto desdén°.

Dos horas después el corazón de fray Bartolomé Arrazola
chorreaba° su sangre vehemente sobre la piedra de los
sacrificios (brillante bajo la opaca luz de un sol eclipsado),
mientras uno de los indígenas recitaba sin ninguna inflexión
de voz, sin prisa, una por una, las infinitas fechas en que se
producirían eclipses solares y lunares, que los astrónomos de
la comunidad maya habían previsto y anotado en sus códices
sin la valiosa ayuda de Aristóteles. ■

friar

captured

zeal

redemptive

face

bed

fears

command (of a language)

blossomed

deepest recesses/to take advantage of

counsel/disdain

was gushing

Después de leer

El eclipse
Augusto Monterroso

1 **Comprensión** Contesta las preguntas con oraciones completas.

1. ¿Dónde se encontraba fray Bartolomé?
2. ¿Conocía el protagonista la lengua de los indígenas?
3. ¿Qué querían hacer los indígenas con fray Bartolomé?
4. ¿Qué les advirtió fray Bartolomé a los indígenas?
5. ¿Qué quería fray Bartolomé que los indígenas creyeran?
6. ¿Qué recitaba un indígena mientras el corazón del fraile sangraba?

2 **Interpretación** Contesta las siguientes preguntas.

1. ¿Por qué crees que fray Bartolomé pensaba en el convento de Los Abrojos antes de morir?
2. ¿Cuál había sido la misión de fray Bartolomé en Guatemala?
3. ¿Quién le había encomendado esa misión?
4. A pesar de los conocimientos de Aristóteles, ¿por qué el protagonista no consiguió salvarse?

3 **Fenómenos naturales** En la historia de la humanidad, los fenómenos y los desastres naturales y otros acontecimientos han sido motivo de muchos temores (*fears*) y supersticiones. A veces, esos temores tenían fundamento, pero otras veces eran supersticiones sin fundamento alguno.

A. En grupos de tres, investiguen acerca de un fenómeno o desastre natural o un acontecimiento que haya despertado grandes temores y supersticiones antes de suceder. ¿Se cumplieron los temores o eran supersticiones sin fundamento? Pueden elegir fenómenos o desastres de la lista o pensar en otros. Presenten la investigación al resto de la clase.

- el cometa Halley
- la llegada del año 2000
- la amenaza nuclear durante la guerra fría
- la erupción del volcán Vesubio en Pompeya

B. Escriban un microcuento sobre uno de los fenómenos o acontecimientos presentados. Lean el microcuento al resto de la clase. Sus compañeros/as deben adivinar de qué fenómeno o acontecimiento se trata.

4 **Escribir** En la selva guatemalteca, fray Bartolomé seguramente observó gran cantidad de plantas silvestres y animales salvajes que no conocía hasta entonces. Investiga acerca de la flora y la fauna de la selva guatemalteca. Luego, imagina que eres fray Bartolomé y tienes que escribirle una carta al Rey Carlos V contándole acerca de lo que observaste en la selva. Usa el vocabulario de la lección.

MODELO Estimado Rey Carlos V: Como Su Majestad sabe, le escribo desde la selva de Guatemala adonde llegué hace ya cinco años. En esta carta, quiero contarle...

Antes de leer

Vocabulario

ambiental *environmental*	**el monte** *mountain*
el bombardeo *bombing*	**la pureza** *purity*
el ecosistema *ecosystem*	**el refugio** *refuge*
la especie *species*	**el terreno** *land*
el/la manifestante *protester*	**el veneno** *poison*

El Yunque Completa las oraciones con el vocabulario de la tabla.

1. Puerto Rico es una isla de _____ muy variado: hay montañas, playas y hasta un bosque tropical, el Bosque Nacional del Caribe, también llamado El Yunque.

2. El Yunque tiene una diversidad de vegetación impresionante, que incluye casi 250 _____ de árboles.

3. También es un _____ natural para los animales, ya que en el bosque están protegidos de la caza (*hunting*).

4. El _____ más alto de El Yunque es El Toro, con una altura de 1.077 metros (3.533 pies).

5. Hay grupos dedicados a la protección _____ de El Yunque. Buscan preservar la _____ de este paraíso tropical.

Conexión personal ¿Qué significa la naturaleza para ti? ¿Es una fuente de trabajo o de comida? ¿Es un lugar de diversión y belleza? ¿Qué haces para proteger la naturaleza?

Contexto cultural

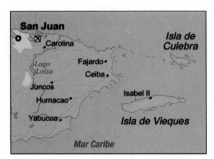

Situada en el agua transparente del Mar Caribe, la pequeña isla de Vieques es un refugio de lagunas, bahías y playas que forman un hábitat ideal para varias clases de tortugas marinas (*sea turtles*), el manatí antillano (*manatee*) y arrecifes de coral. La gente de Vieques comparte los pequeños montes y las aguas cristalinas (*crystal clear*) de la isla con una rica variedad de flora y fauna, entre ellas cinco especies de plantas y diez especies de animales en peligro de extinción.

La isla de Vieques, de 33 kilómetros de largo por 7,2 de ancho (20,5 por 4,3 millas), es un municipio de Puerto Rico y tiene 9.000 habitantes. Puerto Rico es un Estado Libre Asociado de los Estados Unidos. Los habitantes de Puerto Rico, también llamados **boricuas**, son ciudadanos (*citizens*) estadounidenses.

La conservación de Vieques

Vieques–Vista aérea de la zona de maniobras milit

1 **"¡Vieques renace!"°** anuncia el gobierno de este municipio   *Vieques is reborn*
puertorriqueño, que busca estimular la economía de una isla rica
en naturaleza, pero pobre en economía. Vieques dispone de°   *boasts*
sitios arqueológicos importantes, playas espectaculares, un fuerte°   *fort*
5 histórico y una bahía bioluminiscente, la Bahía Mosquito, que es
una maravilla de la naturaleza. Sus arrecifes de coral contienen
un ecosistema de enorme productividad y diversidad biológica.
Forman un pequeño paraíso que alberga y protege una inmensa
variedad de especies de plantas y animales acuáticos.

suffered

evicted

Navy 15

live-fire range

angered
inhabitants of
Vieques
gave rise to

training

Sin embargo, en vez de tener una tradición de alto turismo, la isla ha padecido° graves problemas. Vieques fue utilizada para prácticas de bombardeo desde 1941. En esa época muchas personas fueron desalojadas° cuando la Armada° de los Estados Unidos ocupó dos áreas en los extremos de la isla. Las prácticas continuaron por varias décadas, pero en abril de 1999 un guardia de seguridad murió cuando una bomba cayó fuera de la zona de tiro°. La muerte de David Sanes encolerizó° a los viequenses° y dio origen° a una campaña de desobediencia civil. El presidente Clinton prometió cesar el entrenamiento° de bombardeo en Vieques, pero éste continuó con bombas inertes a pesar de que los viequenses habían exigido "¡Ni una bomba más!". Los manifestantes entraban en

> "La protesta se centró en gran parte en los problemas que las bombas habían causado al medio ambiente y a la economía de Vieques y a la salud de los viequenses."

la zona de tiro y establecían campamentos; otros se manifestaban° en Puerto Rico y en los Estados Unidos, y pronto captaron° la atención internacional. Robert Kennedy, Jr., Jesse Jackson, Rigoberta Menchú y el Dalai Lama, entre otros, hicieron declaraciones a favor de° Vieques y muchas personas fueron a la cárcel° después de ser arrestadas en la zona de tiro.

35 *demonstrated*

captured

40

supporting
jail

La protesta se centró en gran parte en los problemas que las bombas habían causado al medio ambiente y a la economía de Vieques y a la salud de los viequenses. Las décadas de prácticas de bombardeo dejaron un nivel muy alto de contaminación, que incluye la presencia de uranio reducido (un veneno muy peligroso). Algunos piensan que la incidencia de cáncer en Vieques —25% más alta que la de todo Puerto Rico— se debe a la exposición de los habitantes a elementos tóxicos. Estas acusaciones han provocado controversia ya que la Armada negó los efectos sobre la salud de los viequenses. Finalmente, después de una dura campaña de protesta y lucha°, las prácticas de bombardeo terminaron para siempre en 2003. Los terrenos de la Armada pasaron al Departamento de Caza y Pesca, y la Agencia de Protección Ambiental (EPA) declaró en 2005 que la limpieza ambiental de Vieques sería una de las prioridades nacionales.

45

50

55

struggle

65

70

Los extremos este y oeste de la isla ahora constituyen una reserva ambiental, la más grande del Caribe. Los viequenses esperan que la isla pueda, en su renacimiento, volver a un estado de mayor pureza natural y al mismo tiempo desarrollar su economía. Vieques sigue siendo un símbolo de resistencia y es un lugar cada día más popular para el turismo local y extranjero. ■

75

¿Qué es la bioluminiscencia?

Es un efecto de fosforescencia verdeazul, causado por unos microorganismos que, al agitarse, dan un brillo extraordinario a las aguas durante la noche. El pez o bañista que se mueve bajo el agua emite una luz radiante. Para que se produzca este fenómeno extraordinario, se requiere una serie de condiciones muy especiales de temperatura, ambiente y poca contaminación.

Después de leer

La conservación de Vieques

(1) Comprensión Elige la respuesta correcta.

1. Vieques es un municipio de
   (la República Dominicana/Puerto Rico).

2. Entre los atractivos de la isla se encuentra
   (un pico altísimo/una bahía bioluminiscente).

3. Los arrecifes de coral son importantes para la biodioversidad porque
   (albergan una inmensa variedad de especies/protegen la capa de ozono).

4. La protesta en contra de la presencia de la Armada se produjo después
   (de la muerte de un guardia de seguridad/del uso de bombas inertes).

5. Las prácticas de bombardeo dejaron
   (problemas de erosión/un nivel alto de contaminación).

6. Muchas personas fueron arrestadas
   (por robar uranio reducido/por ingresar en la zona de prácticas de bombardeo).

7. Los extremos de la isla ahora contienen
   (una zona de tiro/una reserva ambiental).

8. La bioluminiscencia es un efecto causado por
   (microorganismos/la contaminación).

(2) Interpretación Responde a las preguntas.

1. ¿Qué potencial turístico tiene Vieques? Da ejemplos.
2. ¿Qué hacía la Armada en Vieques?
3. ¿Cuál era el deseo de los manifestantes de Vieques?
4. ¿Por qué creen que la Armada de los Estados Unidos estaba autorizada a hacer prácticas de bombardeo en Vieques?
5. ¿Qué ocurre cuando una persona o un pez nada en la bahía bioluminiscente?

(3) Ampliación En parejas, contesten las preguntas.

1. ¿Por qué es importante conservar una isla como Vieques?
2. ¿Qué efectos puede tener la declaración de la EPA? ¿Cómo puede mejorar la vida de los viequenses si se limpia la contaminación?

(4) Reunión con el presidente En grupos de cuatro, inventen una conversación sobre las prácticas de la Armada. Por una parte hablan dos manifestantes y por otra el Presidente Clinton y un representante de la Armada. Utilicen los tiempos verbales que conocen, incluyendo el futuro. Después representen la conversación delante de la clase.

(5) El futuro de Vieques Imagina que eres un(a) habitante de Vieques. Escribe una carta a un amigo/a contándole cómo crees que cambiarán las cosas en Vieques. Explica cómo se resolverán los problemas de contaminación y cómo se va a promover el turismo. Usa las formas del futuro que conoces.

Atando cabos

¡A conversar!

Mascotas exóticas

A. En parejas, preparen una conversación. Imaginen que uno/a de ustedes se va de vacaciones y le pide a un(a) amigo/a que le cuide la mascota (*pet*) exótica. Utilicen las formas del futuro y las preposiciones aprendidas en esta lección.

B. Hablen sobre las preguntas y luego compartan sus opiniones con el resto de la clase. Usen las frases y expresiones del recuadro para expresar sus opiniones.

- ¿Creen que está bien tener mascotas exóticas? ¿Por qué?
- ¿Creen que está bien tener animales en exhibición en los zoológicos? ¿Por qué?

No estoy (muy) de acuerdo.	Para mí, ...
No es así.	En mi opinión...
No comparto esa opinión.	(Yo) creo que...
No coincido.	Estoy convencido/a de que...

¡A escribir!

Patrimonio mundial Una de las misiones de la UNESCO es promover la protección del patrimonio mundial, cultural y natural de la humanidad. Para ello, ha creado una lista de áreas protegidas por su valor histórico o natural. Varias áreas naturales de Cuba se encuentran en este listado. En grupos de cuatro, elijan una de las áreas de la lista para preparar un afiche informativo.

> **Valle de Viñales**
> **Parque Nacional Alejandro de Humboldt**
> **Parque Nacional Desembarco del Granma**

A. Investiguen acerca del sitio elegido. Usen estas preguntas como guía: ¿Dónde está el lugar que eligieron? ¿Por qué se caracteriza? ¿Por qué fue declarado Patrimonio Mundial? ¿Tiene sólo valor natural o es importante por su cultura e historia?

B. Preparen un afiche informativo sobre el lugar elegido. Incluyan un título, recuadros con texto, mapas e imágenes con epígrafes (*captions*).

La naturaleza

el árbol	tree
el arrecife	reef
el bosque (lluvioso)	(rain) forest
el campo	countryside; field
la cordillera	mountain range
la costa	coast
el desierto	desert
el mar	sea
la montaña	mountain
el paisaje	landscape; scenery
la tierra	land; earth
húmedo/a	humid; damp
seco/a	dry
a orillas de	on the shore of
al aire libre	outdoors

Los animales

el ave (f.)/ el pájaro	bird
el cerdo	pig
el conejo	rabbit
el león	lion
el mono	monkey
la oveja	sheep
el pez	fish
la rana	frog
la serpiente	snake
el tigre	tiger
la vaca	cow
atrapar	to trap; to catch
cazar	to hunt
dar de comer	to feed
extinguirse	to become extinct
morder (o:ue)	to bite
en peligro de extinción	endangered
salvaje	wild
venenoso/a	poisonous

Los fenómenos naturales

el huracán	hurricane
el incendio	fire
la inundación	flood
el relámpago	lightning
la sequía	drought
el terremoto	earthquake
la tormenta (tropical)	(tropical) storm
el trueno	thunder

El medio ambiente

el calentamiento global	global warming
la capa de ozono	ozone layer
el combustible	fuel
la contaminación	pollution; contamination
la deforestación	deforestation
el desarrollo	development
la erosión	erosion
la fuente de energía	energy source
el medio ambiente	environment
los recursos naturales	natural resources
agotar	to use up
conservar	to conserve; to preserve
contaminar	to pollute; to contaminate
contribuir (a)	to contribute
desaparecer	to disappear
destruir	to destroy
malgastar	to waste
proteger	to protect
reciclar	to recycle
resolver (o:ue)	to solve
dañino/a	harmful
desechable	disposable
renovable	renewable
tóxico/a	toxic

Más vocabulario

Expresiones útiles	Ver p. 209
Estructura	Ver pp. 216-217, 220-221 y 224-225

Cinemateca

la cisterna	cistern; underground tank
la salida	exit
el tanque	tank
la tubería	piping
el/la vándalo/a	vandal
acabarse	to run out; to come to an end
descuidar(se)	to get distracted; to neglect
disculparse	to apologize
quedarse sin	to run out of
envenenado/a	poisoned
resentido/a	resentful
sobre todo	above all

Literatura

la esperanza	hope
la prisa	hurry; rush
disponerse a	to be about to
florecer	to flower
oscurecer	to darken
prever	to foresee
sacrificar	to sacrifice
salvar	to save
aislado/a	isolated
digno/a	worthy
valioso/a	valuable

Cultura

el bombardeo	bombing
el ecosistema	ecosystem
la especie	species
el/la manifestante	protester
el monte	mountain
la pureza	purity
el refugio	refuge
el terreno	land
el veneno	poison
ambiental	environmental

Manual de gramática

Supplementary Grammar Coverage

The Manual de gramática is an invaluable tool for both students and instructors of Intermediate Spanish. For each lesson of **FACETAS**, the **Manual** provides additional practice of the three core grammar concepts, as well as supplementary grammar instruction and practice.

The **Más práctica** pages of the **Manual** contain additional practice activities for every grammar point in **Facetas**. The **Más gramática** pages present supplementary grammar concepts and practice. Both sections of the **Manual** are correlated to the core grammar points in **Estructura** by means of **Taller de consulta** sidebars, which provide the exact page numbers for additional practice and supplementary coverage.

This special supplement allows for great flexibility in planning and tailoring courses to suit the needs of whole classes and/or individual students. It also serves as a useful and convenient reference tool for students who wish to review previously-learned material.

Contenido

Más práctica

Más gramática

Más práctica

TALLER DE CONSULTA

MÁS PRÁCTICA
To see the explanation corresponding to this additional practice, see p. 14.

1.1 The present tense

1 **Mi nuevo compañero de cuarto** Completa el párrafo con la forma apropiada de los verbos entre paréntesis.

¿Cómo es mi nuevo compañero de cuarto? (1) _____ (Ser) muy simpático. Siempre que (2) _____ (salir), me invita a salir con él. De esta forma, yo ya (3) _____ (conocer) a mucha gente en la universidad. Él siempre (4) _____ (parecer) que lo está pasando bien, hasta cuando nosotros (5) _____ (estar) en la clase de matemáticas. Por la tarde, después de clase, él (6) _____ (proponer) actividades —por ejemplo, a veces (7) _____ (ir) al parque a jugar al fútbol— así que nunca nos aburrimos. Ya (yo) (8) _____ (saber) que nos vamos a llevar bien durante todo el año. (9) _____ (Pensar) invitarlo a mi casa para las fiestas, así mis padres lo (10) _____ (poder) conocer también.

2 **Tus actividades** Escribe cuatro actividades que realizas normalmente en cada uno de estos momentos del día: la mañana, la tarde y la noche.

Mañana:

Tarde:

Noche:

3 **Diez preguntas** Trabaja con un(a) compañero/a a quien no conozcas muy bien. Primero, cada persona debe escribir diez preguntas para conocer a su compañero/a. Luego, háganse las preguntas. Después, intercambien sus listas y háganse las preguntas de la otra persona. Compartan sus respuestas con la clase.

Más práctica

1.2 Ser and Estar

TALLER DE CONSULTA

MÁS PRÁCTICA
To see the explanation corresponding to this additional practice, see p. 18.

① **Correo** Completa el mensaje de correo electrónico con la forma adecuada de **ser** o **estar**.

¡Hola Carlos!

Yo (1) _____ muy preocupada porque tenemos un examen mañana en la clase de español y el profesor (2) _____ muy exigente. Ahora mismo mi amiga Ana (3) _____ estudiando en la biblioteca y voy a encontrarme con ella para que me ayude. Ella (4) _____ una estudiante muy buena y sus notas siempre (5) _____ excelentes.

Este fin de semana hay un concierto en la universidad. Mis amigos y yo (6) _____ muy contentos porque el grupo que toca (7) _____ muy famoso. Elena también quería ir al concierto, pero no puede porque (8) _____ enferma y debe quedarse en cama.

Bueno, antes de ir a la biblioteca voy a almorzar en la cafetería porque (9) _____ muerta de hambre.
¡Hasta pronto!

Susana

② **En el parque** Mira la ilustración y contesta las preguntas usando **ser** y **estar**. Puedes inventar las respuestas para algunas de las preguntas.

1. ¿Quién es cada una de estas personas?
2. ¿Qué están haciendo?
3. ¿Cómo están?
4. ¿Cómo son?

③ **Una cita** Mañana vas a tener una cita con un(a) muchacho/a maravilloso/a. Quieres contárselo a tu mejor amigo/a y quieres pedirle consejos. Tu amigo/a es muy curioso/a y te va a hacer muchas preguntas. En parejas, representen la conversación. Éstos son algunos de los aspectos que pueden incluir.

Tu amigo quiere saber:
- cómo te sientes antes de la cita
- qué crees que va a pasar
- cómo es el lugar donde van a ir
- cómo es la persona con quien vas a tener la cita

Tú quieres consejos sobre:
- qué ropa ponerte
- los temas de los que hablar
- adónde ir
- quién debe pagar la cuenta

Más práctica

TALLER DE CONSULTA

MÁS PRÁCTICA
To see the explanation corresponding to this additional practice, see p. 22.

1.3 Progressive forms

1 **¿Qué están haciendo?** Las personas de la primera columna siempre están ocupadas. ¿Qué están haciendo en este momento? Escribe cinco oraciones completas usando elementos de las tres columnas.

> **MODELO**   David Ortiz está jugando al béisbol.

Tú		divertirse
El presidente de los EE.UU.		viajar en avión
Tus padres	(no) estar	comer en un restaurante
Tu mejor amigo/a		asistir a un estreno (*premiere*)
Penélope Cruz		bailar en una discoteca
Nosotros		hablar por teléfono

2 **Seguimos escribiendo** Reescribe las oraciones usando los verbos **andar, ir, llevar, seguir** o **venir**. La nueva oración debe expresar la misma idea.

1. José siempre dice que es tímido, pero no deja de coquetear con las chicas del trabajo.

   _____

2. Mi esposa y yo llevamos diez años de casados, pero nuestro amor es tan intenso como siempre.

   _____

3. Hace cinco meses que Carlos se pelea con su novia todos los días y todavía habla de ella como si fuera la única mujer del planeta.

   _____

4. Daniel siempre se queja de que los estudios lo agobian y hace meses que su mamá le dice que tiene que relajarse.

   _____

5. Mis padres repiten todos los días que pronto van a mudarse a una casa más pequeña.

   _____

3 **Adivina qué estoy haciendo** En grupos de cuatro, jueguen a las adivinanzas con mímica (*charades*). Por turnos, cada persona debe hacer gestos para representar una acción sencilla. Las otras personas tienen que adivinar la acción, usando el presente progresivo. Sigan el modelo.

> **MODELO**   **ESTUDIANTE 1** *(Sin decir nada, hace gestos para mostrar que está manejando un carro.)*
> **ESTUDIANTE 2** ¿Estás peleando con alguien?
> **ESTUDIANTE 3** ¿Estás manejando un carro?
> **ESTUDIANTE 1** ¡Sí! Estoy manejando un carro.

1.4 Nouns and articles

Nouns

- In Spanish, nouns (**sustantivos**) ending in **–o, –or, –l,** and **–s** are usually masculine, and nouns ending in **–a, –ora, –ión, –d,** and **–z** are usually feminine. Some nouns ending in **–ma** are masculine.

Masculine nouns	Feminine nouns
el amigo, el cuaderno	la amiga, la palabra
el escritor, el color	la escritora, la computadora
el control, el papel	la relación, la ilusión
el problema, el tema	la amistad, la fidelidad
el autobús, el paraguas	la luz, la paz

- Most nouns form the plural by adding **–s** to nouns ending in a vowel and **–es** to nouns ending in a consonant. Nouns that end in **–z** change to **–c** before adding **–es**.

  el hombre → los hombres   la mujer → las mujeres

  la novia → las novias   el lápiz → los lápices

- If a singular noun ends in a stressed vowel, the plural form ends in **–es**. If the last syllable of a singular noun ending in **–s** is unstressed, the plural form does not change.

  el tabú → los tabúes   el lunes → los lunes

  el israelí → los israelíes   la crisis → las crisis

Articles

- Spanish definite and indefinite articles (**artículos definidos e indefinidos**) agree in gender and number with the nouns they modify.

	Definite articles		Indefinite articles	
	singular	**plural**	**singular**	**plural**
MASCULINE	el compañero	los compañeros	un compañero	unos compañeros
FEMININE	la compañera	las compañeras	una compañera	unas compañeras

- In Spanish, a definite article is always used with an abstract noun.

  El amor es eterno.   **La** belleza es pasajera.
  Love is eternal.   *Beauty is fleeting.*

- An indefinite article is not used before nouns that indicate profession or place of origin, unless they are followed by an adjective.

  Juan Volpe es profesor.   Juan Volpe es **un** profesor excelente.
  Ana María es neoyorquina.   Ana María es **una** neoyorquina orgullosa.

MÁS GRAMÁTICA

This is an additional grammar point for **Lección 1 Estructura.** You may use it for review or as required by your instructor.

¡ATENCIÓN!

Some nouns may be either masculine or feminine, depending on whether they refer to a man or a woman.

el/la artista *artist*
el/la estudiante *student*

Occasionally, the masculine and feminine forms have different meanings.
el capital *capital (money)*
la capital *capital (city)*

¡ATENCIÓN!

Accent marks are sometimes dropped or added to maintain the stress in the singular and plural forms.

canción/canciones
autobús/autobuses

margen/márgenes
imagen/imágenes

¡ATENCIÓN!

The prepositions **de** and **a** contract with the article **el.**

de + el = del

a + el = al

¡ATENCIÓN!

Singular feminine nouns that begin with a stressed **a** take **el.**

el alma/las almas
el área/las áreas

Práctica

TALLER DE CONSULTA

These activities correspond to the additional grammar point on the preceding page.

(1.4) Nouns and articles

(1) Cambiar Escribe en plural las palabras que están en singular y viceversa.

1. la compañera _____
2. unos amigos _____
3. el novio _____
4. una crisis _____
5. unas parejas _____
6. un corazón _____
7. las amistades _____
8. el tabú _____

(2) ¿Qué opinas? Completa los minidiálogos con los artículos apropiados.

1. —Para ti, ¿cuál es _____ cualidad más importante en _____ relaciones de pareja?
   —Para mí, es _____ sinceridad; aunque también son importantes _____ respeto y _____ madurez.

2. —¿Quién es mejor como amigo: _____ persona pesimista o _____ optimista?
   —Pues, _____ verdad es que todos mis amigos son pesimistas.

3. —¿Tus amigos tienen _____ mismos sueños que tú?
   —Sí, todos soñamos con _____ mundo mejor, con _____ mundo donde _____ personas puedan vivir en paz.

(3) Un chiste Completa el chiste con los artículos apropiados. Recuerda que en algunos casos no debes poner ningún artículo.

(1) _____ pareja se va a casar. Él tiene 90 años. Ella tiene 85. Entran en (2) _____ farmacia y (3) _____ novio le pregunta al farmacéutico (*pharmacist*):
—¿Tiene (4) _____ remedios para (5) _____ corazón?
—Sí —contesta (6) _____ farmacéutico.
—¿Tiene (7) _____ remedios para (8) _____ presión?
—Sí —contesta nuevamente (9) _____ farmacéutico.
—¿Y (10) _____ remedios para (11) _____ artritis?
—Sí, también.
—¿Y (12) _____ remedios para (13) _____ reumatismo?
—También.
—¿Y (14) _____ remedios para (15) _____ colesterol?
—Sí. Ésta es (16) _____ farmacia completa. Tenemos de todo.
Entonces (17) _____ novio mira a (18) _____ novia y le dice:
—Querida, ¿qué te parece si hacemos aquí (19) _____ lista de regalos para (20) _____ boda?

(4) La cita Completa el párrafo con la forma correcta de los artículos definidos e indefinidos.

Ayer tuve (1) _____ cita con Leonardo. Fuimos a (2) _____ restaurante muy romántico que está junto a (3) _____ bonito lago. Desde nuestra mesa, podíamos ver (4) _____ lago y (5) _____ barcos que navegaban por allí. Comimos (6) _____ platos muy originales. (7) _____ pescado que yo pedí estaba delicioso. Nos divertimos mucho, pero al salir tuvimos (8) _____ problema. Una de (9) _____ ruedas (*tires*) del carro estaba pinchada (*punctured*). ¿Puedes creer que tuve que cambiar (10) _____ rueda yo porque Leonardo no sabía hacerlo?

1.5 Adjectives

MÁS GRAMÁTICA

This is an additional grammar point for **Lección 1 Estructura**. You may use it for review or as required by your instructor.

- Spanish adjectives (**adjetivos**) agree in gender and number with the nouns they modify. Most adjectives ending in **–e** or a consonant have the same masculine and feminine forms.

Adjectives						
	singular	plural	singular	plural	singular	plural
MASCULINE	rojo	rojos	inteligente	inteligentes	difícil	difíciles
FEMININE	roja	rojas	inteligente	inteligentes	difícil	difíciles

- Descriptive adjectives generally follow the noun they modify. If a single adjective modifies more than one noun, the plural form is used. If at least one of the nouns is masculine, then the adjective is masculine.

un libro **apasionante**
a great book

las parejas **contentas**
the happy couples

un carro y una casa **nuevos**
a new car and house

la literatura y la cultura **ecuatorianas**
Ecuadorean literature and culture

¡ATENCIÓN!

Adjectives ending in **–or, –ol, –án, –ón,** or **–s** vary in both gender and number.

español → españoles
española → españolas

alemán → alemanes
alemana → alemanas

- A few adjectives have shortened forms when they precede a masculine singular noun.

bueno → buen	alguno → algún	primero → primer
malo → mal	ninguno → ningún	tercero → tercer

- Some adjectives change their meaning depending on their position. When the adjective follows the noun, the meaning is more literal. When it precedes the noun, the meaning is more figurative.

	after the noun	before the noun
antiguo/a	el edificio **antiguo** *the ancient building*	mi **antiguo** novio *my old/former boyfriend*
cierto/a	una respuesta **cierta** *a right answer*	una **cierta** actitud *a certain attitude*
grande	una ciudad **grande** *a big city*	un **gran** país *a great country*
mismo/a	el artículo **mismo** *the article itself*	el **mismo** problema *the same problem*
nuevo/a	un carro **nuevo** *a (brand) new car*	un **nuevo** profesor *a new/different professor*
pobre	los estudiantes **pobres** *the students who are poor*	los **pobres** estudiantes *the unfortunate students*
viejo/a	un libro **viejo** *an old book*	una **vieja** amiga *a long-time friend*

¡ATENCIÓN!

Before any singular noun (masculine or feminine), **grande** changes to **gran**.

un gran esfuerzo
a great effort

una gran autora
a great author

Práctica

TALLER DE CONSULTA

These activities correspond to the additional grammar point on the preceding page.

(1.5) Adjectives

(1) **Descripciones** Completa cada oración con la forma correcta de los adjetivos.

1. Mi mejor amiga es _____ (guapo) y muy _____ (gracioso).
2. Los novios de mis hermanas son _____ (alto) y _____ (moreno).
3. Javier es _____ (bueno) compañero, pero es bastante _____ (antipático).
4. Mi prima Susana es _____ (sincero), pero mi primo Luis es _____ (falso).
5. Sandra es una _____ (grande) amiga, pero ayer tuvimos una pelea muy _____ (fuerte).
6. No sé por qué Marcos y María son tan _____ (inseguro) y _____ (tímido).

(2) **La vida de Marina** Completa cada oración con los cuatro adjetivos.

1. Marina busca una compañera de cuarto _____.
   (tranquilo, ordenado, honesto, puntual)
2. Se lleva bien con las personas _____.
   (sincero, serio, alegre, trabajador)
3. Los padres de Marina son _____.
   (maduro, simpático, inteligente, conservador)
4. Marina quiere ver programas de televisión más _____.
   (emocionante, divertido, dramático, didáctico)
5. Marina tiene un novio _____.
   (talentoso, simpático, creativo, sensible)

Marina

(3) **Correo sentimental** La revista *Ellas y ellos* tiene una sección de anuncios personales. Completa este anuncio con la forma corta o larga de los adjetivos de la lista. Puedes usar los adjetivos más de una vez.

buen	gran	mal	ningún	tercer
bueno/a	grande	malo/a	ninguno/a	tercero/a

Mi perrito y yo buscamos amor

Tengo 43 años y mi esposa murió hace tres años. Soy un (1) _____ hombre: tranquilo y trabajador. Me gustan las plantas y no tengo (2) _____ problema con mis vecinos. Cocino y plancho. Me gusta ir al cine y no me gusta el fútbol. Tengo (3) _____ humor por las mañanas y mejor humor por las noches. Vivo en un apartamento (4) _____ en el (5) _____ piso de un edificio de Montevideo. Sólo tengo un pequeño problema: mi perro. Algunos dicen que tiene (6) _____ carácter. Otros dicen que es un (7) _____ animal. Yo creo que es (8) _____. Pero se siente solo, como su dueño, y nos hacemos compañía. Busco una señora viuda o soltera que también se sienta sola. ¡Si tiene un perrito, mejor!

Más práctica

2.1 Object Pronouns

TALLER DE CONSULTA

MÁS PRÁCTICA
To see the explanation corresponding to this additional practice, see p. 54.

(1) La televisión Completa la conversación con el pronombre adecuado.

JUANITO Mamá, ¿puedo ver televisión?

MAMÁ ¿Y la tarea? ¿Ya (1) _____ hiciste?

JUANITO Ya casi (2) _____ termino. ¿Puedo ver el programa de dibujos animados (*cartoons*)?

MAMÁ (3) _____ puedes ver hasta las siete.

JUANITO De acuerdo.

MAMÁ Pero antes de que te pongas a ver televisión, tengo algunas preguntas. ¿(4) _____ vas a entregar mi carta a tu profesora?

JUANITO Sí mamá, (5) _____ (6) _____ voy a entregar mañana.

MAMÁ ¿Quién va a trabajar contigo en el proyecto de historia?

JUANITO No sé; nadie (7) _____ quiere hacer conmigo.

MAMÁ Bueno, y antes de ver la tele, ¿me puedes ayudar a poner la mesa?

JUANITO ¡Cómo no, mamá! (8) _____ ayudo ahora mismo.

(2) Confundido Tu compañero/a de cuarto va a dar una fiesta este fin de semana, pero no recuerda bien algunos detalles. Contesta sus preguntas con la información que está entre paréntesis. Utiliza pronombres en tus respuestas.

MODELO **¿Quién va a traer las sillas? (Carlos y Pedro)**

Carlos y Pedro las van a traer.

1. ¿Cuándo vamos a comprar la comida? (mañana)

   _____

2. ¿Quién nos prepara el pastel (*cake*)? (la pastelería de la Plaza Mayor)

   _____

3. ¿Ya enviamos todas las invitaciones? (sí)

   _____

4. ¿Quién trae los discos compactos de música latina? (Lourdes y Sara)

   _____

5. ¿Vamos a decorar el salón? (sí)

   _____

(3) Tres deseos En parejas, imaginen que encuentran a un genio (*genie*) en una botella. Él les va a hacer realidad tres deseos a cada uno. Primero, haz una lista de los deseos que le vas a pedir. Después, díselos a tu compañero/a. Háganse preguntas sobre por qué quieren cada uno de los deseos. Utilicen por lo menos seis pronombres de complemento directo e indirecto.

MODELO —Yo quiero un jeep cuatro por cuatro.

—¿Para qué lo quieres?

—Lo quiero para manejar en cualquier tipo de terreno.

Más práctica

TALLER DE CONSULTA

MÁS PRÁCTICA
To see the explanation corresponding to this additional practice, see p. 58.

2.2 *Gustar* and similar verbs

1 **En otras palabras** Vuelve a escribir las oraciones subrayadas usando los verbos que se indican.

> **MODELO**
>
> **Mis padres adoran las novelas de García Márquez, especialmente *Cien años de soledad*.**
>
> A mis padres les encantan las novelas de García Márquez, especialmente *Cien años de soledad*.

aburrir	(no) gustar
caer bien/mal	(no) interesar
(no) doler	molestar
faltar	quedar

1. Estoy muy interesado en el cine y por eso veo el programa de espectáculos todas las noches.
2. Necesito ir al médico porque tengo un dolor de cabeza desde hace dos días.
3. Pablo y Roberto son muy antipáticos. No soporto hablar con ellos.
4. Nos aburrimos cuando vemos películas románticas.
5. Detesto el boliche.
6. Has gastado casi todo tu dinero. Sólo tienes diez dólares.
7. Carlos está a punto de completar su colección de monedas españolas anteriores al euro. Necesita conseguir tres más.
8. No soporto escuchar música cuando estudio. No puedo concentrarme.

2 **El fin de semana** Escribe ocho oraciones sobre qué te gusta y qué te molesta hacer el fin de semana. Utiliza **gustar** y otros verbos parecidos, como **interesar**, **importar** y **molestar**.

estar en casa	hacer ejercicio	ir al cine
festejar	hacer un picnic	jugar al billar
hacer cola	ir al circo	salir a comer

3 **Gustos** Utiliza la información y verbos parecidos a **gustar** para investigar los gustos de tus compañeros/as de clase. Toma nota sobre las respuestas de cada compañero/a que entrevistes y comparte la información con la clase.

> **MODELO**
>
> molestar / tener clase a las ocho de la mañana
>
> — A Juan y a Marcela no les molesta tener clase a las ocho de la mañana. En cambio, a Carlos le molesta porque...

1. encantar / fiestas de cumpleaños _____
2. fascinar / el mundo de Hollywood _____
3. disgustar / leer las noticias _____
4. molestar / conocer a nuevas personas _____
5. interesar / saber lo que mis amigos piensan de mí _____
6. aburrir / escuchar música todo el día _____

Más práctica

2.3 Reflexive verbs

TALLER DE CONSULTA

MÁS PRÁCTICA
To see the explanation corresponding to this additional practice, see p. 62.

1 **¿Qué hacen estas personas?** Escribe cinco oraciones combinando elementos de las tres columnas.

MODELO   Yo me acuesto a las once de la noche.

mis padres	aburrirse	a las 6 de la mañana
yo	acostarse	a las 9 de la mañana
mis amigos y yo	afeitarse	a las 3 de la tarde
tú	divertirse	por la tarde
mi compañero/a de cuarto	dormirse	el viernes por la noche
ustedes	levantarse	a las once de la noche
mi hermano/a	maquillarse	todos los días

2 **Alternativas reflexivas** Algunos verbos cambian de significado cuando se usan en forma reflexiva. Completa las oraciones con la forma adecuada del verbo indicado y el pronombre si es necesario.

1. Yo siempre _____ (dormir/dormirse) bien cuando estoy en mi casa de verano.
2. Carlos, ¿_____ (acordar/ acordarse) de cuando fuimos de vacaciones a Cancún hace dos años?
3. Si estamos tan cansados de la ciudad, ¿por qué no _____ (mudar/mudarse) a una casa junto al lago?
4. No me gusta esta fiesta. Quiero _____ (ir/irse) cuanto antes.
5. Cristina y Miguel _____ (llevar / llevarse) a los niños a la feria.
6. Mi abuela va a _____ (poner / ponerse) una foto de todos sus nietos en el salón.

3 **Los sábados** Sigue los pasos para determinar si tú y tus compañeros/as participan en actividades parecidas (*similar*) los fines de semana. Comparte tus conclusiones con el resto de tu clase.

- **Paso 1** Haz una lista detallada de las cosas que normalmente haces los sábados.

- **Paso 2** Entrevista a un(a) compañero/a para ver si comparten alguna actividad.

- **Paso 3** Compara la información con el resto de la clase. ¿Siguen los estudiantes la misma rutina durante los fines de semana?

MÁS GRAMÁTICA

This is an additional grammar point for **Lección 2 Estructura.** You may use it for review or as required by your instructor.

(2.4) Demonstrative adjectives and pronouns

- Demonstrative adjectives (**adjetivos demostrativos**) specify to which noun a speaker is referring. They precede the nouns they modify and agree in gender and number.

este torneo	**esa** entrenadora	**aquellos** deportistas
this tournament	*that coach*	*those athletes (over there)*

Demonstrative adjectives				
singular		**plural**		
masculine	**feminine**	**masculine**	**feminine**	
este	esta	estos	estas	*this; these*
ese	esa	esos	esas	*that; those*
aquel	aquella	aquellos	aquellas	*that; those (over there)*

- Spanish has three sets of demonstrative adjectives. Forms of **este** are used to point out nouns that are close to the speaker and the listener. Forms of **ese** modify nouns that are not close to the speaker, though they may be close to the listener. Forms of **aquel** refer to nouns that are far away from both the speaker and the listener.

No me gustan **estos** zapatos.

Prefiero **esos** zapatos.

Aquel carro es de Ana.

- Demonstrative pronouns (**pronombres demostrativos**) are identical to demonstrative adjectives, except that they traditionally carry an accent mark on the stressed vowel. They agree in gender and number with the nouns they replace.

¿Quieres comprar esta **radio**?	No, no quiero **ésta**. Quiero **ésa**.
Do you want to buy this radio?	*No, I don't want this one. I want that one.*
¿Leíste estos **libros**?	No leí **éstos**, pero sí leí **aquéllos**.
Did you read these books?	*I didn't read these, but I did read those (over there).*

- There are three neuter demonstrative pronouns: **esto, eso,** and **aquello**. These forms refer to unidentified or unspecified things, situations, or ideas. They do not vary in gender or number and they never carry an accent mark.

¿Qué es **esto**?	**Eso** es interesante.	**Aquello** es bonito.
What is this?	*That's interesting.*	*That's pretty.*

Práctica

(2.4) Demonstrative adjectives and pronouns

TALLER DE CONSULTA

These activities correspond to the additional grammar point on the preceding page.

1 **En el centro comercial** Completa las oraciones con la forma correcta de los adjetivos entre paréntesis.

1. Quiero comprar _____ (*that*) videojuego.
2. Nosotros queremos comprar _____ (*that over there*) computadora.
3. _____ (*these*) pantalones y camisas están de rebaja.
4. Yo voy a escoger _____ (*this*) falda que está a mitad de precio.
5. También quiero comprar alguna de _____ (*those*) películas en DVD.
6. Antes de irnos vamos a comer algo en _____ (*that over there*) restaurante.

2 **Pronombres** Completa las oraciones con la forma correcta de los pronombres demostrativos, de acuerdo con la traducción que aparece entre paréntesis.

1. Esta campeona es muy humilde, pero _____ (*that one*) es muy arrogante.
2. Este deportista juega bien, no como _____ (*those*) del otro equipo.
3. Esos dardos no tienen punta; usa _____ (*the ones over there*).
4. No conozco a esta entrenadora, pero sí conozco a _____ (*that one over there*).
5. Aquellos asientos son muy buenos, pero de todas formas, yo prefiero sentarme en _____ (*this one*).
6. Esta cancha de fútbol está muy mojada. ¿Podemos jugar en _____ (*that one*)?

3 **¿Adjetivos o pronombres?**

A Elige los adjetivos o los pronombres apropiados.

A mi hermano Esteban no le gustan las películas de acción y a mí sí. (1) _____ (Ese / Ése) es el problema que siempre tenemos cuando queremos ir al cine. (2) _____ (Este / Éste) fin de semana, por ejemplo, estrenan la película *Persecución sin fin* en (3) _____ (ese / ése) cine nuevo que abrió enfrente de (4) _____ (ese / ése) restaurante que tanto me gusta. Cuando le mandé un mensaje por correo electrónico a mi hermano, enseguida respondió: "(5) _____ (Esa / Ésa) no la veo ni loco. (6) _____ (Esas / Ésas) películas de acción son siempre iguales. El bueno y el malo pelean y el bueno siempre gana. Por (7) _____ (ese/ése/eso), yo prefiero las películas históricas o los dramas. Por lo menos en (8) _____ (esas / ésas) suele haber diálogo inteligente y no persecuciones tontas y peleas exageradas". ¡Cómo cambiaron los gustos de mi hermano desde (9) _____ (aquella / aquélla) época en la que íbamos a ver todas las películas de superhéroes!

B En parejas, imaginen que los dos hermanos hablan por teléfono. El hermano de Esteban todavía tiene esperanzas de convencerlo para ir a ver *Persecución sin fin*. Improvisen la conversación entre los dos hermanos. Usen por lo menos cinco adjetivos o pronombres demostrativos.

MÁS GRAMÁTICA

This is an additional grammar point for **Lección 2 Estructura.** You may use it for review or as required by your instructor.

2.5 Possessive adjectives and pronouns

- Possessive adjectives (**adjetivos posesivos**) are used to express ownership or possession. Spanish has two types: the short, or unstressed, forms and the long, or stressed, forms. Both forms agree in gender and number with the object owned, and not with the owner.

Possessive adjectives			
short forms (unstressed)		**long forms (stressed)**	
mi(s)	*my*	**mío(s)/a(s)**	*my; (of) mine*
tu(s)	*your*	**tuyo(s)/a(s)**	*your; (of) yours*
su(s)	*your; his; hers; its*	**suyo(s)/a(s)**	*your; (of) yours; his; (of) his; hers; (of) hers; its; (of) its*
nuestro(s)/a(s)	*our*	**nuestro(s)/a(s)**	*our; (of) ours*
vuestro(s)/a(s)	*your*	**vuestro(s)/a(s)**	*your; (of) yours*
su(s)	*your; their*	**suyo(s)/a(s)**	*your; (of) yours; their; (of) theirs*

- Short possessive adjectives precede the nouns they modify.

En **mi** opinión, esa película es pésima.
In my opinion, that movie is awful.

Nuestras revistas favoritas son *Vanidades* y *Latina.*
Our favorite magazines are Vanidades *and* Latina.

- Stressed possessive adjectives follow the nouns they modify. They are used for emphasis or to express the phrases *of mine, of yours,* etc. The nouns are usually preceded by a definite or indefinite article.

mi amigo → **el** amigo **mío**
my friend   friend of mine

tus amigas → **las** amigas **tuyas**
your friends   friends of yours

¡ATENCIÓN!

After the verb **ser**, stressed possessives are used without articles.

¿Es tuya la calculadora?
Is the calculator yours?

No, no es mía.
No, it is not mine.

- Because **su(s)** and **suyo(s)/a(s)** have multiple meanings (*your, his, her, its, their*), the construction [*article*] + [*noun*] + **de** + [*subject pronoun*] is commonly used to clarify meaning.

su casa		la casa de él/ella	*his/her house*
la casa suya		la casa de usted/ustedes	*your house*
		la casa de ellos/ellas	*their house*

- Possessive pronouns (**pronombres posesivos**) have the same forms as stressed possessive adjectives and are preceded by a definite article. Possessive pronouns agree in gender and number with the nouns they replace.

No encuentro mi **libro.**
¿Me prestas **el tuyo**?
I can't find my book.
Can I borrow yours?

Si la **fotógrafa** suya no llega, **la nuestra** está disponible.
If your photographer doesn't arrive, ours is available.

¡ATENCIÓN!

The neuter form **lo** + [*singular stressed possessive*] is used to refer to abstract ideas or concepts such as *what is mine* and *what belongs to you.*

Quiero lo mío.
I want what is mine.

Práctica

(2.5) Possessive adjectives and pronouns

TALLER DE CONSULTA

These activities correspond to the additional grammar point on the preceding page.

(1) **¿De quién hablan?** En un programa de entrevistas, varias personas famosas hacen comentarios. Completa sus oraciones con los posesivos que faltan.

1. La actriz Fernanda Lora habla sobre su esposo: "_____ esposo siempre me acompaña a los estrenos, aunque _____ trabajo le exija estar en otro sitio".

2. Los integrantes del famoso dúo Maite y Antonio hablan sobre su hijo: "_____ hijo empezó a cantar a los dos años".

3. El actor Saúl Mar habla de su ex esposa, la modelo Serafina: "_____ ex ya no es tan guapa como antes, aunque _____ fans piensen lo contrario".

(2) **¿Es tuyo...?** Escribe preguntas con **ser** y contéstalas usando el pronombre posesivo que corresponde a la(s) persona(s) indicada(s). Sigue el modelo.

> **MODELO**   tú / libro / yo
> —¿Es tuyo este libro?
> —Sí, es mío.

1. ustedes / cartas / nosotros
   _____
   _____

2. ella / bicicleta / ella
   _____
   _____

3. yo / café / tú
   _____
   _____

4. nosotros / periódicos / yo
   _____
   _____

5. tú / disco compacto / ellos
   _____
   _____

6. él / ideas / nosotros
   _____
   _____

(3) **Durante el almuerzo** Durante la hora del almuerzo tres compañeros de trabajo tratan de conocerse mejor. Completa la conversación con los posesivos adecuados. Cuando sea necesario, añade también el artículo definido correspondiente.

MANUEL (1) _____ películas favoritas son las de acción. ¿Y (2) _____?

JUAN A mí no me gusta el cine.

AGUSTÍN A mí tampoco, pero a (3) _____ esposa le gustan las películas antiguas. (4) _____ es el deporte.

JUAN Yo detesto el deporte. (5) _____ pasatiempo favorito es la música.

MANUEL ¡Ahh! ¿Es (6) _____ la guitarra que vi en la oficina?

JUAN Sí, es (7) _____. Después del trabajo, nos reunimos en la casa de un amigo (8) _____ y tocamos un poco. A (9) _____ amigos y a mí nos gusta el rock. (10) _____ músicos preferidos son...

AGUSTÍN ¡No te molestes en nombrarlos! No sé nada de música.

MANUEL Parece que (11) _____ gustos son muy distintos.

Más práctica

TALLER DE CONSULTA

MÁS PRÁCTICA
To see the explanation corresponding to this additional practice, see p. 94.

3.1 The preterite

1 **Conversación telefónica** La mamá de Andrés lo llama para ver cómo ha sido su semana. Completa la conversación con el pretérito de los verbos de la lista. Algunos de estos verbos se repiten.

andar	dar	ir	ser
barrer	hacer	quitar	tener

MAMÁ Hola Andrés, ¿cómo te va?

ANDRÉS Bien mamá. ¿Y tú?

MAMÁ También estoy bien. ¿Qué tal las clases?

ANDRÉS En la clase de historia (1) _____ un examen el lunes. En la clase de química, el profesor nos (2) _____ una demostración en el laboratorio.

MAMÁ ¿Y el resto de las clases?

ANDRÉS (3) _____ muy fáciles pero los profesores nos (4) _____ mucha tarea.

MAMÁ ¿Cómo está tu apartamento? ¿Está muy sucio (*dirty*)?

ANDRÉS ¡Está perfecto! Ayer (5) _____ la limpieza: (6) _____ el piso y (7) _____ el polvo de los muebles.

MAMÁ ¿Qué hiciste con tus amigos el sábado por la noche?

ANDRÉS Nosotros (8) _____ por el centro de la ciudad y (9) _____ a un restaurante. (10) _____ una noche muy divertida.

2 **Vienen los abuelitos** Tus abuelos vienen a tu casa para pasar el fin de semana. Tu mamá quiere saber si ya hiciste todo lo que te pidió, pero tú ya sabes lo que te va a preguntar. Termina sus preguntas y después contéstalas.

> **MODELO** ¿Ya... (conseguir las entradas para el concierto)?
>
> —¿Ya conseguiste las entradas para el concierto?
> —Sí, mamá, ya conseguí las entradas para el concierto.

1. ¿Ya... (quitar el polvo del armario)? _____

2. ¿Ya... (ir al supermercado)? _____

3. ¿Ya... (pasar la aspiradora)? _____

4. ¿Ya... (quitar tus cosas de la mesa)? _____

5. ¿Ya... (hacer las reservaciones en el restaurante)? _____

6. ¿Ya... (limpiar el baño)? _____

3 **Un problema** Hace dos semanas compraste un par de zapatos que no te quedan bien. Quieres devolverlos y pedir un reembolso, pero la zapatería no acepta cambios después de una semana. En parejas, improvisen la conversación entre el/la cliente/a y el/la gerente (*manager*). Deben tratar de convencer al/a la gerente de que les devuelva el dinero.

Más práctica

3.2 The imperfect

TALLER DE CONSULTA

MÁS PRÁCTICA
To see the explanation corresponding to this additional practice, see p. 98.

(1) Oraciones incompletas Termina las oraciones con el imperfecto.

1. Cuando era niño/a _____.
2. Todos los veranos mi familia y yo _____.
3. Durante las vacaciones, mis amigos siempre _____.
4. En la escuela primaria (*elementary school*), mis maestros nunca _____.
5. Mis hermanos y yo siempre _____.
6. Mi abuela siempre _____.

(2) Un robo El sábado por la tarde unos jóvenes le robaron la bolsa a una anciana en el parque. Ese día tú andabas por el mismo parque con tus amigos. Un policía quiere saber lo que hacías para averiguar si participaste en el robo. Contéstale usando el imperfecto.

1. ¿Dónde estabas alrededor de las dos de la tarde?
   _____

2. ¿Qué llevabas puesto (*were you wearing*)?
   _____

3. ¿Qué hacías en el parque?
   _____

4. ¿A qué jugabas?
   _____

5. ¿Quiénes estaban contigo?
   _____

6. ¿Adónde iban ese día?
   _____

7. ¿Qué otras personas había en el parque?
   _____

8. ¿Qué hacían esas personas?
   _____

(3) Las tareas del hogar Cuando eras niño/a, ¿cuáles eran tus obligaciones en la casa? ¿Qué te mandaban hacer tus padres? En parejas, conversen sobre cuáles eran sus obligaciones. ¿Hacían ustedes tareas similares?

(4) ¿Cómo ha cambiado tu vida? Piensa en tu último año de la escuela secundaria y compáralo con tu vida en la universidad. En parejas, hablen de estos cambios. Escriban una lista de las responsabilidades que tienen ahora y las que tenían antes. Traten de incluir el mayor número posible de detalles.

> **MODELO**
> Cuando estaba en la escuela secundaria no tenía mucha tarea, pero ahora tengo muchísima, y me paso el día entero en la biblioteca.

Más práctica

TALLER DE CONSULTA

MÁS PRÁCTICA
To see the explanation corresponding to this additional practice, see p. 102.

3.3 The preterite vs. the imperfect

(1) Distintos significados Completa las oraciones con el pretérito o el imperfecto de los verbos entre paréntesis. Recuerda que cuando se usan estos verbos en el pretérito tienen un significado distinto al del imperfecto.

1. Cuando yo era niño nunca _____ (querer) limpiar mi habitación pero mis padres me obligaban a hacerlo.
2. Mi amigo ya _____ (poder) hablar chino y japonés cuando tenía siete años.
3. Finalmente, después de preguntar por todos lados, Ana _____ (saber) dónde comprar las entradas para el concierto.
4. Mis padres _____ (querer) mudarse a México. Estaban cansados de vivir en Europa.
5. Se rompió el televisor. Por suerte, mi amigo Juan Carlos _____ (poder) venir enseguida a arreglarlo.
6. Mi hermano _____ (conocer) a su novia en el centro comercial.
7. Mi abuela _____ (saber) cocinar muy bien.
8. Miguel y Roberto completaron el formulario pero no _____ (querer) contestar la última pregunta.

(2) ¿Pretérito o imperfecto? Indica si normalmente debes usar el pretérito (P) o el imperfecto (I) con estas expresiones de tiempo. Después escribe cinco oraciones completas que contengan estas expresiones.

___ el año pasado   ___ siempre   ___ ayer por la noche   ___ todas las tardes

___ todos los días   ___ mientras   ___ el domingo pasado   ___ una vez

(3) Mi mejor año ¿Cuál fue tu mejor año en la escuela? Escribe una anécdota breve sobre ese año especial. Recuerda que para narrar series de acciones completas debes usar el pretérito y para describir el contexto o acciones habituales en el pasado debes usar el imperfecto. Comparte tu historia con la clase.

> **MODELO**
> Creo que mi mejor año fue segundo grado. Yo vivía con mi familia en Toronto pero ese año nos mudamos a Vancouver.

(4) Lo que sentía En parejas, conversen sobre tres situaciones o momentos de la niñez en los cuales sintieron algunas de estas emociones. Luego compartan con la clase lo que le pasó a la otra persona y lo que él/ella sintió. Utilicen el pretérito y el imperfecto.

- agobiado/a
- asombrado/a
- confundido/a
- feliz
- hambriento/a
- solo/a

3.4 Telling time

- The verb **ser** is used to tell time in Spanish. The construction **es + la** is used with **una**, and **son + las** is used with all other hours.

¿Qué hora es?
What time is it?

> Es la **una**.
> *It is one o'clock.*
> Son las **tres**.
> *It is three o'clock.*

- The phrase **y** + [*minutes*] is used to tell time from the hour to the half-hour. The phrase **menos** + [*minutes*] is used to tell time from the half-hour to the hour, and is expressed by subtracting minutes from the *next* hour.

Son las once **y veinte**.   Es la una **menos quince**.   Son las doce **menos diez**.

- To ask at what time an event takes place, the phrase **¿A qué hora (...)?** is used. To state at what time something takes place, use the construction **a la(s)** + [*time*].

¿A qué hora es la fiesta?
(At) what time is the party?

La fiesta es **a las ocho**.
The party is at eight.

- The following expressions are used frequently for telling time.

Son las siete **en punto**.
It's seven o'clock on the dot/sharp.

Son las nueve **de la mañana**.
It's 9 am (in the morning).

Son **las doce del mediodía**.
It's noon.

Son las cuatro y cuarto **de la tarde**.
It's 4:15 pm (in the afternoon).

Son **las doce de la noche**. Es **(la) medianoche**.

Son las once y media **de la noche**.
It's 11:30 pm (at night).

- The imperfect is generally used to tell time in the past. However, the preterite may be used to describe an action that occurred at a particular time.

¿Qué hora **era**?
What time was it?

Eran las cuatro de la mañana.
It was four o'clock in the morning.

¿A qué hora **fueron** al cine?
At what time did you go to the movies?

Fuimos a las nueve.
We went at nine o'clock.

MÁS GRAMÁTICA

This is an additional grammar point for **Lección 3 Estructura.** You may use it for review or as required by your instructor.

¡ATENCIÓN!

The phrases **y media** (*half past*) and **y/menos cuarto** (*quarter past/of*) are usually used instead of **treinta** and **quince**.

Son las doce y media.
It's 12:30/half past twelve.

Son las nueve menos cuarto.
It's 8:45/quarter of nine.

¡ATENCIÓN!

Note that **es** is used to state the time at which a single event takes place.

Son las dos.
It is two o'clock.

Mi clase es a las dos.
My class is at two o'clock.

Práctica

TALLER DE CONSULTA

These activities correspond to the additional grammar point on the preceding page.

(3.4) Telling time

① **La hora** Escribe la hora que muestra cada reloj usando oraciones completas.

1. _____ 2. _____ 3. _____

4. _____ 5. _____ 6. _____

② **¿Qué hora es?** Da la hora usando oraciones completas.

1. 1:10 pm _____
2. 6:30 am _____
3. 8:45 pm _____
4. 11:00 am _____
5. 2:55 pm _____
6. 12:00 am _____

③ **Retraso** Hoy tienes un mal día y estás atrasado/a en todo. Usa la información para explicar a qué hora hiciste cada cosa y por qué te retrasaste. Sigue el modelo.

> **MODELO** **Ir al centro comercial – 9am (15 minutos)**
> Tenía que ir al centro comercial a las nueve de la mañana pero llegué a las nueve y cuarto porque el autobús se retrasó.

1. Levantarme – 7am (30 minutos)
2. Desayunar – 8am (2 horas y media)
3. Reunirme con la profesora de química – 11am (1 hora)
4. Escribir el ensayo para la clase de literatura – 3pm (2 horas y cuarto)
5. Llamar a mis padres – 5pm (3 horas y media)
6. Limpiar mi casa – 3pm (¡Todavía no empezaste!)

Más práctica

4.1 The subjunctive in noun clauses

MÁS PRÁCTICA
To see the explanation corresponding to this additional practice, see p. 134.

1 **El doctor** El doctor González escribe informes con el diagnóstico y las recomendaciones para cada paciente. Completa los informes con el indicativo o el subjuntivo de los verbos entre paréntesis.

Informe 1

Don José, creo que usted (1) _____ (sufrir) de mucho estrés. Usted (2) _____ (trabajar) demasiado y no (3) _____ (cuidarse) lo suficiente. Es necesario que usted (4) _____ (dormir) más horas. No creo que usted (5) _____ (necesitar) tomar medicinas, pero es importante que (6) _____ (controlar) su alimentación y (7) _____ (mantener) una dieta más equilibrada.

Informe 2

Carlitos, no hay duda de que tú (8) _____ (tener) varicela (*chicken pox*). Es una enfermedad muy contagiosa y por eso es necesario que (9) _____ (quedarse) en casa una semana. Como no podrás asistir a la escuela, te recomiendo que (10) _____ (hablar) con uno de tus compañeros y que (11) _____ (hacer) la tarea regularmente. Quiero que (12) _____ (aplicarse) (*to apply*) esta crema si te pica (*itches*) mucho la piel.

Informe 3

Susana y Pedro, es obvio que ustedes (13) _____ (tener) gripe. Para aliviar la tos, les recomiendo que (14) _____ (tomar) este jarabe por la mañana y estas pastillas por la noche. No creo que (15) _____ (necesitar) quedarse en cama. Les recomiendo que (16) _____ (beber) mucho líquido y que (17) _____ (comer) muchas frutas y verduras. Estoy seguro de que en unos días (18) _____ (ir) a sentirse mejor.

2 **¿Cómo terminan?** Escribe un final original para cada oración. Recuerda usar el subjuntivo cuando sea necesario.

1. Es imposible que hoy...
2. Dudo mucho que el profesor...
3. No es cierto que mis amigos y yo...
4. Es muy probable que yo...
5. Es evidente que en el hospital...
6. Los médicos recomiendan que...

3 **Reacciones** En grupos de cinco, expresen cómo reaccionarían en estas situaciones. Deben usar el subjuntivo para mostrar emoción, incredulidad, alegría, rechazo, insatisfacción, etc., en sus respuestas.

> **MODELO** **Acabas de ganar un millón de dólares.**
> ¡Es imposible que sea verdad! No puedo creer que...

1. Un día vas al banco y te dicen que ya no te queda un centavo. No vas a poder comer esta semana.
2. Oyes que el agua que tomas del grifo (*tap*) está contaminada y que todos los habitantes de la ciudad se van a enfermar.
3. Llegas a la universidad el primer día y te dicen que no hay espacio para ti en la residencia estudiantil. Vas a tener que dormir en un hotel.
4. Tu novio/a te declara su amor e insiste en que se casen este mismo mes.
5. Tu nuevo/a compañero/a de cuarto te dice que tiene la gripe aviar (*bird flu*). Es muy contagiosa.
6. Acabas de ver a tu ex hablando mal de ti en frente de millones de televidentes.

Más práctica

TALLER DE CONSULTA

MÁS PRÁCTICA
To see the explanation corresponding to this additional practice, see p. 140.

4.2 Commands

① **Las indicaciones del médico** Lee los problemas de estos pacientes. Luego, completa las órdenes y recomendaciones que su médico les da.

Don Mariano y doña Teresa no duermen bien y sufren de mucha presión en el trabajo.	1. _____ (tomar) té de manzanilla y _____ (acostarse) siempre a la misma hora. 2. No _____ (trabajar) los domingos.
Juan come muchos dulces y tiene caries (*cavities*).	3. (Tú) _____ (cepillarse) los dientes dos veces por día. 4. No _____ (comer) más dulces.
La señora Ortenzo se lastimó jugando al tenis. Le duele el pie derecho.	5. (Ud.) _____ (quedarse) en cama dos días. 6. No _____ (mover) el pie y no _____ sin muletas (*crutches*).
Carlos y Antonio trasnochan con frecuencia y no siguen una dieta sana.	7. _____ por lo menos ocho horas cada noche. 8. No _____ (ir) a clase sin antes comer un desayuno saludable.

② **Antes y ahora** ¿Te daban órdenes tus padres cuando eras niño/a? ¿Aún ahora te siguen dando órdenes? Escribe cinco mandatos que te daban cuando eras niño/a y cinco que te dan ahora. Utiliza mandatos informales afirmativos y negativos.

Los mandatos de antes

_____

_____

_____

_____

_____

Los mandatos de ahora

_____

_____

_____

_____

_____

③ **El viernes por la noche** Tú y tus amigos están pensando en qué hacer este viernes. Tú sugieres algunas cosas (usa mandatos con **nosotros/as**), pero tus compañeros/as rechazan (*reject*) tus sugerencias y sugieren otras ideas. Representen la conversación.

MODELO **ESTUDIANTE 1** Vayamos al cine esta noche.
ESTUDIANTE 2 No quiero porque no tengo dinero. Quedémonos en casa y veamos la tele.
ESTUDIANTE 3 Pues, alquilemos una película entonces...

Más práctica

4.3 *Por* and *para*

TALLER DE CONSULTA

MÁS PRÁCTICA
To see the explanation corresponding to this additional practice, see p. 144.

1 **El viaje de Carla** Carla está planeando pasar el verano en Bogotá para tomar cursos en la Universidad Nacional de Colombia. Une las frases para completar sus comentarios sobre el viaje.

_____ 1. Este verano viajaré a Bogotá

_____ 2. Es un programa de intercambio, organizado

_____ 3. Estudiantes de varias universidades nos reuniremos en Miami y de allí saldremos

_____ 4. Extrañaré a mi familia, pero prometen llamarme

_____ 5. Quisiera pasar un año allá, pero sólo puedo ir

_____ 6. Antes de volver a Nueva York, espero viajar

_____ 7. Quiero perfeccionar el español

_____ 8. En el futuro, espero trabajar

a. para Bogotá.

b. para estudiar español.

c. para la embajada (*embassy*).

d. para trabajar en Latinoamérica después de graduarme.

e. por mi universidad en Nueva York.

f. por teléfono una vez por semana.

g. por todo el país.

h. por tres meses.

2 **Instrucciones para cuidar al perro** Este fin de semana te toca cuidar al perro de tus vecinos y ellos están muy preocupados. Completa su lista de instrucciones con **por** o **para**.

1. Si el perro está muy deprimido, llama al veterinario _____ teléfono.

2. Si está un poco triste, haz todo lo que puedas _____ darle ánimo.

3. Últimamente tiene problemas de digestión y debe tomar una medicina _____ el estómago.

4. _____ ver si el perro tiene fiebre, usa este termómetro.

5. No es _____ tanto si no te saluda cuando entras en la casa; cuando te conozca mejor y te tenga más confianza comenzará a saludarte.

6. Sácalo a pasear todos los días: el ejercicio es bueno _____ los perros.

7. Nuestra rutina es dar diez vueltas _____ el parque.

8. Dale su medicina tres veces _____ día.

3 **Un acontecimiento increíble** ¿Alguna vez te ha ocurrido algo inusual o difícil de creer? Cuéntale a tu compañero/a un acontecimiento increíble que te haya ocurrido, o inventa uno. Debes incluir en tu narración al menos cuatro expresiones de la lista.

para colmo	no estar para bromas	por casualidad	por supuesto
para que sepas	no ser para tanto	por fin	por más/mucho que

MÁS GRAMÁTICA

This is an additional grammar point for **Lección 4 Estructura.** You may use it for review or as required by your instructor.

(4.4) The subjunctive with impersonal expressions

- The subjunctive is frequently used in subordinate clauses following impersonal expressions.

IMPERSONAL EXPRESSION	CONNECTOR	SUBORDINATE CLAUSE
Es urgente	**que**	vayas **al hospital.**

- Impersonal expressions that indicate will, desire, or emotion are usually followed by the subjunctive.

es bueno *it's good*	**es necesario** *it's necessary*
es extraño *it's strange*	**es ridículo** *it's ridiculous*
es importante *it's important*	**es terrible** *it's terrible*
es imposible *it's impossible*	**es una lástima** *it's a shame*
es malo *it's bad*	**es una pena** *it's a pity*
es mejor *it's better*	**es urgente** *it's urgent*

Es una lástima que **estés** con gripe.
It's a shame you have the flu.

Es mejor que te **acompañen**.
It's better that they go with you.

- Impersonal expressions that indicate certainty trigger the indicative in the subordinate clause. When they express doubt about the action or condition in the subordinate clause, then the subjunctive is used.

indicative	subjunctive
es cierto *it's true*	**no es cierto** *it's untrue*
es obvio *it's obvious*	**no es obvio** *it's not obvious*
es seguro *it's certain*	**no es seguro** *it's not certain*
es verdad *it's true*	**no es verdad** *it's not true*

Es verdad que Juan está triste, pero
no es cierto que **esté** deprimido.
*It's true that Juan is sad, but it's
not true that he is depressed.*

Es obvio que usted tiene una infección, pero
es improbable que **sea** contagiosa.
*It's obvious that you have an infection, but
it's unlikely that it's contagious.*

- When an impersonal expression is used to make a general statement or suggestion, the infinitive is used in the subordinate clause. When a new subject is introduced, the subjunctive is used instead.

Es importante hacer ejercicio.
It's important to exercise.

Es importante que los niños **hagan** ejercicio.
It's important for children to exercise.

No es seguro caminar solo
    por la noche.
*It's not safe to walk around alone
    at night.*

No es seguro que **camines** solo
    por la noche.
*It's not safe for you to walk around
    alone at night.*

Práctica

(4.4) The subjunctive with impersonal expressions

TALLER DE CONSULTA

These activities correspond to the additional grammar point on the preceding page.

1 **Pórtate bien** Los padres de Álvaro se van de viaje y le dejan una nota a su hijo con algunas cosas que tiene que hacer. Completa la nota con el presente del subjuntivo de los verbos entre paréntesis.

> ¡No te olvides!
>
> Sabemos que es imposible que (1) _____ (acostarse) temprano pero es importante que (2) _____ (levantarse) antes de las 8:00 y que (3) _____ (llevar) el carro al mecánico. El martes es necesario que (4) _____ (ir) a casa de tu tía Julia y le (5) _____ (llevar) nuestro regalo. Como la pastelería queda cerca del mecánico, es mejor que (6) _____ (pasar) a recoger el pastel de cumpleaños cuando vayas a recoger el carro el lunes por la tarde. Y bueno, hijo, es una lástima que no (7) _____ (poder) venir con nosotros.
>
> ¡Cuídate mucho!
> Mamá y papá

2 **Obligaciones** Piensa en las obligaciones de los padres para con los hijos y viceversa. Completa el cuadro con frases impersonales que requieran el subjuntivo.

Las obligaciones de los padres y de los hijos

padres	hijos
Es importante que los padres escuchen a sus hijos.	

3 **Pareja ideal** En grupos de cuatro, piensen en su pareja ideal y comenten cómo debe ser. Cada uno/a de ustedes debe escribir por lo menos cinco oraciones con frases impersonales.

Es cierto	Es necesario
Es importante	Es urgente
Es mejor	Es verdad

Más práctica

TALLER DE CONSULTA

MÁS PRÁCTICA
To see the explanation corresponding to this additional practice, see p. 176.

5.1 Comparatives and superlatives

1 **Los medios de transporte** Escribe seis oraciones completas para comparar los medios de transporte de la lista. Utiliza por lo menos tres comparativos y tres superlativos. Debes hacer comparaciones con respecto a estos aspectos:

- la rapidez
- la comodidad
- la diversión
- el precio

> **medios de transporte**
>
> **autobús, avión, bicicleta, carro, metro, taxi, tren**

MODELO   Para viajar por la ciudad, el taxi es más caro que el autobús. /
El avión es el medio más rápido de todos.

2 **El absoluto** Utiliza el superlativo absoluto (**-ísimo/a**) para escribir oraciones completas. Sigue el modelo.

MODELO   elefantes / animales / grande
Los elefantes son unos animales grandísimos.

1. diamantes / joyas / caro
2. avión / medio de transporte / rápido
3. Bill Gates / persona / rico
4. el puente de Brooklyn / largo
5. la clase de inglés / fácil
6. Frankie Muñiz / actor / joven
7. Boca Juniors / equipo de fútbol argentino / famoso
8. El Río de la Plata / ancho.

3 **Un pariente especial** ¿Hay alguien en tu familia que consideras especial? ¿Te pareces a esa persona? ¿Es mayor o menor que tú? ¿Qué similitudes y diferencias tienen? Dile a tu compañero/a quién es tu pariente y cuéntale en qué se parecen y en qué se diferencian. Usa comparativos en tu descripción. Incluye algunos de estos aspectos:

altura	gustos
apariencia física	personalidad
edad	vida académica

MODELO   Mi primo Juan es mi primo favorito. Es mayor que yo, pero yo soy
mucho más alto que él...

Más práctica

TALLER DE CONSULTA

MÁS PRÁCTICA
To see the explanation corresponding to this additional practice, see p. 180.

5.2 The subjunctive in adjective clauses

1 **Unir los elementos** Escribe cinco oraciones lógicas combinando elementos de las tres columnas.

> **MODELO** Juan busca un libro que esté escrito en español.

Juan (estudiante de español)	buscar un tutor	pagar bien
Pedro (tiene un carro viejo)	buscar un libro	ser divertida
Ana (tiene muy poco dinero)	necesitar un carro	ayudarme
Mis amigos (están aburridos)	tener que ir a una fiesta	ser nuevo y rápido
Yo (tengo problemas con la clase de cálculo)	querer un trabajo	poder ayudarnos
Nosotros (no sabemos qué clases tomar el próximo semestre)	necesitar hablar con un consejero	estar escrito en español

2 **En el aeropuerto** Mientras esperas en el aeropuerto, escuchas todo lo que dicen los empleados de la aerolínea y los agentes de seguridad. Usa el subjuntivo para terminar las oraciones de manera lógica.

1. Deben pasar por aquí las personas que _____.
2. ¿Tiene usted algo en su bolsa que _____?
3. Debe sacar del bolsillo todo lo que _____.
4. No diga chistes que _____.
5. Pueden pasar los viajeros que _____.
6. No se pueden llevar maletas que _____.

3 **Anuncios personales** En grupos de tres, escriban anuncios personales para una persona que busca novio/a. Los anuncios deben ser detallados, creativos y deben usar el subjuntivo y el indicativo. Después, compartan el anuncio con la clase para ver si encuentran a alguien que se parezca a la persona de su anuncio.

Más práctica

TALLER DE CONSULTA

MÁS PRÁCTICA
To see the explanation corresponding to this additional practice, see p. 184.

5.3 Negative and positive expressions

1 **De compras** Desembarcaste de tu crucero en una isla remota. Quieres comprar algo típico para tus amigos, pero el empleado te hace mil preguntas sobre lo que quieres. Elige las opciones correctas para completar la conversación.

EMPLEADO ¡Hola! ¿Quieres (1) _____ (algo / nada) extraordinario para tus amigos?

TÚ No, no quiero (2) _____ (algo / nada) extraordinario, quiero (3) _____ (algo / nada) típico de la isla.

EMPLEADO Tenemos unos recuerdos muy especiales por aquí. (4) _____ (Siempre / Nunca) es mejor regalar (5) _____ (algo / nada) que llegar con las manos vacías…

TÚ Sí. Pero (6) _____ (también / tampoco) es bueno comprar cosas que no quepan en la maleta. Necesito un recuerdo que no sea muy grande pero (7) _____ (también / tampoco) muy pequeño, por favor.

EMPLEADO Es que no tenemos (8) _____ (algo / nada) así. Todo lo que tenemos (9) _____ (o / ni) es muy chiquito (10) _____ (o / ni) es muy grande. No tenemos (11) _____ (algo / nada) de tamaño mediano.

TÚ Bueno, señor, el barco ya se va… Si usted no tiene (12) _____ (algo / nada) que yo pueda comprar ahora mismo, me tendré que ir.

EMPLEADO Lo siento. (13) _____ (Alguien / Nadie) compra recuerdos aquí (14) _____ (siempre / jamás). No entiendo por qué será.

2 **En el avión** Marcos, un viajero, es un poco caprichoso; nada le viene bien. Escribe o…o, ni…ni, o ni siquiera para completar sus quejas.

1. Le pedí una bebida al asistente de vuelo pero no me trajo _____ café _____ agua.

2. ¡Qué día fatal! No pude _____ empacar la última maleta _____ despedirme de mis amigos.

3. Por favor, _____ sean puntuales _____ avisen si van a llegar tarde.

4. Hoy me siento enfermo. No puedo _____ dormir _____ hablar. _____ puedo moverme.

5. Me duele la cabeza. No quiero escuchar _____ música _____ la radio.

3 **Opiniones** En grupos de cuatro, hablen sobre estas opiniones y digan si están de acuerdo o no. Por turnos, expliquen sus razones. Usen expresiones positivas y negativas.

1. Es más costoso viajar en primera clase, pero vale la pena.

2. Conocer otros países y culturas es más importante que aprender de un libro.

3. Hacer un intercambio te abre más a otras maneras de pensar.

4. Es mejor ir de vacaciones durante el verano que durante el invierno.

5. Ir de viaje es la mejor manera de gastar los ahorros.

6. Es más peligroso viajar hoy en día. Antes era muchísimo más seguro.

5.4 *Pero* and *sino*

MÁS GRAMÁTICA

This is an additional grammar point for **Lección 5 Estructura.** You may use it for review or as required by your instructor.

El viaje no es de excursión, sino de trabajo.

Sí, ¡pero en el Amazonas, Fabiola!

- In Spanish, both **pero** and **sino** are used to introduce contradictions or qualifications, but the two words are not interchangeable.

- **Pero** means *but* (in the sense of *however*). It may be used after either affirmative or negative clauses.

> Iré contigo a ver las ruinas, **pero** mañana quiero pasar el día entero en la playa.
> *I'll go with you to see the ruins, but tomorrow I want to spend the whole day on the beach.*

> Nuestro guía no me cae muy bien, **pero** sí sabe todo sobre la historia precolombina.
> *I'm not crazy about our tour guide, but he sure does know a lot about pre-Columbian history.*

- **Sino** also means *but* (in the sense of *but rather* or *on the contrary*). It is used only after negative clauses. **Sino** introduces a contradicting idea that clarifies or qualifies the previous information.

> **No** me gustan estos zapatos, **sino** los de la otra tienda.
> *I don't like these shoes, but rather the ones from the other store.*

> La casa **no** está en el centro de la ciudad, **sino** en las afueras.
> *The house is not in the center of the city, but rather in the outskirts.*

- When **sino** is used before a conjugated verb, the conjunction **que** is added.

> No quiero que vayas a la fiesta, **sino que** hagas tu tarea.
> *I want you to do your homework rather than go to the party.*

> No iba a casa, **sino que** se quedaba en la capital.
> *She was not going home, but instead staying in the capital.*

- *Not only… but also* is expressed with the phrase **no sólo… sino (que) también/además.**

> Quiero **no sólo** el pastel, **sino también** el helado.
> *I not only want the cake, but also the ice cream.*

- The phrase **pero tampoco** means *but neither* or *but not either*.

> A Celia no le interesaba la excursión, **pero tampoco** quería quedarse en el crucero.
> *Celia wasn't interested in the excursion, but she didn't want to stay on the cruise ship either.*

¡ATENCIÓN!

Pero también (*but also*) is used after affirmative clauses.

Pedro es inteligente, pero también es cabezón.
Pedro is smart, but he is also stubborn.

Práctica

TALLER DE CONSULTA

These activities correspond to the additional grammar point on the preceding page.

(5.4) *Pero* and *sino*

(1) Columnas Completa cada oración con la opción correcta.

1. Sofía no quiere viajar mañana y Marta _____.
2. Mi compañero de cuarto no es de Madrid _____ de Barcelona.
3. Mis padres quieren que yo trabaje este verano _____ yo prefiero irme de viaje a Europa.
4. No fui al partido de fútbol _____ fui al concierto de rock. Tuve que estudiar para un examen.
5. No queremos que usted nos cancele la reservación, _____ nos cambie la fecha de salida.

a. pero
b. pero tampoco
c. sino
d. sino que
e. tampoco

(2) Completar Completa cada oración con **no sólo, pero, sino (que)** o **tampoco**.

1. Las cartas no llegaron el miércoles _____ el jueves.
2. Mis amigos no quieren alojarse en el albergue y yo _____.
3. No me gusta manejar por la noche, _____ iré a la fiesta si tú manejas.
4. Carlos no me llamaba por teléfono, _____ me enviaba mensajes de texto.
5. Yo _____ esperaba aprobar el examen, _____ también sacar una A.
6. Quiero aclarar que Juan no llegó temprano, _____ muy tarde.

(3) Oraciones incompletas Cuando tú y tu familia llegan al lugar de destino de sus vacaciones, se dan cuenta de que han dejado en casa a Juan José, tu hermano menor. Utiliza frases con **pero** y **sino** para completar las oraciones.

1. Yo no hablé con Juan José esta mañana _____.
2. No vamos a poder regresar para buscarlo _____.
3. No es aconsejable que regresemos, _____.
4. Me gusta la idea de llamar a un vecino _____.
5. Creo que no debemos _____.
6. Juan José no tiene cinco años _____.
7. Si tiene algún problema no va a poder avisarnos _____.
8. Está claro que Juan José _____.

(4) Opiniones contrarias En parejas, imaginen que ustedes son dos personas totalmente diferentes. Nunca están de acuerdo en nada. Túrnense para hacer afirmaciones. Uno/a debe usar **pero, sino, sino que** y **no sólo... sino** para contradecir lo que dice el/la otro/a. Sigan el modelo.

> **MODELO**
> — Creo que hoy hace un día estupendo.
> — ¡Estás equivocado! No hace un día estupendo sino que hace mucho frío. Y no sólo hace frío, sino que también...

Más práctica

6.1 The future

1 **¿Qué pasará?** Usa el futuro para explicar qué puede estar ocurriendo en cada una de las situaciones. Puedes utilizar las ideas de la lista o inventar otras.

> **MODELO** **Hoy tu carro no arranca (*start*). Hay algo que no funciona.**
> El carro no tendrá gasolina. / La batería estará descargada.

> (su gato/su conejo) estar perdido   tener otros planes
> (él/ella/su perro) estar enfermo/a   no tener ganas
> haber un huracán

1. María siempre llega a la clase de español puntualmente, pero la clase ya empezó y ella no está.
2. Carlos es el presidente del club ecologista, pero hoy no vino a la reunión.
3. Sara y María son dos personas muy alegres y optimistas, pero hoy están tristes y no quieren hablar con nadie.
4. He invitado a Juan a ir al cine con nosotros, pero no quiere ir.
5. Mañana vas a viajar a una zona tropical. Te acaban de avisar que se canceló tu vuelo.

2 **Campaña informativa** En parejas, imaginen que trabajan para una organización que se dedica a proteger el medio ambiente. Les han pedido que preparen una campaña informativa para concienciar a la gente (*make people aware of*) sobre los problemas ecológicos. Contesten las preguntas con el futuro y después compartan la información con la clase.

1. ¿Cómo se llamará la campaña?
2. ¿Qué problemas del medio ambiente tratará?
3. ¿Qué consejos darán?
4. ¿Qué harán para distribuir la información?
5. ¿Creen que su campaña tendrá éxito? ¿Por qué?

3 **Horóscopo** En parejas, escriban el horóscopo de su compañero/a para el mes que viene. Utilicen verbos en futuro y algunas frases de la lista. Luego compártanlo con sus compañeros/as.

> decir secretos   haber sorpresa   recibir una visita
> empezar una relación   hacer daño   tener suerte
> festejar   hacer un viaje   venir amigos
> ganar/perder dinero   poder solucionar problemas   viajar al extranjero

TALLER DE CONSULTA

MÁS PRÁCTICA
To see the explanation corresponding to this additional practice, see p. 216.

Más práctica

TALLER DE CONSULTA

MÁS PRÁCTICA
To see the explanation corresponding to this additional practice, see p. 220.

6.2 The subjunctive in adverbial clauses

1 **En el parque** Javier quiere leer los carteles (*signs*) del parque nacional, pero Sol no cree que sean importantes. Completa la conversación con el subjuntivo del verbo indicado.

JAVIER Espera, Sol, quiero leer los carteles.

SOL Es que son muy obvios. No dicen nada que yo no (1) _____ (saber). "Tan pronto como usted (2) _____ (escuchar) un trueno, aléjese de las zonas altas." ¡Qué tontería! ¡Eso es obvio!

JAVIER Sí, pero son importantes para que los visitantes (3) _____ (ser) conscientes de la seguridad.

SOL ¿Y qué tiene que ver este otro cartel con la seguridad? "Para que no (4) _____ (haber) erosión, caminen sólo por el sendero."

JAVIER Bueno, es que algunos carteles son para que la gente (5) _____ (ayudar) a cuidar el parque. Por ejemplo, este otro...

SOL Basta, Javier, estoy harta de estos carteles tan obvios. Si realmente quieren cuidar el parque, ¿por qué no ponen cestos (*bins*) para la basura?

JAVIER Bueno, justamente el cartel dice: "No tenemos cestos para la basura para que los visitantes nos (6) _____ (ayudar) llevándose su propia basura del parque."

SOL Bueno, yo no he dicho que todos los carteles (7) _____ (ser) inútiles.

2 **En casa** Tu hermana insiste en que tu familia colabore para proteger el medio ambiente. Tiene una lista de órdenes que quiere que ustedes cumplan. Escribe cada orden de otra forma. Usa el subjuntivo y las palabras que están entre paréntesis. Haz los cambios necesarios.

> **MODELO** Usen el aire acondicionado lo mínimo posible. (siempre que)
>
> Siempre que sea posible, no usen el aire acondicionado.

1. Cierren bien el grifo (*faucet*) y no dejen escapar ni una gota de agua. (para que)
2. Apaguen las luces al salir de un cuarto. (tan pronto como)
3. No boten las botellas. Hay que averiguar primero si se pueden reciclar. (antes de que)
4. Vayan a la escuela en bicicleta. Usen el carro sólo si hace mal tiempo. (a menos que)
5. En lugar de encender la calefacción (*heating*), pónganse otro suéter. (siempre que)

3 **Conversaciones** En parejas, representen estas dos conversaciones. Usen conjunciones de la lista y recuerden que algunas de estas construcciones exigen un verbo en subjuntivo.

a menos que	aunque	cuando	hasta que	sin (que)
antes de (que)	con tal de (que)	en caso de (que)	para (que)	tan pronto como

1. Una pareja de recién casados que está planeando su luna de miel (*honeymoon*): Ella quiere ir a una isla remota. Él quiere ir a París.
2. Una madre y su hijo: Él tiene su licencia de conducir y quiere una motocicleta.

Más práctica

TALLER DE CONSULTA

MÁS PRÁCTICA
To see the explanation corresponding to this additional practice, see p. 224.

6.3 Prepositions: *a*, *hacia*, and *con*

1 **Un día horrible** Completa el texto con las preposiciones **a**, **hacia** o **con**.

Hola Miguel:

Ayer tuve un día horrible. Casi prefiero no acordarme. Puse el despertador para que sonara (1) _____ las seis de la mañana pero me dormí y me levanté (2) _____ las siete. Mi clase de ecología empezaba a las ocho así que iba a llegar tarde. El profesor es bastante estricto y siempre se enoja (3) _____ los estudiantes que no llegan a tiempo.

Mi día había comenzado mal e iba a seguir peor. Salí de casa y comencé (4) _____ correr (5) _____ la universidad. Cuando estaba (6) _____ la mitad del camino, algo terrible ocurrió. Una señora que estaba (7) _____ mi izquierda no vio la farola (*streetlight*) y chocó (8) _____ ella. Fue un golpe tremendo. Fui (9) _____ ayudarla, pues se había caído. Tuve que levantarla (10) _____ mucho cuidado porque estaba mareada. Cuando llegó la policía, yo comencé (11) _____ correr otra vez. Entré a clase muy tarde, (12) _____ las ocho y media. ¡Qué locura!

Un abrazo,
Lupe

2 **Diario de viaje** Imagina que estás de vacaciones en otro país y le escribes una carta a tu familia contándoles los detalles de tu viaje. Puedes incluir información sobre el horario de las actividades, los lugares que has visitado, las cosas que has hecho y los planes para el resto del viaje. Utiliza por lo menos seis expresiones de la lista.

MODELO Al llegar a San Juan, fui al hotel con Marta.

al llegar	estaba(n) conmigo	con un guía turístico
a veinte (millas)	con cuidado/anticipación	hacia/a las (nueve y media)
ayudar a	con mi cámara	hacia la playa/el bosque

3 **El guardaparques** Trabajen en grupos de cuatro. Una persona es el guardaparques (*park ranger*) y las otras tres son turistas. Algunos turistas no respetaron las reglas del parque y el guardaparques quiere saber quiénes fueron. Representen la situación usando la información de la lista y las preposiciones **a**, **hacia** y **con**.

- estar / las dos de la tarde
- ir / tanta prisa
- dar de comer / los animales salvajes
- envenenar / una sustancia tóxica
- dirigir / la salida

- hablar / otras personas
- contaminar / combustible
- ir / sacar plantas
- ir / otra gente
- ver / alguien sospechoso

MÁS GRAMÁTICA

This is an additional grammar point for **Lección 6 Estructura.** You may use it for review or as required by your instructor.

6.4 Adverbs

- Adverbs (**adverbios**) describe *how, when,* and *where* actions take place. They usually follow the verbs they modify and precede adjectives or other adverbs.

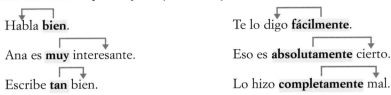

Habla **bien**.

Ana es **muy** interesante.

Escribe **tan** bien.

Te lo digo **fácilmente**.

Eso es **absolutamente** cierto.

Lo hizo **completamente** mal.

- Many Spanish adverbs are formed by adding the suffix **–mente** to the feminine singular form of an adjective. The **–mente** ending is equivalent to the English *-ly*.

ADJECTIVE	FEMININE FORM	SUFFIX	ADVERB
básico	**básica**	-mente	**básicamente** *basically*
cuidadoso	**cuidadosa**	-mente	**cuidadosamente** *carefully*
enorme	**enorme**	-mente	**enormemente** *enormously*
hábil	**hábil**	-mente	**hábilmente** *cleverly; skillfully*

- If two or more adverbs modify the same verb, only the final adverb uses the suffix **–mente**.

  Se marchó **lenta** y **silenciosamente**.
  He left slowly and silently.

- The construction **con** + [*noun*] is often used instead of long adverbs that end in **–mente**.

  cuidadosamente → con cuidado   frecuentemente → con frecuencia

- Here are some common adverbs and adverbial phrases:

a menudo *frequently; often*	**así** *like this; so*	**mañana** *tomorrow*
a tiempo *on time*	**ayer** *yesterday*	**más** *more*
a veces *sometimes*	**casi** *almost*	**menos** *less*
adentro *inside*	**de costumbre** *usually*	**muy** *very*
afuera *outside*	**de repente** *suddenly*	**por fin** *finally*
apenas *hardly; scarcely*	**de vez en cuando** *now and then*	**pronto** *soon*
aquí *here*		**tan** *so*

A veces salimos a tomar un café.
Sometimes we go out for coffee.

Casi terminé el libro.
I almost finished the book.

- The adverbs **poco** and **bien** frequently modify adjectives. In these cases, **poco** is often the equivalent of the English prefix *un-*, while **bien** means *well, very, rather,* or *quite.*

  La situación está **poco** clara.
  The situation is unclear.

  La cena estuvo **bien** rica.
  Dinner was very tasty.

Práctica

(6.4) Adverbs

TALLER DE CONSULTA

These activities correspond to the additional grammar point on the preceding page.

(1) **Adverbios** Escribe el adverbio que deriva de cada adjetivo.

1. básico _____
2. feliz _____
3. fácil _____
4. inteligente _____
5. alegre _____

6. común _____
7. injusto _____
8. asombroso _____
9. insistente _____
10. silencioso _____

(2) **Instrucciones para ser feliz** Elige el adjetivo apropiado para cada ocasión y después completa la oración convirtiendo ese adjetivo en el adverbio correspondiente. Hay tres adjetivos que no se usan.

claro	frecuente	malo	triste
cuidadoso	inmediato	tranquilo	último

1. Expresa tus opiniones _____.
2. Tienes que salir por la noche _____.
3. Debes gastar el dinero _____.
4. Si eres injusto/a con alguien, debes pedir perdón _____.
5. Después de almorzar, disfruta _____ de la siesta.

(3) **Recomendaciones** Los padres de Mario y Paola salieron de viaje por dos semanas. Completa las instrucciones que les dejaron pegadas en el refrigerador.

a menudo	adentro	así	mañana
a tiempo	afuera	de vez en cuando	tan

Lunes, 19 de octubre

1. Pasar la aspiradora _____. ¡Todos los días!
2. Llegar a la escuela _____.
3. _____, llevar a Botitas al veterinario para su cita.
4. Dejar que el gato juegue _____ todos los días si no llueve.
5. Sólo ir _____ al centro comercial.

Glossary of Grammatical Terms

ADJECTIVE A word that modifies, or describes, a noun or pronoun.

muchos libros	un hombre **rico**
many books	*a rich* man

Demonstrative adjective An adjective that specifies which noun a speaker is referring to.

esta fiesta	**ese** chico
this party	*that* boy
aquellas flores	
those flowers	

Possessive adjective An adjective that indicates ownership or possession.

su mejor vestido	Éste es **mi** hermano.
her best dress	*This is **my*** brother.

Stressed possessive adjective A possessive adjective that emphasizes the owner or possessor.

un libro **mío**	una amiga **tuya**
*a **book of mine***	*a friend **of yours***

ADVERB A word that modifies, or describes, a verb, adjective, or other adverb.

Pancho escribe **rápidamente**.
*Pancho writes **quickly**.*

Este cuadro es **muy** bonito.
*This picture is **very** pretty.*

ANTECEDENT The noun to which a pronoun or dependent clause refers.

El **libro** que compré es interesante.
The book that I bought is interesting.

Le presté cinco dólares a **Diego**.
I loaned Diego five dollars.

ARTICLE A word that points out a noun in either a specific or a non-specific way.

Definite article An article that points out a noun in a specific way.

el libro	**la** maleta
the book	*the* suitcase
los diccionarios	**las** palabras
the dictionaries	*the* words

Indefinite article An article that points out a noun in a general, non-specific way.

un lápiz	**una** computadora
a pencil	*a* computer
unos pájaros	**unas** escuelas
some birds	*some* schools

CLAUSE A group of words that contains both a conjugated verb and a subject, either expressed or implied.

Main (or Independent) clause A clause that can stand alone as a complete sentence.

Pienso ir a cenar pronto.
I plan to go to dinner soon.

Subordinate (or Dependent) clause A clause that does not express a complete thought and therefore cannot stand alone as a sentence.

Trabajo en la cafetería **porque necesito dinero para la escuela.**
*I work in the cafeteria **because I need money for school**.*

Adjective clause A dependent clause that functions to modify or describe the noun or direct object in the main clause. When the antecedent is uncertain or indefinite, the verb in the adjective clause is in the subjunctive.

Queremos contratar al candidato **que mandó su currículum ayer.**
*We want to hire the candidate **who sent his résumé yesterday**.*

¿Conoce un buen restaurante **que esté cerca del teatro?**
*Do you know of a good restaurant **that's near the theater?***

Adverbial clause A dependent clause that functions to modify or describe a verb, an adjective, or another adverb. When the adverbial clause describes an action that has not yet happened or is uncertain, the verb in the adverbial clause is usually in the subjunctive.

Llamé a mi mamá **cuando me dieron la noticia.**
*I called my mom **when they gave me the news.***

El ejército está preparado **en caso de que haya un ataque.**
*The army is prepared **in case there is an attack.***

Noun clause A dependent clause that functions as a noun, often as the object of the main clause. When the main clause expresses will, emotion, doubt, or uncertainty, the verb in the noun clause is in the subjunctive (unless there is no change of subject).

José sabe **que mañana habrá un examen.**
*José knows **that tomorrow there will be an exam.***

Luisa dudaba **que la acompañáramos.**
*Luisa doubted **that we would go with her.***

COMPARATIVE A grammatical construction used with nouns, adjectives, verbs, or adverbs to compare people, objects, actions, or characteristics.

Tus clases son **menos interesantes** que las mías.
*Your classes are **less interesting** than mine.*

Como **más frutas** que verduras.
*I eat **more fruits** than vegetables.*

CONJUGATION A set of the forms of a verb for a specific tense or mood or the process by which these verb forms are presented.

PRETERITE CONJUGATION OF CANTAR:

cant**é**	cant**amos**
cant**aste**	cant**asteis**
cant**ó**	cant**aron**

CONJUNCTION A word used to connect words, clauses, or phrases.

Susana es de Cuba **y** Pedro es de España.
*Susana is from Cuba **and** Pedro is from Spain.*

No quiero estudiar **pero** tengo que hacerlo.
*I don't want to study, **but** I have to.*

CONTRACTION The joining of two words into one. The only contractions in Spanish are **al** and **del**.

Mi hermano fue **al** concierto ayer.
*My brother went **to the** concert yesterday.*

Saqué dinero **del** banco.
*I took money **from the** bank.*

DIRECT OBJECT A noun or pronoun that directly receives the action of the verb.

Tomás lee **el libro.**   **La** pagó ayer.
*Tomás reads **the book.**   She paid **it** yesterday.*

GENDER The grammatical categorizing of certain kinds of words, such as nouns and pronouns, as masculine, feminine, or neuter.

MASCULINE
articles **el, un**
pronouns **él, lo, mío, éste, ése, aquél**
adjective **simpático**

FEMININE
articles **la, una**
pronouns **ella, la, mía, ésta, ésa, aquélla**
adjective **simpática**

IMPERSONAL EXPRESSION A third-person expression with no expressed or specific subject.

Es muy importante.   **Llueve** mucho.
*It's **very important.**   **It's raining** hard.*

Aquí **se habla** español.
*Spanish **is spoken** here.*

INDIRECT OBJECT A noun or pronoun that receives the action of the verb indirectly; the object, often a living being, to or for whom an action is performed.

Eduardo **le** dio un libro **a Linda.**
*Eduardo gave a book **to Linda.**

La profesora **me** dio una C en el examen.
*The professor gave **me** a C on the test.*

INFINITIVE The basic form of a verb. Infinitives in Spanish end in **-ar**, **-er**, or **-ir**.

hablar	correr	abrir
to speak	*to run*	*to open*

INTERROGATIVE An adjective or pronoun used to ask a question.

¿**Quién** habla?   ¿**Cuántos** compraste?
***Who** is speaking?   **How many** did you buy?*

¿**Qué** piensas hacer hoy?
***What** do you plan to do today?*

MOOD A grammatical distinction of verbs that indicates whether the verb is intended to make a statement or command or to express a doubt, emotion, or condition contrary to fact.

Imperative mood Verb forms used to make commands.

Di la verdad.   **Caminen** ustedes conmigo.
***Tell** the truth.   **Walk** with me.*

¡**Comamos** ahora!   ¡No lo **hagas**!
***Let's eat** now!   **Don't do** it!*

Indicative mood Verb forms used to state facts, actions, and states considered to be real.

Sé que **tienes** el dinero.
***I know** that **you have** the money.*

Subjunctive mood Verb forms used principally in subordinate (dependent) clauses to express wishes, desires, emotions, doubts, and certain conditions, such as contrary-to-fact situations.

Prefieren que **hables** en español.
*They prefer that **you speak** in Spanish.*

NOUN A word that identifies people, animals, places, things, and ideas.

hombre	gato
man	*cat*
México	casa
Mexico	*house*
libertad	libro
freedom	*book*

NUMBER A grammatical term that refers to singular or plural. Nouns in Spanish and English have number. Other parts of a sentence, such as adjectives, articles, and verbs, can also have number.

SINGULAR	PLURAL
una cosa	**unas** cosas
a thing	*some things*
el profesor	**los** profesores
the professor	*the professors*

PASSIVE VOICE A sentence construction in which the recipient of the action becomes the subject of the sentence. Passive statements emphasize the thing that was done or the person that was acted upon. They follow the pattern [*recipient*] + **ser** + [*past participle*] + **por** + [agent].

ACTIVE VOICE:
Juan **entregó** la tarea.
*Juan **turned in** the assignment.*

PASSIVE VOICE:
La tarea **fue entregada por** Juan.
*The assignment **was turned in by** Juan.*

PAST PARTICIPLE A past form of the verb used in compound tenses. The past participle may also be used as an adjective, but it must then agree in number and gender with the word it modifies.

Han **buscado** por todas partes.
*They have **searched** everywhere.*

Yo no había **estudiado** para el examen.
*I hadn't **studied** for the exam.*

Hay una ventana **abierta** en la sala.
*There is an **open** window in the living room.*

PERSON The form of the verb or pronoun that indicates the speaker, the one spoken to, or the one spoken about. In Spanish, as in English, there are three persons: first, second, and third.

PERSON	SINGULAR	PLURAL
1st	**yo** *I*	**nosotros/as** *we*
2nd	**tú, Ud.** *you*	**vosotros/as, Uds.** *you*
3rd	**él, ella** *he, she*	**ellos, ellas** *they*

PREPOSITION A word or words that describe(s) the relationship, most often in time or space, between two other words.

Anita es **de** California.
*Anita is **from** California.*

La chaqueta está **en** el carro.
*The jacket is **in** the car.*

PRESENT PARTICIPLE In English, a verb form that ends in *-ing*. In Spanish, the present participle ends in **-ndo**, and is often used with **estar** to form a progressive tense.

Está **hablando** por teléfono ahora mismo.
*He is **talking** on the phone right now.*

PRONOUN A word that takes the place of a noun or nouns.

Demonstrative pronoun A pronoun that takes the place of a specific noun.

Quiero **ésta**.
*I want **this one**.*

¿Vas a comprar **ése**?
*Are you going to buy **that one**?*

Juan prefirió **aquéllos**.
*Juan preferred **those** (over there).*

Object pronoun A pronoun that functions as a direct or indirect object of the verb.

Te digo la verdad.
*I'm telling **you** the truth.*

Me lo trajo Juan.
*Juan brought **it** to **me**.*

Possessive pronoun A pronoun that functions to show ownership or possession. Possessive pronouns are preceded by a definite article and agree in gender and number with the nouns they replace.

Perdí mi libro. ¿Me prestas el **tuyo**?
*I lost my book. Will you loan me **yours**?*

Las clases suyas son aburridas, pero **las nuestras** son buenísimas.
*Their classes are boring, but **ours** are great.*

Prepositional pronoun A pronoun that functions as the object of a preposition. Except for **mí, ti,** and **sí**, these pronouns are the same as subject pronouns. The adjective **mismo/a** may be added to express *myself, himself,* etc. After the preposition **con**, the forms **conmigo, contigo,** and **consigo** are used.

¿Es para **mí**?	Juan habló **de ella**.
*Is this **for me**?*	*Juan spoke **about her**.*
Iré **contigo**.	Se lo regaló **a sí mismo**.
*I will go **with you**.*	*He gave it **to himself**.*

Reflexive pronoun A pronoun that indicates that the action of a verb is performed by the subject on itself. These pronouns are often expressed in English with *-self: myself, yourself,* etc.

Yo **me** bañé.	Elena **se** acostó.
*I **took a bath**.*	*Elena **went to bed**.*

Relative pronoun A pronoun that connects a subordinate clause to a main clause.

El edificio **en el cual** vivimos es antiguo.
*The building **that** we live in is ancient.*

La mujer **de quien** te hablé acaba de renunciar.
*The woman **(whom)** I told you about just quit.*

Subject pronoun A pronoun that replaces the name or title of a person or thing, and acts as the subject of a verb.

Tú debes estudiar más.
***You** should study more.*

Él llegó primero.
***He** arrived first.*

SUBJECT A noun or pronoun that performs the action of a verb and is often implied by the verb.

María va al supermercado.
***María** goes to the supermarket.*

(Ellos) Trabajan mucho.
***They** work hard.*

Esos libros son muy caros.
***Those books** are very expensive.*

SUPERLATIVE A grammatical construction used to describe the most or the least of a quality when comparing a group of people, places, or objects.

Tina es **la menos simpática** de las chicas.
*Tina is **the least pleasant** of the girls.*

Tu coche es **el más rápido** de todos.
*Your car is **the fastest** one of all.*

Los restaurantes en Calle Ocho son **los mejores** de todo Miami.
*The restaurants on Calle Ocho are **the best** in all of Miami.*

Absolute superlatives Adjectives or adverbs combined with forms of the suffix **ísimo/a** in order to express the idea of extremely or very.

¡Lo hice **facilísimo**!
*I did it **so easily**!*

Ella es **jovencísima**.
*She is **very, very young**.*

TENSE A set of verb forms that indicates the time of an action or state: past, present, or future.

Compound tense A two-word tense made up of an auxiliary verb and a present or past participle. In Spanish, there are two auxiliary verbs: *estar* and *haber*.

En este momento, **estoy estudiando**.
*At this time, **I am studying**.*

El paquete no **ha llegado** todavía.
*The package **has** not **arrived** yet.*

Simple tense A tense expressed by a single verb form.

María **estaba** mal anoche.
*María **was** ill last night.*

Juana **hablará** con su mamá mañana.
*Juana **will speak** with her mom tomorrow.*

VERB A word that expresses actions or states-of-being.

Auxiliary verb A verb used with a present or past participle to form a compound tense. **Haber** is the most commonly used auxiliary verb in Spanish.

Los chicos **han** visto los elefantes.
*The children **have** seen the elephants.*

Espero que **hayas** comido.
*I hope you **have** eaten.*

Reflexive verb A verb that describes an action performed by the subject on itself and is always used with a reflexive pronoun.

Me compré un carro nuevo.
***I bought myself** a new car.*

Pedro y Adela **se levantan** muy temprano.
*Pedro and Adela **get (themselves) up** very early.*

Spelling-change verb A verb that undergoes a predictable change in spelling, in order to reflect its actual pronunciation in the various conjugations.

practicar	c→qu	practico	practiqué
dirigir	g→j	dirigí	dirijo
almorzar	z→c	almorzó	almorcé

Stem-changing verb A verb whose stem vowel undergoes one or more predictable changes in the various conjugations.

entender	(e:ie)	entiendo
pedir	(e:i)	piden
dormir	(o:ue, u)	duermo, durmieron

Verb conjugation tables

Guide to the Verb List and Tables

Below you will find the infinitive of the verbs introduced as active vocabulary in **FACETAS**. Each verb is followed by a model verb conjugated on the same pattern. The number in parentheses indicates where in the verb tables, pages 286-293, you can find the conjugated forms of the model verb.

abrazar (z:c) like cruzar (37)	**besar** like hablar (1)	**curarse** like hablar (1)	**doler** (o:ue) like volver (34) *except* past participle is regular
aburrir(se) like vivir (3)	**borrar** like hablar (1)	**dar(se)** (7)	
acabar(se) like hablar (1)	**botar** like hablar (1)	**deber** like comer (2)	**dormir(se)** (o:ue) (25)
acariciar like hablar (1)	**brindar** like hablar (1)	**decir** (e:i) (8)	**ducharse** like hablar (1)
acentuar (acentúo) like graduar (40)	**caber** (4)	**delatar** like hablar (1)	**echar** like hablar (1)
acercarse (c:qu) like tocar (43)	**caer** (5)	**denunciar** like hablar (1)	**editar** like hablar (1)
aclarar like hablar (1)	**calentar** (e:ie) like pensar (30)	**depositar** like hablar (1)	**educar** (c:qu) like tocar (43)
acompañar like hablar (1)	**cancelar** like hablar (1)	**derretir(se)** (e:i) like pedir (29)	**elegir** (e:i) (g:j) like proteger (42) for endings only
aconsejar like hablar (1)	**cazar** (z:c) like cruzar (37)	**derribar** like hablar (1)	
acordar(se) (o:ue) like contar (24)	**celebrar** like hablar (1)	**derrocar** like tocar (43)	**embalar(se)** like hablar (1)
acostar(se) (o:ue) like contar (24)	**cepillar(se)** like hablar (1)	**derrotar** like hablar (1)	**emigrar** like hablar (1)
acostumbrar(se) like hablar (1)	**clonar** like hablar (1)	**desafiar** (desafío) like enviar (39)	**empatar** like hablar (1)
actualizar (z:c) like cruzar (37)	**cobrar** like hablar (1)	**desaparecer** (c:zc) like conocer (35)	**empeorar** like hablar (1)
adelgazar (z:c) like cruzar (37)	**cocinar** like hablar (1)		**empezar** (e:ie) (z:c) (26)
adjuntar like hablar (1)	**colocar** (c:qu) like tocar (43)	**desarrollar(se)** like hablar (1)	**enamorarse** like hablar (1)
adorar like hablar (1)	**colonizar** (z:c) like cruzar (37)	**descansar** like hablar (1)	**encabezar** (z:c) like cruzar (37)
afeitar(se) like hablar (1)	**comer(se)** (2)	**descargar** (g:gu) like llegar (41)	**encantar** like hablar (1)
afligir(se) (g:j) like proteger (42) for endings only	**componer** like poner (15)	**descongelar(se)** like hablar (1)	**encargar(se)** (g:gu) like llegar (41)
	comprobar (o:ue) like contar (24)	**descubrir** like vivir (3) *except* past participle is descubierto	
agotar like hablar (1)	**conducir** (c:zc) (6)		**encender** (e:ie) like entender (27)
ahorrar like hablar (1)	**congelar(se)** like hablar (1)	**descuidar(se)** like hablar (1)	**enfermarse** like hablar (1)
aislar (aíslo) like enviar (39)	**conocer** (c:zc) (35)	**desear** like hablar (1)	**enganchar** like hablar (1)
alojar(se) like hablar (1)	**conquistar** like hablar (1)	**deshacer** like hacer (11)	**engañar** like hablar (1)
amar like hablar (1)	**conseguir** (e:i) like seguir (32)	**despedir(se)** (e:i) like pedir (29)	**engordar** like hablar (1)
amenazar (z:c) like cruzar (37)	**conservar** like hablar (1)	**despertar(se)** (e:ie) like pensar (30)	**ensayar** like hablar (1)
anotar like hablar (1)	**contagiar(se)** like hablar (1)		**entender** (e:ie) (27)
apagar (g:gu) like llegar (41)	**contaminar** like hablar (1)	**destruir** (y) (38)	**enterarse** like hablar (1)
aparecer (c:zc) like conocer (35)	**contar** (o:ue) (24)	**devolver** (o:ue) like volver (34)	**enterrar** (e:ie) like pensar (30)
aplaudir like vivir (3)	**contentarse** like hablar (1)	**dibujar** like hablar (1)	**entretener(se)** (e:ie) like tener (20)
apreciar like hablar (1)	**contraer** like traer (21)	**dirigir** (g:j) like proteger (42) for endings only	
arreglar(se) like hablar (1)	**contratar** like hablar (1)		**enviar** (envío) (39)
arrepentirse (e:ie) like sentir (33)	**contribuir** (y) like destruir (38)	**disculpar(se)** like hablar (1)	**esclavizar** (z:c) like cruzar (37)
ascender (e:ie) like entender (27)	**convertirse** (e:ie) like sentir (33)	**discutir** like vivir (3)	**escoger** (g:j) like proteger (42)
atraer like traer (21)	**coquetear** like hablar (1)	**diseñar** like hablar (1)	**esculpir** like vivir (3)
atrapar like hablar (1)	**crear** like hablar (1)	**disfrutar** like hablar (1)	**establecer(se)** (c:zc) like conocer (35)
atreverse like comer (2)	**crecer** (c:zc) like conocer (35)	**disgustar** like hablar (1)	
averiguar like hablar (1)	**creer** (y) (36)	**disponer(se)** like poner (15)	**estar** (9)
bailar like hablar (1)	**criar(se)** (crío) like enviar (39)	**distinguir** (gu:g) like seguir (32) for endings only	**exigir** (g:j) like proteger (42) for endings only
bañar(se) like hablar (1)	**criticar** (c:qu) like tocar (43)		
barrer like comer (2)	**cruzar** (z:c) (37)	**distraer** like traer (21)	**explotar** like hablar (1)
beber like comer (2)	**cuidar** like hablar (1)	**divertirse** (e:ie) like sentir (33)	**exportar** like hablar (1)
bendecir (e:i) like decir (8)	**cumplir** like vivir (3)		**expulsar** like hablar (1)

extinguir(se) like destruir (38)
fabricar (c:qu) like tocar (43)
faltar like hablar (1)
fascinar like hablar (1)
festejar like hablar (1)
fijar(se) like hablar (1)
financiar like hablar (1)
florecer (c:zc) like conocer (35)
flotar like hablar (1)
formular like hablar (1)
freír (e:i) (frío) like reír (31)
funcionar like hablar (1)
gastar like hablar (1)
gobernar (e:ie) like pensar (30)
grabar like hablar (1)
graduar(se) (gradúo) (40)
guardar(se) like hablar (1)
gustar like hablar (1)
haber (10)
habitar like hablar (1)
hablar (1)
hacer(se) (11)
herir (e: ie) like sentir (33)
hervir (e:ie) like sentir (33)
hojear like hablar (1)
huir (y) like destruir (38)
humillar like hablar (1)
importar like hablar (1)
impresionar like hablar (1)
imprimir like vivir (3)
inscribirse like vivir (3)
insistir like vivir (3)
instalar like hablar (1)
integrar(se) like hablar (1)
interesar like hablar (1)
invadir like vivir (3)
inventar like hablar (1)
invertir (e:ie) like sentir (33)
investigar (g:gu) like llegar (41)
ir (12)
jubilarse like hablar (1)
jugar (u:ue) (g:gu) (28)
jurar like hablar (1)
lastimarse like hablar (1)
latir like vivir (3)
lavar(se) like hablar (1)
levantar(se) like hablar (1)
liberar like hablar (1)
lidiar like hablar (1)
limpiar like hablar (1)

llegar (g:gu) (41)
llevar(se) like hablar (1)
lograr like hablar (1)
luchar like hablar (1)
madrugar (g:gu) like llegar (41)
malgastar like hablar (1)
manipular like hablar (1)
maquillarse like hablar (1)
meditar like hablar (1)
mejorar like hablar (1)
merecer (c:zc) like conocer (35)
meter(se) like comer (2)
molestar like hablar (1)
morder (o:ue) like volver (34)
morirse (o:ue) like dormir (25)
    except past participle is muerto
mudar(se) like hablar (1)
narrar like hablar (1)
navegar (g:gu) like llegar (41)
necesitar like hablar (1)
obedecer (c:zc) like conocer (35)
ocultar(se) like hablar (1)
odiar like hablar (1)
oír (y) (13)
olvidar(se) like hablar (1)
opinar like hablar (1)
oponerse like poner (15)
oprimir like vivir (3)
oscurecer (c:zc) like conocer (35)
parar like hablar (1)
parecer(se) (c:zc) like conocer (35)
patear like hablar (1)
pedir (e:i) (29)
peinar(se) like hablar (1)
pensar (e:ie) (30)
permanecer (c:zc) like conocer (35)
pertenecer (c:zc) like conocer (35)
pillar like hablar (1)
pintar like hablar (1)
poblar (o:ue) like contar (24)
poder (o:ue) (14)
poner(se) (15)
preferir (e:ie) like sentir (33)
preocupar(se) like hablar (1)
prestar like hablar (1)
prevenir like venir (22)
prever like ver (23)

probar(se) (o:ue) like contar (24)
producir (c:sz) like conducir (6)
prohibir (prohíbo) like enviar (39) for endings only
proponer like poner (15)
proteger (g:j) (42)
protestar like hablar (1)
publicar (c:qu) like tocar (43)
quedar(se) like hablar (1)
quejarse like hablar (1)
querer (e:ie) (16)
quitar(se) like hablar (1)
recetar like hablar (1)
rechazar (z:c) like cruzar (37)
reciclar like hablar (1)
reclamar like hablar (1)
recomendar (e:ie) like pensar (30)
reconocer (c:zc) like conocer (35)
recorrer like comer (2)
recuperar(se) like hablar (1)
reducir (c:zc) like conducir (6)
reflejar like hablar (1)
regresar like hablar (1)
rehacer like hacer (11)
reír(se) (e:i) (31)
relajarse like hablar (1)
rendirse (e:i) like pedir (29)
renunciar like hablar (1)
reservar like hablar (1)
resolver (o:ue)
retratar like hablar (1)
reunir(se) like vivir (3)
rezar (z:c) like cruzar (37)
rociar like hablar (1)
rodar (o:ue) like contar (24)
rogar (o:ue) like contar (24) for stem changes; (g:gu) like llegar (41) for endings
romper like comer (2) except past participle is roto
saber (17)
sacrificar (c:qu) like tocar (43)
salir (18)
salvar like hablar (1)
sanar like hablar (1)
secar(se) (c:qu) like tocar (43)
seguir (e:i) (gu:g) (32)
seleccionar like hablar (1)
sentir(se) (e:ie) (33)

señalar like hablar (1)
sepultar like hablar (1)
ser (19)
soler (o:ue)
solicitar like hablar (1)
sonar (o:ue) like contar (24)
soñar (o:ue) like contar (24)
sorprender(se) like comer (2)
subsistir like vivir (3)
suceder like comer (2)
sufrir like vivir (3)
sugerir (e:ie) like sentir (33)
suponer like poner (15)
suprimir like vivir (3)
suscribirse like vivir (3)
tener (e:ie) (20)
tirar like hablar (1)
titularse like hablar (1)
tocar (c:qu) (43)
torear like hablar (1)
toser like comer (2)
traducir (c:zc) like conducir (6)
traer (21)
transcurrir like vivir (3)
transmitir like vivir (3)
trasnochar like hablar (1)
tratar(se) like hablar (1)
valer like salir (18) only for endings
vencer (c:z) (44)
venerar like hablar (1)
venir (e:ie) (22)
ver(se) (23)
vestir(se) (e:i) like pedir (29)
vivir (3)
volar (o:ue) like contar (24)
volver (o:ue) (34)
votar like hablar (1)

Verb conjugation tables

Regular verbs: simple tenses

1

Infinitive	INDICATIVE						SUBJUNCTIVE		IMPERATIVE
	Present	Imperfect	Preterite	Future	Conditional		Present	Past	
hablar	hablo	hablaba	hablé	hablaré	hablaría		hable	hablara	
	hablas	hablabas	hablaste	hablarás	hablarías		hables	hablaras	habla tú (no hables)
Participles:	habla	hablaba	habló	hablará	hablaría		hable	hablara	hable Ud.
hablando	hablamos	hablábamos	hablamos	hablaremos	hablaríamos		hablemos	habláramos	hablemos
hablado	habláis	hablabais	hablasteis	hablaréis	hablaríais		habléis	hablarais	hablad (no habléis)
	hablan	hablaban	hablaron	hablarán	hablarían		hablen	hablaran	hablen Uds.

2

Infinitive	Present	Imperfect	Preterite	Future	Conditional		Present	Past	IMPERATIVE
comer	como	comía	comí	comeré	comería		coma	comiera	
	comes	comías	comiste	comerás	comerías		comas	comieras	come tú (no comas)
Participles:	come	comía	comió	comerá	comería		coma	comiera	coma Ud.
comiendo	comemos	comíamos	comimos	comeremos	comeríamos		comamos	comiéramos	comamos
comido	coméis	comíais	comisteis	comeréis	comeríais		comáis	comierais	comed (no comáis)
	comen	comían	comieron	comerán	comerían		coman	comieran	coman Uds.

3

Infinitive	Present	Imperfect	Preterite	Future	Conditional		Present	Past	IMPERATIVE
vivir	vivo	vivía	viví	viviré	viviría		viva	viviera	
	vives	vivías	viviste	vivirás	vivirías		vivas	vivieras	vive tú (no vivas)
Participles:	vive	vivía	vivió	vivirá	viviría		viva	viviera	viva Ud.
viviendo	vivimos	vivíamos	vivimos	viviremos	viviríamos		vivamos	viviéramos	vivamos
vivido	vivís	vivíais	vivisteis	viviréis	viviríais		viváis	vivierais	vivid (no viváis)
	viven	vivían	vivieron	vivirán	vivirían		vivan	vivieran	vivan Uds.

All verbs: compound tenses

PERFECT TENSES

INDICATIVE

Present Perfect		Past Perfect		Future Perfect		Conditional Perfect	
he	hablado	había	hablado	habré	hablado	habría	hablado
has	comido	habías	comido	habrás	comido	habrías	comido
ha	vivido	había	vivido	habrá	vivido	habría	vivido
hemos		habíamos		habremos		habríamos	
habéis		habíais		habréis		habríais	
han		habían		habrán		habrían	

SUBJUNCTIVE

Present Perfect		Past Perfect	
haya	hablado	hubiera	hablado
hayas	comido	hubieras	comido
haya	vivido	hubiera	vivido
hayamos		hubiéramos	
hayáis		hubierais	
hayan		hubieran	

PROGRESSIVE TENSES

INDICATIVE				SUBJUNCTIVE	
Present Progressive	Past Progressive	Future Progressive	Conditional Progressive	Present Progressive	Past Progressive
estoy	estaba	estaré	estaría	esté	estuviera
estás	estabas	estarás	estarías	estés	estuvieras
está + hablando comiendo viviendo	estaba + hablando comiendo viviendo	estará + hablando comiendo viviendo	estaría + hablando comiendo viviendo	esté + hablando comiendo viviendo	estuviera + hablando comiendo viviendo
estamos	estábamos	estaremos	estaríamos	estemos	estuviéramos
estáis	estabais	estaréis	estaríais	estéis	estuvierais
están	estaban	estarán	estarían	estén	estuvieran

Irregular verbs

Infinitive	INDICATIVE					SUBJUNCTIVE		IMPERATIVE
	Present	Imperfect	Preterite	Future	Conditional	Present	Past	
4 caber	**quepo**	cabía	**cupe**	**cabré**	**cabría**	**quepa**	**cupiera**	
	cabes	cabías	**cupiste**	**cabrás**	**cabrías**	**quepas**	**cupieras**	cabe tú (no **quepas**)
Participles:	cabe	cabía	**cupo**	**cabrá**	**cabría**	**quepa**	**cupiera**	**quepa** Ud.
cabiendo	cabemos	cabíamos	**cupimos**	**cabremos**	**cabríamos**	**quepamos**	**cupiéramos**	**quepamos**
cabido	cabéis	cabíais	**cupisteis**	**cabréis**	**cabríais**	**quepáis**	**cupierais**	cabed (no **quepáis**)
	caben	cabían	**cupieron**	**cabrán**	**cabrían**	**quepan**	**cupieran**	**quepan** Uds.
5 caer(se)	**caigo**	caía	caí	caeré	caería	**caiga**	**cayera**	
	caes	caías	**caíste**	caerás	caerías	**caigas**	**cayeras**	cae tú (no **caigas**)
Participles:	cae	caía	**cayó**	caerá	caería	**caiga**	**cayera**	**caiga** Ud. (no **caiga**)
cayendo	caemos	caíamos	**caímos**	caeremos	caeríamos	**caigamos**	**cayéramos**	**caigamos**
caído	caéis	caíais	**caísteis**	caeréis	caeríais	**caigáis**	**cayerais**	caed (no **caigáis**)
	caen	caían	**cayeron**	caerán	caerían	**caigan**	**cayeran**	**caigan** Uds.
6 conducir	**conduzco**	conducía	**conduje**	conduciré	conduciría	**conduzca**	**condujera**	
(c:zc)	conduces	conducías	**condujiste**	conducirás	conducirías	**conduzcas**	**condujeras**	conduce tú (no **conduzcas**)
Participles:	conduce	conducía	**condujo**	conducirá	conduciría	**conduzca**	**condujera**	**conduzca** Ud. (no **conduzca**)
conduciendo	conducimos	conducíamos	**condujimos**	conduciremos	conduciríamos	**conduzcamos**	**condujéramos**	**conduzcamos**
conducido	conducís	conducíais	**condujisteis**	conduciréis	conduciríais	**conduzcáis**	**condujerais**	conducid (no **conduzcáis**)
	conducen	conducían	**condujeron**	conducirán	conducirían	**conduzcan**	**condujeran**	**conduzcan** Uds.

7. dar
Participles: dando, dado

	INDICATIVE					SUBJUNCTIVE		IMPERATIVE
	Present	Imperfect	Preterite	Future	Conditional	Present	Past	
	doy	daba	di	daré	daría	dé	diera	
	das	dabas	diste	darás	darías	des	dieras	da tú (no des)
	da	daba	dio	dará	daría	dé	diera	dé Ud.
	damos	dábamos	dimos	daremos	daríamos	demos	diéramos	demos
	dais	dabais	disteis	daréis	daríais	deis	dierais	dad (no deis)
	dan	daban	dieron	darán	darían	den	dieran	den Uds.

8. decir (e:i)
Participles: diciendo, dicho

	INDICATIVE					SUBJUNCTIVE		IMPERATIVE
	Present	Imperfect	Preterite	Future	Conditional	Present	Past	
	digo	decía	dije	diré	diría	diga	dijera	
	dices	decías	dijiste	dirás	dirías	digas	dijeras	di tú (no digas)
	dice	decía	dijo	dirá	diría	diga	dijera	diga Ud.
	decimos	decíamos	dijimos	diremos	diríamos	digamos	dijéramos	digamos
	decís	decíais	dijisteis	diréis	diríais	digáis	dijerais	decid (no digáis)
	dicen	decían	dijeron	dirán	dirían	digan	dijeran	digan Uds.

9. estar
Participles: estando, estado

	INDICATIVE					SUBJUNCTIVE		IMPERATIVE
	Present	Imperfect	Preterite	Future	Conditional	Present	Past	
	estoy	estaba	estuve	estaré	estaría	esté	estuviera	
	estás	estabas	estuviste	estarás	estarías	estés	estuvieras	está tú (no estés)
	está	estaba	estuvo	estará	estaría	esté	estuviera	esté Ud.
	estamos	estábamos	estuvimos	estaremos	estaríamos	estemos	estuviéramos	estemos
	estáis	estabais	estuvisteis	estaréis	estaríais	estéis	estuvierais	estad (no estéis)
	están	estaban	estuvieron	estarán	estarían	estén	estuvieran	estén Uds.

10. haber
Participles: habiendo, habido

	INDICATIVE					SUBJUNCTIVE		IMPERATIVE
	Present	Imperfect	Preterite	Future	Conditional	Present	Past	
	he	había	hube	habré	habría	haya	hubiera	
	has	habías	hubiste	habrás	habrías	hayas	hubieras	
	ha	había	hubo	habrá	habría	haya	hubiera	
	hemos	habíamos	hubimos	habremos	habríamos	hayamos	hubiéramos	
	habéis	habíais	hubisteis	habréis	habríais	hayáis	hubierais	
	han	habían	hubieron	habrán	habrían	hayan	hubieran	

11. hacer
Participles: haciendo, hecho

	INDICATIVE					SUBJUNCTIVE		IMPERATIVE
	Present	Imperfect	Preterite	Future	Conditional	Present	Past	
	hago	hacía	hice	haré	haría	haga	hiciera	
	haces	hacías	hiciste	harás	harías	hagas	hicieras	haz tú (no hagas)
	hace	hacía	hizo	hará	haría	haga	hiciera	haga Ud.
	hacemos	hacíamos	hicimos	haremos	haríamos	hagamos	hiciéramos	hagamos
	hacéis	hacíais	hicisteis	haréis	haríais	hagáis	hicierais	haced (no hagáis)
	hacen	hacían	hicieron	harán	harían	hagan	hicieran	hagan Uds.

12. ir
Participles: yendo, ido

	INDICATIVE					SUBJUNCTIVE		IMPERATIVE
	Present	Imperfect	Preterite	Future	Conditional	Present	Past	
	voy	iba	fui	iré	iría	vaya	fuera	
	vas	ibas	fuiste	irás	irías	vayas	fueras	ve tú (no vayas)
	va	iba	fue	irá	iría	vaya	fuera	vaya Ud.
	vamos	íbamos	fuimos	iremos	iríamos	vayamos	fuéramos	vamos (no vayamos)
	vais	ibais	fuisteis	iréis	iríais	vayáis	fuerais	id (no vayáis)
	van	iban	fueron	irán	irían	vayan	fueran	vayan Uds.

13. oír (y)
Participles: oyendo, oído

	INDICATIVE					SUBJUNCTIVE		IMPERATIVE
	Present	Imperfect	Preterite	Future	Conditional	Present	Past	
	oigo	oía	oí	oiré	oiría	oiga	oyera	
	oyes	oías	oíste	oirás	oirías	oigas	oyeras	oye tú (no oigas)
	oye	oía	oyó	oirá	oiría	oiga	oyera	oiga Ud.
	oímos	oíamos	oímos	oiremos	oiríamos	oigamos	oyéramos	oigamos
	oís	oíais	oísteis	oiréis	oiríais	oigáis	oyerais	oíd (no oigáis)
	oyen	oían	oyeron	oirán	oirían	oigan	oyeran	oigan Uds.

14 poder (o:ue) — Participles: pudiendo, podido

	INDICATIVE					SUBJUNCTIVE		IMPERATIVE
	Present	Imperfect	Preterite	Future	Conditional	Present	Past	
	puedo	podía	pude	podré	podría	pueda	pudiera	
	puedes	podías	pudiste	podrás	podrías	puedas	pudieras	puede tú (no puedas)
	puede	podía	pudo	podrá	podría	pueda	pudiera	pueda Ud.
	podemos	podíamos	pudimos	podremos	podríamos	podamos	pudiéramos	podamos
	podéis	podíais	pudisteis	podréis	podríais	podáis	pudierais	poded (no podáis)
	pueden	podían	pudieron	podrán	podrían	puedan	pudieran	puedan Uds.

15 poner — Participles: poniendo, puesto

	INDICATIVE					SUBJUNCTIVE		IMPERATIVE
	Present	Imperfect	Preterite	Future	Conditional	Present	Past	
	pongo	ponía	puse	pondré	pondría	ponga	pusiera	
	pones	ponías	pusiste	pondrás	pondrías	pongas	pusieras	pon tú (no pongas)
	pone	ponía	puso	pondrá	pondría	ponga	pusiera	ponga Ud.
	ponemos	poníamos	pusimos	pondremos	pondríamos	pongamos	pusiéramos	pongamos
	ponéis	poníais	pusisteis	pondréis	pondríais	pongáis	pusierais	poned (no pongáis)
	ponen	ponían	pusieron	pondrán	pondrían	pongan	pusieran	pongan Uds.

16 querer (e:ie) — Participles: queriendo, querido

	INDICATIVE					SUBJUNCTIVE		IMPERATIVE
	Present	Imperfect	Preterite	Future	Conditional	Present	Past	
	quiero	quería	quise	querré	querría	quiera	quisiera	
	quieres	querías	quisiste	querrás	querrías	quieras	quisieras	quiere tú (no quieras)
	quiere	quería	quiso	querrá	querría	quiera	quisiera	quiera Ud.
	queremos	queríamos	quisimos	querremos	querríamos	queramos	quisiéramos	queramos
	queréis	queríais	quisisteis	querréis	querríais	queráis	quisierais	quered (no queráis)
	quieren	querían	quisieron	querrán	querrían	quieran	quisieran	quieran Uds.

17 saber — Participles: sabiendo, sabido

	INDICATIVE					SUBJUNCTIVE		IMPERATIVE
	Present	Imperfect	Preterite	Future	Conditional	Present	Past	
	sé	sabía	supe	sabré	sabría	sepa	supiera	
	sabes	sabías	supiste	sabrás	sabrías	sepas	supieras	sabe tú (no sepas)
	sabe	sabía	supo	sabrá	sabría	sepa	supiera	sepa Ud.
	sabemos	sabíamos	supimos	sabremos	sabríamos	sepamos	supiéramos	sepamos
	sabéis	sabíais	supisteis	sabréis	sabríais	sepáis	supierais	sabed (no sepáis)
	saben	sabían	supieron	sabrán	sabrían	sepan	supieran	sepan Uds.

18 salir — Participles: saliendo, salido

	INDICATIVE					SUBJUNCTIVE		IMPERATIVE
	Present	Imperfect	Preterite	Future	Conditional	Present	Past	
	salgo	salía	salí	saldré	saldría	salga	saliera	
	sales	salías	saliste	saldrás	saldrías	salgas	salieras	sal tú (no salgas)
	sale	salía	salió	saldrá	saldría	salga	saliera	salga Ud.
	salimos	salíamos	salimos	saldremos	saldríamos	salgamos	saliéramos	salgamos
	salís	salíais	salisteis	saldréis	saldríais	salgáis	salierais	salid (no salgáis)
	salen	salían	salieron	saldrán	saldrían	salgan	salieran	salgan Uds.

19 ser — Participles: siendo, sido

	INDICATIVE					SUBJUNCTIVE		IMPERATIVE
	Present	Imperfect	Preterite	Future	Conditional	Present	Past	
	soy	era	fui	seré	sería	sea	fuera	
	eres	eras	fuiste	serás	serías	seas	fueras	sé tú (no seas)
	es	era	fue	será	sería	sea	fuera	sea Ud.
	somos	éramos	fuimos	seremos	seríamos	seamos	fuéramos	seamos
	sois	erais	fuisteis	seréis	seríais	seáis	fuerais	sed (no seáis)
	son	eran	fueron	serán	serían	sean	fueran	sean Uds.

20 tener (e:ie) — Participles: teniendo, tenido

	INDICATIVE					SUBJUNCTIVE		IMPERATIVE
	Present	Imperfect	Preterite	Future	Conditional	Present	Past	
	tengo	tenía	tuve	tendré	tendría	tenga	tuviera	
	tienes	tenías	tuviste	tendrás	tendrías	tengas	tuvieras	ten tú (no tengas)
	tiene	tenía	tuvo	tendrá	tendría	tenga	tuviera	tenga Ud.
	tenemos	teníamos	tuvimos	tendremos	tendríamos	tengamos	tuviéramos	tengamos
	tenéis	teníais	tuvisteis	tendréis	tendríais	tengáis	tuvierais	tened (no tengáis)
	tienen	tenían	tuvieron	tendrán	tendrían	tengan	tuvieran	tengan Uds.

Table 21 — traer

Participles: **trayendo**, **traído**

Infinitive	INDICATIVE					SUBJUNCTIVE		IMPERATIVE
	Present	Imperfect	Preterite	Future	Conditional	Present	Past	
traer	**traigo**	traía	**traje**	traeré	traería	**traiga**	**trajera**	
	traes	traías	**trajiste**	traerás	traerías	**traigas**	**trajeras**	trae tú (no **traigas**)
	trae	traía	**trajo**	traerá	traería	**traiga**	**trajera**	**traiga** Ud.
	traemos	traíamos	**trajimos**	traeremos	traeríamos	**traigamos**	**trajéramos**	**traigamos**
	traéis	traíais	**trajisteis**	traeréis	traeríais	**traigáis**	**trajerais**	traed (no **traigáis**)
	traen	traían	**trajeron**	traerán	traerían	**traigan**	**trajeran**	**traigan** Uds.

Table 22 — venir (e:ie)

Participles: **viniendo**, venido

Infinitive	INDICATIVE					SUBJUNCTIVE		IMPERATIVE
	Present	Imperfect	Preterite	Future	Conditional	Present	Past	
venir (e:ie)	**vengo**	venía	**vine**	**vendré**	**vendría**	**venga**	**viniera**	
	vienes	venías	**viniste**	**vendrás**	**vendrías**	**vengas**	**vinieras**	**ven** tú (no **vengas**)
	viene	venía	**vino**	**vendrá**	**vendría**	**venga**	**viniera**	**venga** Ud.
	venimos	veníamos	**vinimos**	**vendremos**	**vendríamos**	**vengamos**	**viniéramos**	**vengamos**
	venís	veníais	**vinisteis**	**vendréis**	**vendríais**	**vengáis**	**vinierais**	venid (no **vengáis**)
	vienen	venían	**vinieron**	**vendrán**	**vendrían**	**vengan**	**vinieran**	**vengan** Uds.

Table 23 — ver

Participles: **viendo**, **visto**

Infinitive	INDICATIVE					SUBJUNCTIVE		IMPERATIVE
	Present	Imperfect	Preterite	Future	Conditional	Present	Past	
ver	**veo**	**veía**	**vi**	veré	vería	**vea**	**viera**	
	ves	**veías**	viste	verás	verías	**veas**	**vieras**	ve tú (no **veas**)
	ve	**veía**	**vio**	verá	vería	**vea**	**viera**	**vea** Ud.
	vemos	**veíamos**	vimos	veremos	veríamos	**veamos**	**viéramos**	**veamos**
	veis	**veíais**	visteis	veréis	veríais	**veáis**	**vierais**	ved (no **veáis**)
	ven	**veían**	vieron	verán	verían	**vean**	**vieran**	**vean** Uds.

Stem-changing verbs

Table 24 — contar (o:ue)

Participles: contando, contado

Infinitive	INDICATIVE					SUBJUNCTIVE		IMPERATIVE
	Present	Imperfect	Preterite	Future	Conditional	Present	Past	
contar (o:ue)	**cuento**	contaba	conté	contaré	contaría	**cuente**	contara	
	cuentas	contabas	contaste	contarás	contarías	**cuentes**	contaras	**cuenta** tú (no **cuentes**)
	cuenta	contaba	contó	contará	contaría	**cuente**	contara	**cuente** Ud.
	contamos	contábamos	contamos	contaremos	contaríamos	contemos	contáramos	contemos
	contáis	contabais	contasteis	contaréis	contaríais	contéis	contarais	contad (no contéis)
	cuentan	contaban	contaron	contarán	contarían	**cuenten**	contaran	**cuenten** Uds.

Table 25 — dormir (o:ue)

Participles: **durmiendo**, dormido

Infinitive	INDICATIVE					SUBJUNCTIVE		IMPERATIVE
	Present	Imperfect	Preterite	Future	Conditional	Present	Past	
dormir (o:ue)	**duermo**	dormía	dormí	dormiré	dormiría	**duerma**	**durmiera**	
	duermes	dormías	dormiste	dormirás	dormirías	**duermas**	**durmieras**	**duerme** tú (no **duermas**)
	duerme	dormía	**durmió**	dormirá	dormiría	**duerma**	**durmiera**	**duerma** Ud.
	dormimos	dormíamos	dormimos	dormiremos	dormiríamos	**durmamos**	**durmiéramos**	**durmamos**
	dormís	dormíais	dormisteis	dormiréis	dormiríais	**durmáis**	**durmierais**	dormid (no **durmáis**)
	duermen	dormían	**durmieron**	dormirán	dormirían	**duerman**	**durmieran**	**duerman** Uds.

Table 26 — empezar (e:ie) (z:c)

Participles: empezando, empezado

Infinitive	INDICATIVE					SUBJUNCTIVE		IMPERATIVE
	Present	Imperfect	Preterite	Future	Conditional	Present	Past	
empezar (e:ie) (z:c)	**empiezo**	empezaba	**empecé**	empezaré	empezaría	**empiece**	empezara	
	empiezas	empezabas	empezaste	empezarás	empezarías	**empieces**	empezaras	**empieza** tú (no **empieces**)
	empieza	empezaba	empezó	empezará	empezaría	**empiece**	empezara	**empiece** Ud.
	empezamos	empezábamos	empezamos	empezaremos	empezaríamos	**empecemos**	empezáramos	**empecemos**
	empezáis	empezabais	empezasteis	empezaréis	empezaríais	**empecéis**	empezarais	empezad (no **empecéis**)
	empiezan	empezaban	empezaron	empezarán	empezarían	**empiecen**	empezaran	**empiecen** Uds.

Infinitive	INDICATIVE					SUBJUNCTIVE		IMPERATIVE
	Present	Imperfect	Preterite	Future	Conditional	Present	Past	
27 entender (e:ie) Participles: entendiendo entendido	entiendo entiendes entiende entendemos entendéis entienden	entendía entendías entendía entendíamos entendíais entendían	entendí entendiste entendió entendimos entendisteis entendieron	entenderé entenderás entenderá entenderemos entenderéis entenderán	entendería entenderías entendería entenderíamos entenderíais entenderían	entienda entiendas entienda entendamos entendáis entiendan	entendiera entendieras entendiera entendiéramos entendierais entendieran	entiende tú (no entiendas) entienda Ud. entendamos entended (no entendáis) entiendan Uds.
28 jugar (u:ue) (g:gu) Participles: jugando jugado	juego juegas juega jugamos jugáis juegan	jugaba jugabas jugaba jugábamos jugabais jugaban	jugué jugaste jugó jugamos jugasteis jugaron	jugaré jugarás jugará jugaremos jugaréis jugarán	jugaría jugarías jugaría jugaríamos jugaríais jugarían	juegue juegues juegue juguemos juguéis jueguen	jugara jugaras jugara jugáramos jugarais jugaran	juega tú (no juegues) juegue Ud. juguemos jugad (no juguéis) jueguen Uds.
29 pedir (e:i) Participles: pidiendo pedido	pido pides pide pedimos pedís piden	pedía pedías pedía pedíamos pedíais pedían	pedí pediste pidió pedimos pedisteis pidieron	pediré pedirás pedirá pediremos pediréis pedirán	pediría pedirías pediría pediríamos pediríais pedirían	pida pidas pida pidamos pidáis pidan	pidiera pidieras pidiera pidiéramos pidierais pidieran	pide tú (no pidas) pida Ud. pidamos pedid (no pidáis) pidan Uds.
30 pensar (e:ie) Participles: pensando pensado	pienso piensas piensa pensamos pensáis piensan	pensaba pensabas pensaba pensábamos pensabais pensaban	pensé pensaste pensó pensamos pensasteis pensaron	pensaré pensarás pensará pensaremos pensaréis pensarán	pensaría pensarías pensaría pensaríamos pensaríais pensarían	piense pienses piense pensemos penséis piensen	pensara pensaras pensara pensáramos pensarais pensaran	piensa tú (no pienses) piense Ud. pensemos pensad (no penséis) piensen Uds.
31 reír(se) (e:i) Participles: riendo reído	río ríes ríe reímos reís ríen	reía reías reía reíamos reíais reían	reí reíste rió reímos reísteis rieron	reiré reirás reirá reiremos reiréis reirán	reiría reirías reiría reiríamos reiríais reirían	ría rías ría riamos riáis rían	riera rieras riera riéramos rierais rieran	ríe tú (no rías) ría Ud. riamos reíd (no riáis) rían Uds.
32 seguir (e:i) (gu:g) Participles: siguiendo seguido	sigo sigues sigue seguimos seguís siguen	seguía seguías seguía seguíamos seguíais seguían	seguí seguiste siguió seguimos seguisteis siguieron	seguiré seguirás seguirá seguiremos seguiréis seguirán	seguiría seguirías seguiría seguiríamos seguiríais seguirían	siga sigas siga sigamos sigáis sigan	siguiera siguieras siguiera siguiéramos siguierais siguieran	sigue tú (no sigas) siga Ud. sigamos seguid (no sigáis) sigan Uds.
33 sentir (e:ie) Participles: sintiendo sentido	siento sientes siente sentimos sentís sienten	sentía sentías sentía sentíamos sentíais sentían	sentí sentiste sintió sentimos sentisteis sintieron	sentiré sentirás sentirá sentiremos sentiréis sentirán	sentiría sentirías sentiría sentiríamos sentiríais sentirían	sienta sientas sienta sintamos sintáis sientan	sintiera sintieras sintiera sintiéramos sintierais sintieran	siente tú (no sientas) sienta Ud. sintamos sentid (no sintáis) sientan Uds.

Infinitive	INDICATIVE					SUBJUNCTIVE		IMPERATIVE
	Present	Imperfect	Preterite	Future	Conditional	Present	Past	
34 volver (o:ue)	**vuelvo**	volvía	volví	volveré	volvería	**vuelva**	volviera	
	vuelves	volvías	volviste	volverás	volverías	**vuelvas**	volvieras	**vuelve** tú (no **vuelvas**)
	vuelve	volvía	volvió	volverá	volvería	**vuelva**	volviera	**vuelva** Ud.
	volvemos	volvíamos	volvimos	volveremos	volveríamos	volvamos	volviéramos	volvamos
Participles:	volvéis	volvíais	volvisteis	volveréis	volveríais	volváis	volvierais	volved (no volváis)
volviendo	**vuelven**	volvían	volvieron	volverán	volverían	**vuelvan**	volvieran	**vuelvan** Uds.
vuelto								

Verbs with spelling changes only

Infinitive	INDICATIVE					SUBJUNCTIVE		IMPERATIVE
	Present	Imperfect	Preterite	Future	Conditional	Present	Past	
35 conocer (c:zc)	**conozco**	conocía	conocí	conoceré	conocería	**conozca**	conociera	
	conoces	conocías	conociste	conocerás	conocerías	**conozcas**	conocieras	conoce tú (no **conozcas**)
	conoce	conocía	conoció	conocerá	conocería	**conozca**	conociera	**conozca** Ud.
	conocemos	conocíamos	conocimos	conoceremos	conoceríamos	**conozcamos**	conociéramos	**conozcamos**
Participles:	conocéis	conocíais	conocisteis	conoceréis	conoceríais	**conozcáis**	conocierais	conoced (no **conozcáis**)
conociendo	conocen	conocían	conocieron	conocerán	conocerían	**conozcan**	conocieran	**conozcan** Uds.
conocido								
36 creer (y)	creo	creía	creí	creeré	creería	crea	**creyera**	
	crees	creías	**creíste**	creerás	creerías	creas	**creyeras**	cree tú (no creas)
	cree	creía	**creyó**	creerá	creería	crea	**creyera**	crea Ud.
	creemos	creíamos	**creímos**	creeremos	creeríamos	creamos	**creyéramos**	creamos
Participles:	creéis	creíais	**creísteis**	creeréis	creeríais	creáis	**creyerais**	creed (no creáis)
creyendo	creen	creían	**creyeron**	creerán	creerían	crean	**creyeran**	crean Uds.
creído								
37 cruzar (z:c)	cruzo	cruzaba	**crucé**	cruzaré	cruzaría	**cruce**	cruzara	
	cruzas	cruzabas	cruzaste	cruzarás	cruzarías	**cruces**	cruzaras	cruza tú (no **cruces**)
	cruza	cruzaba	cruzó	cruzará	cruzaría	**cruce**	cruzara	**cruce** Ud.
	cruzamos	cruzábamos	cruzamos	cruzaremos	cruzaríamos	**crucemos**	cruzáramos	**crucemos**
Participles:	cruzáis	cruzabais	cruzasteis	cruzaréis	cruzaríais	**crucéis**	cruzarais	cruzad (no **crucéis**)
cruzando	cruzan	cruzaban	cruzaron	cruzarán	cruzarían	**crucen**	cruzaran	**crucen** Uds.
cruzado								
38 destruir (y)	**destruyo**	destruía	destruí	destruiré	destruiría	**destruya**	**destruyera**	
	destruyes	destruías	destruiste	destruirás	destruirías	**destruyas**	**destruyeras**	**destruye** tú (no **destruyas**)
	destruye	destruía	**destruyó**	destruirá	destruiría	**destruya**	**destruyera**	**destruya** Ud.
	destruimos	destruíamos	destruimos	destruiremos	destruiríamos	**destruyamos**	**destruyéramos**	**destruyamos**
Participles:	destruís	destruíais	destruisteis	destruiréis	destruiríais	**destruyáis**	**destruyerais**	destruid (no **destruyáis**)
destruyendo	**destruyen**	destruían	**destruyeron**	destruirán	destruirían	**destruyan**	**destruyeran**	**destruyan** Uds.
destruido								
39 enviar	**envío**	enviaba	envié	enviaré	enviaría	**envíe**	enviara	
	envías	enviabas	enviaste	enviarás	enviarías	**envíes**	enviaras	**envía** tú (no **envíes**)
	envía	enviaba	envió	enviará	enviaría	**envíe**	enviara	**envíe** Ud.
	enviamos	enviábamos	enviamos	enviaremos	enviaríamos	enviemos	enviáramos	enviemos
Participles:	enviáis	enviabais	enviasteis	enviaréis	enviaríais	enviéis	enviarais	enviad (no enviéis)
enviando	**envían**	enviaban	enviaron	enviarán	enviarían	**envíen**	enviaran	**envíen** Uds.
enviado								

		INDICATIVE					SUBJUNCTIVE		IMPERATIVE
Infinitive	Present	Imperfect	Preterite	Future	Conditional		Present	Past	
40 graduar(se)	**gradúo**	graduaba	gradué	graduaré	graduaría		**gradúe**	graduara	
	gradúas	graduabas	graduaste	graduarás	graduarías		**gradúes**	graduaras	**gradúa** tú (no **gradúes**)
	gradúa	graduaba	graduó	graduará	graduaría		**gradúe**	graduara	**gradúe** Ud.
Participles:	graduamos	graduábamos	graduamos	graduaremos	graduaríamos		graduemos	graduáramos	graduemos
graduando	graduáis	graduabais	graduasteis	graduaréis	graduaríais		graduéis	graduarais	graduad (no graduéis)
graduado	**gradúan**	graduaban	graduaron	graduarán	graduarían		**gradúen**	graduaran	**gradúen** Uds.
41 llegar (g:gu)	llego	llegaba	**llegué**	llegaré	llegaría		**llegue**	llegara	
	llegas	llegabas	llegaste	llegarás	llegarías		**llegues**	llegaras	llega tú (no **llegues**)
	llega	llegaba	llegó	llegará	llegaría		**llegue**	llegara	**llegue** Ud.
Participles:	llegamos	llegábamos	llegamos	llegaremos	llegaríamos		**lleguemos**	llegáramos	**lleguemos**
llegando	llegáis	llegabais	llegasteis	llegaréis	llegaríais		**lleguéis**	llegarais	llegad (no **lleguéis**)
llegado	llegan	llegaban	llegaron	llegarán	llegarían		**lleguen**	llegaran	**lleguen** Uds.
42 proteger (g:j)	**protejo**	protegía	protegí	protegeré	protegería		**proteja**	protegiera	
	proteges	protegías	protegiste	protegerás	protegerías		**protejas**	protegieras	protege tú (no **protejas**)
	protege	protegía	protegió	protegerá	protegería		**proteja**	protegiera	**proteja** Ud.
Participles:	protegemos	protegíamos	protegimos	protegeremos	protegeríamos		**protejamos**	protegiéramos	**protejamos**
protegiendo	protegéis	protegíais	protegisteis	protegeréis	protegeríais		**protejáis**	protegierais	proteged (no **protejáis**)
protegido	protegen	protegían	protegieron	protegerán	protegerían		**protejan**	protegieran	**protejan** Uds.
43 tocar (c:qu)	toco	tocaba	**toqué**	tocaré	tocaría		**toque**	tocara	
	tocas	tocabas	tocaste	tocarás	tocarías		**toques**	tocaras	toca tú (no **toques**)
	toca	tocaba	tocó	tocará	tocaría		**toque**	tocara	**toque** Ud.
Participles:	tocamos	tocábamos	tocamos	tocaremos	tocaríamos		**toquemos**	tocáramos	**toquemos**
tocando	tocáis	tocabais	tocasteis	tocaréis	tocaríais		**toquéis**	tocarais	tocad (no **toquéis**)
tocado	tocan	tocaban	tocaron	tocarán	tocarían		**toquen**	tocaran	**toquen** Uds.
44 vencer (c:z)	**venzo**	vencía	vencí	venceré	vencería		**venza**	venciera	
	vences	vencías	venciste	vencerás	vencerías		**venzas**	vencieras	vence tú (no **venzas**)
	vence	vencía	venció	vencerá	vencería		**venza**	venciera	**venza** Ud.
Participles:	vencemos	vencíamos	vencimos	venceremos	venceríamos		**venzamos**	venciéramos	**venzamos**
venciendo	vencéis	vencíais	vencisteis	venceréis	venceríais		**venzáis**	vencierais	venced (no **venzáis**)
vencido	vencen	vencían	vencieron	vencerán	vencerían		**venzan**	vencieran	**venzan** Uds.

Guide to Vocabulary

Contents of the glossary

This glossary contains the words and expressions listed on the **Vocabulario** page found at the end of each lesson in **FACETAS** as well as other useful vocabulary. A numeral following an entry indicates the lesson where the word or expression was introduced. Check the **Estructura** sections of each lesson for words and expressions related to those grammar topics.

Abbreviations used in this glossary

adj.	adjective	*f.*	feminine	*m.*	masculine	*pron.*	pronoun
adv.	adverb	*fam.*	familiar	*pl.*	plural	*sing.*	singular
conj.	conjunction	*form.*	formal	*prep.*	preposition	*v.*	verb

Note on alphabetization

In the Spanish alphabet **ñ** is a separate letter following **n**. Therefore in this glossary you will find that **añadir** follows **anuncio**.

Español–Inglés

A

abogado/a *m., f.* lawyer
abrazar *v.* to hug; to hold 1
abrir(se) *v.* to open; **abrirse paso** to make one's way
abrocharse *v.* to fasten; **abrocharse el cinturón de seguridad** to fasten one's seatbelt
abstracto/a *adj.* abstract
aburrir *v.* to bore 2
aburrirse *v.* to get bored 2
acabarse *v.* to run out; to come to an end 6
acantilado *m.* cliff
acariciar *v.* to caress
accidente *m.* accident; **accidente automovilístico** car accident 5
acentuar *v.* to accentuate
acercarse (a) *v.* to approach 2
aclarar *v.* to clarify
acoger *v.* to welcome; to take in; to receive
acogido/a *adj.* received; **bien acogido/a** well received
acompañar *v.* to come with
aconsejar *v.* to advise; to suggest 4
acontecimiento *m.* event
acordar (o:ue) *v.* to agree 2
acordarse (o:ue) **(de)** *v.* to remember 2
acostarse (o:ue) *v.* to go to bed 2
acostumbrado/a *adj.* accustomed to; **estar acostumbrado/a a** *v.* to be used to
acostumbrarse (a) *v.* to get used to; to grow accustomed to 3
activista *m., f.* activist
acto: en el acto immediately; on the spot 3
actor *m.* actor
actriz *f.* actress
actual *adj.* current
actualidad *f.* current events
actualizado/a *adj.* up-to-date
actualizar *v.* to update

actualmente *adv.* currently
acuarela *f.* watercolor
adelantado/a *adj.* advanced
adelanto *m.* improvement 4
adelgazar *v.* to lose weight 4
adinerado/a *adj.* wealthy
adivinar *v.* to guess
adjuntar *v.* to attach; **adjuntar un archivo** to attach a file
administrar *v.* to manage; to run
ADN (ácido desoxirribonucleico) *m.* DNA
adorar *v.* to adore 1
aduana *f.* customs; **agente de aduanas** customs agent 5
advertencia *f.* warning
afeitarse *v.* to shave 2
aficionado/a (a) *adj.* fond of; a fan (of) 2; **ser aficionado/a de** be a fan of
afligir *v.* afflict 4
afligirse *v.* to get upset 3
afortunado/a *adj.* lucky
agenda *f.* datebook 3
agente *m., f.* agent; officer; **agente de aduanas** customs agent 5
agnóstico/a *adj.* agnostic
agobiado/a *adj.* overwhelmed 1
agotado/a *adj.* exhausted 4
agotar *v.* to use up 6
agradecimiento *m.* gratitude
aguja *f.* needle 4
agujero *m.* hole; **agujero en la capa de ozono** hole in the ozone layer; **agujero negro** black hole; **agujerito** *m.* small hole
ahogado/a *adj.* drowned 5
ahogarse *v.* to smother; to drown
ahorrar *v.* to save
ahorrarse *v.* to save oneself
ahorro *m.* savings
aislado/a *adj.* isolated 6
aislar *v.* to isolate
ajedrez *m.* chess 2
ala *m.* wing
alba *f.* dawn; daybreak
albergue *m.* hostel 5
álbum *m.* album 2

alcalde/alcaldesa *m., f.* mayor
alcance *m.* reach; **al alcance** within reach; **al alcance de la mano** within reach
alcanzar *v.* to reach; to achieve; to succeed in
aldea *f.* village
alimentación *f.* diet (nutrition) 4
allá *adv.* there
alma (el) *f.* soul 1
alojamiento *m.* lodging 5
alojarse *v.* to stay 5
alquilar *v.* to rent; **alquilar una película** to rent a movie 2
alta definición: de alta definición *adj.* high definition
alterar *v.* to modify; to alter
altiplano *m.* high plateau
altoparlante *m.* loudspeaker
alusión *f.* allusion
amable *adj.* nice; kind
amado/a *m., f.* loved one; sweetheart 1
amanecer *m.* sunrise; morning
amar *v.* to love 1
ambiental *adj.* environmental 6
ambos/as *pron., adj.* both
amenaza *f.* threat
amenazar *v.* to threaten 3
amor *m.* love; **amor (no) correspondido** (un)requited love
amueblado/a *adj.* furnished
anciano/a *adj.* elderly
anciano/a *m., f.* elderly gentleman/lady
andar *v.* to walk; **andar + pres. participle** to be (doing something)
anfitrión/anfitriona *m.* host(ess)
anillo *m.* ring 5
animado/a *adj.* lively 2
animar *v.* to cheer up; to encourage; **¡Anímate!** Cheer up! (*sing.*) 2; **¡Anímense!** Cheer up! (*pl.*) 2
ánimo *m.* spirit 1
anotar (un gol/un punto) *v.* to score (a goal/ a point) 2
ansia *f.* anxiety 1
ansioso/a *adj.* anxious 1

antemano: de antemano *beforehand*

antena *f.* antenna; **antena parabólica** satellite dish

anterior *adj.* previous

antes que nada first and foremost

antigüedad *f.* antiquity

antiguo/a *adj.* ancient

antipático/a *adj.* mean; unpleasant

anuncio *m.* advertisement; commercial

añadir *v.* to add

apagado/a *adj.* turned off

apagar *v.* to turn off **3; apagar las velas** to blow out the candles

aparecer *v.* to appear **1**

apenas *adv.* hardly; scarcely **3**

aplaudir *v.* to applaud **2**

apogeo *m.* height; highest level **5**

aportación *f.* contribution

apostar (o:ue) *v.* to bet

apoyarse (en) *v.* to lean (on)

apreciado/a *adj.* appreciated

apreciar *v.* to appreciate **1**

aprendizaje *m.* learning

aprobación *f.* approval

aprobar (o:ue) *v.* to approve; to pass (a class); **aprobar una ley** to pass a law

aprovechar *v.* to make good use of; to take advantage of

apuesta *f.* bet

apuro: tener apuro to be in a hurry; to be in a rush

araña *f.* spider **6**

árbitro/a *m., f.* referee **2**

árbol *m.* tree **6**

archivo *m.* file; **bajar un archivo** *v.* to download a file

arepa *f.* cornmeal cake

argumento *m.* plot

árido/a *adj.* arid

aristocrático/a *adj.* aristocratic

arma *m.* weapon

armado/a *adj.* armed

arqueología *f.* archaeology

arqueólogo/a *m., f.* archaeologist

arrancar *v.* to start (a car)

arrastrar *v.* to drag

arrecife *m.* reef **6**

arreglarse *v.* to get ready **3**

arrepentirse (de) (e:ie) *v.* to repent **2**

arriesgado/a *adj.* risky **5**

arriesgar *v.* to risk

arriesgarse *v.* to risk; to take a risk

arroba *f.* @ symbol

arroyo *m.* stream

arruga *f.* wrinkle

artefacto *m.* artifact **5**

artesano/a *m., f.* artisan

asaltar *v.* rob

ascender (e:ie) *v.* to rise; to be promoted

asco *m.* revulsion; **dar asco** to be disgusting

asegurar *v.* to assure; to guarantee

asegurarse *v.* to make sure

aseo *m.* cleanliness; hygiene; **aseo personal** personal care

asesor(a) *m., f.* consultant; advisor

así *adv.* like this; so **3**

asiento *m.* seat **2**

asombrar *v.* to amaze

asombrarse *v.* to be astonished

asombro *m.* amazement; astonishment

asombroso/a *adj.* astonishing

aspecto *m.* appearance; look; **tener buen/mal aspecto** to look healthy/sick **4**

aspirina *f.* aspirin **4**

astronauta *m., f.* astronaut

astrónomo/a *m., f.* astronomer

asunto *m.* matter; topic

asustado/a *adj.* frightened; scared

atar *v.* to tie (up)

ataúd *m.* casket **2**

ateísmo *m.* atheism

ateo/a *adj.* atheist

aterrizar *v.* to land (an airplane)

atletismo *m.* track-and-field events

atracción *f.* attraction

atraer *v.* to attract **1**

atrapar *v.* to trap; to catch **6**

atrasado/a *adj.* late **3**

atrasar *v.* to delay

atreverse (a) *v.* to dare (to) **2**

atropellar *v.* to run over

audiencia *f.* audience

aumento *m.* increase; raise; **aumento de sueldo** raise in salary

auricular *m.* telephone receiver

ausente *adj.* absent

auténtico/a *adj.* real; genuine **3**

autobiografía *f.* autobiography

autoestima *f.* self-esteem **4**

autoritario/a *adj.* strict; authoritarian **1**

autorretrato *m.* self-portrait

auxiliar de vuelo *m., f.* flight attendant

auxilio *m.* help; aid; **primeros auxilios** first aid *m. pl.* **4**

avance *m.* advance; breakthrough

avanzado/a *adj.* advanced

avaro/a *m., f.* miser

ave *f.* bird **6**

aventura *f.* adventure **5**

aventurero/a *m., f.* adventurer **5**

avergonzado/a *adj.* ashamed; embarrassed

averiguar *v.* to find out **1**

avisar *v.* to inform; to warn

aviso *m.* notice; warning **5**

azar *m.* chance **5**

B

bahía *f.* bay **5**

bailar *v.* to dance **1**

bailarín/bailarina *m., f.* dancer

bajar *v.* to lower

balcón *m.* balcony **3**

balón *m.* ball **2**

bancario/a *adj.* banking

bancarrota *f.* bankruptcy

banda sonora *f.* soundtrack

bandera *f.* flag

bañarse *v.* to take a bath **2**

barato/a *adj.* cheap; inexpensive **3**

barbaridad *f.* outrageous thing

barrer *v.* to sweep **3**

barrio *m.* neighborhood

bastante *adv.* quite; enough **3**

batalla *f.* battle

bautismo *m.* baptism

beber *v.* to drink **1**

bellas artes *f., pl* fine arts

bendecir (e:i) *v.* to bless

beneficios *m. pl.* benefits

besar *v.* to kiss **1**

bien acogido/a *adj.* well-received

bienestar *m.* well-being **4**

bienvenida *f.* welcome **5**

bilingüe *adj.* bilingual

billar *m.* billiards **2**

biografía *f.* biography

biólogo/a *m., f.* biologist

bioquímico/a *adj.* biochemical

bitácora *f.* travel log; weblog

blog *m.* blog

blogonovela *f.* blognovel

blogosfera *f.* blogosphere

bobo/a *m., f.* silly, stupid person

boleto *m.* ticket

boliche *m.* bowling **2**

bolsa *f.* bag; sack; stock market; **bolsa de valores** stock market

bombardeo *m.* bombing **6**

bondad *f.* goodness; **¿Tendría usted la bondad de** + *inf*… ? Could you please ...? (*form.*)

bordo: a bordo *adj.* on board **5**

borrar *v.* to erase

bosque *m.* forest; **bosque lluvioso** rain forest **6**

bostezar *v.* to yawn

botar *v.* to throw… out **5**

botarse *v.* to outdo oneself (P.Rico; Cuba) **5**

bote *m.* boat **5**

brindar *v.* to make a toast **2**

broma *f.* joke **1**

bromear *v* to joke

brújula *f.* compass **5**

buceo *m.* scuba diving **5**

budista *adj.* Buddhist

bueno/a *adj.* good; **estar bueno** *v.* to (still) be good (i.e. fresh); **ser bueno** *v.* to be good (by nature); **¡Buen fin de semana!** Have a nice weekend!; **Buen provecho.** Enjoy your meal.

búfalo *m.* buffalo

burla *f.* mockery

burlarse (de) *v.* to make fun of

burocracia *f.* bureaucracy

buscador *m.* search engine

búsqueda *f.* search

buzón *m.* mailbox

C

caber *v.* to fit **1; no caber duda** to be no doubt

cabo *m.* cape; end (rope, string); **al fin y al cabo** sooner or later, after all; **llevar a cabo** to carry out (an activity)

cabra *f.* goat

cacique *m.* tribal chief

cadena *f.* network; **cadena de televisión** television network

caducar *v.* to expire
caer(se) *v.* to fall **1**; **caer bien/mal** to (not) get along well with **2**
caja *f.* box; **caja de herramientas** toolbox
cajero/a *m., f.* cashier; **cajero automático** ATM
calentamiento global *m.* global warming **6**
calentar (e:ie) *v.* to warm up **3**
calidad *f.* quality
callado/a *adj.* quiet; silent
callarse *v.* to be quiet, silent
calmante *m.* painkiller; tranquilizer **4**
calmarse *v.* to calm down; to relax
calzoncillos *m. pl.* underwear (men's)
camarero/a *m., f.* waiter/waitress
cambiar *v.* to change
cambio *m.* change; **a cambio de** in exchange for
camerino *m.* star's dressing room
campamento *m.* campground **5**
campaña *f.* campaign
campeón/campeona *m., f.* champion **2**
campeonato *m.* championship **2**
campo *m.* ball field **5**
campo *m.* countryside; field **6**
canal *m.* channel; **canal de televisión** television channel
cancelar *v.* to cancel **5**
cáncer *m.* cancer
cancha *f.* field **2**
candidato/a *m., f.* candidate
canon literario *m.* literary canon
cansancio *m.* exhaustion **3**
cansarse *v.* to become tired
cantante *m., f.* singer **3**
capa *f.* layer; **capa de ozono** ozone layer **6**
capaz *adj.* competent; capable
capilla *f.* chapel
capitán *m.* captain
capítulo *m.* chapter
caracterización *f.* characterization
cargo *m.* position; **estar a cargo de** *v.* to be in charge of **1**
cariño *m.* affection **1**
cariñoso/a *adj.* affectionate **1**
carne *f.* meat; flesh
caro/a *adj.* expensive **3**
cartas *f. pl.* (playing) cards **2**
casado/a *adj.* married **1**
cascada *f.* cascade; waterfall **5**
casi *adv.* almost **3**
casi nunca *adv.* rarely **3**
castigo *m.* punishment
casualidad *f.* chance; coincidence **5**; **por casualidad** by chance **3**
catástrofe *f.* catastrophe; disaster; **catástrofe natural** natural disaster
categoría *f.* category **5**; **de buena categoría** *adj.* high quality **5**
católico/a *adj.* Catholic
cazar *v.* to hunt **6**
ceder *v.* give up
celda *f.* cell
celebrar *v.* to celebrate **2**
celebridad *f.* celebrity
celos *m. pl.* jealousy; **tener celos de** *v.* to be jealous of **1**

célula *f.* cell
cementerio *m.* cemetery
censura *f.* censorship
centavo *m.* cent
centro comercial *m.* mall **3**
cepillarse *v.* to brush **2**
cerdo *m.* pig **6**
cerro *m.* hill
certeza *f.* certainty
certidumbre *f.* certainty
chisme *m.* gossip
chiste *m.* joke **1**
choque *m.* crash **3**
choza *f.* hut
cicatriz *f.* scar
ciencia ficción *f.* science fiction
científico/a *adj.* scientific
científico/a *m., f.* scientist
cierto/a *adj.* certain, sure; **¡Cierto!** Sure!; **No es cierto.** That's not so.
cine *m.* movie theater; cinema **2**
cinturón *m.* belt; **cinturón de seguridad** seatbelt **5**; **abrocharse el cinturón de seguridad** *v.* to fasten one's seatbelt; **ponerse (el cinturón)** *v.* to fasten (the seatbelt) **5**; **quitarse (el cinturón)** *v.* to unfasten (the seatbelt) **5**
circo *m.* circus **2**
cirugía *f.* surgery **4**
cirujano/a *m., f.* surgeon **4**
cisterna *f.* cistern; underground tank **6**
cita *f.* date; quotation; **cita a ciegas** blind date **1**
ciudadano/a *m., f.* citizen
civilización *f.* civilization
civilizado/a *adj.* civilized
claro *interj.* of course **3**
clásico/a *adj.* classic
claustro *m.* cloister
clima *m.* climate
clonar *v.* to clone
club *m.* club; **club deportivo** sports club **2**
coartada *f.* alibi
cobrador(a) *m., f.* debt collector
cobrar *v.* to charge; to receive
cochinillo *m.* suckling pig
cocinar *v.* to cook **3**
cocinero/a *m., f.* chef; cook
codo *m.* elbow
cohete *m.* rocket
cola *f.* line; tail; **hacer cola** to wait in line **2**
coleccionar *v.* to collect
coleccionista *m., f.* collector
colgar (o:ue) *v.* to hang (up)
colina *f.* hill
colmena *f.* beehive
colocar *v.* to place (an object) **2**
colonia *f.* colony
colonizar *v.* to colonize
columnista *m., f.* columnist
combatiente *m., f.* combatant
combustible *m.* fuel **6**
comediante *m., f.* comedian **1**
comensal *m., f.* dinner guest
comer *v.* to eat **1, 2**
comerciante *m., f.* storekeeper; trader

comercio *m.* commerce; trade
comerse *v.* to eat up **2**
comestible *adj.* edible; **planta comestible** *f.* edible plant
cometa *m.* comet
comida *f.* food **6**; **comida enlatada** canned food **6**; **comida rápida** fast food **4**
cómo *adv.* how; **¡Cómo no!** Of course!; **¿Cómo que son...?** What do you mean they are...?
compañía *f.* company
completo/a *adj.* complete; filled up; **El hotel está completo.** The hotel is filled.
componer *v.* to compose **1**
compositor(a) *m., f.* composer
compra *f.* purchase
comprobar (o:ue) *v.* to prove
compromiso *m.* awkward situation
compromiso *m.* commitment; responsibility **1**
computación *f.* computer science
computadora portátil *f.* laptop
comunidad *f.* community **4**
conciencia *f.* conscience
concierto *m.* concert **2**
conducir *v.* to drive **1**
conductor(a) *m., f.* announcer
conejo *m.* rabbit **6**
conexión de satélite *f.* satellite connection
conferencia *f.* conference
confesar (e:ie) *v.* to confess
confianza *f.* trust; confidence **1**
confundido/a *adj.* confused
confundir (con) *v.* to confuse (with)
congelado/a *adj.* frozen
congelar(se) *v.* to freeze
congeniar *v.* to get along
congestionado/a *adj.* congested
congestionamiento *m.* traffic jam **5**
conjunto *m.* collection; **conjunto (musical)** (musical) group, band
conmovedor(a) *adj.* moving
conocer *v.* to know **1**
conocimiento *m.* knowledge
conquista *f.* conquest
conquistador(a) *m., f.* conquistador; conqueror
conquistar *v.* to conquer
conseguir (e:i) **boletos/entradas** *v.* to get tickets **2**
conservador(a) *adj.* conservative
conservador(a) *m., f.* curator
conservar *v.* to conserve; to preserve **6**
considerar *v.* to consider; **Considero que...** In my opinion, ...
consiguiente *adj.* resulting; consequent; **por consiguiente** consequently; as a result
consulado *m.* consulate
consulta *f.* doctor's appointment **4**
consultorio *m.* doctor's office **4**
consumo *m.* consumption; **consumo de energía** energy consumption
contador(a) *m., f.* accountant
contagiarse *v.* to become infected **4**
contaminación *f.* pollution; contamination **6**
contaminar *v.* to pollute; to contaminate **6**

contar (o:ue) *v.* to tell; to count **2; contar con** to count on
contemporáneo/a *adj.* contemporary
contentarse con *v.* to be contented/ satisfied with **1**
continuación *f.* sequel
contraer *v.* to contract **1**
contraseña *f.* password
contratar *v.* to hire
contrato *m.* contract
contribuir (a) *v.* to contribute **6**
control remoto *m.* remote control; **control remoto universal** universal remote control
controvertido/a *adj.* controversial
contundente *adj.* filling; heavy
convertirse (en) (e:ie) *v.* to become **2**
copa *f.* (drinking) glass; **Copa del mundo** World Cup
coquetear *v.* to flirt **1**
coraje *m.* courage
corazón *m.* heart **1**
cordillera *f.* mountain range **6**
cordura *f.* sanity **4**
coro *m.* choir; chorus
corrector ortográfico *m.* spell-checker
corresponsal *m., f.* correspondent
corrida *f.* bullfight **2**
corriente *f.* movement
corrupción *f.* corruption
corte *m.* cut; **de corte ejecutivo** of an executive nature
corto *m.* short film **1**
cortometraje *m.* short film **1**
cosecha *f.* harvest
costa *f.* coast **6**
costoso/a *adj.* costly; expensive
costumbre *f.* custom; habit **3**
cotidiano/a *adj.* everyday **3; vida cotidiana** everyday life
crear *v.* to create
creatividad *f.* creativity
crecer *v.* to grow **1**
crecimiento *m.* growth
creencia *f.* belief
creer (en) *v.* to believe (in); **No creas.** Don't you believe it.
creyente *m., f.* believer
criar *v.* to raise; **haber criado** to have raised **1**
criarse *v.* to grow up **1**
crisis *f.* crisis; **crisis económica** economic crisis
cristiano/a *adj.* Christian
criticar *v.* to critique
crítico/a *adj.* critical
crítico/a *m., f.* critic; **crítico/a de cine** movie critic
crucero *m.* cruise ship **5**
cruzar *v.* to cross
cuadro *m.* painting **3**
cuarentón/cuarentona *adj.* forty-year-old; in her/his forties
cubismo *m.* cubism
cucaracha *f.* cockroach **6**

cuenta *f.* calculation, sum; bill; account; **al final de cuentas** after all; **cuenta corriente** checking account; **cuenta de ahorros** savings account; **tener en cuenta** *v.* to keep in mind
cuento *m.* short story
cuerpo *m.* body; **cuerpo y alma** heart and soul
cueva *f.* cave
cuidado *m.* care **1; bien cuidado/a** well-kept
cuidadoso/a *adj.* careful **1**
cuidar *v.* to take care of **1**
cuidarse *v.* to take care of oneself
culpa *f.* guilt
culpable *adj.* guilty
cultivar *v.* to grow
culto *m.* worship
culto/a *adj.* cultured; educated; refined
cultura *f.* culture; **cultura popular** pop culture
cumbre *f.* summit; peak
cumplir *v.* to carry out
cura *m.* priest
curarse *v.* to heal; to be cured **4**
curativo/a *adj.* healing **4**
currículum vitae *m.* résumé

D

dañino/a *adj.* harmful **6**
dar *v.* to give; **dar a** to look out upon; **dar asco** to be disgusting; **dar de comer** to feed **6; dar el primer paso** to take the first step; **dar la gana** to feel like; **dar la vuelta (al mundo)** to go around (the world); **dar paso a** to give way to; **dar un paseo** to take a stroll/walk **2; dar una vuelta** to take a walk/stroll; **darse cuenta** to realize **2; darse por aludido/a** to realize/assume that one is being referred to; **darse por vencido/a** to give up
dardos *m. pl.* darts **2**
dato *m.* piece of data
de repente *adv.* suddenly **3**
de terror *adj.* horror (story/novel)
deber *m.* duty
deber *v.* to owe; **deber dinero** to owe money **2**
deber + inf. *v.* ought + *inf*
década *f.* decade
decir (e:i) *v.* to say **1**
dedicatoria *f.* dedication
dedicatoria *f.* dedication
deforestación *f.* deforestation **6**
dejar *v.* to leave; to allow; **dejar a alguien** to leave someone **1; dejar de fumar** quit smoking **4; dejar en paz** to leave alone
delatar *v.* to denounce **3**
demás: los/las demás *pron.* others; other people
demasiado/a *adj., adv.* too; too much
democracia *f.* democracy
demorar *v.* to delay
denunciar *v.* to denounce
deportista *m., f.* athlete **2**
depositar *v.* to deposit
depresión *f.* depression **4**

deprimido/a *adj.* depressed **1**
derecho *m.* law; right; **derechos civiles** civil rights; **derechos humanos** human rights
derramar *v.* to spill
derretir(se) (e:i) *v.* to melt
derribar *v.* to bring down; to overthrow
derrocar *v.* to overthrow
derrota *f.* defeat
derrotado/a *adj.* defeated
derrotar *v.* to defeat
desafiante *adj.* challenging **4**
desafiar *v.* to challenge **2**
desafío *m.* challenge
desanimado/a *adj.* discouraged
desanimarse *v.* to get discouraged
desánimo *m.* the state of being discouraged **1**
desaparecer *v.* to disappear **1, 6**
desarrollado/a *adj.* developed
desarrollarse *v.* to take place
desarrollo *m.* development **6; país en vías de desarrollo** developing country
desatar *v.* to untie
descansar *v.* to rest **4**
descanso *m.* rest
descargar *v.* to download
descendiente *m., f.* descendent
descongelar(se) *v.* to defrost
desconocido/a *adj.* stranger
descubridor(a) *m., f.* discoverer
descubrimiento *m.* discovery
descubrir *v.* discover **4**
descuidar(se) *v.* to get distracted; to neglect **6**
desear *v.* to desire; to wish **4**
desechable *adj.* disposable **6**
desempleado/a *adj.* unemployed
desempleo *m.* unemployment
desenlace *m.* ending
deseo *m.* desire; wish; **pedir un deseo** *v.* make a wish
deshacer *v.* to undo **1**
desierto *m.* desert **6**
desigual *adj.* unequal
desilusión *f.* disappointment
desmayarse *v.* to faint **4**
desorden *m.* disorder; mess
despacho *m.* office
despedida *f.* farewell **5**
despedido/a *adj.* fired
despedir (e:i) *v.* to fire
despedirse (e:i) *v.* to say goodbye **3**
despertarse (e:ie) *v.* to wake up **2**
destacado/a *adj.* prominent
destacar *v.* to emphasize; to point out
destino *m.* destination **5**
destrozar *v.* to destroy
destruir *v.* to destroy **6**
detestar *v.* to detest
deuda *f.* debt
devolver (o:ue) *v.* to return (items) **3**
devoto/a *adj.* pious
día *m.* day; **estar al día con las noticias** to keep up with the news
diamante *m.* diamond **5**
diario *m.* newspaper

diario/a *adj.* daily **3**
dibujar *v.* to draw
dictador(a) *m., f.* dictator
dictadura *f.* dictatorship
didáctico/a *adj.* educational
dieta *f.* diet; **estar a dieta** to be on a diet **4**
digestión *f.* digestion
digital *adj.* digital
digno/a *adj.* worthy **6**
diluvio *m.* heavy rain
dinero *m.* money; **dinero en efectivo** cash **3**
Dios *m.* God
dios(a) *m., f.* god/godess **5**
diputado/a *m., f.* representative
dirección de correo electrónico *f.* e-mail address
directo/a *adj.* direct; **en directo** *adj.* live
director(a) *m., f.* director
dirigir *v.* to direct; to manage **1**
discoteca *f.* discotheque; dance club **2**
discriminación *f.* discrimination
discriminado/a *adj.* discriminated
disculpar *v.* to excuse
disculparse *v.* to apologize **6**
discurso *m.* speech; **pronunciar un discurso** *f.* to give a speech
discutir *v.* to argue **1**
diseñar *v.* to design
disfraz *m.* costume
disfrazado/a *adj.* disguised; in costume
disfrutar (de) *v.* to enjoy **2**
disgustado/a *adj.* upset **1**
disgustar *v.* to upset **2**
disminuir *v.* to decrease
disponerse a *v.* to be about to **6**
disponible *adj.* available
distinguido/a *adj.* honored
distinguir *v.* to distinguish **1**
distraer *v.* to distract **1**
distraído/a *adj.* distracted
disturbio *m.* riot
diversidad *f.* diversity **4**
divertido/a *adj.* fun **2**
divertirse (e:ie) *v.* to have fun **2**
divorciado/a *adj.* divorced **1**
divorcio *m.* divorce **1**
doblado/a *adj.* dubbed
doblaje *m.* dubbing (film)
doblar *v.* to dub (film); to fold; to turn (a corner)
doble *m., f.* double (in movies)
documental *m.* documentary
dolencia *f.* illness; condition **4**
doler (o:ue) *v.* to hurt; to ache **2**
dominio *m.* rule
dominó *m.* dominoes
dondequiera *adv.* wherever **4**
dormir (o:ue) *v.* to sleep **2**
dormirse (o:ue) *v.* to go to sleep, to fall asleep **2**
dramaturgo/a *m., f.* playwright
ducharse *v.* to take a shower **2**
dueño/a *m., f.* owner
duro/a *adj.* hard; difficult

E

echar *v.* to throw away **5**; **echar un vistazo** *v.* to take a look; **echar a correr** to take off running
ecosistema *m.* ecosystem **6**
ecoturismo *m.* ecotourism **5**
Edad Media *f.* Middle Ages
editar *v.* to publish
educar *v.* to educate; to inform
educar *v.* to raise; to bring up **1**
efectivo *m.* cash
efectos especiales *m., pl.* special effects
eficiente *adj.* efficient
ejecutivo/a *m., f.* executive; **de corte ejecutivo** of an executive nature
ejército *m.* army
electoral *adj.* electoral
electrónico/a *adj.* electronic
elegido/a *adj.* chosen; elected
elegir (e:i) *v.* to elect; to choose
embajada *f.* embassy
embajador(a) *m., f.* ambassador
embalarse *v.* to go too fast
embarcar *v.* to board
emigrar *v.* to emigrate
emisión *f.* broadcast; **emisión en vivo/ directo** *f.* live broadcast
emisora *f.* (radio) station
emocionado/a *adj.* excited **1**
empatar *v.* to tie (games) **2**
empate *m.* tie (game) **2**
empeorar *v.* to deteriorate; to get worse **4**
emperador *m.* emperor
emperatriz *f.* empress
empezar (e:ie) *v.* to begin
empleado/a *adj.* employed
empleado/a *m., f.* employee
empleo *m.* employment; job
empresa *f.* company; **empresa multinacional** multinational company
empresario/a *m., f.* entrepreneur
empujar *v.* to push
en línea *adj.* online
enamorado/a (de) *adj.* in love (with) **1**
enamorarse (de) *v.* to fall in love (with) **1**
encabezar *v.* to lead
encantar *v.* to like very much **2**
encargado/a *m., f.* person in charge; **estar encargado/a de** *v.* to be in charge of **1**
encargarse de *v.* to be in charge of **1**
encender (e:ie) *v.* to turn on **3**
encogerse *v.* shrink; **encogerse de hombros** *v.* to shrug
energía *f.* energy; **energía eólica** wind energy; wind power; **energía nuclear** nuclear energy
enérgico/a *adj.* energetic
enfermarse *v.* to get sick **4**
enfermedad *f.* disease; illness **4**
enfermero/a *m., f.* nurse **4**
enfrentar *v.* to confront
enganchar *v.* to get caught **5**
engañar *v.* to betray
engordar *v.* to gain weight **4**
enlace *m.* link
enojo *m.* anger

enrojecer *v.* to turn red; to blush
ensayar *v.* to rehearse
ensayista *m., f.* essayist
ensayo *m.* essay; rehearsal
enseguida right away **3**
enseñanza *f.* teaching; lesson
entender (e:ie) *v.* to understand
enterarse (de) *v.* to become informed (about)
enterrado/a *m., f.* buried **2**
enterrar (e:ie) *v.* to bury
entonces *adv.* then; **en aquel entonces** at that time **3**
entrada *f.* admission ticket
entrega *f.* delivery
entrenador(a) *m., f.* coach; trainer **2**
entretener(se) (e:ie) *v.* to entertain, amuse (oneself) **2**
entretenido/a *adj.* entertaining **2**
entrevista *f.* interview; **entrevista de trabajo** job interview
envenenado/a *adj.* poisoned **6**
enviar *v.* to send
ólico/a *adj.* related to the wind; **energía eólica** wind energy; wind power
epidemia *f.* epidemic **4**
episodio *m.* episode; **episodio final** final episode
época *f.* era; epoch; historical period
equipaje *m.* luggage
equipo *m.* team **2**
equivocarse *v.* to be mistaken; to make a mistake
erosión *f.* erosion **6**
erudito/a *adj.* learned
esbozar *v* to sketch
esbozo *m.* outline; sketch
escalada *f.* climb (mountain)
escalador(a) *m., f.* climber
escalera *f.* staircase **3**
escena *f.* scene **1**
escenario *m.* scenery; stage **2**
esclavitud *f.* slavery
esclavizar *v.* enslave
esclavo/a *m., f.* slave
escoba *f.* broom
escoger *v.* to choose **1**
esculpir *v.* to sculpt
escultor(a) *m., f.* sculptor
escultura *f.* sculpture
esfuerzo *m.* effort
espacial *adj.* related to space; **transbordador espacial** *m.* space shuttle
espacio *m.* space
espacioso/a *adj.* spacious
espalda *f.* back; **a mis espaldas** behind my back; **estar de espaldas a** to have one's back to
espantar *v.* to scare
especialista *m., f.* specialist
especializado/a *adj.* specialized
especie *f.* species **6**; **especie en peligro de extinción** endangered species
espectáculo *m.* show **2**
espectador(a) *m., f.* spectator **2**
espejo retrovisor *m.* rearview mirror
espera *f.* wait

esperanza *f.* hope **6**
espiritual *adj.* spiritual
estabilidad *f.* stability
establecer(se) *v.* to establish (oneself)
estado de ánimo *m.* mood **4**
estar *v.* to be; **estar al día** to be up-to-date; **estar bajo presión** to be under stress/pressure; **estar bueno/a** to be good (i.e., fresh); **estar a cargo de** to be in charge of; **estar harto/a (de)** to be fed up (with); to be sick (of) **1**; **estar lleno** to be full **5**; **estar al tanto** to be informed; **estar a la venta** to be for sale; **estar resfriado/a** to have a cold **4**
estatal *adj.* public; pertaining to the state
estereotipo *m.* stereotype
estético/a *m./f.* aesthetic
estilo *m.* style; **al estilo de...** in the style of ...
estrecho/a *adj.* narrow
estrella *f.* star; **estrella fugaz** *f.* shooting star; **estrella** *f.* (movie) star [m/f]; **estrella pop** *f.* pop star [m/f]
estreno *m.* premiere; debut **2**
estrofa *f.* stanza
estudio *m.* studio; **estudio de grabación** recording studio
etapa *f.* stage; phase
eterno/a *adj.* eternal
ético/a *adj.* ethical; **poco ético/a** unethical
etiqueta *f.* label; tag
excitante *adj.* exciting
excursión *f.* excursion; tour **5**
exigir *v.* to demand **1, 4**
exilio político *m.* political exile
éxito *m.* success
exitoso/a *adj.* successful
exótico/a *adj.* exotic
experiencia *f.* experience
experimentar *v.* to experience; to feel
experimento *m.* experiment
exploración *f.* exploration
explorar *v.* to explore
explotación *f.* exploitation
explotar *v.* to exploit
exportaciones *f., pl.* exports
exportar *v.* to export
exposición *f.* exhibition
expresionismo *m.* expressionism
expulsar *v.* to expel
extinguir *v.* to extinguish
extinguirse *v.* to become extinct **6**
extrañar *v.* to miss; **extrañar a (alguien)** to miss (someone); **extrañarse de algo** to be surprised about something
extraterrestre *m., f.* alien

F

fábrica *f.* factory
fabricar *v.* to manufacture; to make
facciones *f.* facial features **3**
factor *m.* factor; **factores de riesgo** risk factors
falda *f.* skirt
fallecer *v* to die
falso/a *adj.* insincere **1**
faltar *v.* to lack; to need **2**

fama *f.* fame; **tener buena/mala fama** to have a good/bad reputation
famoso/a *adj.* famous; **hacerse famoso** *v.* to become famous
farándula *f.* entertainment **1**
faro *m.* lighthouse; beacon **5**
fascinar *v.* to fascinate; to like very much **2**
fatiga *f.* fatigue; weariness
fatigado/a *adj.* exhausted **3**
favor *m.* favor; **hacer el favor** do someone the favor
favoritismo *m.* favoritism
fe *f.* faith
felicidad *f.* happiness; **¡Felicidades a todos!** Congratulations to all!
feria *f.* fair **2**
festejar *v.* to celebrate **2**
festival *m.* festival **2**
fiabilidad *f.* reliability
fiebre *f.* fever **4**
fijarse *v.* to notice; **fijarse en** to take notice of **2**
fijo/a *adj.* permanent; fixed
fin *m.* end; **al fin y al cabo** sooner or later; after all
final: al final de cuentas after all
financiar *v.* to finance
financiero/a *adj.* financial
finanza(s) *f.* finance(s)
firma *f.* signature
firmar *v.* to sign
físico/a *m. f.* physicist
flexible *adj.* flexible
florecer *v.* to flower **6**
flotar *v.* to float **5**
fondo *m.* bottom; **a fondo** *adv.* thoroughly
forma *f.* form; shape; **mala forma física** *f.* bad physical shape; **de todas formas** in any case; **ponerse en forma** *v.* to get in shape **4**
formular *v.* to formulate
fortaleza *f.* strength
forzado/a *adj.* forced
fraile *m.* friar
frasco *m.* flask
freír (e:i) *v.* to fry **3**
frontera *f.* border **5**
fuente *f.* fountain; source; **fuente de energía** energy source **6**
fuerza *f.* force; power; **fuerza de voluntad** will power **4**; **fuerza laboral** labor force; **fuerzas armadas** *f., pl.* armed forces
función *f.* performance (theater/movie) **2**
funcionar *v.* to work
futurístico/a *adj.* futuristic

G

galería *f.* gallery
gana *f.* desire; **sentir/tener ganas de** *v.* to want to; to feel like
ganar *v.* to win; **ganarse la vida** to earn a living; **ganar bien/mal** to be well/poorly paid; **ganar las elecciones** to win an election; **ganar un partido** to win a game **2**
ganga *f.* bargain **3**
gastar *v.* to spend

gen *m.* gene
generar *v.* to produce; to generate
generoso/a *adj.* generous
genética *f.* genetics **4**
gerente *m, f.* manager
gesto *m.* gesture
gimnasio *m.* gymnasium
globalización *f.* globalization
gobernador(a) *m., f.* governor
gobernante *m., f.* ruler
gobernar (e:ie) *v.* to govern
grabar *v.* to record
gracioso/a *adj.* funny; pleasant **1**
graduarse *v.* to graduate
gravedad *f.* gravity
gripe *f.* flu **4**
gritar *v.* to shout
grupo *m.* group; **grupo musical** *m.* musical group, band
guaraní *m.* Guarani
guardar *v.* to save
guardarse (algo) *v.* to keep (something) to yourself **1**
guerra *f.* war; **guerra civil** civil war
guerrero/a *m., f.* warrior
guía turístico/a *m.,f.* tour guide **5**
guión *m.* screenplay; script
guita *f.* cash; dough (Arg.)
gusano *m.* worm
gustar *v.* to like **2, 4**; **¡No me gusta nada...!** I don't like ...at all!
gusto *m.* taste **con mucho gusto** gladly; **de buen/mal gusto** in good/bad taste

H

habilidad *f.* skill
hábilmente *adv.* skillfully
habitación *f.* room **5**; **habitación individual/doble** single/double room **5**
habitante *m., f.* inhabitant
habitar *v.* to inhabit
hablante *m., f.* speaker
hablar *v.* to speak **1**; **Hablando de esto,...** Speaking of that,...
hacer *v.* to do; to make **1, 4**; **hacer algo a propósito** to do something on purpose; **hacer clic** to click; **hacer cola** to wait in line **2**; **hacerle caso a alguien** to pay attention to someone **1**; **hacerle daño a alguien** to hurt someone; **hacer el favor** do someone the favor; **hacerle gracia a alguien** to be funny (to someone); **hacerse daño** to hurt oneself; **hacer las maletas** to pack **5**; **hacer mandados** to run errands **3**; **hacer un viaje** to take a trip **5**
hallazgo *m.* finding; discovery **4**
hambriento/a *adj.* hungry
haragán/haragana lazy; idle
harto/a *adj.* tired; fed up (with); **estar harto/a (de)** *v.* to be fed up (with); to be sick (of) **1**
hasta *adv.* until; **hasta la fecha** up until now
hecho *m.* fact **3**
helar (e:ie) *v.* to freeze
heredar *v.* to inherit

herencia *f.* heritage; **herencia cultural** cultural heritage
herida *f.* injury 4
herido/a *adj.* injured
herir (e: ie) *v.* to hurt 1
heroico/a *adj.* heroic
herradura *f.* horseshoe
herramienta *f.* tool; **caja de herramientas** *f.* toolbox
hervir (e:ie) *v.* to boil 3
hierba *f.* grass
higiénico/a *adj.* hygienic
hindú *adj.* Hindu
historia *f.* history
historiador(a) *m., f.* historian
histórico/a *adj.* historic
histórico/a *adj.* historical
hogar *m.* home; fireplace 3
hojear *v.* to skim
hombre de negocios *m.* businessman
hombro *m.* shoulder; **encogerse de hombros** *v.* to shrug
hondo/a *adj.* deep 2
hora *f.* hour
horario *m.* schedule 3
horas de visita *f., pl.* visiting hours
hormiga *f.* ant 6
hospedarse *v.* to stay; to lodge
huelga *f.* strike
huella *f.* trace; mark
huerto *m.* orchard
huir *v.* to flee; to run away 3
humanidad *f.* humankind
húmedo/a *adj.* humid; damp 6
humillar *v.* to humiliate
humorístico/a *adj.* humorous
hundir *v.* to sink
huracán *m.* hurricane 6

I

ideología *f.* ideology
idioma *m.* language
iglesia *f.* church
igual *adj.* equal
igualdad *f.* equality
ilusión *f.* illusion; hope
imagen *f.* image; picture 2
imaginación *f.* imagination
imparcial *adj.* unbiased
imperio *m.* empire
importaciones *f., pl.* imports
importado/a *adj.* imported
importante *adj.* important 4
importar *v.* to be important (to); to matter 2, 4; to import
impresionar *v.* to impress 1
impresionismo *m.* impressionism
imprevisto/a *adj.* unexpected 3
imprimir *v.* to print
improviso: de improviso *adv.* unexpectedly
impuesto *m.* tax; **impuesto de ventas** *m.* sales tax
inalámbrico/a *adj.* wireless
incapaz *adj.* incompetent; incapable
incendio *m.* fire 6
incertidumbre *f.* uncertainty

incluido/a *adj.* included 5
independencia *f.* independence
índice *m.* index; **índice de audiencia** ratings
indígena *adj.* indigenous
indígena *m., f.;* indigenous person 4
industria *f.* industry
inesperado/a *adj.* unexpected 3
inestabilidad *f.* instability
infancia *f.* childhood
inflamado/a *adv.* inflamed 4
inflamarse *v.* to become inflamed
inflexible *adj.* inflexible
influyente *adj.* influential
informarse *v.* to get information
informática *f.* computer science
informativo *m.* news bulletin
ingeniero/a *m., f.* engineer
ingresar *v.* to enter; to enroll in; to become a member of; **ingresar datos** to enter data
injusto/a *adj.* unjust
inmaduro/a *adj.* immature 1
inmigración *f.* immigration
inmoral *adj.* immoral
innovador(a) *adj.* innovative
inquietante *adj.* disturbing; unsettling
inscribirse *v.* to register
inseguro/a *adj.* insecure 1
insensatez *f.* folly 4
insistir en *v.* to insist on 4
inspirado/a *adj.* inspired
instalar *v.* to install
integrarse (a) *v.* to become part (of)
inteligente *adj.* intelligent
interesar *v.* to be interesting to; to interest 2
Internet *m., f.* Internet
interrogante *m.* question; doubt
intrigante *adj.* intriguing
inundación *f.* flood 6
inundar *v.* to flood
inútil *adj.* useless 2
invadir *v.* to invade
inventar *v.* to invent
invento *m.* invention
inversión *f.* investment; **inversión extranjera** foreign investment
inversor(a) *m., f.* investor
invertir (e:ie) *v.* to invest
investigador(a) *m., f.* researcher 4
investigar *v.* to investigate; to research
ir *v.* to go 1, 2; **¡Qué va!** Of course not!; **ir de compras** *v.* to go shopping 3; **irse (de)** to go away (from) 2; **ir(se) de vacaciones** to take a vacation 5
irresponsable *adj.* irresponsible
isla *f.* island 5
itinerario *m.* itinerary 5

J

jabalí *m.* wild boar
jarabe *m.* syrup 4
jaula *f.* cage
jornada *f.* (work) day
jubilación *f.* retirement
jubilarse *v.* to retire

judío/a *adj.* Jewish
juego *m.* game 2; **juego de mesa** board game 2; **juego de pelota** ball game 5
juez(a) *m., f.* judge
jugar (u:ue) *v.* to play
juicio *m.* trial; judgment
jurar *v.* to promise
justicia *f.* justice
justo/a *adj.* just

L

laboratorio *m.* laboratory; **laboratorio espacial** *m.* space lab
ladrillo *m.* brick
ladrón/ladrona *m., f.* thief
lágrimas *f. pl.* tears
lanzar *v.* to throw; to launch
largo/a *adj.* long; **a lo largo de** along; beside; **a largo plazo** long-term
largometraje *m.* full length film
lastimar *v.* to injure
lastimarse *v.* to get hurt 4
latir *v.* to beat 4
lavar *v.* to wash 3
lavarse *v.* to wash (oneself) 2
lealtad *f.* loyalty
lector(a) *m., f.* reader
lejano/a *adj.* distant 5
lengua *f.* language; tongue
león *m.* lion 6
lesión *f.* wound 4
levantar *v.* to pick up
levantarse *v.* to get up 2
ley *f.* law; **aprobar una ley** *v.* to approve a law; to pass a law; **cumplir la ley** *v.* to abide by the law; **proyecto de ley** bill
leyenda *f.* legend 5
liberal *adj.* liberal
liberar *v.* to liberate
libertad *f.* freedom; **libertad de prensa** freedom of the press
libre *adj.* free; **al aire libre** outdoors 6
líder *m., f.* leader
liderazgo *m.* leadership
lidiar *v.* to fight bulls 2
límite *m.* border
limpiar *v.* to clean 3
limpieza *f.* clearing 3
literatura *f.* literature; **literatura infantil/ juvenil** children's literature
llamativo/a *adj.* striking
llegada *f.* arrival 5
llegar *v.* to arrive
llevar *v.* to carry 2; **llevar a cabo** to carry out (an activity); **llevar... años de (casados)** to be (married) for... years 1; **llevarse** to carry away 2; **llevarse bien/ mal** to get along well/poorly 1
loco/a: ¡Ni loco/a! *adj.* No way!
locura *f.* madness; insanity
locutor(a) *m., f.* announcer
locutor(a) de radio *m., f.* radio announcer
lograr *v.* to manage; to achieve 3
loro *m.* parrot
lotería *f.* lottery
lucha *f.* struggle; fight

luchar *v.* to fight; to struggle; **luchar por** to fight (for)
lugar *m.* place
lujo *m.* luxury; **de lujo** luxurious
lujoso/a luxurious **5**
luminoso/a *adj.* bright
luna *f.* moon; **luna llena** full moon
luz *f.* power; electricity

M

macho *m.* male
madera *f.* wood
madre soltera *f.* single mother
madriguera *f.* burrow; den **3**
madrugar *v.* to wake up early **4**
maduro/a *adj.* mature **1**
magia *f.* magic
maldición *f.* curse
malestar *m.* discomfort **4**
maleta *f.* suitcase **5**; **hacer las maletas** *v.* to pack **5**
maletero *m.* trunk
malgastar *v.* to waste **6**
malhumorado/a *adj.* ill tempered; in a bad mood
manatial *m.* spring
mancha *f.* stain
manchar *v.* to stain
manejar *v.* to drive
manga *f.* sleeve **5**
manifestación *f.* protest; demonstration
manifestante *m., f.* protester **6**
manipular *v.* to manipulate
mano de obra *f.* labor
manta *f.* blanket
mantener *v.* to maintain; to keep; **mantenerse en contacto** *v.* to keep in touch **1**; **mantenerse en forma** to stay in shape **4**
manuscrito *m.* manuscript
maquillarse *v* to put on makeup **2**
mar *m.* sea **6**
maratón *m.* marathon
marca *f.* brand
marcar *v.* to mark; **marcar (un gol/ punto)** *v.* to score (a goal/point) **2**
marcharse *v* to leave
marco *m.* frame
mareado/a *adj.* dizzy **4**
marido *m.* husband
marinero *m.* sailor
mariposa *f.* butterfly
marítimo/a *adj.* maritime
más *adj., adv.* more; **más allá de** beyond; **más bien** rather
masticar *v.* to chew
matador/a *m., f.* bullfighter who kills the bull **2**
matemático/a *m., f.* mathematician
matiz *m.* subtlety
matrimonio *m.* marriage
mayor *m.* elder
mayor de edad *of age*
mayoría *f.* majority
mecánico/a *adj.* mechanical
mecanismo *m.* mechanism
medicina alternativa *f.* alternative medicine

medida *f.* means; measure; **medidas de seguridad** *f. pl.* security measures **5**
medio *m.* half; middle; means; **medio ambiente** environment **6**; **medios de comunicación** media
medir (e:i) *v.* to measure
meditar *v.* to meditate
mejilla *f.* cheek
mejorar *v.* to improve **4**
mendigo/a *m., f.* beggar
mensaje *m.* message; **mensaje de texto** text message
mentira *f.* lie **1**; **de mentiras** pretend **5**
mentiroso/a *adj.* lying **1**
menudo: a menudo *adv.* frequently; often **3**
mercadeo *m.* marketing **1**
mercado *m.* market
mercado al aire libre *m.* open-air market
mercancía *f.* merchandise
merecer *v.* to deserve
mesero/a *m., f.* waiter, waitress
mestizo/a *m., f.* person of mixed ethnicity (part indigenous)
meta *f.* finish line
meterse *v.* to break in (to a conversation) **1**
mezcla *f.* mixture
mezquita *f.* mosque
miel *f.* honey
milagro *m.* miracle
militar *m., f.* military
ministro/a *m., f.* minister; **ministro/a protestante** *m., f.* Protestant minister
minoría *f.* minority
mirada *f.* gaze **1**
misa *f.* mass **2**
mismo/a *adj.* same; **Lo mismo digo yo.** The same here.; **él/ella mismo/a** himself; herself
mitad *f.* half
mito *m.* myth **5**
moda *f.* fashion; trend; **de moda** *adj.* popular; in fashion; **moda pasajera** fad
modelo *m., f.* model (fashion)
moderno/a *adj.* modern
modificar *v.* to modify; to reform
modo *m.* means; manner
mojar *v.* to moisten
mojarse *v.* to get wet
molestar *v.* to bother; to annoy **2**
momento *m.* moment; **noticia de último momento** *f.* last-minute news; **de último momento** *adj.* up-to-the-minute
monarca *m., f.* monarch
monja *f.* nun
mono *m.* monkey **6**
monolingüe *adj.* monolingual
montaña *f.* mountain **6**
monte *m.* mountain **6**
moral *adj.* moral
morder (o:ue) *v.* to bite **6**
morirse (o:ue) **de** *v.* to die of **2**
moroso/a *m., f.* debtor
mosca *f.* fly **6**
motosierra *f.* power saw
móvil *m.* cell phone
movimiento *m.* movement
mudar *v.* to change **2**

mudarse *v.* to move (change residence) **2**
mueble *m.* furniture **3**
muelle *m.* pier **5**
muerte *f.* death
muestra *f.* sample; example
mujer *f.* woman; wife; **mujer de negocios** businesswoman
mujeriego *m.* womanizer **2**
multa *f.* fine
multinacional *f.* multinational company
multitud *f.* crowd
Mundial *m.* World Cup **2**
muralista *m., f.* muralist
museo *m.* museum
músico/a *m., f.* musician **2**
musulmán/musulmana *adj.* Muslim

N

naipes *m. pl.* playing cards **2**
narrador(a) *m., f.* narrator
narrar *v.* to narrate
narrativa *f.* narrative work
nativo/a *adj.* native
naturaleza muerta *f.* still life
nave espacial *f.* spaceship
navegante *m., f.* navigator
navegar *v.* to sail **5**; **navegar en Internet** to surf the web; **navegar en la red** to surf the web
necesario *adj.* necessary **4**
necesidad *f.* need **5**; **de primerísima necesidad** of utmost necessity **5**
necesitar *v.* to need **4**
necio/a *adj.* stupid
negocio *m.* business
nervioso/a *adj.* nervous
ni... ni... *conj.* neither... nor...
nido *m.* nest
niebla *f.* fog
nítido/a *adj.* sharp
nivel *m.* level; **nivel del mar** *m.* sea level
nombrar *v.* to name
nombre artístico *m.* stage name **1**
nominación *f.* nomination
nominado/a *adj.* nominee
noticia *f.* news; **noticias locales/nacionales/ internacionales** local/domestic/ international news
novela rosa *f.* romance novel
novelista *m., f.* novelist
nuca *f.* nape
nutritivo/a *adj.* nutritious **4**

O

o... o... *conj.* either... or...
obedecer *v.* to obey **1**
obesidad *f.* obesity **4**
obra *f.* work; **obra de arte** work of art; **obra de teatro** play (theater) **2**; **obra maestra** masterpiece **3**
obsequio *m.* gift
ocio *m.* leisure
ocultarse *v.* to hide **3**
ocurrírsele a alguien *v.* to occur to someone
odiar *v.* to hate **1**
ofensa *f.* insult

oferta *f.* offer; proposal
ofrecerse (a) *v.* to offer (to)
oír *v.* to hear **1**
ojeras *f. pl.* bags under the eyes
ola *f.* wave **5**
óleo *m.* oil painting
Olimpiadas *f. pl.* Olympics
olvidarse (de) *v.* to forget (about) **2**
olvido *m.* forgetfulness; oblivion **1**
ombligo *m.* navel **4**
onda *f.* wave
operación *f.* operation **4**
operar *v.* to operate
opinar *v.* to think; to be of the opinion; **Opino que es fea/o.** In my opinion, it's ugly.
oponerse a *v.* to oppose **4**
oprimir *v.* to oppress
organismo público *m.* government agency
orgulloso/a *adj.* proud **1; estar orgulloso/a de** to be proud of
orilla *f.* shore; **a orillas de** on the shore of **6**
ornamentado/a *adj.* ornate
oscurecer *v.* to darken **6**
oso *m.* bear
oveja *f.* sheep **6**
ovni *m.* UFO
oyente *m., f.* listener

P

pacífico/a *adj.* peaceful
padre soltero *m.* single father
página *f.* page; **página web** web page
país en vías de desarrollo *m.* developing country
paisaje *m.* landscape; scenery **6**
pájaro *m.* bird **6**
palmera *f.* palm tree
panfleto *m.* pamphlet
pantalla *f.* screen **2; pantalla de computadora** computer screen; **pantalla de televisión** television screen **2; pantalla líquida** LCD screen
papel *m.* role; **desempeñar un papel** to play a role (in a play); to carry out
para *prep.* for **Para mí,...** In my opinion, ...; **para nada** not at all
paradoja *f.* paradox
parar el carro *v.* to hold your horses
parcial *adj.* biased
parcialidad *f.* bias
parecer *v.* to seem **2; A mi parecer,...** In my opinion, ...; **Al parecer, no le gustó.** It looks like he/she didn't like it. **6; Me parece hermosa/o.** I think it's pretty.; **Me pareció...** I thought.. **1; ¿Qué te pareció Mariela?** What did you think of Mariela? **1; Parece que está triste/contento/a.** It looks like he/she is sad/happy. **6**
parecerse *v.* to look like **2, 3**
pared *f.* wall **5**
pareja *f.* couple; partner **1**
parque *m.* park; **parque de atracciones** amusement park **2**
parroquia *f.* parish

parte *f.* part; **de parte de** on behalf of; **Por mi parte,...** As for me,...
particular *adj.* private; personal; particular
partido *m.* party (politics); game (sports); **partido político** political party; **ganar/perder un partido** to win/lose a game **2**
pasado/a de moda *adj.* out-of-date; no longer popular
pasaje de ida y vuelta *m.* round trip ticket **5**
pasajero/a *adj.* fleeting; passing
pasaporte *m.* passport **5**
pasar *v.* to pass; to make pass (across, through, etc.); **pasar la aspiradora** to vacuum **3; pasarlo bien/mal** to have a good/bad/horrible time **1; Son cosas que pasan.** These things happen
pasarse *v.* to go too far
pasatiempo *m. pl.* pastime **2**
paseo *m.* stroll
paso *m.* passage; pass; step; **abrirse paso** to make one's way
pastilla *f.* pill **4**
pasto *m.* grass
pata *f.* foot/leg of an animal
patada *f.* kick **3**
patear *v.* to kick **2**
patente *f.* patent
payaso/a *m., f.* clown
paz *f.* peace
pecado *m.* sin
pececillo de colores *m.* goldfish
pecho *m.* chest
pedir (e:i) *v* to ask **1, 4; pedir prestado** to borrow; **pedir un deseo** *v.* make a wish
pegar *v.* to stick
peinarse *v.* to comb (one's hair) **2**
pelear *v.* to fight
película *f.* film
peligro *m.* danger; **en peligro de extinción** endangered **6**
peligroso/a *adj.* dangerous **5**
pena *f.* sorrow **4; ¡Qué pena!** What a pity!
pensar (e:ie) *v.* to think **1**
pensión *f.* bed and breakfast inn
perder (e:ie) *v.* to miss; to lose; **perder un vuelo** to miss a flight **5; perder las elecciones** to lose an election; **perder un partido** to lose a game **2**
pérdida *f.* loss
perdonar *v.* to forgive **Perdona** (*fam.*)/ **Perdone** (*form.*) Pardon me; Excuse me
perfeccionar *v.* to improve; to perfect
periódico/diario *m.* newspaper
periodista *m., f.* journalist
permanecer *v.* to remain; to last **4**
permisivo/a *adj.* permissive; easy-going **1**
permiso *m.* permission; **Con permiso** Pardon me; Excuse me
perseguir (e:i) *v.* to pursue; to persecute
personaje *m.* character; **personaje principal/secundario** main/secondary character
pertenecer (a) *v.* to belong (to)
pesadilla *f.* nightmare
pesca *f.* fishing **5**
pesimista *m., f.* pessimist

peso *m.* weight
pez *m.* fish **6**
picadura *f.* insect bite
picar *v.* sting, peck
picnic *m.* picnic
pico *m.* peak, summit
piedad *f.* mercy
piedra *f.* stone **5**
pieza *f.* piece (art)
pillar *v.* to get (catch)
piloto *m., f.* pilot
pincel *m.* paintbrush
pincelada *f.* brush stroke
pintar *v.* to paint **3**
pintor(a) *m., f.* painter **3**
pintura *f.* paint; painting
pirámide *f.* pyramid **5**
plancha *f.* iron
planear *v.* to plan
plata *f.* money (L. Am.)
plaza de toros *f.* bullfighting stadium **2**
plazo: a corto/largo plazo short/long-term
población *f.* population **4**
poblador(a) *m., f.* settler; inhabitant
poblar (o:ue) *v.* to settle; to populate
pobreza *f.* poverty
poder (o:ue) *v.* to be able to **1**
poderoso/a *adj.* powerful
poesía *f.* poetry
poeta *m., f.* poet
polémica *f.* controversy
polen *m.* pollen
policíaco/a *adj.* detective (story/novel)
política *f.* politics
político/a *m., f.* politician
polvo *m.* dust **3; quitar el polvo** *v.* to dust **3**
poner *v.* to put; to place **1, 2; poner a prueba** to test; to challenge; **poner cara (de hambriento/a)** to make a (hungry) face; **poner un disco compacto** to play a CD **2; poner una inyección** to give a shot **4**
ponerse *v.* to put on (clothing) **2; ponerse a dieta** to go on a diet **4; ponerse bien/mal** to get well/ill **4; ponerse de pie** to stand up; **ponerse el cinturón** to fasten (the seatbelt) **5; ponerse en forma** to get in shape **4; ponerse pesado/a** to become annoying
popa *f.* stern **5**
porquería *f.* garbage; poor quality
portada *f.* front page; cover
portarse bienl *v.* to behave well
portátil *adj.* portable
posible *adj.* possible; **en todo lo posible** as much as possible
pozo *m.* well; **pozo petrolero** oil well
precolombino/a *adj.* pre-Columbian
preferir *v.* to prefer **4**
preguntarse *v.* to wonder
prehistórico/a *adj.* prehistoric
premiar *v.* to give a prize
premio *m.* prize
prensa *f.* press; **prensa sensacionalista** tabloid(s); **rueda de prensa** press conference
preocupado/a (por) *adj.* worried (about) **1**

preocupar *v.* to worry **2**
preocuparse (por) *v.* to worry (about) **2**
presentador(a) de noticias *m., f.* news reporter
presentir (e:ie) *v.* to foresee
presionar *v.* to pressure; to stress
prestar *v.* to lend
presupuesto *m.* budget
prevenido/a *adj.* cautious
prevenir *v.* to prevent **4**
prever *v.* to foresee **6**
previsto/a *part. irreg* planned **3**
primer(a) ministro/a *m., f.* prime minister
primeros auxilios *m. pl.* first aid **4**
prisa *f.* hurry; rush **6**
privilegio *m.* privilege
proa *f.* bow **5**
probador *m.* dressing room **3**
probar (o:ue) **(a)** *v.* to try **3**
probarse (o:ue) *v.* to try on **3**
procesión *f.* procession
producir *v.* to produce **1**
productivo/a *adj.* productive
profundo/a *adj.* deep
programa (de computación) *m.* software
programador(a) *m., f.* programmer
prohibido/a *adj.* prohibited **5**
prohibir *v.* to prohibit **4**
prominent *adj.* prominente
promover (o:ue) *v.* to promote
pronunciar *v.* to pronounce; **pronunciar un discurso** to give a speech
propaganda *f.* advertisement
propensión *f.* tendency
propietario/a *m., f.* (property) owner
proponer *v.* to propose **1, 4**; **proponer matrimonio** to propose (marriage) **1**
proporcionar *v.* to provide; to supply
propósito: a propósito *adv.* on purpose **3**
prosa *f.* prose
protagonista *m., f.* protagonist; main character **1**
proteger *v.* to protect **1, 6**
protegido/a protected **5**
protestar *v.* to protest
provecho *m.* benefit; **Buen provecho.** Enjoy your meal. **6**
proveniente (de) *adj.* originating (in); coming from
provenir (de) *v.* to come from; to originate from
proyecto *m.* project; **proyecto de ley** bill
prueba *f.* proof **2**
publicar *v.* to publish
publicidad *f.* advertising
público *m.* public; audience
pueblo *m.* people **4**
puente *m.* bridge
puerta de embarque *f.* (airline) gate **5**
puerto *m.* port **5**
puesto *m.* position; job
punto *m.* period **2**
punto de vista *m.* point of view
pureza *f.* purity **6**
puro/a *adj.* pure; clean

Q

quedar *v.* to be left over; to fit (clothing) **2**
quedarse *v.* to stay **5**; **quedarse callado** to remain silent **1**; **quedarse sin** to run out of **6**; **quedarse sordo/a** to go deaf **4**; **quedarse viudo** to become widowed
quehacer *m.* chore **3**
queja *f.* complaint
quejarse (de) *v.* to complain (about) **2**
querer (e:ie) *v.* to love; to want **1, 4**
químico/a *adj.* chemical
químico/a *m., f.* chemist
quirúrgico/a *adj.* surgical
quitar *v.* to take away; to remove **2**; **quitar el polvo** to dust **3**
quitarse *v.* to take off (clothing) **2**; **quitarse (el cinturón)** to unfasten (the seatbelt) **5**

R

rabino/a *m., f.* rabbi
radiación *f.* radiation
radio *f.* radio
radioemisora *f.* radio station
raíz *f.* root
rana *f.* frog **6**
rancho *m.* ranch
rasgo *m.* trait; characteristic
rata *f.* rat
ratos libres *m. pl.* free time **2**
raya *f.* war paint; stripe **5**
rayo *m.* ray; lightning; **¿Qué rayos...?** What on earth...? **5**
raza *f.* race
reactor *m.* reactor
realismo *m.* realism
realista *adj.* realistic; realist
rebeldía *f.* rebelliousness
rebuscado/a *adj.* complicated
recepción *f.* front desk **5**
receta *f.* prescription **4**
recetar *v.* prescribe **4**
rechazar *v.* to reject
rechazo *m.* refusal; rejection
reciclable *adj.* recyclable
reciclar *v.* to recycle **6**
recital *m.* recital
reclamar *v.* to claim; demand
recomendable *adj.* recommendable; advisable **5**; **poco recomendable** not advisable; inadvisable
recomendar (e:ie) *v.* to recommend **4**
reconocer *v.* to recognize **1**
reconocimiento *m.* recognition
recordar (o:ue) *v.* to remember
recorrer *v.* to go across; to travel **5**
recuerdo *m.* memory
recuperarse *v.* to recover **4**
recurso natural *m.* natural resource **6**
redactor(a) *m., f.* editor; **redactor(a) jefe** *m., f.* editor-in-chief
redondo/a *adj.* round **2**
reducir (velocidad) *v.* to reduce (speed) **5**
reembolso *m.* refund **3**
reflejar *v.* to reflect; to depict

reforma *f.* reform; **reforma económica** *f.* economic reform
refugiarse *v.* to take refuge
refugio *m.* refuge **6**
regla *f.* rule
regocijo *m.* joy **4**
regresar *v.* to return **5**
regreso *m.* return (trip)
rehacer *v.* to re-make; to re-do **1**
reina *f.* queen
reino *m.* reign; kingdom
reírse (e:i) *v.* to laugh
relacionado/a *adj.* related; **estar relacionado** to have good connections
relajarse *v.* to relax **4**
relámpago *m.* lightning **6**
relato *m.* story; account
religión *f.* religion
religioso/a *adj.* religious
remitente *m.* sender
remo *m.* oar **5**
remordimiento *m.* remorse
rendimiento *m.* performance
rendirse (e:i) *v.* to surrender
renovable *adj.* renewable **6**
renunciar *v.* to quit; **renunciar a un cargo** to resign a post
repaso *m.* revision; review
repentino/a *adj.* sudden **3**
repertorio *m.* repertoire
reportaje *m.* news report
reportero/a *m., f.* reporter
reposo *m.* rest; **estar en reposo** to be at rest
repostería *f.* pastry
represa *f.* dam
reproducirse *v.* to reproduce
reproductor de CD/DVD/MP3 *m.* CD/DVD/MP3 player
resbaladizo/a *adj.* slippery
resbalar *v.* to slip
rescatar *v.* to rescue
resentido/a *adj.* resentful **6**
reservación *f.* reservation
reservar *v.* to reserve **5**
resfriado *m.* cold **4**
residir *v.* to reside
resolver (o:ue) *v.* to solve **6**
respeto *m.* respect
respiración *f.* breathing **4**
responsable *adj.* responsible
retrasado/a *adj.* delayed **5**
retrasar *v.* to delay
retraso *m.* delay
retratar *v.* to portray **3**
retrato *m.* portrait **3**
reunión *f.* meeting
reunirse (con) *v.* to get together (with) **2**
revista *f.* magazine; **revista electrónica** online magazine
revolucionario/a *adj.* revolutionary
revolver (o:ue) *v.* to stir; to mix up
rey *m.* king
rezar *v.* to pray
riesgo *m.* risk
rima *f.* rhyme
rincón *m.* corner; nook

río *m.* river
riqueza *f.* wealth
rociar *v.* to spray **6**
rodar (o:ue) *v.* to film
rodeado/a *adj.* surrounded
rodear *v.* to surround
rogar (o:ue) *v.* to beg; to plead **4**
romanticismo *m.* romanticism
romper (con) *v.* to break up (with) **1**
rozar *v.* to brush against; to touch lightly
ruedo *m.* bull ring **2**
ruido *m.* noise
ruina *f.* ruin **5**
ruta maya *f.* Mayan Trail **5**
rutina *f.* routine **3**

S

saber *v.* to know; to taste like/of **1**; **¿Cómo sabe?** How does it taste? **4**; **¿Y sabe bien?** And does it taste good? **4**; **Sabe a ajo/menta/limón.** It tastes like garlic/mint/lemon. **4**
sabiduría *f.* wisdom
sabio/a *adj.* wise
sabor *m.* taste; flavor; **¿Qué sabor tiene? ¿Chocolate?** What flavor is it? Chocolate? **4**; **Tiene un sabor dulce/agrio/amargo/agradable.** It has a sweet/sour/bitter/pleasant taste. **4**
sacerdote *m.* priest
saciar *v.* to satisfy; to quench
sacrificar *v.* to sacrifice **6**
sacrificio *m.* sacrifice
sacristán *m.* sexton
sagrado/a *adj.* sacred; holy
sala *f.* room; hall; **sala de conciertos** *f.* concert hall; **sala de emergencias** *f.* emergency room **4**
salida *f.* exit **6**
salir *v.* to leave; to go out **1**; **salir (a comer)** to go out (to eat) **2**; **salir con** to go out with **1**
salto *m.* jump
salud *f.* health **4**; **¡A tu salud!** To your health!; **¡Salud!** Cheers!
saludable *adj.* healthy; nutritious **4**
salvaje *adj.* wild **6**
salvar *v.* to save **6**
sanar *v.* to heal **4**
sano/a *adj.* healthy **4**
satélite *m.* satellite
sátira *f.* satire
satírico/a *adj.* satirical; **tono satírico/a** *m.* satirical tone
secarse *v.* to dry off **2**
sección *f.* section; **sección de sociedad** lifestyle section; **sección deportiva** sports page/section
seco/a *adj.* dry **6**
secuestro *m.* kidnapping
seguir (i:e) *v.* to follow
seguridad *f.* safety; security **5**; **cinturón de seguridad** seatbelt **5**; **medidas de seguridad** *f. pl.* security measures **5**
seguro *m.* insurance **5**
seguro/a *adj.* sure; confident **1**

seleccionar *v.* to select; to pick out **3**
sello *m.* seal; stamp
selva *f.* jungle **5**
semana *f.* week
semanal *adj.* weekly
semilla *f.* seed
senador(a) *m., f.* senator
sensato/a *adj.* sensible **1**
sensible *adj.* sensitive **1**
sentido *m.* sense; **en sentido figurado** figuratively; **sentido común** *m.* common sense
sentimiento *m.* feeling; emotion **1**
sentirse (e:ie) *v.* to feel **1**
señal *f.* sign **2**
señalar *v.* to point to; to signal **2**
separado/a *adj.* separated **1**
sepultar *v.* to bury
sequía *f.* drought **6**
ser *v.* to be **1**
serpiente *f.* snake **6**
servicio de habitación *m.* room service **5**
servicios *m., pl* facilities
servidumbre *f.* servants; servitude **3**
sesión *f.* showing
siglo *m.* century
silbar *v.* to whistle
sillón *m.* armchair
simpático/a *adj.* nice
sin *prep.* without; **sin ti** without you (*fam.*)
sinagoga *f.* synagogue
sincero/a *adj.* sincere
sindicato *m.* labor union
síntoma *m.* symptom
sintonía *f.* tuning; synchronization
sintonizar *v.* to tune into (radio or television)
siquiera *conj.* even; **ni siquiera** *conj.* not even
sitio web *m.* website
situado/a *adj.* situated; located; **estar situado/a en** to be set in
soberanía *f.* sovereignty
soberano/a *m., f.* sovereign; ruler
sobre *m.* envelope
sobre todo above all **6**
sobredosis *f.* overdose
sobrevivencia *f.* survival
sobrevivir *v.* to survive
sociable *adj.* sociable
sociedad *f.* society
socio/a *m., f.* partner; member
solar *adj.* solar
soldado *m.* soldier
soledad *f.* solitude; loneliness **3**
soler (o:ue) *v.* to be in the habit of; to be used to **3**
solicitar *v.* to apply for
solo/a *adj.* alone; lonely **1**
soltero/a *adj.* single **1**; **madre soltera** single mother; **padre soltero** single father
sonar (o:ue) *v.* to ring
soñar (o:ue) **(con)** *v.* to dream (about) **1**
soplar *v.* to blow
soportar *v.* to support; **soportar a alguien** to put up with someone **1**

sordo/a *adj.* deaf; **quedarse sordo/a** to go deaf *v.* **4**
sorprender *v.* to surprise **2**
sorprenderse (de) *v.* to be surprised (about) **2**
sortija *f.* ring **5**
sospecha *f.* suspicion
sospechar *v.* to suspect
sótano *m.* basement **3**
suavidad *f.* smoothness
subasta *f.* auction
subdesarrollo *m.* underdevelopment
subida *f.* ascent
subsistir *v.* to survive
subtítulos *m., pl.* subtitles
suburbio *m.* suburb
suceder *v.* to happen **1**
sucursal *f.* branch
sueldo *m.* salary; **aumento de sueldo** raise in salary; **sueldo fijo** base salary; **sueldo mínimo** minimum wage
suelo *m.* floor
suelto/a *adj.* loose
sufrimiento *m.* pain; suffering
sufrir (de) *v.* to suffer (from) **4**
sugerir (e:ie) *v.* to suggest **4**
superar *v.* to overcome
superficie *f.* surface
supermercado *m.* supermarket **3**
supervivencia *f.* survival
suponer *v.* to suppose **1**
suprimir *v.* to abolish; to suppress
supuesto/a *adj.* false; so-called; supposed; **Por supuesto** Of course
surrealismo *m.* surrealism
suscribirse (a) *v.* to subscribe (to)

T

tacaño/a *adj.* cheap; stingy **1**
tacón *m.* heel; **tacón alto** high heel
tal como *conj.* just as
talento *m.* talent **1**
talentoso/a *adj.* talented **1**
taller *m.* workshop
tanque *m.* tank **6**
tapa *f.* lid, cover
tapón *m.* traffic jam **5**
taquilla *f.* box office **2**
tarjeta *f.* card; **tarjeta de crédito/débito** credit/debit card **3**
tatarabuelo/a *m., f.* great-great-grandfather/mother
teatro *m.* theater
teclado *m.* keyboard
tela *f.* canvas
teléfono celular *m.* cell phone
telenovela *f.* soap opera
telescopio *m.* telescope
televidente *m., f.* television viewer
televisión *f.* television **2**
televisor *m.* television set **2**
templo *m.* temple
temporada *f.* season; period; **temporada alta/baja** high/low season **5**
tendencia *f.* trend; **tendencia izquierdista/derechista** *f.* left-wing/right-wing bias

tener (e:ie) *v.* to have **1**; **tener buen/mal aspecto** to look healthy/sick **4**; **tener buena/mala fama** to have a good/bad reputation; **tener celos (de)** to be jealous (of) **1**; **tener fiebre** to have a fever **4**; **tener vergüenza (de)** to be ashamed (of) **1**

tensión (alta/baja) *f.* (high/low) blood pressure **4**

teoría *f.* theory

terapia intensiva *f.* intensive care **4**

térmico/a *adj.* thermal

terremoto *m.* earthquake **6**

terreno *m.* land **6**

territorio *m.* territory

terrorismo *m.* terrorism

testigo *m., f.* witness

tiburón *m.* shark **5**

tiempo *m.* time; **a tiempo** on time **3**; **tiempo libre** *m.* free time **2**

tierra *f.* land; earth **6**

tigre *m.* tiger **6**

timbre *m.* doorbell; tone; **tocar el timbre** to ring the doorbell

timbre *m.* tone of voice **3**

timidez *f.* shyness

tímido/a *adj.* shy **1**

típico/a *adj.* typical; traditional

tipo *m.* guy **2**

tira cómica *f.* comic strip

tirar *v.* to throw **5**

titular *m.* headline

titularse *v.* to graduate **3**

tocar + me/te/le, etc. *v.* to be my/your/his turn; **¿A quién le toca pagar la cuenta?** Whose turn is it to pay the tab? **2**; **¿Todavía no me toca?** Is it my turn yet? **2**; **A Johnny le toca hacer el café.** It's Johnny's turn to make coffee. **2**; **Siempre te toca lavar los platos.** It's always your turn to wash the dishes. **2**; **tocar el timbre** to ring the doorbell

tocar el timbre *v.* to ring the doorbell **3**

tomar *v.* to take; **tomar en serio** to take seriously

torear *v.* to fight bulls in the bullring **2**

toreo *m.* bullfighting **2**

torero/a *m., f.* bullfighter **2**

tormenta *f.* storm; **tormenta tropical** tropical storm **6**

torneo *m.* tournament **2**

tos *f.* cough **4**

toser *v.* to cough **4**

tóxico/a *adj.* toxic **6**

tozudo/a *adj.* stubborn

trabajador(a) *adj.* industrious; hard-working

trabajar duro to work hard

tradicional *adj.* traditional **1**

traducir *v.* to translate **1**

traer *v.* to bring **1**

tragar *v.* to swallow

trágico/a *adj.* tragic

traición *f.* betrayal

traidor(a) *m., f.* traitor

traje de luces *m.* bullfighter's outfit (lit. costume of lights) **2**

trama *f.* plot

tranquilo/a *adj.* calm **1**; **Tranquilo/a.** Calm, Relax.

transbordador espacial *m.* space shuttle

transcurrir *v.* to take place

tránsito *m.* traffic

transmisión *f.* transmission

transmitir *v.* to broadcast

transplantar *v.* to transplant

transporte público *m.* public transportation

trasnochar *v.* to stay up all night **4**

trastorno *m.* disorder

tratado *m.* treaty

tratamiento *m.* treatment **4**

tratar *v.* to treat **4**; **tratar (sobre/acerca de)** to be about; to deal with **4**

tratarse de *v.* to be about; to deal with

trayectoria *f.* path; history **1**

trazar *v* to trace

tribu *f.* tribe

tribunal *m.* court

tropical *adj.* tropical; **tormenta tropical** tropical storm **6**

truco *m.* trick **2**

trueno *m.* thunder **6**

trueque *m.* barter; exchange

tubería *f.* piping; plumbing **6**

turismo *m.* tourism **5**

turista *m., f.* tourist **5**

turístico/a *adj.* tourist **5**

U

ubicar *v.* to put in a place; to locate

ubicarse *v* to be located

único/a *adj.* unique

uña *f.* fingernail

urbano *adj.* urban

urgente *adj.* urgent **4**

usuario/a *m., f.* user

útil *adj.* useful

V

vaca *f.* cow **6**

vacuna *f.* vaccine **4**

vago/a *m., f.* slacker

vagón *m.* carriage; coach

valer *v.* to be worth **1**

valiente brave **5**

valioso/a *adj.* valuable **6**

valor *m.* bravery; value

vándalo/a *m., f.* vandal **6**

vanguardia *f.* vanguard; **a la vanguardia** at the forefront

vedado/a *adj.* forbidden **3**

vela *f.* candle

venado *m.* deer

vencer *v.* to conquer; to defeat **2**

vencido/a *adj.* expired **5**

venda *f.* bandage

vendedor(a) *m., f.* salesperson

veneno *m.* poison **6**

venenoso/a *adj.* poisonous **6**

venerar *v.* to worship

venir (e:ie) *v.* to come **1**

venta *f.* sale; **estar a la venta** to be for sale

ventaja *f.* advantage

ver *v.* to see **1**; **Yo lo/la veo muy triste.** He/She looks very sad to me. **6**

vergüenza *f.* shame; embarrassment **tener vergüenza (de)** to be ashamed (of) **1**

verse *v.* to look; to appear; **Se ve tan feliz.** He/She looks so happy. **6**; **¡Qué guapo/a te ves!** How attractive you look! (*fam.*) **6**; **¡Qué elegante se ve usted!** How elegant you look! (*form.*) **6**

verso *m.* line (of poetry)

vestidor *m.* fitting room

vestirse (e:i) *v.* to get dressed **2**

vez *f.* time; **a veces** *adv.* sometimes **3**; **de vez en cuando** now and then; once in a while **3**; **por primera/última vez** for the first/last time **2**; **érase una vez** once upon a time

viaje *m.* trip **5**; **hacer un viaje** *v.* to take a trip **5**

viajero/a *m., f.* traveler **5**

victoria *f.* victory

victorioso/a *adj.* victorious

vida *f.* life; **vida cotidiana** everyday life

video musical *m.* music video

videojuego *m.* video game **2**

vigente *adj.* valid **5**

vigilar *v.* to watch

virus *m.* virus **4**

vistazo *m.* glance; **echar un vistazo** *v.* to take a look

viudo/a *adj.* widowed **1**

viudo/a *m., f.* widower/widow

vivir *v.* to live **1**

vivo: en vivo *adj.* live

volar (o:ue) *v.* to fly

volver (o:ue) *v.* to come back

votar *v.* to vote

vuelo *m.* flight

vuelta *f.* return (trip)

W

web *f.* (the) web

Y

yeso *m.* cast **4**

Z

zaguán *m.* entrance hall; vestibule **3**

zoológico *m.* zoo **2**

English–Spanish

A

@ symbol arroba *f.*
abolish suprimir *v.*
above all sobre todo **6**
absent ausente *adj.*
abstract abstracto/a *adj.*
accentuate acentuar *v.*
accident accidente *m.;* **car accident** accidente automovilístico *m.* **5;** **account** cuenta *f.;* **(story)** relato *m.;* **checking account** cuenta corriente *f.;* **savings account** cuenta de ahorros *f.*
accountant contador(a) *m., f.*
accustomed to acostumbrado/a *adj.;* **to grow accustomed (to)** acostumbrarse (a) *v.* **3**
ache doler (o:ue) *v.* **2**
achieve lograr *v.* **3;** alcanzar *v.*
activist activista *m., f.*
actor actor *m.*
actress actriz *f.*
add añadir *v.*
admission ticket entrada *f.*
adore adorar *v.* **1**
advance avance *m.*
advanced adelantado/a; avanzado/a *adj.*
advantage ventaja *f.;* **to take advantage of** aprovechar *v*
adventure aventura *f.* **5**
adventurer aventurero/a *m., f.* **5**
advertising publicidad *f.*
advertisement anuncio *m.,* propaganda *f.*
advisable recomendable *adj.* **5; not advisable, inadvisable** poco recomendable *adj.*
advise aconsejar *v.* **4**
advisor asesor(a) *m., f.*
aesthetic estético/a *m./f.*
affection cariño *m.* **1**
affectionate cariñoso/a *adj.* **1**
afflict afligir *v.* **4**
after all al final de cuentas; al fin y al cabo
age: of age mayor de edad
agent agente *m., f.;* **customs agent** agente de aduanas *m., f.* **5**
agnostic agnóstico/a *adj.*
agree acordar (o:ue) *v.* **2**
aid auxilio *m.;* **first aid** primeros auxilios *m. pl.* **4**
album álbum *m.* **2**
alibi coartada *f.*
alien extraterrestre *m., f.*
allusion alusión *f.*
almost casi *adv.* **3**
alone solo/a *adj.* **1**
alternative medicine medicina alternativa *f.*
amaze asombrar *v.*
amazement asombro *m.*
ambassador embajador(a) *m., f.*
amuse (oneself) entretener(se) (e:ie) *v.* **2**

ancient antiguo/a *adj.*
anger enojo *m.*
announcer conductor(a) *m., f.*
announcer locutor(a) *m., f.*
annoy molestar *v.* **2**
ant hormiga *f.* **6**
antenna antena *f.*
antiquity antigüedad *f.*
anxiety ansia *f.* **1**
anxious ansioso/a *adj.* **1**
apologize disculparse *v.* **6**
appear aparecer *v.* **1**
appearance aspecto *m.*
applaud aplaudir *v.* **2**
apply for solicitar *v.*
appreciate apreciar *v.* **1**
appreciated apreciado/a *adj.*
approach acercarse (a) *v.* **2**
approval aprobación *f.*
approve aprobar (o:ue) *v.*
archaeologist arqueólogo/a *m., f.*
archaeology arqueología *f.*
argue discutir *v.* **1**
arid árido/a *adj.*
aristocratic aristocrático/a *adj.*
armchair sillón *m.*
armed armado/a *adj.*
army ejército *m.*
arrival llegada *f.* **5**
arrive llegar *v.*
artifact artefacto *m.* **5**
artisan artesano/a *m., f.*
ascent subida *f.*
ashamed avergonzado/a *adj.;* **to be ashamed (of)** tener vergüenza (de) *v.* **1**
ask pedir (e:i) *v* **1, 4**
aspirin aspirina *f.* **4**
assure asegurar *v.*
astonished: be astonished asombrarse *v.*
astonishing asombroso/a *adj.*
astonishment asombro *m.*
astronaut astronauta *m., f.*
astronomer astrónomo/a *m., f.*
atheism ateísmo *m.*
atheist ateo/a *adj.*
athlete deportista *m., f.* **2**
ATM cajero automático *m.*
attach adjuntar *v.;* **to attach a file** adjuntar un archivo *v.*
attract atraer *v.* **1**
attraction atracción *f.*
auction subasta *f.*
audience audiencia *f.*
audience público *m.*
authoritarian autoritario/a *adj.* **1**
autobiography autobiografía *f.*
available disponible *adj.*
awkward situation compromiso *m.*

B

back espalda *f.;* **behind my back** a mis espaldas; **to have one's back to** estar de espaldas a
bag bolsa *f.;* **bags under the eyes** ojeras *f. pl.*
balcony balcón *m.* **3**

ball balón *m.* **2; ball field** campo *m.* **5**
band conjunto (musical) *m.*
bandage venda *f.* **4**
banking bancario/a *adj.*
bankruptcy bancarrota *f.*
baptism bautismo *m.*
bargain ganga *f.* **3**
barter trueque *m.*
basement sótano *m.* **3**
battle batalla *f.*
bay bahía *f.* **5**
be able to poder (o:ue) *v.* **1**
be about (deal with) tratarse de *v.* **tratar** (sobre/acerca de) *v.* **4**
be about to disponerse a *v.* **6**
be promoted ascender (e:ie) *v.*
bear oso *m.*
beat latir *v.* **4**
become convertirse (en) (e:ie) *v.* **2; to become annoying** ponerse pesado/a *v.;* **to become extinct** extinguirse *v.* **6; to become infected** contagiarse *v.* **4; to become inflamed** inflamarse *v.;* **to become informed (about)** enterarse (de) *v.;* **to become part (of)** integrarse (a) *v.;* **to become tired** cansarse *v.*
bed and breakfast inn pensión *f.*
beehive colmena *f.*
beforehand de antemano
beg rogar *v.* **4**
beggar mendigo/a *m., f.*
begin empezar (e:ie) *v.*
behalf: on behalf of de parte de
behave well portarse bien *v.*
belief creencia *f.*
believe (in) creer (en) *v.;* **Don't you believe it.** No creas.
believer creyente *m., f.*
belong (to) pertenecer (a) *v.*
belt cinturón *m.;* **seatbelt** cinturón de seguridad *m.* **5**
benefits beneficios *m. pl.*
bet apuesta *f.*
bet apostar (o:ue) *v.*
betray engañar *v.*
betrayal traición *f.*
beyond más allá de
bias parcialidad *f.;* **left-wing/right-wing bias** tendencia izquierdista/derechista *f.*
biased parcial *adj.*
bilingual bilingüe *adj.*
bill cuenta *f.;* proyecto de ley *m.*
billiards billar *m.* **2**
biochemical bioquímico/a *adj.*
biography biografía *f.*
biologist biólogo/a *m., f.*
bite morder (o:ue) *v.* **6**
blanket manta *f.*
bless bendecir *v.*
blog blog *m.*
blognovel blogonovela *f.*
blogosphere blogosfera *f.*
blood sangre *f.* **4; (high/low) blood pressure** tensión (alta/baja) *f.* **4**
blow soplar *v.;* **to blow out the candles** apagar las velas *v.*
blush enrojecer *v.*
board embarcar *v.;* **on board** a bordo *adj.* **5**

boat bote *m.* **5**
body cuerpo *m.*
boil hervir (e:ie) *v.* **3**
bombing bombardeo *m.* **6**
border frontera *f.* **5**
border límite *m.*
bore aburrir *v.* **2**
borrow pedir prestado *v*
both ambos/as *pron., adj.*
bother molestar *v.* **2**
bottom fondo *m.*
bow proa *f.* **5**
bowling boliche *m.* **2**
box caja *f.;* **toolbox** caja de herramientas *f.*
box office taquilla *f.* **2**
branch sucursal *f.*
brand marca *f.*
brave valiente **5**
bravery valor *m.*
break in (to a conversation) meterse *v.* **1**
break up (with) romper (con) *v.* **1**
breakthrough avance *m.*
breathing respiración *f.* **4**
brick ladrillo *m.*
bridge puente *m.*
bright luminoso/a *adj.*
bring traer *v.* **1; to bring down** derribar *v.;* **to bring up (raise)** educar *v.* **1**
broadcast emisión *f.;* **live broadcast** emisión en vivo/directo *f.*
broadcast transmitir *v.*
broom escoba *f.*
brush cepillarse *v.* **2; to brush against** rozar *v.*
brush stroke pincelada *f.*
Buddhist budista *adj.*
budget presupuesto *m.*
buffalo búfalo *m.*
bull ring ruedo *m.* **2**
bullfight corrida *f.* **2**
bullfighter torero/a *m., f.* **2; bullfighter who kills the bull** matador/a *m., f.* **2; bullfighter's outfit** traje de luces *m.* **2**
bullfighting toreo *m.* **2; bullfighting stadium** plaza de toros *f.* **2**
bureaucracy burocracia *f.*
buried enterrado/a *m., f.* **2**
burrow madriguera *f.* **3**
bury enterrar (e:ie), sepultar *v.*
business negocio *m.*
businessman hombre de negocios *m.*
businesswoman mujer de negocios *f.*
butterfly mariposa *f.*

C

cage jaula *f.*
calculation, sum cuenta *f.*
calm tranquilo/a *adj.* **1**
calm down calmarse *v.;* **Calm down.** Tranquilo/a.
campaign campaña *f.*
campground campamento *m.* **5**
cancel cancelar *v.* **5**
cancer cáncer *m.*
candidate candidato/a *m., f.*
candle vela *f.*

canon canon *m.*
canvas tela *f.*
capable capaz *adj.*
cape cabo *m.*
captain capitán *m.*
card tarjeta *f.;* **credit/debit card** tarjeta de crédito/débito *f.* **3; (playing) cards** cartas, naipes *f.pl.* **2**
care cuidado *m.* **1; personal care** aseo personal *m.*
careful cuidadoso/a *adj.* **1**
caress acariciar *v.*
carriage vagón *m.*
carry llevar *v.* **2; to carry away** llevarse *v.* **2; to carry out** cumplir *v.;* **to carry out (an activity)** llevar a cabo *v.*
cascade cascada *f.* **5**
case: in any case de todas formas
cash efectivo *m.;* (Arg.) guita *f.*
cashier cajero/a *m., f.*
casket ataúd *m.* **2**
cast yeso *m.* **4**
catastrophe catástrofe *f.*
catch atrapar *v.* **6**
catch pillar *v.*
category categoría *f.* **5**
Catholic católico/a *adj.*
cautious prevenido/a *adj.*
cave cueva *f.*
celebrate celebrar, festejar *v.* **2**
celebrity celebridad *f.*
cell célula *f.;* celda *f.*
cell phone móvil; teléfono celular *m.*
cemetery cementerio *m.*
censorship censura *f.*
cent centavo *m.*
century siglo *m.*
certain cierto/a *adj.*
certainty certeza, certidumbre *f.*
challenge desafío *f.*
challenge desafiar *v.* **2; poner a prueba *v.***
challenging desafiante *adj.* **4**
champion campeón/campeona *m., f.* **2**
championship campeonato *m.* **2**
chance azar, casualidad *m.* **5; by chance** por casualidad **3**
change cambio *m.*
change cambiar; mudar *v* **2**
channel canal *m.;* **television channel** canal de televisión *m.*
chapel capilla *f.*
chapter capítulo *m.*
character personaje *m.;* **main/secondary character** personaje principal/secundario *m.*
characteristic (trait) rasgo *m.*
characterization caracterización *f.*
charge cobrar *v.*
charge: be in charge of encargarse de *v.* **1; estar a cargo de; estar encargado/a de; person in charge** encargado/a *m., f.*
cheap (stingy) tacaño/a *adj.* **1; (inexpensive)** barato/a *adj.* **3**
cheek mejilla *f.*
cheer up animar *v.;* **Cheer up!** ¡Anímate!(*sing.*); ¡Anímense! (*pl.*) **2**
Cheers! ¡Salud!
chef cocinero/a *m., f.*

chemical químico/a *adj.*
chemist químico/a *m., f.*
chess ajedrez *m.* **2**
chest pecho *m.*
chew masticar *v.*
childhood infancia *f.*
choir coro *m.*
choose elegir, escoger *v.* **1**
chore quehacer *m.* **3**
chorus coro *m.*
chosen elegido/a *adj.*
Christian cristiano/a *adj.*
church iglesia *f.*
cinema cine *m.* **2**
circus circo *m.* **2**
cistern cisterna *f.* **6**
citizen ciudadano/a *m., f.*
civilization civilización *f.*
civilized civilizado/a *adj.*
claim reclamar *v.*
clarify aclarar *v.*
classic clásico/a *adj.*
clean limpiar *v.* **3**
clean (pure) puro/a *adj.*
cleanliness aseo *m.*
clearing limpieza *f.* **3**
click hacer clic
cliff acantilado *m.*
climate clima *m.*
climb (mountain) escalada *f.*
climber escalador(a) *m., f.*
cloister claustro *m.*
clone clonar *v.*
clown payaso/a *m., f.*
club club *m.;* **sports club** club deportivo *m.* **2**
coach (train) vagón *m.;* **coach (trainer)** entrenador(a) *m., f.* **2**
coast costa *f.* **6**
cockroach cucaracha *f.* **6**
coincidence casualidad *f.* **5**
cold resfriado *m.* **4; to have a cold** estar resfriado/a *v.* **4**
collect coleccionar *v.*
colonize colonizar *v.*
colony colonia *f.*
columnist columnista *m., f.*
comb one's hair peinarse *v.* **2**
combatant combatiente *m., f.*
come venir *v.* **1; to come back** volver (o:ue) *v.;* **to come from** provenir (de) *v.;* **to come to an end** acabarse **6; to come with** acompañar *v.*
comedian comediante *m., f.* **1**
comet cometa *m.*
comic strip tira cómica *f.*
commerce comercio *m.*
commercial anuncio *m.*
commitment compromiso *m.* **1**
community comunidad *f.* **4**
company compañía, empresa *f.;* **multinational company** empresa multinacional; multinacional *f.*
compass brújula *f.* **5**
competent capaz *adj.*
complain (about) quejarse (de) *v.* **2**
complaint queja *f.*
complicated rebuscado/a *adj.*

compose componer *v.* **1**
composer compositor(a) *m., f.*
computer science informática *f.;* computación *f.*
concert concierto *m.* **2**
condition (illness) dolencia *f.* **4**
conference conferencia *f.*
confess confesar (e:ie) *v.*
confidence confianza *f.* **1**
confident seguro/a *adj.* **1**
confront enfrentar *v.*
confuse (with) confundir (con) *v.*
confused confundido/a *adj.*
congested congestionado/a *adj.*
Congratulations! ¡Felicidades!; **Congratulations to all!** ¡Felicidades a todos!
connection conexión *f.;* **to have good connections** estar relacionado *v.*
conquer conquistar, vencer *v.* **2**
conqueror conquistador(a) *m., f.*
conquest conquista *f.*
conscience conciencia *f.*
consequently por consiguiente *adj.*
conservative conservador(a) *adj.*
conserve conservar *v.* **6**
consider considerar *v.*
consulate consulado *m.*
consultant asesor(a) *m., f.*
consumption consumo *m.;* **energy consumption** consumo de energía *m.*
contaminate contaminar *v.* **6**
contamination contaminación *f.* **6**
contemporary contemporáneo/a *adj.*
contented: be contented with contentarse con *v.*
contract contrato *m.*
contract contraer *v.* **1**
contribute contribuir (a) *v.* **6**
contribution aportación *f.*
controversial controvertido/a *adj.*
controversy polémica *f.*
cook cocinero/a *m., f.*
cook cocinar *v.* **3**
corner rincón *m.*
cornmeal cake arepa *f.*
correspondent corresponsal *m., f.*
corruption corrupción *f.*
costly costoso/a *adj.*
costume disfraz *m.;* **in costume** disfrazado/a *adj.*
cough tos *f.* **4**
cough toser *v.* **4**
count contar (o:ue) *v.* **2; to count on** contar con *v.*
countryside campo *m.* **6**
couple pareja *f.* **1**
courage coraje *m.*
course: of course claro *interj.* **3;** por supuesto; ¡cómo no!
court tribunal *m.*
cover portada *f.*
cover tapa *f.*
cow vaca *f.* **6**
crash choque *m.* **3**
create crear *v.*
creativity creatividad *f.*

crisis crisis *f.;* **economic crisis** crisis económica *f.*
critic crítico/a *m., f.;* **movie critic** crítico/a de cine *m., f.*
critical crítico/a *adj.*
critique criticar *v.*
cross cruzar *v.*
crowd multitud *f.*
cruise ship crucero *m.* **5**
cubism cubismo *m.*
culture cultura *f.;* **pop culture** cultura popular *f.*
cultured culto/a *adj.*
currently actualmente *adv.*
curse maldición *f.*
custom costumbre *f.* **3**
customs aduana *f.;* **customs agent** agente de aduanas *m., f.* **5**
cut corte *m.*

D

daily diario/a *adj.* **3**
dam represa *f.*
damp húmedo/a *adj.* **6**
dance bailar *v.* **1; dance club** discoteca *f.* **2**
dancer bailarín/bailarina *m., f.*
danger peligro *m.*
dangerous peligroso/a *adj.* **5**
dare (to) atreverse (a) *v.* **2**
darken oscurecer *v.* **6**
darts dardos *m. pl.* **2**
data datos *m.;* **piece of data** dato *m.*
date cita *f.;* **blind date** cita a ciegas *f.* **1**
datebook agenda *f.* **3**
dawn alba *f.*
day día *m.*
daybreak alba *f.*
deaf sordo/a *adj.;* **to go deaf** quedarse sordo/a *v.* **4**
deal with (be about) tratarse de *v.*
death muerte *f.*
debt deuda *f.*
debt collector cobrador(a) *m., f.*
debtor moroso/a *m., f.*
debut (premiere) estreno *m.* **2**
decade década *f.*
decrease disminuir *v*
dedication dedicatoria *f.*
dedication dedicatoria *f.*
deep hondo/a, profundo/a *adj.* **2**
deer venado *m.*
defeat vencer *v.* **2**
defeat derrota *f.*
defeat derrotar *v.*
defeated derrotado/a *adj.*
deforestation deforestación *f.* **6**
defrost descongelar(se) *v.*
delay retraso *m.*
delay atrasar; demorar; retrasar *v.*
delayed retrasado/a *adj.* **5**
delivery entrega *f.*
demand reclamar *v.*
demand exigir *v.* **1, 4**
democracy democracia *f.*
demonstration manifestación *f.*
den madriguera *f.* **3**

denounce delatar; denunciar *v.* **3**
depict reflejar *v.*
deposit depositar *v.*
depressed deprimido/a *adj.* **1**
depression depresión *f.* **4**
descendent descendiente *m., f.*
desert desierto *m.* **6**
deserve merecer *v.*
design diseñar *v.*
desire deseo *m.;* gana *f.*
desire desear *v.* **4**
destination destino *m.* **5**
destroy destruir *v.* **6**
detective (story/novel) policíaco/a *adj.*
deteriorate empeorar *v.* **4**
detest detestar *v.*
developed desarrollado/a *adj.*
developing en vías de desarrollo *adj.;* **developing country** país en vías de desarrollo *m.*
development desarrollo *m.* **6**
diamond diamante *m.* **5**
dictator dictador(a) *m., f.*
dictatorship dictadura *f.*
die fallecer *v.;* **to die of** morirse (o:ue) de *v.* **2**
diet (nutrition) alimentación *f.* **4;** dieta *f.;* **to be on a diet** estar a dieta *v.* **4; to go on a diet** ponerse a dieta *v.* **4**
difficult duro/a *adj.*
digestion digestión *f.*
digital digital *adj.*
dinner guest comensal *m., f.*
direct dirigir *v.* **1**
director director(a) *m., f.*
disappear desaparecer *v.* **1, 6**
disappointment desilusión *f.*
disaster catástrofe *f.;* **natural disaster** catástrofe natural *f.*
discomfort malestar *m.* **4**
discotheque discoteca *f.* **2**
discouraged desanimado/a *adj.* **to get discouraged** desanimarse *v.;* **the state of being discouraged** desánimo *m.* **1**
discover descubrir *v.* **4**
discoverer descubridor(a) *m., f.*
discovery descubrimiento *m.;* hallazgo *m.* **4**
discriminated discriminado/a *adj.*
discrimination discriminación *f.*
disease enfermedad *f.* **4**
disguised disfrazado/a *adj.*
disgusting: to be disgusting dar asco *v.*
disorder desorden *m.;* **(condition)** trastorno *m.*
disposable desechable *adj.* **6**
distant lejano/a *adj.* **5**
distinguish distinguir *v.* **1**
distract distraer *v.* **1**
distracted distraído/a *adj.;* **to get distracted** descuidar(se) *v.* **6**
disturbing inquietante *adj.*
diversity diversidad *f.* **4**
divorce divorcio *m.* **1**
divorced divorciado/a *adj.* **1**
dizzy mareado/a *adj.* **4**
DNA ADN (ácido desoxirribonucleico) *m.*

do hacer *v.* **1, 4; to be (doing something)** andar + *pres. participle v.;* **to do someone the favor** hacer el favor *v.;* **to do something on purpose** hacer algo a propósito *v.*

doctor's appointment consulta *f.* 4

doctor's office consultorio *m.* 4

documentary documental *m.*

dominoes dominó *m.*

doorbell timbre *m.;* **to ring the doorbell** tocar el timbre *v.*

double (in movies) doble *m., f.*

doubt interrogante *m.;* **to be no doubt** no caber duda *v.*

download descargar *v.*

drag arrastrar *v.*

draw dibujar *v.*

dream (about) soñar (o:ue) (con) *v.* 1

dressing room probador *m.* 3; **(star's)** camerino *m.*

drink beber *v.* 1

drinking glass copa *f.*

drive conducir *v.* 1; manejar *v.*

drought sequía *f.* 6

drown ahogarse *v.*

drowned ahogado/a *adj.* 5

dry seco/a *adj.* 6

dry secar *v.;* **to dry off** secarse *v.* 2

dub (film) doblar *v.*

dubbed doblado/a *adj.*

dubbing doblaje *m.*

dust polvo *m.* 3; **to dust** quitar el polvo *v.* 3

duty deber *m.*

E

earn ganar *m.;* **to earn a living** ganarse la vida *v.*

earth tierra *f.* 6; **What on earth...?** ¿Qué rayos...? 5

earthquake terremoto *m.* 6

easy-going (permissive) permisivo/a *adj.* 1

eat comer *v.* 1, 2; **to eat up** comerse *v.* 2

ecosystem ecosistema *m.* 6

ecotourism ecoturismo *m.* 5

edible comestible *adj.;* **edible plant** planta comestible *f.*

editor redactor(a) *m., f.;* **editor-in-chief** redactor(a) jefe *m., f.*

educate educar *v.*

educational didáctico/a *adj.*

efficient eficiente *adj.*

effort esfuerzo *m.*

either... or... o... o... *conj.*

elbow codo *m.*

elder mayor *m.*

elderly anciano/a *adj.;* **elderly gentleman/lady** anciano/a *m., f.*

elect elegir (e:i) *v.*

elected elegido/a *adj.*

electoral electoral *adj.*

electricity luz *f.*

electronic electrónico/a *adj.*

e-mail address dirección de correo electrónico *f.*

embarrassed avergonzado/a *adj.*

embarrassment vergüenza *f.*

embassy embajada *f.*

emigrate emigrar *v.*

emotion sentimiento *m.* 1

emperor emperador *m*

emphasize destacar *v.*

empire imperio *m.*

employed empleado/a *adj.*

employee empleado/a *m., f.*

employment empleo *m.*

empress emperatriz *f.*

encourage animar *v.*

end fin *m.;* **(rope, string)** cabo *m.*

endangered en peligro de extinción *adj.;* **endangered species** especie en peligro de extinción *f.*

ending desenlace *m.*

energetic enérgico/a *adj.*

energy energía *f.;* **nuclear energy** energía nuclear *f.;* **wind energy** energía eólica *f.*

engineer ingeniero/a *m., f.*

enjoy disfrutar (de) *v.* 2; **Enjoy your meal.** Buen provecho.

enough bastante *adv.* 3

enslave esclavizar *v.*

enter ingresar *v.;* **to enter data** ingresar datos *v.*

entertain (oneself) entretener(se) (e:ie) *v.* 2

entertaining entretenido/a *adj.* 2

entertainment farándula *f.* 1

entrance hall zaguán *m.* 3

entrepreneur empresario/a *m., f.*

envelope sobre *m.*

environment medio ambiente *m.* 6

environmental ambiental *adj.* 6

epidemic epidemia *f.* 4

episode episodio *m.;* **final episode** episodio final *m.*

equal igual *adj.*

equality igualdad *f.*

era época *f.*

erase borrar *v.*

erosion erosión *f.* 6

errands mandados *m. pl.* 3; **to run errands** hacer mandados *v.* 3

essay ensayo *m.*

essayist ensayista *m., f.*

establish (oneself) establecer(se) *v.*

eternal eterno/a *adj.*

ethical ético/a *adj.;* **unethical** poco ético/a *m., f.*

eucated (cultured) culto/a *adj.*

even siquiera *conj.;* **not even** ni siquiera *conj.*

event acontecimiento *m.*

everyday cotidiano/a *adj.* 3; **everyday life** vida cotidiana *f.*

example (sample) muestra *f.*

exchange: in exchange for a cambio de

excited emocionado/a *adj.* 1

exciting excitante *adj.*

excursion excursión *f.* 5

excuse disculpar *v.;* **Excuse me; Pardon me** Perdona *(fam.)*/Perdone *(form.);* Con permiso.

executive ejecutivo/a *m., f.;* **of an executive nature** de corte ejecutivo

exhausted agotado/a *adj.* 4; fatigado/a *adj.* 4

exhaustion cansancio *m.* 3

exhibition exposición *f.*

exile exilio *m.;* **political exile** exilio político *m.*

exit salida *f.* 6

exotic exótico/a *adj.*

expel expulsar *v.*

expensive caro/a *adj.* 3; costoso/a *adj.*

experience experiencia *f.*

experience experimentar *v.*

experiment experimento *m.*

expire caducar *v.*

expired vencido/a *adj.* 5

exploit explotar *v.*

exploitation explotación *f.*

exploration exploración *f.*

explore explorar *v.*

export exportar *v.*

exports exportaciones *f., pl.*

expressionism expresionismo *m.*

extinct: become extinct extinguirse *v.* 6

extinguish extinguir *v.*

F

facial features facciones *f., pl.* 3

facilities servicios *m., pl*

fact hecho *m.* 3

factor factor *m.;* **risk factors** factores de riesgo *m. pl.*

factory fábrica *f.*

fad moda pasajera *f.*

faint desmayarse *v.* 4

fair feria *f.* 2

faith fe *f.*

fall caer *v.* 1; **to fall in love (with)** enamorarse (de). *v.* 1

fame fama *f.*

famous famoso/a *adj.;* **to become famous** hacerse famoso *v.*

fan (of) aficionado/a (a) *adj.* 2; **to be a fan of** ser aficionado/a de *v.*

farewell despedida *f.* 5

fascinate fascinar *v.*

fashion moda *f.;* **in fashion, popular** de moda *adj.*

fasten abrocharse *v.;* **to fasten one's seatbelt** abrocharse el cinturón de seguridad *v.;* **to fasten (the seatbelt)** ponerse (el cinturón de seguridad) *v.* 5; **to unfasten (the seatbelt)** quitarse (el cinturón de seguridad) *v.* 5

fatigue fatiga *f.*

favor favor *m.;* **to do someone the favor** hacer el favor *v.*

favoritism favoritismo *m.*

fed up (with) harto/a *adj.;* **to be fed up (with); to be sick (of)** estar harto/a (de) *v.* 1

feed dar de comer *v.* 6

feel sentirse (e:ie) *v.* 1; **(experience)** experimentar *v.;* **to feel like** dar la gana *v.;* sentir/tener ganas de *v.*

feeling sentimiento *m.* 1

festival festival *m.* 2

fever fiebre *f.* 4; **to have a fever** tener fiebre *v.* 4

field campo *m.* 6; cancha *f.* 2

fight pelear *v.;* **to fight (for)** luchar por *v.;* **to fight bulls** lidiar *v.* **2**; **to fight bulls in the bullring** torear *v.* **2**

fight lucha *f.*

figuratively en sentido figurado *m.*

file archivo *m.;* **to download a file** bajar un archivo *v.*

filled up completo/a *adj.;* **The hotel is filled.** El hotel está completo.

filling contundente *adj.*

film película *f.*

film rodar (o:ue) *v.*

finance financiar *v.*

finance(s) finanzas *f. pl.*

financial financiero/a *adj.*

find out averiguar *v.* **1**

finding hallazgo *m.* **4**

fine multa *f.*

fine arts bellas artes *f., pl*

fingernail uña *f.*

finish line meta *f.*

fire incendio *m.* **6**

fire despedir (e:i) *v.*

fired despedido/a *adj.*

fireplace hogar *m.* **3**

first aid primeros auxilios *m. pl.* **4**

first and foremost antes que nada

fish pez *m.* **6**

fishing pesca *f.* **5**

fit caber *v.* **1**; **(clothing)** quedar *v.* **2**

fitting room vestidor *m.*

flag bandera *f.*

flask frasco *m.*

flavor sabor *m.;* **What flavor is it? Chocolate?** ¿Qué sabor tiene? ¿Chocolate? **4**

flee huir *v.* **3**

fleeting pasajero/a *adj.*

flexible flexible *adj.*

flight vuelo *m.;* **flight attendant** auxiliar de vuelo *m., f.*

flirt coquetear *v.* **1**

float flotar *v.* **5**

flood inundación *f.* **6**

flood inundar *v.*

floor suelo *m.*

flower florecer *v.* **6**

flu gripe *f.* **4**

fly mosca *f.* **6**

fly volar (o:ue) *v.*

fog niebla *f.*

fold doblar *v.*

follow seguir (e:i) *v.*

folly insensatez *f.* **4**

fond of aficionado/a (a) *adj.* **2**

food comida *f.* **6**; **canned food** comida enlatada *f.* **6**; **fast food** comida rápida *f.* **4**

foot (of an animal) pata *f.*

forbidden vedado/a *adj.* **3**

force fuerza *f.;* **armed forces** fuerzas armadas *f., pl.;* **labor force** fuerza laboral *f.*

forced forzado/a *adj.*

forefront: at the forefront a la vanguardia

foresee presentir (e:ie); prever *v.*

forest bosque *m.;* **rain forest** bosque lluvioso *m.* **6**

forget (about) olvidarse (de) *v.* **2**

forgetfulness; olvido *m.* **1**

forgive perdonar *v.*

form forma *f.*

formulate formular *v.*

forty-year-old; in her/his forties cuarentón/cuarentona *adj.*

fountain fuente *f.*

frame marco *m.*

free time tiempo libre *m.* **2**; ratos libres *m. pl.* **2**

freedom libertad *f.;* **freedom of the press** libertad de prensa *f.*

freeze congelar(se) *v.*

freeze helar (e:ie) *v.*

frequently a menudo *adv.* **3**

friar fraile *m.*

frightened asustado/a *adj.*

frog rana *f.* **6**

front desk recepción *f.* **5**

front page portada *f.*

frozen congelado/a *adj.*

fry freír (e:i) *v.* **3**

fuel combustible *m.* **6**

full lleno/a *adj.;* **full length film** largometraje *m.*

fun divertido/a *adj.* **2**

funny gracioso/a *adj.* **1**; **to be funny (to someone)** hacerle gracia a alguien

furnished amueblado/a *adj.*

furniture mueble *m.* **3**

futuristic futurístico/a *adj.*

G

gain weight engordar *v.* **4**

gallery galería *f.*

game juego *m.* **2**; **ball game** juego de pelota *m.* **5**; **board game** juego de mesa *m.* **2**; **(sports)** partido *m.;* **to win/lose a game** ganar/perder un partido *v.* **2**

garbage (poor quality) porquería *f.*

gate: airline gate puerta de embarque *f.* **5**

gaze mirada *f.* **1**

gene gen *m.*

generate generar *v.*

generous generoso/a *adj.*

genetics genética *f.* **4**

genuine auténtico/a *adj.* **3**

gesture gesto *m.*

get obtener *v.;* **to get along** congeniar *v.;* **to get along well/poorly** llevarse bien/mal *v.* **1**; **to get bored** aburrirse *v.* **2**; **to get caught** enganchar *v.* **5**; **to get discouraged** desanimarse *v.;* **to get distracted; neglect** descuidar(se) *v.* **6**; **to get dressed** vestirse (e:i) *v.* **2**; **to get hurt** lastimarse *v.* **4**; **to get in shape** ponerse en forma *v.* **4**; **to get information** informarse *v.;* **to get ready** arreglarse *v.* **3**; **to get sick** enfermarse *v.* **4**; **to get tickets** conseguir (e:i) boletos/entradas *v.* **2**; **to get together (with)** reunirse (con) *v.* **2**; **to get up** levantarse *v.* **2**; **to get upset** afligirse *v.* **3**; **to get used to** acostumbrarse (a) *v.* **3**; **to get well/ill** *v.* ponerse bien/mal **4**; **to get wet** mojarse *v.;* **to get worse** empeorar *v.* **4**

gift obsequio *m.*

give dar *v.;* **to give a prize** premiar *v.;* **to give a shot** poner una inyección *v.* **4**; **to give up** darse por vencido *v.* **6**; ceder; **to give way to** dar paso a *v.*

gladly con mucho gusto

glance vistazo *m.*

global warming calentamiento global *m.* **6**

globalization globalización *f.*

go ir *v.* **1, 2**; **to go across** recorrer *v.* **5**; **to go around (the world)** dar la vuelta (al mundo) *v.;* **to go away (from)** irse (de) *v.* **2**; **to go out** salir *v.* **1**; **to go out (to eat)** salir (a comer) *v.* **2**; **to go out with** salir con *v.* **1**; **to go shopping** ir de compras *v.* **3**; **go to bed** acostarse (o:ue) *v.* **2**; **go to sleep** dormirse (o: ue) *v.* **2**; **go too far** pasarse *v.;* **go too fast** embalarse *v.*

goat cabra *f.*

God Dios *m.*

god/goddess dios(a) *m., f.* **5**

goldfish pececillo de colores *m.*

good bueno/a *adj.* **to be good (i.e. fresh)** estar bueno *v.;* **to be good (by nature)** ser bueno *v.*

goodness bondad *f.*

gossip chisme *m.*

govern gobernar (e:ie) *v.*

government gobierno *m.;* **government agency** organismo público *m.;*

governor gobernador(a) *m., f.*

graduate titularse *v.* **3**

grass hierba *f.;* **pasto** *m.*

gratitude agradecimiento *m.*

gravity gravedad *f.*

great-great-grandfather/mother tatarabuelo/a *m., f.*

group grupo *m.;* **musical group** grupo musical *m.*

grow crecer; cultivar *v.* **1**; **to grow accustomed to;** acostumbrarse (a) *v.* **3**

grow up criarse *v.* **1**

growth crecimiento *m.*

Guarani guaraní *m.*

guarantee asegurar *v.*

guess adivinar *v.*

guilt culpa *f.*

guilty culpable *adj.*

guy tipo *m.* **2**

gymnasium gimnasio *m.*

H

habit costumbre *f.* **3**

habit: be in the habit of soler (o:ue) *v.* **3**; **I used to...** solía

half mitad *f.*

hall sala *f.* **concert hall** sala de conciertos *f.*

hang (up) colgar (o:ue) *v.*

happen suceder *v.* **1**; **These things happen** Son cosas que pasan.

happiness felicidad *f.*

hard duro/a *adj.*

hardly apenas *adv.* **3**

hard-working trabajador(a) *adj.*

harmful dañino/a *adj.* **6**

harvest cosecha *f.*
hate odiar *v.* **1**
have tener *v.* **1; to have fun** divertirse (e:ie) *v.* **2**
headline titular *m.*
heal curarse; sanar *v.* **4**
healing curativo/a *adj.* **4**
health salud *f.* **4; To your health!** ¡A tu salud!
healthy saludable, sano/a *adj.* **4**
hear oír *v.* **1**
heart corazón *m.* **1; heart and soul** cuerpo y alma
heavy (filling) contundente *adj.;* **heavy rain** diluvio *m.*
heel tacón *m.;* **high heel** tacón alto *m.*
heigh (highest level) apogeo *m.* **5**
help (aid) auxilio *m.*
heritage herencia *f.;* **cultural heritage** herencia cultural *f.*
heroic heroico/a *adj.*
hide ocultarse *v.* **3**
high definition de alta definición *adj.*
highest level apogeo *m.* **5**
hill cerro *m.;* colina *f.*
Hindu hindú *adj.*
hire contratar *v.*
historian historiador(a) *m., f.*
historic histórico/a *adj.*
historical histórico/a *adj.;* **historical period** era *f.*
history historia *f.*
hold (hug) abrazar *v.* **1; hold your horses** parar el carro *v.*
hole agujero *m.;* **hole in the ozone layer** agujero en la capa de ozono *m.;* **black hole** agujero negro *m.;* **small hole** agujerito *m.*
holy sagrado/a *adj.*
home hogar *m.* **3**
honey miel *f.*
honored distinguido/a *adj.*
hope esperanza *f.* **6;** ilusión *f.*
horror (story/novel) de terror *adj.*
horseshoe herradura *f.*
host(ess) anfitrión/anfitriona *m.*
hostel albergue *m.* **5**
hour hora *f.*
hug abrazar *v.* **1**
humankind humanidad *f.*
humid húmedo/a *adj.* **6**
humiliate humillar *v.*
humorous humorístico/a *adj.*
hungry hambriento/a *adj.*
hunt cazar *v.* **6**
hurricane huracán *m.* **6**
hurry prisa *f.* **6; to be in a hurry** tener apuro *v.*
hurt herir (e: ie) *v.* **1;** doler (o:ue) *v.* **2; to get hurt** lastimarse *v.* **4; to hurt oneself** hacerse daño; **to hurt someone** hacerle daño a alguien
husband marido *m.*
hut choza *f.*
hygiene aseo *m.*
hygienic higiénico/a *adj.*

I

ideology ideología *f.*
ill tempered malhumorado/a *adj.*
illness dolencia, enfermedad *f.* **4**
illusion ilusión *f.*
image imagen *f.* **2**
imagination imaginación *f.*
immature inmaduro/a *adj.* **1**
immediately en el acto **3**
immigration inmigración *f.*
immoral inmoral *adj.*
import importar *v.*
important importante *adj.* **4; be important (to); to matter** importar *v.* **2, 4**
imported importado/a
imports importaciones *f., pl.*
impress impresionar *v.* **1**
impressionism impresionismo *m.*
improve mejorar *v.* **4;** perfeccionar *v.*
improvement adelanto *m.* **4**
in love (with) enamorado/a (de) *adj.* **1**
incapable incapaz *adj.*
included incluido/a *adj.* **5**
incompetent incapaz *adj.*
increase aumento *m.*
independence independencia *f.*
index índice *m.*
indigenous indígena *adj.;* **indigenous person** indígena *m., f.* **4**
industrious trabajador(a) *adj.*
industry industria *f.*
inexpensive barato/a *adj.* **3**
infected: become infected contagiarse *v.* **4**
inflamed inflamado/a *adv.* **4; become inflamed** inflamarse *v.*
inflexible inflexible *adj.*
influential influyente *adj.*
inform avisar *v.;* **to be informed** estar al tanto *v.;* **to become informed (about)** enterarse (de) *v.*
inhabit habitar *v.*
inhabitant habitante *m., f.*
inhabitant poblador(a) *m., f.*
inherit heredar *v.*
injure lastimar *v.*
injured herido/a *adj.*
injury herida *f.* **4**
innovative innovador(a) *adj.*
insanity locura *f.*
insect bite picadura *f.*
insecure inseguro/a *adj.* **1**
insincere falso/a *adj.* **1**
insist on insistir en *v.* **4**
inspired inspirado/a *adj.*
instability inestabilidad *f.*
install instalar *v.*
insult ofensa *f.*
insurance seguro *m.* **5**
intelligent inteligente *adj.*
intensive care terapia intensiva *f.* **4**
interest (be interesting to) interesar *v.* **2**
interesting interesante *adj.;* **to be interesting (to interest)** interesar *v.* **2**
Internet Internet *m., f.*

interview entrevista *f.;* **job interview** entrevista de trabajo *f.*
intriguing intrigante *adj.*
invade invadir *v.*
invent inventar *v.*
invention invento *m.*
invest invertir (e:ie) *v.*
investigate investigar *v.*
investment inversión *f.;* **foreign investment** inversión extranjera *f.*
investor inversor(a) *m., f.*
iron plancha *f.*
irresponsible irresponsable *adj.*
island isla *f.* **5**
isolate aislar *v.*
isolated aislado/a *adj.* **6**
itinerary itinerario *m.* **5**

J

jealous celoso/a *adj.;* **to be jealous of** tener celos de *v.* **1**
jealousy celos *m. pl.*
Jewish judío/a *adj.*
job empleo *m.;* **(position)** puesto *m.;* **job interview** entrevista de trabajo *f.*
joke broma *f.* **1;** chiste *m.* **1**
joke bromear *v*
journalist periodista *m., f.*
joy regocijo *m.* **4**
judge juez(a) *m., f.*
judgment juicio *m.*
jump salto *m.*
jungle selva *f.* **5**
just justo/a *adj.*
just as tal como *conj.*
justice justicia *f.*

K

keep mantener; guardar *v.;* **to keep in mind** tener en cuenta *v.;* **to keep in touch** mantenerse en contacto *v.* **1; to keep (something) to yourself** guardarse (algo) *v.* **1; to keep up with the news** estar al día con las noticias *v.*
keyboard teclado *m.*
kick patada *f.* **3**
kick patear *v.* **2**
kidnapping secuestro *m.*
kind amable *adj.*
king rey *m.*
kingdom reino *m.*
kiss besar *v.* **1**
know conocer; saber *v.* **1**
knowledge conocimiento *m.*

L

label etiqueta *f.*
labor mano de obra *f.*
labor union sindicato *m.*
laboratory laboratorio *m.;* **space lab** laboratorio espacial *m.*
lack faltar *v.* **2**
land tierra *f.* **6;** terreno *m.* **6**
land (an airplane) aterrizar *v.*
landscape paisaje *m.* **6**

language idioma *m.;* **lengua** *f.*
laptop computadora portátil *f.*
late atrasado/a *adj.* **3**
laugh reír(se) (e:i) *v.*
launch lanzar *v.*
law derecho *m.;* ley *f.;* **to abide by the law** cumplir la ley *v.;* **to approve a law; to pass a law** aprobar una ley *v.*
lawyer abogado/a *m., f.*
layer capa *f.;* **ozone layer** capa de ozono *f.* **6**
lazy haragán/haragana
lead encabezar *v.*
leader líder *m., f.*
leadership liderazgo *m.*
lean (on) apoyarse (en) *v.*
learned erudito/a *adj.*
learning aprendizaje *m.*
leave marcharse *v.* ; dejar *v.;* **to leave alone** dejar en paz *v.;* **to leave someone** dejar a alguien *v.*
left over: to be left over quedar *v.* **2**
leg (of an animal) pata *f.*
legend leyenda *f.* **5**
leisure ocio *m.*
lend prestar *v.*
lesson (teaching) enseñanza *f.*
level nivel *m.;* **sea level** nivel del mar *m.*
liberal liberal *adj.*
liberate liberar *v.*
lid tapa *f.*
lie mentira *f.* **1;** **pretend** de mentiras **5**
life vida *f.;* **everyday life** vida cotidiana *f.*
lighthouse faro *m.* **5**
lightning relámpago *m.* **6**
lightning rayo *m.*
like gustar *v.* **2, 4; I don't like ...at all!** ¡No me gusta nada... !; **to like very much** encantar, fascinar *v.* **2**
like this; so así *adv.* **3**
line cola *f.;* **to wait in line** hacer cola *v.* **2**
line (of poetry) verso *m.*
link enlace *m.*
lion león *m.* **6**
listener oyente *m., f.*
literature literatura *f.;* **children's literature** literatura infantil/juvenil *f.*
live en vivo, en directo *adj.;* **live broadcast** emisión en vivo/directo *f.*
live vivir *v.* **1**
lively animado/a *adj.* **2**
locate ubicar *v.*
located situado/a *adj.;* **to be located** ubicarse *v.*
lodge hospedarse *v.*
lodging alojamiento *m.* **5**
loneliness soledad *f.* **3**
lonely solo/a *adj.* **1**
long largo/a *adj.;* **long-term** a largo plazo
look aspecto *m.;* **to take a look** echar un vistazo *v.*
look verse *v.;* **to look healthy/sick** tener buen/mal aspecto *v.* **4; to look like** parecerse *v.* **2, 3; to look out upon** dar a *v.;* **He/She looks so happy.** Se ve tan feliz. **6; How attractive you look!** *(fam.)* ¡Qué guapo/a te ves! **6; How elegant you look!** *(form.)* ¡Qué elegante

se ve usted! **6; It looks like he/she didn't like it.** Al parecer, no le gustó. **6; It looks like he/she is sad/happy.** Parece que está triste/contento/a. **6; He/She looks very sad to me.** Yo lo/la veo muy triste. **6**
loose suelto/a *adj.*
lose perder (e:ie) *v.;* **to lose an election** perder las elecciones *v.;* **to lose a game** perder un partido *v.* **2; to lose weight** adelgazar *v.* **4**
loss pérdida *f.*
lottery lotería *f.*
loudspeaker altoparlante *m.*
love amor *m.;* **(un)requited love** amor (no) correspondido *m.*
love amar; querer (e:ie) *v.* **1**
lower bajar *v.*
loyalty lealtad *f.*
lucky afortunado/a *adj.*
luggage equipaje *m.*
luxurious lujoso/a **5; luxurious** de lujo
luxury lujo *m.*
lying mentiroso/a *adj.* **1**

M

madness locura *f.*
magazine revista *f.;* **online magazine** revista electrónica *f.*
magic magia *f.*
mailbox buzón *m.*
majority mayoría *f.*
make hacer *v.* **1, 4; to make a (hungry) face** poner cara (de hambriento/a) *v.;* **to make a toast** brindar *v.* **2; to make a wish** pedir un deseo *v.;* **to make fun of** burlarse (de) *v.;* **to make good use of** aprovechar *v.;* **to make one's way** abrirse paso *v.;* **to make sure** asegurarse *v.*
male macho *m.*
mall centro comercial *m.* **3**
manage administrar *v.;* **dirigir** *v.;* lograr; *v.* **3**
manager gerente *m, f.*
manipulate manipular *v.*
manufacture fabricar *v.*
manuscript manuscrito *m.*
marathon maratón *m.*
maritime marítimo/a *adj.*
market mercado *m.*
marketing mercadeo *m.* **1**
marriage matrimonio *m.*
married casado/a *adj.* **1**
mass misa *f.* **2**
masterpiece obra maestra *f.* **3**
mathematician matemático/a *m., f.*
matter asunto *m.*
mature maduro/a *adj.* **1**
Mayan Trail ruta maya *f.* **5**
mayor alcalde/alcaldesa *m., f.*
mean antipático/a *adj.*
means medio *m.;* **media** medios de comunicación *m. pl.*
measure medida *f.;* **security measures** medidas de seguridad *f. pl.* **5**
measure medir (e:i) *v.*
mechanical mecánico/a *adj.*
mechanism mecanismo *m.*
meditate meditar *v.*

meeting reunión *f.*
melt derretir(se) (e:i) *v.*
member socio/a *m., f.*
memory recuerdo *m.*
merchandise mercancía *f.*
mercy piedad *f.*
mess desorden *m.*
message mensaje *m.;* **text message** mensaje de texto *m.*
middle medio *m.*
Middle Ages Edad Media *f.*
military militar *m., f.*
minister ministro/a *m., f.;* **Protestant minister** ministro/a protestante *m., f.*
minority minoría *f.*
minute minuto *m.;* **last-minute news** noticia de último momento *f.;* **up-to-the-minute** de último momento *adj.*
miracle milagro *m.*
miser avaro/a *m., f.*
miss extrañar; perder (e:ie) *v.;* **to miss (someone)** extrañar a (alguien) *v.;* **to miss a flight** perder un vuelo *v.* **5**
mistake: to be mistaken; to make a mistake equivocarse *v.*
mixed: person of mixed ethnicity (part indigenous) mestizo/a *m., f.*
mixture mezcla *f.*
mockery burla *f.*
model (fashion) modelo *m., f.*
modern moderno/a *adj.*
modify modificar, alterar *v.*
moisten mojar *v.*
moment momento *m.*
monarch monarca *m., f.*
money dinero *m.;* (L. Am.) plata *f.;* **cash** dinero en efectivo *m.* **3**
monkey mono *m.* **6**
monolingual monolingüe *adj.*
mood estado de ánimo *m.* **4; in a bad mood** malhumorado/a *adj.*
moon luna *f.;* **full moon** luna llena *f.*
moral moral *adj.*
mosque mezquita *f.*
mountain montaña *f.* **6;** monte *m.;* **mountain range** cordillera *f.* **6**
move (change residence) mudarse *v.* **2**
movement corriente *f.;* movimiento *m.*
movie theater cine *m.* **2**
moving conmovedor(a) *adj.*
muralist muralista *m., f.*
museum museo *m.*
music video video musical *m.*
musician músico/a *m., f.* **2**
Muslim musulmán/musulmana *adj.*
myth mito *m.* **5**

N

name nombrar *v.*
nape nuca *f.*
narrate narrar *v.*
narrative work narrativa *f.*
narrator narrador(a) *m., f.*
narrow estrecho/a *adj.*
native nativo/a *adj.*
natural resource recurso natural *m.* **6**
navel ombligo *m.* **4**

navigator navegante *m., f.*
necessary necesario *adj.* **4**
necessity necesidad *f.* **5; of utmost necessity** de primerísima necesidad **5**
need necesidad *f.* **5**
need necesitar *v.* **4**
needle aguja *f.* **4**
neglect descuidar *v.* **6**
neighborhood barrio *m.*
neither... nor... ni... ni... *conj.*
nervous nervioso/a *adj.*
nest nido *m.*
network cadena *f.;* **cadena de televisión** television network *f.*
news noticia *f.;* **local/domestic/ international news** noticias locales/ nacionales/internacionales *f. pl.;* **news bulletin** informativo *m.;* **news report** reportaje *m.;* **news reporter** presentador(a) de noticias *m., f.*
newspaper periódico, diario *m.*
nice simpático/a, amable *adj.*
nightmare pesadilla *f.*
No way! ¡Ni loco/a!
noise ruido *m.*
nomination nominación *f.*
nominee nominado/a *adj.*
nook rincón *m.*
notice fijarse *v.*
notice aviso *m.* **5; to take notice of** fijarse en *v.* **2**
novelist novelista *m., f.*
now and then de vez en cuando **3**
nun monja *f.*
nurse enfermero/a *m., f.* **4**
nutritious nutritivo/a *adj.* **4**
nutritious (healthy) saludable *adj.* **4**

O

oar remo *m.* **5**
obesity obesidad *f.* **4**
obey obedecer *v.* **1**
oblivion olvido *m.* **1**
occur (to someone) ocurrírsele (a alguien) *v.*
offer oferta *f.*
offer (to) ofrecerse (a) *v.*
office despacho *m.*
officer agente *m., f.*
often a menudo *adv.* **3**
oil painting óleo *m.*
Olympics Olimpiadas *f. pl.*
on purpose a propósito *adv.* **3**
once in a while de vez en cuando **3**
online en línea *adj.*
open abrir(se) *v.*
open-air market mercado al aire libre *m.*
operate operar *v.*
operation operación *f.* **4**
opinion opinión; **In my opinion, ...** A mi parecer,...; Considero que..., Opino que...; **to be of the opinion** opinar *v.*
oppose oponerse a *v.* **4**
oppress oprimir *v.*
orchard huerto *m.*
originating (in) proveniente (de) *adj.*
ornate ornamentado/a *adj.*

others; other people los/las demás *pron.*
ought + *inf* deber + *inf. v.*
outdo oneself (P.Rico; Cuba) botarse *v.* **5**
outline esbozo *m.*
out-of-date pasado/a de moda *adj.*
outrageous thing barbaridad *f.*
overcome superar *v.*
overdose sobredosis *f.*
overthrow derribar; derrocar *v.*
overwhelmed agobiado/a *adj.* **1**
owe deber *v.;* **to owe money** deber dinero *v.* **2**
owner dueño/a *m., f.;* **propietario/a**

P

pack hacer las maletas *v.* **5**
page página *f.;* **web page** página web *f.*
pain (suffering) sufrimiento *m.*
painkiller calmante *m.* **4**
paint pintar *v.* **3**
paint pintura *f.*
paintbrush pincel *m.*
painter pintor(a) *m., f.* **3**
painting cuadro *m.* **3** pintura *f.*
palm tree palmera *f.*
pamphlet panfleto *m.*
paradox paradoja *f.*
parish parroquia *f.*
park parque *m.;* **amusement park** parque de atracciones *m.* **2**
parrot loro *m.*
part parte *f.;* **to become part (of)** integrarse (a) *v.*
partner (couple) pareja *f.* **1; (member)** socio/a *m., f.*
party (politics) partido *m.;* **political party** partido político *m.*
pass (a class, a law) aprobar (o:ue) *v.;* **to pass a law** aprobar una ley *v.*
passing pasajero/a *adj.*
passport pasaporte *m.* **5**
password contraseña *f.*
pastime pasatiempo *m. pl.* **2**
pastry repostería *f.*
patent patente *f.*
path (history) trayectoria *f.* **1**
pay pagar *v.;* **to be well/poorly paid** ganar bien/mal *v.;* **to pay attention to someone** hacerle caso a alguien *v.* **1**
peace paz *f.*
peaceful pacífico/a *adj.*
peak cumbre *f.;* **pico** m.
peck picar *v.*
people pueblo *m.* **4**
performance rendimiento *m.;* **(theater; movie)** función *f.* **2**
period punto *m.* **2**
permanent fijo/a *adj.*
permission permiso *m.*
permissive permisivo/a *adj.* **1**
persecute perseguir (e:i) *v.*
personal (private) particular *adj.*
pessimist pesimista *m., f.*
phase etapa *f.*
physicist físico/a *m. f.*
pick out seleccionar *v.* **3**
pick up levantar *v.*

picnic picnic *m.*
picture imagen *f.* **2**
piece (art) pieza *f.*
pier muelle *m.* **5**
pig cerdo *m.* **6**
pill pastilla *f.* **4**
pilot piloto *m., f.*
pious devoto/a *adj.*
piping tubería *f.* **6**
pity pena *f.;* **What a pity!** ¡Qué pena!
place lugar *m.*
place poner *v.* **1, 2**
place (an object) colocar *v.* **2**
plan planear *v.*
planned previsto/a *part. irreg* **3**
plateau: high plateau altiplano *m.*
play jugar *v.;* **to play a CD** poner un disco compacto *v.* **2**
play (theater) obra de teatro *f.*
player (CD/DVD/MP3) reproductor (de CD/ DVD/MP3) *m.*
playing cards cartas *f. pl.* **2;** naipes *m. pl.* **2**
playwright dramaturgo/a *m., f.*
plead rogar *v.* **4**
pleasant (funny) gracioso/a *adj.* **1**
please: Could you please...? ¿Tendría usted la bondad de + inf.... ? *(form.)*
plot trama *f.;* **argumento** *m.*
plumbing (piping) tubería *f.* **6**
poet poeta *m., f.*
poetry poesía *f.*
point (to) señalar *v.* **2; to point out** destacar *v.*
point of view punto de vista *m.*
poison veneno *m.* **6**
poisoned envenenado/a *adj.* **6**
poisonous venenoso/a *adj.* **6**
politician político/a *m., f.*
politics política *f.*
pollen polen *m.*
pollute contaminar *v.* **6**
pollution contaminación *f.* **6**
poor quality (garbage) porquería *f.*
populate poblar *v.*
population población *f.* **4**
port puerto *m.* **5**
portable portátil *adj.*
portrait retrato *m.* **3**
portray retratar *v.* **3**
position puesto *m.;* **cargo** *m.*
possible posible *adj.;* **as much as possible** en todo lo posible
poverty pobreza *f.*
power fuerza *f.;* **will power** fuerza de voluntad **4**
power (electricity) luz *f.*
power saw motosierra *f.*
powerful poderoso/a *adj.*
pray rezar *v.*
pre-Columbian precolombino/a *adj.*
prefer preferir *v.* **4**
prehistoric prehistórico/a *adj.*
premiere estreno *m.* **2**
prescribe recetar *v.* **4**
prescription receta *f.* **4**
preserve conservar *v.* **6**

press prensa *f.;* **press conference** rueda de prensa
pressure presionar *v.*
pressure (stress) presión *f.;* **to be under stress/pressure** estar bajo presión
prevent prevenir *v.* 4
previous anterior *adj.*
priest cura *m.;* **sacerdote**
prime minister primer(a) ministro/a *m., f.*
print imprimir *v.*
private particular *adj.*
privilege privilegio *m.*
prize premio *m.;* **to give a prize** premiar *v.*
procession procesión *f.*
produce producir *v.* 1
produce (generate) generar *v.*
productive productivo/a *adj.*
programmer programador(a) *m., f.*
prohibit prohibir *v.* 4
prohibited prohibido/a *adj.* 5
prominent destacado/a *adj.;* **prominente** *adj.*
promise jurar *v.*
promote promover (o:ue) *v.*
pronounce pronunciar *v.*
proof prueba *f.* 2
proposal oferta *f.*
propose proponer *v.* 1, 4; **to propose (marriage)** proponer matrimonio *v.* 1
prose prosa *f.*
protagonist protagonista *m., f.* 1
protect proteger *v.* 1, 6
protected protegido/a *adj.* 5
protest protestar *v.*
protest manifestación *f.*
protester manifestante *m., f.* 6
proud orgulloso/a *adj.* 1; **to be proud of** estar orgulloso/a de
prove comprobar (o:ue) *v.*
provide proporcionar *v.*
public público *m.*
public (pertaining to the state) estatal *adj.*
public transportation transporte público *m.*
publish editar *v.;* **publicar** *v.*
punishment castigo *m.*
purchase compra *f.*
pure puro/a *adj.*
purity pureza *f.* 6
pursue perseguir (e:i) *v.*
push empujar *v.*
put poner *v.* 1, 2; **to put in a place** ubicar *v.;* **to put on (clothing)** ponerse *v.;* **to put on makeup** maquillarse *v.* 2
pyramid pirámide *f.* 5

Q

quality calidad *f.;* **high quality** de buena categoría *adj.* 5
queen reina *f.*
quench saciar *v.*
question interrogante *m.*
quiet callado/a *adj.;* **be quiet** callarse *v.*
quit renunciar *v.;* **quit smoking** dejar de fumar *v.* 4
quite bastante *adv.* 3
quotation cita *f.*

R

rabbi rabino/a *m., f.*
rabbit conejo *m.* 6
race raza *f.*
radiation radiación *f.*
radio radio *f.*
radio announcer locutor(a) de radio *m., f.*
radio station (radio)emisora *f.*
raise aumento *m.;* **raise in salary** aumento de sueldo
raise criar *v.;* educar *v.* 1; **to have raised** haber criado 1
ranch rancho *m.*
rarely casi nunca *adv.* 3
rat rata *f.*
rather bastante; más bien
ratings índice de audiencia *m.*
ray rayo *m.*
reach alcance *m.;* **within reach** al alcance; al alcance de la mano
reach alcanzar *v.*
reactor reactor *m.*
reader lector(a) *m., f.*
real auténtico/a *adj.* 3
realism realismo *m.*
realist realista *adj.*
realistic realista *adj.*
realize darse cuenta *v.* 2 **to realize/ assume that one is being referred to** darse por aludido/a
rearview mirror espejo retrovisor *m.*
rebelliousness rebeldía *f.*
received acogido/a *adj.;* **well received** bien acogido/a *adj.*
recital recital *m.*
recognition reconocimiento *m.*
recognize reconocer *v.* 1
recommend recomendar *v.* 4
recommendable recomendable *adj.* 5
record grabar *v.*
recover recuperarse *v.* 4
recyclable reciclable *adj.*
recycle reciclar *v.* 6
re-do rehacer *v.* 1
reduce (speed) reducir (velocidad) *v.* 5
reef arrecife *m.* 6
referee árbitro/a *m., f.* 2
refined (cultured) culto/a *adj.*
reflect reflejar *v.*
reform reforma *f.;* **economic reform** reforma económica *f.*
refuge refugio *m.* 6
refund reembolso *m.* 3
refusal rechazo *m.*
register inscribirse *v.*
rehearsal ensayo *m.*
rehearse ensayar *v.*
reign reino *m.*
reject rechazar *v.*
rejection rechazo *m.*
relax relajarse *v.* 4; **Relax.** Tranquilo/a.
reliability fiabilidad *f.*
religion religión *f.*
religious religioso/a *adj.*
remain permanecer *v.* 4

re-make rehacer *v.* 1
remember recordar (o:ue); acordarse (o:ue) (de) *v.* 2
remorse remordimiento *m.*
remote control control remoto *m.;* **universal remote control** control remoto universal *m.*
renewable renovable *adj.* 6
rent alquilar *v.;* **to rent a movie** alquilar una película *v.* 2
repent arrepentirse (de) (e:ie) *v.* 2
repertoire repertorio *m.*
reporter reportero/a *m., f.*
representative diputado/a *m., f.*
reproduce reproducirse *v.*
reputation reputación *f.;* **to have a good/ bad reputation** tener buena/mala fama *v.*
rescue rescatar *v.*
research investigar *v.*
researcher investigador(a) *m., f.* 4
resentful resentido/a *adj.* 6
reservation reservación *f.*
reserve reservar *v.* 5
reside residir *v.*
respect respeto *m.*
responsible responsable *adj.*
rest descanso *m.*
rest reposo *m.;* **to be at rest** estar en reposo *v.*
rest descansar *v.* 4
resulting consiguiente *adj.*
résumé currículum vitae *m.*
retire jubilarse *v.*
retirement jubilación *f.*
return regresar *v.* 5; **to return (items)** devolver (o:ue) *v.* 3
return (trip) vuelta *f.;* regreso *m.*
review (revision) repaso *m.*
revision (review) repaso *m.*
revolutionary revolucionario/a *adj.*
revulsion asco *m.*
rhyme rima *f.*
right derecho *m.;* **civil rights** derechos civiles *m. pl.;* **human rights** derechos humanos *m. pl.*
right away enseguida 3
ring anillo *m.;* sortija *f.* 5
ring sonar (o:ue) *v.;* **to ring the doorbell** tocar el timbre *v.* 3
riot disturbio *m.*
rise ascender (e:ie) *v.*
risk riesgo *m.;* **to take a risk** arriesgarse *v.*
risk arriesgar *v.;* arriesgarse
risky arriesgado/a *adj.* 5
river río *m.*
rocket cohete *m.*
rob asaltar *v.*
role papel *m.;* **to play a role (in a play)** desempeñar un papel *v.*
romance novel novela rosa *f.*
romanticism romanticismo *m.*
room habitación *f.* 5; **emergency room** sala de emergencias *f.* 5
single/double room habitación individual/ doble *f.* 5; **room service** servicio de habitación *m.* 5
root raíz *f.*
round redondo/a *adj.* 2
round trip ticket pasaje de ida y vuelta *m.* 5

routine rutina *f.* **3**
ruin ruina *f.* **5**
rule regla *f.*
rule dominio *m.*
ruler gobernante *m., f.;* **(sovereign)** soberano/a *m., f.*
run correr *v.;* **to run away** huir *v.* **3;** **to run out** acabarse *v.* **6;** **to run out of** quedarse sin *v.* **6;** **to run over** atropellar *v.*
rush prisa *f.* **6;** **to be in a rush** tener apuro

S

sacred sagrado/a *adj.*
sacrifice sacrificio *m.*
sacrifice sacrificar *v.* **6**
safety seguridad *f.* **5**
sail navegar *v.* **5**
sailor marinero *m.*
salary sueldo *m.;* **raise in salary** aumento de sueldo *m.;* **base salary** sueldo fijo *m.;* **minimum wage** sueldo mínimo *m.*
sale venta *f.;* **to be for sale** estar a la venta *v.*
salesperson vendedor(a) *m., f.*
same mismo/a *adj.;* **The same here.** Lo mismo digo yo.
sample muestra *f.*
sanity cordura *f.* **4**
satellite satélite *m.;* **satellite connection** conexión de satélite *f.;* **satellite dish** antena parabólica *f.*
satire sátira *f.*
satirical satírico/a *adj.;* **satirical tone** tono satírico/a *m.*
satisfied: be satisfied with contentarse con *v.* **1**
satisfy (quench) saciar *v.*
save ahorrar *v.;* **guardar** *v.;* salvar *v.* **6;** **save oneself** ahorrarse *v.*
saving ahorro *m.*
say decir *v.* **1;** **say goodbye** despedirse (e:i) *v.* **3**
scar cicatriz *f.*
scarcely apenas *adv.* **3**
scare espantar *v.*
scared asustado/a *adj.*
scene escena *f.* **1**
scenery paisaje *m.* **6;** escenario *m.* **2**
schedule horario *m.* **3**
science fiction ciencia ficción *f.*
scientific científico/a *adj.*
scientist científico/a *m., f.*
score (a goal/a point) anotar (un gol/un punto) *v.* **2;** marcar (un gol/punto) *v.*
screen pantalla *f.* **2;** **computer screen** pantalla de computadora *f.;* **LCD screen** pantalla líquida *f.;* **television screen** pantalla de televisión *f.* **2**
screenplay guión *m.*
script guión *m.*
scuba diving buceo *m.* **5**
sculpt esculpir *v.*
sculptor escultor(a) *m., f.*
sculpture escultura *f.*
sea mar *m.* **6**
seal sello *m.*

search búsqueda *f.;* **search engine** buscador *m.*
season (period) temporada *f.;* **high/low season** temporada alta/baja *f.* **5**
seat asiento *m.* **2**
seatbelt cinturón de seguridad *m.* **5;** **to fasten (the seatbelt)** abrocharse/ ponerse (el cinturón de seguridad) *v.* **5;** **to unfasten (the seatbelt)** quitarse (el cinturón de seguridad) *v.* **5**
section sección *f.;* **lifestyle section** sección de sociedad *f.;* **sports page/ section** sección deportiva *f.*
security seguridad *f.* **5;** **security measures** medidas de seguridad *f. pl.* **5**
see ver *v.* **1**
seed semilla *f.*
seem parecer *v.* **2**
select seleccionar *v.* **3**
self-esteem autoestima *f.* **4**
self-portrait autorretrato *m.*
senator senador(a) *m., f.*
send enviar *v.*
sender remitente *m., f.*
sense sentido *m.;* **common sense** sentido común *m.*
sensible sensato/a *adj.* **1**
sensitive sensible *adj.* **1**
separated separado/a *adj.* **1**
sequel continuación *f.*
servants servidumbre *f.* **3**
servitude servidumbre *f.* **3**
settle poblar *v.*
settler poblador(a) *m., f.*
sexton sacristán *m.*
shame vergüenza *f.*
shape forma *f.;* **bad physical shape** mala forma física *f.;* **to get in shape** *v.* ponerse en forma **4;** **to stay in shape** mantenerse en forma *v.* **4**
shark tiburón *m.* **5**
sharp nítido/a *adj.*
shave afeitarse *v.* **2**
sheep oveja *f.* **6**
shore orilla *f.;* **on the shore of** a orillas de **6**
short film corto, cortometraje *m.* **1**
short story cuento *m.*
short/long-term a corto/largo plazo
shot (injection) inyección *f.;* **to give a shot** poner una inyección *v.* **4**
shoulder hombro *m.*
shout gritar *v.*
show espectáculo *m.* **2**
showing sesión *f.*
shrink encogerse *v.*
shrug encogerse de hombros *v.*
shy tímido/a *adj.* **1**
shyness timidez *f.*
sick enfermo *adj.;* **to be sick (of); to be fed up (with)** estar harto/a (de) **1;** **to get sick** enfermarse *v.* **4**
sign señal *f.* **2**
sign firmar *v.*
signal señalar *v.* **2**
signature firma *f.*
silent callado/a *adj.;* **to be silent** callarse *v.;* **to remain silent** quedarse callado **1**
silly person bobo/a *m., f.*

sin pecado *m.*
sincere sincero/a *adj.*
singer cantante *m., f.* **2**
single soltero/a *adj.* **1;** **single mother** madre soltera *f.;* **single father** padre soltero *m.*
sink hundir *v.*
situated situado/a *adj.*
sketch esbozo *m.*
sketch esbozar *v*
skill habilidad *f.*
skillfully hábilmente *adv.*
skim hojear *v.*
skirt falda *f.*
slacker vago/a *m., f.*
slave esclavo/a *m., f.*
slavery esclavitud *f.*
sleep dormir *v.* **2**
sleeve manga *f.* **5**
slip resbalar *v.*
slippery resbaladizo/a *adj.*
smoothness suavidad *f.*
snake serpiente *f.* **6**
soap opera telenovela *f.*
sociable sociable *adj.*
society sociedad *f.*
software programa (de computación) *m.*
solar solar *adj.*
soldier soldado *m.*
solitude soledad *f.* **3**
solve resolver (o:ue) *v.* **6**
sometimes a veces *adv.* **3**
sorrow pena *f.* **4**
soul alma (el) *f.* **1**
soundtrack banda sonora *f.*
source fuente *f.;* **energy source** fuente de energía *f.* **6**
sovereign soberano/a *m., f.*
sovereignty soberanía *f.*
space espacial *adj.;* **space shuttle** transbordador espacial *m.*
space espacio *m.*
spaceship nave espacial *f.*
spacious espacioso/a *adj.*
speak hablar *v.* **1;** **Speaking of that,...** Hablando de esto,...
speaker hablante *m., f.*
special effects efectos especiales *m., pl.*
specialist especialista *m., f.*
specialized especializado/a *adj.*
species especie *f.* **6;** **endangered species** especie en peligro de extinción *f.*
spectator espectador(a) *m., f.* **2**
speech discurso *m.;* **to give a speech** pronunciar un discurso *v.*
spell-checker corrector ortográfico *m.*
spend gastar *v.*
spider araña *f.* **6**
spill derramar *v.*
spirit ánimo *m.* **1**
spiritual espiritual *adj.*
spot: on the spot en el acto **3**
spray rociar *v.* **6**
spring manatial *m.*
stability estabilidad *f.*
stage (theater) escenario *m.* **2;** **(phase)** etapa *f.;* **stage name** nombre artístico *m.* **1**

stain mancha *f.*

stain manchar *v.*

staircase escalera *f.* **3**

stamp sello *m.*

stand up ponerse de pie *v.*

stanza estrofa *f.*

star estrella *f.;* **shooting star** estrella fugaz *f.;* **(movie) star** [m/f] estrella *f;* **pop star** [m/f] estrella pop *f.*

start (a car) arrancar *v.*

stay alojarse *v.* **5;** hospedarse; quedarse *v.* **5; stay up all night** trasnochar *v.* **4**

step paso *m.;* **to take the first step** dar el primer paso *v.*

stereotype estereotipo *m.*

stern popa *f.* **5**

stick pegar *v.*

still life naturaleza muerta *f.*

sting picar *v.*

stingy tacaño/a *adj.* **1**

stir revolver (o:ue) *v.*

stock market bolsa de valores *f.*

stone piedra *f.* **5**

storekeeper comerciante *m., f.*

storm tormenta *f.;* **tropical storm** tormenta tropical **6**

story (account) relato *m.*

stranger desconocido/a *adj.*

stream arroyo *m.*

strength fortaleza *f.*

strict autoritario/a *adj.* **1**

strike huelga *f.*

Striking llamativo/a *adj.*

stripe raya *f.* **5**

stroll paseo *m.*

struggle luchar *v.*

struggle lucha *f.*

stubborn tozudo/a *adj.*

studio estudio *m.;* **recording studio** estudio de grabación *f.*

stupid necio/a *adj.*

stupid person bobo/a *m., f.*

style estilo *m.;* **in the style of ...** al estilo de…

subscribe (to) suscribirse (a) *v.*

subtitles subtítulos *m., pl.*

subtlety matiz *m.*

suburb suburbio *m.*

succeed in (reach) alcanzar *v.*

success éxito *m.*

successful exitoso/a *adj.*

suckling pig cochinillo *m.*

sudden repentino/a *adj.* **3**

suddenly de repente *adv.* **3**

suffer (from) sufrir (de) *v.* **4**

suffering sufrimiento *m.*

suggest aconsejar; sugerir (e:ie) *v.* **4**

suitcase maleta *f.* **5**

summit cumbre *f.*

sunrise amanecer *m.*

supermarket supermercado *m.* **3**

supply proporcionar *v.*

support soportar *v.;* **to put up with someone** soportar a alguien *v.* **1**

suppose suponer *v.* **1**

suppress suprimir *v.*

sure (confident) seguro/a *adj.* **1;** (certain) cierto/a *adj.;* **Sure!** ¡Cierto!

surf the web navegar en la red *v.;* **navegar en Internet**

surface superficie *f.*

surgeon cirujano/a *m., f.* **4**

surgery cirugía *f.* **4**

surgical quirúrgico/a *adj.*

surprise sorprender *v.* **2**

surprised sorprendido *adj.* **2; be surprised (about)** sorprenderse (de) *v.* **2**

surrealism surrealismo *m.*

surrender rendirse (e:i) *v.*

surround rodear *v.*

surrounded rodeado/a *adj.*

survival supervivencia *f.;* sobrevivencia *f.*

survive subsistir *v.;* **sobrevivir** *v.*

suspect sospechar *v.*

suspicion sospecha *f.*

swallow tragar *v.*

sweep barrer *v.* **3**

sweetheart amado/a *m., f.* **1**

symptom síntoma *m.*

synagogue sinagoga *f.*

syrup jarabe *m.* **4**

T

tabloid(s) prensa sensacionalista *f.*

tag etiqueta *f.*

take tomar *v.;* **to take a bath** bañarse *v.* **2; to take a look** echar un vistazo *v.;* **to take a trip** hacer un viaje *v.* **5; to take a vacation** ir(se) de vacaciones *v.* **5; to take away (remove)** quitar *v.* **2; to take care of** cuidar *v.* **1; to take care of oneself** cuidarse *v.;* **to take off (clothing)** quitarse *v.* **2; to take off running** echar a correr *v.;* **to take place** desarrollarse, transcurrir *v.;* **to take refuge** refugiarse *v.;* **to take seriously** tomar en serio *v.*

talent talento *m.* **1**

talented talentoso/a *adj.* **1**

tank tanque *m.* **6**

taste gusto *m.;* **in good/bad taste** de buen/mal gusto; sabor *m.;* **It has a sweet/sour/bitter/pleasant taste.** Tiene un sabor dulce/agrio/amargo/ agradable. **4**

taste like/of saber *v.* **1; How does it taste?** ¿Cómo sabe? **4; And does it taste good?** ¿Y sabe bien? **4; It tastes like garlic/mint/lemon.** Sabe a ajo/menta/ limón. **4**

tax impuesto *m.;* **sales tax** impuesto de ventas *m.*

teaching enseñanza *f.*

team equipo *m.* **2**

tears lágrimas *f. pl.*

telephone receiver auricular *m.*

telescope telescopio *m.*

television televisión *f.* **2; television set** televisor *m.* **2; television viewer** televidente *m., f.* **2**

tell contar (o:ue) *v.* **2**

temple templo *m.*

tendency propensión *f.*

terrain land *m.* **6**

territory territorio *m.*

terrorism terrorismo *m.*

test (challenge) poner a prueba *v.*

theater teatro *m.*

then entonces *adv.* **3**

theory teoría *f.*

there allá *adv.*

thermal térmico/a *adj.*

thief ladrón/ladrona *m., f.*

think pensar (e:ie) *v.* **1;** (to be of the opinion) opinar; **I think it's pretty.** Me parece hermosa/o.; **I thought...** Me pareció... **1; What did you think of Mariela?** ¿Qué te pareció Mariela? **1**

thoroughly a fondo *adv.*

threat amenaza *f.*

threaten amenazar *v.* **3**

throw tirar *v.* **5; throw away** echar *v.* **5; throw... out** botar *v.* **5**

thunder trueno *m.* **6**

ticket boleto *m.*

tie (game) empate *m.* **2**

tie (up) atar *v.;* **(games)** empatar *v.* **2**

tiger tigre *m.* **6**

time tiempo *m.;* vez *f.;* **at that time** en aquel entonces; **for the first/last time** por primera/última vez **2; on time** a tiempo **3; once upon a time** érase una vez; **to have a good/bad/horrible time** pasarlo bien/mal **1**

tired cansado/a *adj.;* **to become tired** cansarse *v.*

tone of voice timbre *m.* **3**

tongue lengua *f.*

too; too much demasiado/a *adj., adv.*

tool herramienta *f.;* **toolbox** caja de herramientas *f.* **2**

toolbox caja de herramientas *f.* **2**

topic asunto *m.*

touch lightly rozar *v.*

tour excursión *f.* **5; tour guide** guía turístico/a *m., f.* **5**

tourism turismo *m.* **5**

tourist turístico/a *adj.* **5**

tourist turista *m., f.* **5**

tournament torneo *m.* **2**

toxic tóxico/a *adj.* **6**

trace trazar *v*

trace huella *f.*

track-and-field events atletismo *m.*

trade comercio *m.*

trader comerciante *m., f.*

traditional tradicional *adj.* **1**

traditional (typical) típico/a *adj.*

traffic tránsito *m.;* **traffic jam** congestionamiento, tapón *m.* **5**

tragic trágico/a *adj.*

trainer entrenador(a) *m., f.* **2**

trait rasgo *m.*

traitor traidor(a) *m., f.*

tranquilizer calmante *m.* **4**

translate traducir *v.* **1**

transmission transmisión *f.*

transplant transplantar *v.*

trap atrapar *v.* **6**

travel (go across) recorrer *v.* **5**

travel log bitácora *f.*

traveler viajero/a *m., f.* **5**

treat tratar *v.* 4
treatment tratamiento *m.* 4
treaty tratado *m.*
tree árbol *m.* 6
trend moda *f.;* tendencia *f.*
trial juicio *m.*
tribal chief cacique *m.*
tribe tribu *f.*
trick truco *m.* 2
trip viaje *v.* 5; **to take a trip** hacer un viaje *v.* 5
tropical tropical *adj.;* **tropical storm** tormenta tropical 6
trunk maletero *m.*
trust confianza *f.* 1
try probar (o:ue) (a) *v.* 3; **try on** probarse (o:ue) *v.* 3
tune into (radio or television) sintonizar *v.*
tuning sintonía *f.*
turn: to be my/your/his turn me/te/le, *etc.* + tocar *v.;* **Whose turn is it to pay the tab?** ¿A quién le toca pagar la cuenta? 2; **Is it my turn yet?** ¿Todavía no me toca? 2; **It's Johnny's turn to make coffee.** A Johnny le toca hacer el café. 2; **It's always your turn to wash the dishes.** Siempre te toca lavar los platos. 2
turn (a corner) doblar *v.;* **to turn off** apagar *v.* 3; **to turn on** encender (e:ie) *v.* 3; **to turn red** enrojecer *v.*
turned off apagado/a *adj.*

U

UFO ovni *m.*
unbiased imparcial *adj.*
uncertainty incertidumbre *f.*
underdevelopment subdesarrollo *m.*
underground tank cisterna *f.* 6
understand entender (e:ie) *v.*
underwear (men's) calzoncillos *m. pl.*
undo deshacer *v.* 1
unemployed desempleado/a *adj.*
unemployment desempleo *m.*
unequal desigual *adj.*
unexpected imprevisto/a; inesperado/a *adj.* 3
unexpectedly de improviso *adv.*
unique único/a *adj.*
unjust injusto/a *adj.*
unpleasant antipático/a *adj.*
unsettling inquietante *adj.*
untie desatar *v.*
until hasta *adv.;* **up until now** hasta la fecha
update actualizar *v.*
upset disgustado/a *adj.* 1; **to get upset** afligirse *v.* 3
upset disgustar *v.* 2
up-to-date actualizado/a *adj.;* **to be up-to-date** estar al día *v.*
urban urbano *adj.*
urgent urgente *adj.* 4
use up agotar *v.* 6
used: to be used to estar acostumbrado/a a; **I used to... (was in the habit of)** solía; **to get used to** acostumbrarse (a) *v.* 3
useful útil *adj.*
useless inútil *adj.* 2
user usuario/a *m., f.*

V

vacation vacaciones *f. pl.;* **to take a vacation** ir(se) de vacaciones *v.* 5
vaccine vacuna *f.* 4
vacuum pasar la aspiradora *v.* 3
valid vigente *adj.* 5
valuable valioso/a *adj.* 6
value valor *m.*
vandal vándalo/a *m., f.* 6
vestibule zaguán *m.* 3
victorious victorioso/a *adj.*
victory victoria *f.*
video game videojuego *m.* 2
village aldea *f.*
virus virus *m.* 4
visiting hours horas de visita *f., pl.*
vote votar *v.*

W

wage: minimum wage sueldo mínimo *m.*
wait espera *f.*
wait esperar *v.* **to wait in line** hacer cola *v.* 2
waiter, waitress camarero/a, mesero/a *m., f.*
wake up despertarse (e:ie) *v.* 2; **wake up early** madrugar *v.* 4
walk andar *v.;* **to take a stroll/walk** dar un paseo *v.* 2; **to take a stroll/walk** *v.* dar una vuelta
wall pared *f.* 5
want querer (e:ie) *v.* 1, 4
war guerra *f.;* **civil war** guerra civil *f.*
warm up calentar (e:ie) *v.* 3
warn avisar *v.*
warning advertencia *f.;* **aviso** *m.* 5
warrior guerrero/a *m., f.*
wash lavar *v.* 3; **wash (oneself)** lavarse *v.* 2
waste malgastar *v.* 6
watch vigilar *v.*
watercolor acuarela *f.*
waterfall cascada *f.* 5
wave ola *f.* 5
wave onda *f.*
wealth riqueza *f.*
wealthy adinerado/a *adj.*
weapon arma *m.*
weariness fatiga *f.*
web (the) web *f.*
weblog bitácora *f.*
website sitio web *m.*
week semana *f.*
weekend fin de semana; **Have a nice weekend!** ¡Buen fin de semana!
weekly semanal *adj.*
weight peso *m.*
welcome bienvenida *f.* 5
welcome (take in; receive) acoger *v.*
well pozo *m.;* **oil well** pozo petrolero *m.*
well-being bienestar *m.* 4
well-received bien acogido/a *adj.*
wherever dondequiera *adv.* 4
whistle silbar *v.*

widowed viudo/a *adj.* 1; **to become widowed** quedarse viudo *v.*
widower/widow viudo/a *m., f.*
wild salvaje *adj.* 6
wild boar jabalí *m.*
win ganar *v.;* **to win an election** ganar las elecciones *v.;* **to win a game** ganar un partido *v.* 2
wind energy; wind power energía eólica *f.*
wing ala *m.*
wireless inalámbrico/a *adj.*
wisdom sabiduría *f.*
wise sabio/a *adj.*
wish deseo *m.;* **to make a wish** pedir un deseo *v.*
wish desear *v.* 4
without sin *prep.;* **without you** sin ti *(fam.)*
witness testigo *m., f.*
woman mujer *f.;* **businesswoman** mujer de negocios *f.*
womanizer mujeriego *m.* 2
wonder preguntarse *v.*
wood madera *f.*
work obra *f.;* **work of art** obra de arte *f.*
work funcionar *v.;* **trabajar; to work hard** trabajar duro *v.*
work day jornada *f.*
workshop taller *m.*
World Cup Copa del mundo *f.,* Mundial *m.* 2
worm gusano *m.*
worried (about) preocupado/a (por) *adj.* 1
worry preocupar *v.* 2; **to worry (about)** preocuparse (por) *v.* 2
worship culto *m.*
worship venerar *v.*
worth: be worth valer *v.* 1
worthy digno/a *adj.* 6
wound lesión *f.* 4
wrinkle arruga *f.*

Y

yawn bostezar *v.*

Z

zoo zoológico *m.* 2

Index

Text Credits

32-33 Pablo Neruda, *Poema 20*, from *Veinte Poemas de Amor y una Canción Desesperada*, 1924. Esta autorización se concede por cortesía de: Fundación Pablo Neruda.
72-73 Mario Benedetti, *Idilio*. © Mario Benedetti, c/o Guillermo Schavelzon, Agente Literario, info@schavelzon.com.
112-113 Jorge Luis Borges, *Pedro Salvadores*. © 1995 by Maria Kodama, reprinted with permission of the Wylie Agency.
154-155 Ángeles Mastretta, Último cuento (sin título) from *Mujeres de ojos grandes*, © Ángeles Mastretta, 1991.
194-195 Gabriel García Márquez, *La luz es como el agua*, from *Doce cuentos peregrinos*. Permission requested. Best efforts made.
234-235 Augusto Monterroso, *El Eclipse*, from *Obras Completas y Otros Cuentos*, 1959, © Herederos de Augusto Monterroso.

Fine Art Credits

30 Pablo Picasso. Los Enamorados. 1923. © Sucesión Picasso/Artists Rights Society (ARS) New York. **70** Aldo Severi. Calesita en la Plaza. 1999 © Aldo Severi. Courtesy of Giuliana F. Severi. **75** Achille Beltrame. Juanita Cruz. 1934 © The Art Archive/Domenica del Corriere/Dagli Orti (A) **110** Antonio Berni. La siesta. 1943. Óleo sobre tela 155 x 220 cm. Colección Privada. **112** Carlos Morel. Rio de la Plata Calgary, Argentina. 1845 © The Art Archive / Nacional Library Buenos Aires / Dagli Orti **113** Pierre Raymond Jacques Monvoisin. Juan Manuel de Rosas. 1842 © The Art Archive/Museo Nacional de Bellas Artes Buenos Aires/Dagli Orti **115** (b) Bartolome Esteban Murillo. Children eating grapes and melon. 17th century © Scala / Art Resource, NY **116** Diego Rodríguez Velázquez. Old Woman Cooking Eggs. 1618 © Scala / Art Resource, NY (t) Diego Velázquez. Los Borracios. Before 1629. © The Art Archive/Museo del Prado, Madrid/Degli Orti (b) Diego Velásquez. Las Meninas, the Fmily of Philip IV. 1656 © The Art Archive/Museo del Prado Madrid **119** Diego Rivera. Emiliano Zapata. 1928 © Banco de Mexico Trust, Schalkwijk / Art Resource, NY **152** Hector Giuffre. Vegetal Life. 1984 © Hector Giuffre **156** Lino Eneas Spilimbergo. La Planchadora. 1936. Permission requested. Best efforts made. **193** Graciela Rodo Boulanger. Altamar. 2000. © Courtesy Edmund Newman Inc. **232** Frida Kahlo. Autorretrato con mono. 1938. Oil on masonite, overall 16 x 12" (40.64 x 30.48 cms). Albright-Knox Art Gallery, Buffalo, New York. Bequest of A. Conger Goodyear, 1966.

Illustration Credits

Debra Dixon: 3, 42, 82, 129, 164, 165, 172, 212
Sophie Casson: 84, 122, 179, 223
Pere Virgili: 4, 17, 24, 25, 44, 57, 61, 64, 79, 101, 105, 138, 142, 143, 166, 187, 201, 241
Hermann Mejia: 130
Franklin Hammond: 183

Photography Credits

Corbis Images: 2 (br) Corbis 10 LWA-Dann Tardif 11 (b) Rick Gomez 12 Steve Prezant 13 (t) Marc Serota/Reuters 21 (tr) Reuters (br) Toru Hanai/Reuters 32 Josh Westrich/Zefa 34 Bettmann 42 (r) Jim Cummings 50 (l) Robert Galbraith/Reuters 51 (ml) Reuters 59 Corbis 60 (t) Lester Lefkowitz, (mr) Stephen Welstead,, (bm) 71 Eduardo Longoni 72 Jason Horowitz/zefa 76 Mark L Stephenson 79 (1) Abilio Lope, (m) Torleif Svensson, (r) Lawrence Manning. 80 Reuters NewMedia Inc. Peter Morgan. 82 (1) Mitchell Gerber, (ml) Reuters NewMedia Inc. Fred Prouser-Files, (mr) Manuel Zambrana, (mr) Ariel Ramerez. 90 (b) Reuters (t) Reuters (m) Pool 91 (mr) TVE (ml) Hubert Stadler 108 Arthur W.V. Mace. 111 Bettmann 112 (background) Corbis 126 (r) Steve Raymer. 131 (t) Jeremy Horner (m) Janet Jarman 133 (b) Reuters 143 (tl) Nik Wheeler. 157 Jeremy Horner 167 Dave G. Houser/Post-Houserstock 172 Atlantide Phototravel 173 (t) Dave G. Houser/Post-Houserstock (m) Richard Cummins 174 Juan Carlos Ulate/Reuters 179 (b2) photocuisine 194 H. Takano/zefa 195 Tony Frank. 197 Macduff Everton 199 (b) Richard A. Cooke 200 (l) Kevin Fleming (m) Philip James Corwin 204 (ml) Martin Harvey 205 (m) Firefly Production 211 (b) Michael & Patricia Fogden 213 (t) Stephen Frink 237 MAPS.com 233 Tony Albir/epa
Getty: 9 (t) Janie Airey 21 (bl) Ezra Shaw 35 Frank Micelotta 49 (b) AFP/AFP 50 (r) Carlos Alvarez 53 Lipnitzki/Roger Viollet 83 (b) Michelangelo Gratton 93 Matt Cardy 100 David C. Tomlinson 115 (t) Dominique Faget/AFP 119 (1) Roger Viollet Collection 129 (m) Stu Forster/Allsport 175 (t) Juan Barreto/AFP XXX (1) Derke/O'Hara 193 Piero Pomponi/Liaison 206 Georgette Douwma 211 (m) Joel Sartore 212 Jeff Hunter 215 Dominique Faget/AFP 231 Susana Gonzalez 234 Derke/O'Hara
Alamy: 9 (b) Robert Fried (m) Jack Hobhouse 10 EuroStyle Graphics 21 (tl) Allstar Picture Library 27 Stock Connection Distribution 31 Mary Evans Picture Library 39 Nicolas Osorio/eStock Photo 82 (t) James Quine 92 Mark Shenley 131 (b) bildagentur-online.com/th-foto 158 archivberlin Fotoagentur GmbH 165 (b) Mark Lewis 171 (b) AM Corporation 179 (bl) Hemis (b4) Mecky Fogeling 204 (tr) Bruce Coleman (tl) Peter Adams Photography (r2) Florida Images 211 (t) Hemis 213 (bl) David Tipling 214 Stephen Frink Collection 221 (l) mediacolor's
WireImage: 36 Michael Schwartz 37 (l, m, r) Michael Schwartz 51 (t) Gram. Jepson 200 (r) Barry King
Masterfile: 2 (rm) Matthew Wiley 3 (m) T. Ozonas 10 (ml) Darrell Lacorre 165 (t) Hill Brooks 179 (b3) Gloria H. Cómica 205 (br) Rick Fischer

Danita Delimont: 89 (b) David R. Frazier 173 (b) Cindy Millar Hopkins

Lonely Planet Images: 20 Richard Cummings 89 (m) Oliver Strewe 213 (br) Steve Simonsen 238 Steve Simonsen

AP Wide World Photos: 53 (1) AP Photo/Jaime Puebla 91 (b) AP Photo/EFE, Cherna Moya (t) AP Photo/Tim Gram. Picture Library 129 (b) AP Photo/Esteban Felix 153 AP Photo/Jose Caruci 160 Oronoz 215 AP Photo/Ariel Leon

Misc: 11 (t) Caterina Bernardi (ml) Diseño de cubierto por Matteo Bologna por Mucca Design. Foto por Thurston Hopkins/ Getty Images 13 (b) Dorothy Shi Photo, courtesy Mario German, Puntographics.com 49 (2) Rachel Weill/foodpix/Júpiter Images 51 (mr) Film Tour/South Fork/Senador Film/The Kobal Collection (b) Arau/Cinevista/Aviacsa/The Kobal Collection /The Picture-desk 129 (t) StockFood.com 130 Martin Bernetti 132 (t) Marta Gomez 198 (t) Warren Marr/ Panoramic Images/NGSImages.com 199 (t) Robert Frerck and Odyssey Productions, Inc. 239 2000 Doug Myerscough

About the authors

José A. Blanco founded Vista Higher Learning in 1998. A native of Barranquilla, Colombia, Mr. Blanco holds degrees in Literature and Hispanic Studies from Brown University and the University of California, Santa Cruz. He has worked as a writer, editor, and translator for Houghton Mifflin and D.C. Heath and Company and has taught Spanish at the secondary and university levels. Mr. Blanco is also co-author of several other Vista Higher Learning programs: **VISTAS, VIVA, AVENTURAS** and **PANORAMA** at the introductory level, **VENTANAS, FACETAS, IMAGINA,** and **SUEÑA** at the intermediate level, and **REVISTA** at the advanced conversation level.

María Colbert received her PhD in Hispanic Literature from Harvard University in 2005. A native of both Spain and the US, Dr. Colbert has taught language, film, and literature courses at both the high school and college levels. Her interests include: Basque culture, Spain's regional identities, and Spanish literature and film. Dr. Colbert's numerous publications range from travel guides to literary criticism. She is currently an Assistant Professor of Spanish at Colby College in Maine.